普通高等教育“十三五”规划教材
（风景园林/园林）

风景园林遗产保护与利用

董莉莉　温　泉　等编著

中国农业大学出版社
·北京·

内容简介

本书是普通高等教育“十三五”规划教材之一。本书分为8章，主要内容如下：首先，梳理了风景园林遗产的相关概念与构成体系，重点介绍了风景园林遗产的生命性、动态性、不可复制性和整体性特征；其次，梳理了国内外风景园林遗产保护的历程，重点阐述了风景园林遗产理论发展的三个重要阶段；再次，按照类型学的方式，对风景名胜区、历史园林、文化景观、乡村景观等风景园林遗产类型进行了详细论述，重点从环境、空间及细部入手剖析了风景园林遗产保护与利用的方法和技巧；最后，介绍了风景园林遗产保护的管理与组织，重点说明了保护规划的编制组织与规划实施的管理组织等内容。

本书可以作为风景园林、园林、环境设计等相关专业的教学用书，也可作为相关专业设计与管理人员的参考用书。

图书在版编目(CIP)数据

风景园林遗产保护与利用/董莉莉，温泉，等编著. —北京：中国农业大学出版社，2017.9(2023.5重印)
ISBN 978-7-5655-1893-5

Ⅰ.①风…　Ⅱ.①董…②温…　Ⅲ.①古典园林—文化遗产—保护—中国　Ⅳ.①K928.73

中国版本图书馆CIP数据核字(2017)第180683号

书　名　风景园林遗产保护与利用
作　者　董莉莉　温泉　等编著

策划编辑　梁爱荣　　**责任编辑**　田树君
封面设计　郑　川　李尘工作室
出版发行　中国农业大学出版社
社　址　北京市海淀区圆明园西路2号　　**邮政编码**　100193
电　话　发行部 010-62818525，8625　　**读者服务部** 010-62732336
编辑部 010-62732617，2618　　**出　版　部** 010-62733440
网　址　http://www.cau.edu.cn/caup　　**E-mail** cbsszs@cau.edu.cn
经　销　新华书店
印　刷　涿州市星河印刷有限公司
版　次　2017年9月第1版　2023年5月第3次印刷
规　格　889×1 194　16开本　15.5印张　420千字
定　价　49.00元

普通高等教育风景园林/园林系列
“十三五”规划建设教材编写指导委员会

（按姓氏拼音排序）

编著人员

董莉莉（重庆交通大学建筑与城市规划学院）

温　泉（重庆交通大学建筑与城市规划学院）

罗融融（重庆交通大学建筑与城市规划学院）

董文静（重庆交通大学建筑与城市规划学院）

葛现玲（重庆文理学院林学与生命科学学院）

郭瑞芳（山东聊城大学建筑城规学院）

曾晓泉（广西艺术学院建筑艺术学院）

钱　云（北京林业大学园林学院）

刘　华（重庆交通大学建筑与城市规划学院）

罗　丹（重庆大学建筑与城市规划学院）

雷　怡（重庆交通大学建筑与城市规划学院）

王　玉（四川农业大学风景园林学院）

谢思思（重庆交通大学建筑与城市规划学院）

张灵艺（重庆交通大学建筑与城市规划学院）

任鹏宇（重庆交通大学建筑与城市规划学院）

出版说明

进入21世纪以来，随着我国城市化快速推进，城乡人居环境建设从内容到形式，都在发生着巨大的变化，风景园林/园林产业在这巨大的变化中得到了迅猛发展，社会对风景园林/园林专业人才的要求越来越高、需求越来越大，这对风景园林/园林高等教育事业的发展起到巨大的促进和推动作用。2011年风景园林学新增为国家一级学科，标志着我国风景园林学科教育和风景园林事业进入了一个新的发展阶段，也对我国风景园林学科高等教育提出了新的挑战、新的要求，也提供了新的发展机遇。

由于我国风景园林/园林高等教育事业发展的速度很快，办学规模迅速扩大，办学院校学科背景、资源优势、办学特色、培养目标不尽相同，使得各校在专业人才培养质量上存在差异。为此，2013年由高等学校风景园林学科专业教学指导委员会制定了《高等学校风景园林本科指导性专业规范（2013年版）》，该规范明确了风景园林本科专业人才所应掌握的专业知识点和技能，同时指出各地区高等院校可依据自身办学特点和地域特征，进行有特色的专业教育。

为实现高等学校风景园林学科专业教学指导委员会制定规范的目标，2015年7月，由中国农业大学出版社邀请西南地区开设风景园林/园林等相关专业的本科专业院校的专家教授齐聚四川农业大学，共同探讨了西南地区风景园林本科人才培养质量和特色等问题。为了促进西南地区院校本科教学质量的提高，满足社会对风景园林本科人才的需求，彰显西南地区风景园林教育特色，在达成广泛共识的基础上决定组织开展园林、风景园林西南地区特色教材建设工作。在专门成立的风景园林/园林西南地区特色教材编审指导委员会统一指导、规划和出版社的精心组织下，经过2年多的时间系列教材已经陆续出版。

该系列教材具有以下特点：

（1）以“专业规范”为依据。以风景园林/园林本科教学“专业规范”为依据对应专业知识点的基本要求组织确定教材内容和编写要求，努力体现各门课程教学与专业培养目标的内在联系性和教学要求，教材突出西南地区各学校的风景园林/园林专业培养目标和培养特点。

（2）突出西部地区专业特色。根据西部地区院校学科背景、资源优势、办学特色、培养目标以及文化历史渊源等，在内容要求上对接“专业规范”的基础上，努力体现西部地区风景园林/园林人才需求和培养特色。院校教材名称与课程名称相一致，教材内容、主要知识点与上课学时、教学大纲相适应。

(3) 教学内容模块化。以风景园林人才培养的基本规律为主线，在保证教材内容的系统性、科学性、先进性的基础上，专业知识编写板块化，满足不同学校、不同授课学时的需要。

(4) 融入现代信息技术。风景园林/园林系列教材采用现代信息技术特别是二维码等数字技术，使得教材内容更加丰富，表现形式更加生动、灵活，教与学的关系更加密切，更加符合“90后”学生学习习惯特点，便于学生学习和接受。

(5) 着力处理好4个关系。比较好地处理了理论知识体系与专业技能培养的关系、教学体系传承与创新的关系、教材常规体系与教材特色的关系、知识内容的包容性与突出知识重点的关系。

我们确信这套教材的出版必将为推动西南地区风景园林/园林本科教学起到应有的积极作用。

编写指导委员会

2017. 3

前　言

风景园林遗产保护是风景园林一级学科下的二级学科之一，但是目前完整系统地讲述风景园林遗产保护的教材或著作少之甚少。新常态下城市建设从增量规划的大规模建设转到存量更新的渐进式发展；从专注空间规划到关注人文、历史、社会、生态环境问题；从对技术工具的关注转向对公共政策以及遗产保护的重视。

2022 年 10 月 16 日，习近平总书记在中国共产党第二十次全国代表大会上的报告中进一步强调，要建成文化强国，国家文化软实力显著增强。加大文物和文化遗产保护力度，加强城乡建设中历史文化保护传承，建好用好国家文化公园。党的二十大报告为新时代文化遗产保护事业发展擘画了蓝图、指明了方向。

本书针对风景园林遗产保护与利用认知观念的建立，突出了以下三个特色。

（1）时代性。本书全面系统地梳理了风景园林遗产保护与利用的内容及体系构成，紧扣近十年风景园林遗产保护的理论框架，并强调风景园林遗产保护与利用与当前城市建设的关联性。使读者获得具有风景园林遗产保护、利用、管理及修复等相关概念知识，并掌握风景园林遗产保护与利用的前沿科技动态。

（2）本土性。本书在系统梳理国际上关于风景园林遗产保护与利用的理念和方式基础上，着重立足于中国特色分析了风景园林遗产的动态变化性、文化延续性、尺度整体性和保护层次性。使读者获得对于中国传统风景园林的基本认知，并掌握遗产地景观资源勘察、价值识别和保护管理等方法，激发对于我国风景园林遗产保护和利用的主观能动研究兴趣。

（3）实用性。本书将理论阐述与案例分析相结合，并在案例中穿插技术分析和观点讲解，同时将风景园林遗产保护与利用的技巧方法结合不同类型的风景园林遗产进行归纳。使读者建立有效的多维思考角度、综合判断能力与先进保护理念。

本书针对风景园林遗产保护与利用，分为 8 章进行编写：第 1 章梳理了风景园林遗产的概念、体系、价值和特色；第 2 章总结了国外风景园林遗产的保护历程；第 3 章梳理了我国风景园林遗产保护与利用的历史、现状和问题；第 4 章重点介绍了风景名胜区规划中对于风景区的保护和利用；第 5 章梳理了历史园林保护的基本原则、保护措施及方法；第 6 章介绍了其他类型的风景园林遗产的类型特点和保护方法；第 7 章介绍了风景园林遗产的保护机构组织、管理流程和人类活动行为管理；第 8 章展望了风景园林遗产保护与利用的未来发展趋势。

本书编写分工如下：第 1 章由董莉莉、郭瑞芳编著；第 2 章由温泉、曾晓泉编著；第 3 章由罗融融、罗丹编著；第 4 章由董文静、王玉编著；第 5 章由张灵艺、雷怡编著；第 6 章由任鹏宇、葛现玲编著；第 7 章由刘华、谢思思编著；第 8 章由钱云、温泉编著。华南农业大学王敏教授为本书提供了宝贵的意见和建议，北京林业大学王向荣教授、重庆大学张兴国教授为本书提供了重要的素材资料，重庆交通大学张明锐、王鑫、姚映、王维、金高屹、陈佳乐、康浩等同学参与了插图的绘制工作，谨此表示感谢！

编　者

2023 年 6 月

目　　录

第1章 概论

1.1 风景园林遗产相关概念

风景园林遗产是一个比较年轻的概念。一直以来，国内外学术界就风景园林遗产的定义、属性及价值评估标准等并未达成清晰的共识。因此目前有关风景园林遗产的概念主要沿用的是联合国教科文组织所颁布的国际通用标准。

1.1.1 文化遗产与建筑遗产

1. 文化遗产

文化遗产，又称文化资产或文化财产，是指具有历史、艺术、科学等文化保存价值，并经政府机构或国际组织指定或登录的物品。联合国教科文组织(UNESCO)对文化遗产的定义为："从过去继承下来，我们目前正在享用并要传给后代的，让他们学习、赞叹和享用的东西……是我们想保存的地方和物体，他们来自我们的祖先，从科学的角度是非常重要而又不可替代的典范，是生活和灵感的源泉，是我们祖先的生活与历史的见证"。这一定义清晰地阐述了文化遗产的概念和价值。

20 世纪的下半叶，"遗产"的概念发生了重大的变化，除了其本意外，还被广泛地用于表达历史上遗留下来的值得继承的物质或精神财富。特别是 1970 年以来，联合国教科文组织提出和倡导的"世界遗产"概念以及开展的全球范围内的文化与自然遗产的保护，都进一步促进了"遗产"概念在世界范围内的传播和普及。其中自然遗产(natural heritage)是指自然界在演变更替过程中所形成的地质地貌、生物群落物种以及生态景观；文化遗产(cultural heritage)是指人类文明进程中，各种创造活动的遗留物，是历史的见证，这些遗留物又包括物质与非物质的，可移动的与不可移动的。从 2006 年起，每年 6 月的第二个星期六为中国文化遗产日。

文化遗产分为"有形文化遗产"和"无形文化遗产"，即我们通常所说的物质文化遗产(tangible heritage)和非物质文化遗产(intangible heritage)。有形文化遗产是具有历史、艺术和科学价值的文物；无形文化遗产是各种以非物质形态存在的与群众生活密切相关、世代相承的传统文化表现形式。

知识链接

遗产与文物的区别

文物是从属于物质文化遗产的一部分。我国认可的文物有：①具有历史、艺术、科学价值的古文化遗址、古墓葬、古建筑、石窟寺和石刻、壁画；②与重大历史事件、革命运动或著名人物有关的以及具有重要纪念意义、教育意义或史料价值的近现代重要史迹、实物、代表性建筑；③历史上各时代珍贵的艺术品与工艺美术品；④历史上各时代重要的文献资料以及具有历史、艺术、科学价值的手稿和图书资料等；⑤反映历史上各时代与各民族的社会制度、社会生产与社会生活的代表性实物。

文物分为可移动文物和不可移动文物,①、②是不可移动文物,③、④、⑤是可移动文物。

此外,从文物的价值等级上来说,我国将可移动文物分为珍贵文物和一般文物,而珍贵文物又分为一级文物、二级文物与三级文物。

2. 建筑遗产

“建筑遗产(built heritage)”是文化遗产的一种类型,是物质形态不可移动的文化遗产。根据“文化遗产”的内涵可将“建筑遗产”定义为:人类文明进程中各种营造活动所创造的一切实物遗留物,包括建筑物、构筑物、园林、城市、村镇、人类工程、人类与自然的联合工程等,以及它们的遗迹、遗址与其背景环境。从20世纪初叶至中叶,相关国际文件中对于建筑遗产的主要称谓基本上都是“历史古迹”(historical monuments)。1931年的《雅典宪章》和1964年的《威尼斯宪章》都使用了这个术语,但是后者所提到历史古迹的范围已经大大拓宽了,不仅包括了“个别建筑作品”,也包括了具有文化意义的“城市和乡村环境”。

在中国的传统观念中,“遗产”除了其本意之外,引申义更多用以指精神、思想方面的财富。又由于中国历史上对有形文化遗产的保护偏重于器物方面,因此在现代文化遗产保护产生以后相当长的时期内,有形“文化遗产”相对应的中文术语仍一直沿用“文物”一词,“建筑遗产”相对应的术语则是“文物建筑”、“文物保护单位”或“不可移动文物”。但事实上“文化遗产”的内涵和外延及其包容性远远大于“文物”的概念,因此“建筑遗产”是广义的建筑遗产(built heritage 而非 architectural heritage),其含义也远不仅止于“文物建筑”、“文物保护单位”或“不可移动文物”,而包含了代表人类文明进程中营造活动一切遗存的物质与非物质要素及其背景环境,所以建筑遗产不仅是文物古迹、历史城镇、街区,同时也涉及风景名胜、工业遗产、大遗址、文化景观、文化线路等遗产类型中的重要内容。20世纪80年代中国加入《世界遗产公约》以后,随着遗产保护领域国际交流的日趋频繁,“建筑遗产”的概念开始日益广泛地出现在国内各种学术著作和媒体当中。

1.1.2 风景园林的概念与作用

1. 概念

风景园林(landscape architecture)是指用艺术手段处理人、建筑与环境之间复杂关系的一门学科。中国香港与中国台湾译为“景观建筑”,日本译为“造园”,韩国译为“造景科”。

自采集狩猎文明以来,风景园林实践已经存在发展了约1万年。但作为一门学科,则只有100多年的历史。风景园林学是以守护山水自然、地域文化和公众福祉为目标,综合应用科学、工程和艺术手段的学科,是通过保护、规划、设计、建设、管理等方式营造健康、愉悦、适用和可持续地境的学科。风景园林学具有两重特性,即整合性和落地性。整合性又可分为3个层次:第一是联结性,即风景园林可以联结人与自然、科学与艺术、理工与人文、物质与精神、客观与主观、理性与感性等诸多相辅相成的范畴;第二是综合性,即风景园林不仅能够联结上述不同领域的知识范畴和思维工具,而且能够在风景园林保护、规划、设计、建设、管理等方面综合应用上述知识和工具;第三是整体性,即风景园林具备在联结性和综合性的基础上,将上述广泛知识和工具整合起来,具有系统有效关联土地营造知识体系和实践方法的潜力。联结性、综合性和整体性具有相似的意义,但它们的整合程度却不同。

2. 作用

人类对于风景园林的思索与实践、依赖与信仰源于人居环境生存的需求,具有最为久远的历史时间跨度和几乎覆盖了整个地球表层的空间范围。在中国,经过3 000多年的演进,作为中国人实现“天人合一”人生哲学追求的物质与精神载体,作为“诗意栖居”的环境,风景园林早已成为组成中国人物质生活与精神活动必不可少的一个重要部分。因此,风景园林至少具备以下3方面的作用与价值。

(1)大自然的守护者和翻译者。风景园林是为数不多为大自然发声的学科行业。“守住自然”是风景园林学科的“底线”。人类的生活离不开自然环境,而园林是利用自然因素对自然环境的重塑。由园林植物构建的园林空间,不仅为人们提供了休憩场所，还为开展各项有益的社会活动提供了舒适场地。更重要的是，生态园林绿地使植物景观成为城市居民走向自然的第一课堂，以其独特的方式启示人们应和自然和谐共处。例如：知识型植物群落激发人们探索自然的奥秘；保健型植物群落让人们同植物和睦相处，热爱生活；观赏型植物群落则激发人们爱美、爱环境、保护自然的意识等。

(2)生态理念的编织人和总导演。风景园林最擅长的是创意和预见。为人类生态文明提出梦想、预测愿景与确定目标是风景园林学科的"担当"。风景园林从宏观尺度可以涉及应对全球气候变化、人类生存和区域环境保护。风景园林所研究的植物景观可以在一定程度上缓解热岛效应、降低能源的消耗，同时为居民的工作生活提供更为舒适的环境。多样的物种和景观保证了生态系统服务功能更为健全。风景园林从微环境尺度可以提供植物遮阴、增湿、减少径流、保护地表防止水土流失等功能，同时为居民的生活和生产提供更舒适的物理环境。

(3)理想人居环境保护发展的协调人和引领者。作为多学科专业的配合者，人居环境保护发展的协调人、引领者和开拓者，风景园林在城市水泥森林中扮演的美化作用毋庸置疑。城市植被具有综合生态效益，通过合理的植物选择与配植可以达到夏季降低环境温度进而降低能源消耗的作用。植物个体在改善使用者人体舒适度等方面也具有巨大作用，植物改善环境生态效益的直接结果就是为生活在其中的居民提供了健康的物理环境。城市中，风景园林还同时为居民提供直接的物质消费需求，这一点正随着世界范围内尤其是发达国家都市农业、都市园艺以及家庭园艺的复兴而日益明显。

1.1.3 风景园林遗产

风景园林遗产是指"与风景园林营造与审美活动高度关联的自然与文化遗产，包括已登录国家和世界遗产名录的自然与文化遗产地，以及受法律保护但尚未登录遗产名录的传统园林、文化景观、风景名胜等物质遗产"。风景园林遗产作为一种自然与人文"生态基因"的载体，提供了过去人类游憩生活环境的生动见证，展示了人类文明和生活方式的多样化。在注重生态环境和关注文化价值的今天，风景园林遗产越来越受到广泛重视。

1.1.4 风景园林遗产保护

风景园林遗产保护是对具有遗产价值和重要生态服务功能的风景园林境域进行保护与管理的学科。实践对象不仅包括传统园林、自然遗产、自然与文化的混合遗产、文化景观、乡土景观、风景名胜区、地质公园、遗址公园等遗产地区，也包括自然保护区、森林公园、河流廊道、动植物栖息地、荒野等具有重要生态服务功能的地区。它主要研究传统园林保护和修复、遗产地价值识别和保护管理、保护地景观资源勘察和保护管理、遗产地与保护地的网络化保护管理、生态服务功能区的保护管理、旅游区游客的行为管理等。

风景园林遗产与建筑遗产在保护手段与方法上具有以下各自不同的特点。

第一，建筑遗产保护是基于图底关系中"图绘"出发的设计，风景园林遗产保护则是基于图底关系中"底绘"出发的设计。对于建筑师和风景园林师来说，图与底正好是两者的分界线。建筑遗产在早期主要是关注对于建筑本体所进行的保护和修复，即更多地关注于建筑物本身的形态与机能完整性，以及建筑保护与修复的手段方法等。随着人们对文物建筑周边环境重要性认识的逐渐加深，把文物建筑及其周边环境当作一个整体系统，进行统一规划与保护的理念不仅成为文物建筑保护实践的重要内容，也成为以环境为中心目标的风景园林遗产保护的重要内容。

第二，建筑遗产保护更多以人工视角作为手段方式，风景园林遗产保护则更多以自然视角作为手段方式。在建筑遗产保护的操作方法上，更多是关注运用混凝土、砖石等人工材料来恢复建筑的形态完整与功能完备等。而风景园林遗产保护则更注重自然过程对于方案设计的影响，包括自然环境中水流、气流、生物流等多因子的过程。以自然过程来主导设计是风景园林遗产保护追求土地伦理与科学合理的目标。

第三，建筑遗产保护倾向于注重高技术与人工技术的运用,风景园林遗产保护则更关注自然过程引致的低技术运用。由于建筑遗产保护是一项复杂而缜密的工作,需要保护人员采用科学实证的精神,在传承传统建筑工艺的基础上,运用先进的技术进行修复修缮,以达到文物建筑的"原真性"要求。而风景园林遗产一般的保护对象为植物、山石与花草等,则通常通过最自然质朴的方式,适宜生态的保护技术,得到延续原有精神意境或保持与环境之间的文化关联。当然毋庸置疑的是,无论建筑遗产保护还是风景园林遗产保护,采取适宜得当的技术措施以追求遗产的永续保护和利用是当代遗产保护方法与技术研究中亟待拓展的领域。

1.2 风景园林遗产构成

风景园林遗产保护关注与自然环境相关的一切有价值遗产,因此风景园林遗产构成包括世界自然遗产、文化遗产、混合遗产、遗产文化景观、风景名胜区、历史园林、乡土景观、寺庙胜迹景观等。

1.2.1 世界遗产

世界遗产(world heritage)是指被联合国教科文组织世界遗产委员会确认的人类罕见、目前无法替代、具有全人类公认突出意义和普遍价值,并符合真实性和完整性要求的文物古迹及自然景观,可分为世界文化遗产、世界自然遗产、世界文化与自然遗产、文化景观四类。中国 1985 年加入了《保护世界文化和自然遗产公约》(1972)。1987 年,泰山、长城、故宫、莫高窟、秦始皇陵、周口店北京人遗址成为中国第一批世界遗产。20 多年来,中国申请世界遗产的事业发展迅速。2013 年 6 月 22 日,随着新疆天山和云南红河哈尼梯田申遗成功,中国的世界遗产增至 45 处,其中世界文化遗产 27 处、世界自然遗产 10 处、文化和自然双遗产 4 处、文化景观 4 处。中国成为仅次于意大利(48 处)而超越了西班牙(44 处)的第二大世界遗产国。

风景园林遗产中有相当一部分本身就属于世界遗产的范围。由于风景园林遗产强调的是"人作用于自然"的杰作,因此大部分风景园林遗产是归类到世界文化遗产中的,少数为自然与文化的混合遗产。中国登录世界遗产名录的风景园林遗产中,多数本身就是风景园林遗产地,如承德避暑山庄及其周围寺庙(1994)、庐山国家公园(1996)、苏州古典园林(1997,2000)、北京皇家园林——颐和园(1998)、杭州西湖文化景观(2011)、泰山(1987)、黄山(1990)、武夷山(1999)等;还有部分与风景园林直接相关,如莫高窟(1987),峨眉山-乐山大佛(1996),丽江古城(1997),青城山-都江堰(2000)等。风景园林遗产与世界遗产有着紧密的关联(图 1-1)。

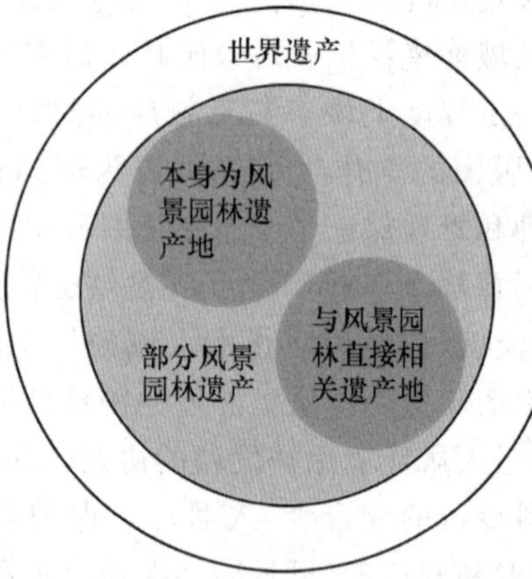

图 1-1 风景园林遗产与世界遗产的关系

知识链接

中国文化遗产预备清单与中国国家自然遗产、国家自然与文化双遗产预备名录

中国文化遗产预备清单(tentative list of world cultural heritage in China)是国家文物局为了更好地促进和指导中国世界文化遗产申报与保护工作而设立并实施管理的。国家文物局于 1996 年向联合国教科文组织递交了首批《中国世界遗产预备名单》。2006 年 12 月 15 日国家文物局将第二批《中国世界文化遗产预备名单》公布并报送了联合国教科文组织世界遗产中心,其中包括文化遗产 35 项。2012 年 11 月 17 日,国家文物局又公布了北京中轴线(含北海)、大运河、中国白酒老作坊等最新一批 45 项文化遗产预备名单,并要求加强对预备清单遗产地的保护和管理,对预备清单实施动态管理。

中国国家自然遗产、国家自然与文化双遗产预备名录(tentative list of China national natural heritage, and the national natural cultural heritage site)是建设部依据《保护世界文化与自然遗产公约》与《世界遗产操作指南》以及相关法律法规的要求,为了保护中国遗产资源,完善工作机制,加强世界自然遗产和自然文化双遗产申报、管理和保护工作而设立并实施管理的。2006年7月5日,建设部公布了《首批中国国家自然遗产、国家自然与文化双遗产预备名录》,其中包括五大连池风景名胜区、长白山植被垂直景观及火山地貌景观、三清山风景名胜区等自然遗产17处,五台山风景名胜区、九华山风景名胜区、龙虎山风景名胜区等自然与文化双遗产13处。2013年8月29日,住房和城乡建设部公布了新版《中国国家自然遗产、自然与文化双遗产预备名录》46项,包括北京市房山岩溶洞穴及峰丛地貌、河北省承德丹霞地貌等国家自然遗产预备名录28处,山西芦芽山风景名胜区、湖南省紫鹊界——梅山龙宫风景名胜区等国家自然与文化双遗产预备名录18处,并要求列入预备名录的单位加强科学研究、培训和能力建设,提高保护管理水平。

1.2.2 文化景观

"文化景观(cultural landscape)"的概念是世界遗产4种类型(文化遗产、自然遗产、自然和文化双遗产和文化景观)中最晚形成的,它的提出与现代遗产保护发展中文化遗产与自然遗产保护的整合息息相关。1968年在美国召开的"世界遗产保护"白宫会议是国际上开始重视遗产地中自然和文化保护相结合的标志,该会议呼吁了对于世界自然风景区和文化遗产的保护,这也是官方公开发表对于文化和自然遗产合二为一的最早声音之一。这一概念的产生实际上是因为人们在自然和文化遗产保护理论研究与实践中,尤其是以区域为基础的保护实践中,发现了许多情况下两种类型的保护区具有相互融合、交错、无法分别界定与管理的特征。UNESCO1972年发布的《保护世界自然和文化遗产公约》中也强调了遗产的自然与文化的连续性,如第一条对文化遗产概念的界定中就提出了"自然与人工联合工程"的内容。而同年UNESCO又在《关于在国家一级保护文化和自然遗产的建议》中重申:"文化和自然遗产构成协调的整体,其各组成部分均不可分割"。之后随着澳大利亚、美国等国家在其遗产保护体系中对于自然遗产保护及其原住民生活、宗教信仰形态与土地关系认识的加深,文化景观概念在20世纪90年代初被明确确立了。联合国教科文组织世界遗产委员会对"文化景观"的定义如下:

"文化景观"代表了《保护世界文化和自然遗产公约》条款1中的人与自然共同的作品。它们解释了人类社会和人居环境在物质条件的限制和自然环境提供的机会的影响之下,在来自外部和内部的持续的社会、经济和文化因素作用之下,持续的进化。文化景观应在如此的基础上选出:具备突出的普遍价值;能够代表一个清晰定义的文化地理区域,并因此具备解释该区域的本质的和独特的文化要素的能力。

"文化景观"这个词解释了人与自然环境间相互作用的多样性。

"文化景观"经常反映了对土地的可持续利用的特定技术,这关系到它们所处的自然环境的特征和限制,以及与自然的特定的精神联系。保护文化景观有助于可持续利用土地的现代技术,能够维持和提升景观中的自然价值。传统的土地使用方式的持续存在支持了世界上许多区域的生物多样性。保护传统的文化景观因此有助于维持生物多样性。

"文化景观"的概念表达了一种"人、地关系的遗产",其保护因此必然是以地域为基础的,不仅应以保护土地上的文化和自然遗产作为这种关系的依据,还必须同时考虑文化与自然关系及其发展的可持续性。从研究对象来说,风景园林遗产与文化景观在对自然的利用和改造方面是共通的,"风景园林"与"景观"在一定情况下也是可以互换的。只是"风景园林"更加强调综合利用科学和艺术手段营造人类美好的室外生活境域,而景观指某地区或某种类型的自然景色,既指人工创造的景色,又泛指自然景色与景象。景观反映的是统一自然空间、社会经济空间组成要素总体特征的集合体和空间体系,包括自然景观、经济景观、文化景观。风景园林本身也是“景观”，因为从广义上说，世界上现存的任何景观（landscape 而非 scenery）几乎都受到人类洞察力、价值观和实践行为的影响，因此即使那些无人进入的原生态保护区的定义也是基于文化的价值判断。而“文化景观”这一概念则强调了在这一区域内人与自然之间持续的相互关系，即由人类实践与自然影响共同形成的景观，因此它常常反映了传统可持续的土地利用方式。而传统土地使用方式的连续存在，除了是世界上许多地域维持其生物多样性的重要手段，更重要的是它形成了该地域文明的基本特征，如耕作、放牧、采掘、加工、交易、崇拜、游憩等。在这种长期持续存在特定的土地使用方式影响之下，所形成的人与土地的精神联系则反映了不同地域的文化特征。

广义上讲，我国风景园林遗产普遍具有文化景观的特征。针对我国现有风景园林遗产类型，并参照国际上文化景观分类，有以下 5 个主要类型可以纳入广义的文化景观范畴（表 1-1）。

表 1-1　我国文化景观遗产分类

类型	特　征	对应范畴
设计景观	按照一定的原则规划或设计、营建的景观作品，美学价值在这类作品中占有重要地位，例如苏州园林、明十三陵	古典园林等
遗址景观	代表一种联系着历史的事件、人物、活动的遗存景观环境，已经废弃或失去原有功能的遗迹、遗址，例如圆明园遗址、重庆合川钓鱼城遗址等	遗址、大遗址等
聚落景观	延续着相应的社会、经济、行政以及宗教职能，展示了历史的演变和发展，并通过与周围自然环境的相联系或相适应而发展到目前形式包括历史村落、街区，例如西递、宏村	历史文化名村、名镇
名胜地景观	包含了传统审美意识对环境的阐述和欣赏方式，以与自然因素以及宗教、艺术或文化相联系为特征，但不一定以文化物证为主要特征，例如黄山、庐山风景名胜区	风景名胜区
区域文化景观	区域文化景观是一种大尺度的概念，超越了单个的文化景观，强调相关遗产之间的文化联系和区域的整体生态价值，例如大运河（图 1-2）、徐霞客旅行线路（图 1-3）等	文化线路、遗产廊道

来源：根据李和平、肖竞《我国文化景观类型及其构成要素分析》的相关内容制订。

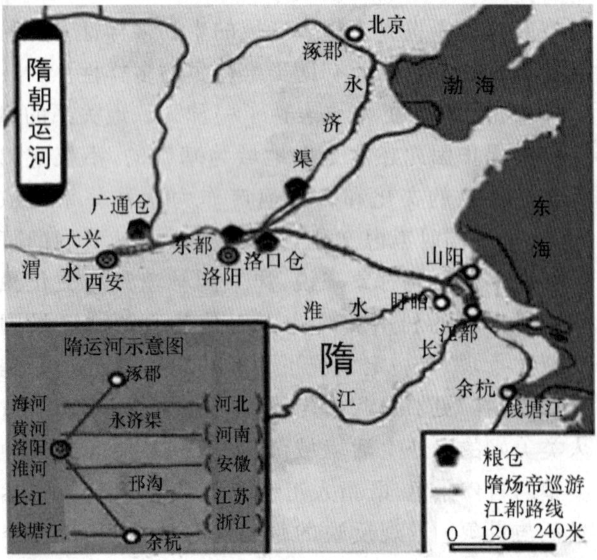

图 1-2　京杭大运河

图 1-3　徐霞客旅行线路

1.2.3 风景名胜区

风景名胜区(scenic areas,其中国家级风景名胜区为 national park of China)是以自然景观为基础,融自然与文化为一体,具有生态、科学、文化、美学等综合价值以及生态保护、文化传承、审美启智、科学研究、旅游休闲、区域促进等综合功能的保护区域。中国风景名胜区包括国家级和省级两种,由建设行政主管部门依据《风景名胜区条例》(2006)等实施管理。国务院 1982 年 11 月 8 日公布了泰山、黄山等第一批国家重点风景名胜区 44 处。截至 2012 年 11 月,全国已设立风景名胜区 962 处,其中国家级风景名胜区八批共 225 处,省级风景名胜区 737 处,二者总计约占国土面积的 2.06%。

随着时代的发展,人们对风景名胜区的认识也逐步深入。但风景名胜的资源保护与风景名胜区的开发建设这一对矛盾始终难以破题。在"以人为本"社会经济发展思维下,人类社会的快速发展会带来自然界的退化和森林资源的退化,使得以自然界环境和森林资源作为基质的风景名胜资源,在此浪潮下不断地受到挑战。

风景名胜区是人与自然互动发展最为敏感的地区,其发展与建设是我国生态文明建设的重要组成部分。在风景名胜区内若要实现人与自然的公平和谐发展,就必须尊重自然,倡导"人与自然和谐为本"的生态文明建设。因此,不仅要讲人类的代际公平,更要从整体自然界的角度来认识地球生命体系以及运行演变规律,人地和谐是风景名胜区发展的根本保障。

风景名胜区的可持续取决于风景名胜区内的生物多样性与生态环境安全性,维护生态系统平衡的实质是为风景名胜区内设定安全警戒线。生态平衡系统主要由原生态野生生物多样性子系统与人类活动限定子系统组成,建立原生态野生生物多样性系统使得野生生物在自然环境中交流更替与繁衍发展,这是保证生物多样性的基本条件,也是维持生态平衡的基础。因此,维护好地带性的植被生态群落与环境并保障野生生物在各自生态环境中的地位与作用,维护风景名胜区生态平衡,避免外来物种干扰与侵害是风景名胜区总体规划的重要任务之一。

我国风景名胜区与国外国家公园的内涵区别很大,关键就是在于人的活动问题。我国风景名胜区内不仅有耕地村落,还有企业、学校和城镇,人类的生存活动在风景名胜区中占有很大的比例。因此若不对这种活动加以限定,那么风景名胜区很可能会演变成为发展社区经济的乡村城镇区,从而导致风景名胜区的丢失。为此风景名胜区条例要求划定风景名胜区的核心景区,将生态保育区、景观遗迹区、文化遗址区划入核心景区。核心景区最重要的管理措施就是限定人类的开发行为,包括禁止开垦耕地、开矿、开山取石、修建服务接待设施和居民社区、砍伐森林、污染溪流河湖及湿地生态环境。因此,对于风景名胜区有价值资源的保护是我国风景名胜区建设的重中之重。

1.2.4 历史(纪念)园林

国际上对历史园林的定义,最早见于国际古迹遗址理事会与国际历史园林委员会 1981 年 5 月 21 日在佛罗伦萨起草的历史园林保护宪章《佛罗伦萨宪章》。宪章中指出"历史园林指从历史或艺术角度而言民众所感兴趣的建筑和园艺构造","历史园林是一主要由植物组成的建筑构造,因此它是具有生命力的,即有死有生的。"历史园林包括"其园林建筑平面和地形;其植物,包括品种、比例、配色、间隔及其各自高度;其结构和装饰特征;其映照天空的水面,死水或者活水"。"历史园林"这一术语同样适用于小园林和大公园,不论是正规的还是仅仅一道风景。

对于我国来说,历史园林一词对应的主要为中国古典园林(Chinese classical garden)。中国是有着五千年悠久历史的文明古国,钟灵毓秀的大地山川,积淀深厚的历史文化,孕育出中国古典园林这样一个源远流长,博大精深的园林体系。中国古典园林是中华民族优秀文化的重要组成部分,它以丰富多彩的内容和高超的艺术水平在世界造园艺术中独树一帜,其独特的文化精神内涵和辉煌的艺术成就为世界瞩目。

中国古典园林最初的形式是"囿"和"台",可追溯至公元前 21 世纪以供帝王狩猎为乐的"囿",及至商代君主都在囿内筑高台以观天敬神，名为“灵台”。中国古典园林史通常被划分为5个时期，即生成期、转折期、全盛期、成熟期和成熟后期。中国古典园林艺术是指以江南私家园林和北方皇家园林为代表的中国山水园林形式。中国古典园林被公认为世界园林之母，世界艺术之奇观，人类文明的重要遗产。

知识链接

中国古典园林的发展历程

中国园林建筑艺术是中国灿烂古代文化的组成部分。它是中国古代劳动人民智慧和创造力的结晶，也是中国古代哲学思想、宗教信仰、文化艺术等的综合反映。根据历史文献和现存古代园林遗址的考察，循其明显的轨迹，大致可以分成3个时期。

(1)先秦及秦汉时期。中国古典园林的自然时期，是从“囿”到“苑”的发展时期，约相当于距今三四千年的殷商西周时代。早在原始时代，当人类进入奴隶制社会，先民主要的生产活动是狩猎渔猎，后来慢慢进化到种植定居，驯养了一些野生动物，如猪、犬、羊等，并种植了一些植物，如禾、麦、稻、菽等。这样就出现了圈养、圈种有一定范围的地方，在甲骨文、糟文、金文中出现了“因、眺(囿)”“鉴、翻(圃)”等字。随着生产力的进一步提高，又有了从事农事、畜牧、手工业制作以及各种杂务劳动的专业奴隶阶层，在解决了生活的劳务后，奴隶主和帝王们就有了足够的时间来进行各种游乐嬉戏，其中也包括“狩猎”活动。而被选择为狩猎的地方，一定是那些禽兽比较集中，山丘或林茂之地，水草丛生之处，这就成了种植植物、圈养动物的“囿”。根据史料记载，从殷周到秦汉时期，这种“囿”的存在和发展大体具有三个特点：①占地宽广。一般方圆都在几十里、上百里左右，如春秋楚庄王“筑层台……延壤百里”；②工程浩大。囿的周围有界垣，囿内有台屋构筑；③人工设施增加。山于狩猎地距离统治中心地较远，不免要在“囿”内建寝殿屋宇。

这种最早期的“囿”到汉代有了新的发展，它不仅仅是一种自然山林原始状态的存在，而是日趋专门化了。帝王们在这里建“宫”设“馆”，除了为游猎所需要，增添了寝宫殿宇生活设施，还配置了观赏植物、人工山水等景色，初步具有了“园林”性质，从汉代起它的名称也从古代的“囿”改称“苑”或“苑圈”了。著名的汉武帝“上林苑”中，有“建章宫”(图1-4)，有“太液池”，周围数百里，盖起宫殿数十个，设置了“射熊馆”、“鹿观”、“虎圈观”等各种动物的圈观，并种植了各地送来的异树花木，如“核桃”、“紫纹桃”等等。不过此时中国园林尚处于发展初期，对于苑囿的布局布置并无一定规划，仍较多地带有古“囿”的游猎趣味。建筑和山水的安排也并不融洽有序，奇树异花的种植只是猎奇罗列。虽然它有了某些园林的性质，开启了日后造园的新生面，但总的来说，仍是处于自然发展时期。

图1-4　西汉建章宫

(2)唐宋时期。中国古典园林的形成时期。由汉代开端的中国园林发展进程，经过东汉、三国、魏晋南北朝到隋代的过渡，至唐代出现了一个兴盛的局面。由于疆域的扩大、经济的发达、民族的融合，促进了文化艺术的发展，园林发展达到了一个空前繁荣时期。和别的文化发展一样，园林发展中出现了两个显著的特点：一是在苑囿的营建中注意了游乐和赏景的作用，如在殿宇建筑外已使用叠石造山、凿池引泉。布局关系也趋于融洽使之形成优美的环境，发挥了休憩、游赏，甚至宴乐之功能。二是绘画技术发展与造园艺术发展的相互促进，自南朝起，山水画家便能“咫尺之间便觉万里之遥”，画家所提炼的构图、排列、层次和色彩极大地丰富了造园技巧。而且有的画家自己就是一个杰出的造园专家，如诗人王维设计营建的“辋川园”。

中国园林形成时期最突出的成就是造园和文学、绘画的结合。大家所熟知的宋徽宗营建的“艮岳”，也就是《水浒传》里“花石纲”的来历。这个御花园，山水秀美、林木畅茂，叠石树峰，又有宫殿亭阁，高低错落，叠山凿池，别出胜景，可称为唐宋时期中国古典园林的代表作，只是可惜这个经典作品已经在战火中夷为了平地。

(3)明清时期。中国古典园林的全盛时期。北宋为辽金取代后，辽、金、元三代先后相继在燕京一带兴修皇家园林。金代从开封拆运至中都大量的艮岳花石；元代在建筑艺术中促进了国内各民族和东西方文化的交流，使中国各民族丰富奇特的建筑形式更添异彩。(如至今还能见到13世纪出于尼泊尔艺术家阿尼哥之手的北京妙应寺白塔等)；明代及清代初期是中国园林发展史上的辉煌时期，这个全盛时期的园林与过去时代所不同的在于三个方面：①功能全。至明济后大备，诸如听政、受贺、宴会、观戏、居住、园游、读书、礼佛、观赏、狩猎、种花等等，应有尽有。甚至为了满足统治者的“雅兴”，还建有商业市街之景，如恢复的颐和园苏州街(图1-5)，以及圆明园原来的买卖街等，包罗了帝王生活的全部活动。功能的多样化自然扩大了园林的建筑营造规模。②形式多。作为园林重要组成部分的建筑而言，无论其为建筑群落组合，抑或单体建筑形象，其形式也是多种多样。其吸收了各地区的地方特点和各民族的民族风格，既有殿堂楼阁，又有幽尼佛寺；既有粉墙石垣，又有竹篱泥笆。灵活而多变，随处而点缀，这在《红楼梦》所描述的大观园中有着非常生动的反映。在园林布局及布置方面吸收了南北园林艺术的精华，因地制宜地加以汇聚，比如圆明三园的诸多景色中就再现了苏杭扬州等地著名园林(图1-6)的特点，谓之“移天缩地”亦不为过。③艺术化。明清园林中占主导地位的是园林建筑高度艺术化，其景物、风格、布局中，移步借景，动静相兼等艺术美学理论的运用已臻成熟，各种建筑形式与风景景观的结合融为一体，水、木、石、植物的精心安排和建筑物的排列，都起到了立体效果。甚至在附属设施的样式、内部装修和环境色彩等方面也都有统一和谐的设计，从而体现了中国造园思想的高超境界。

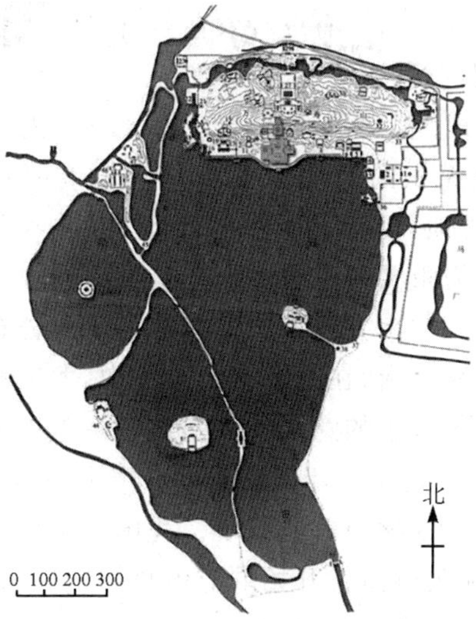

图1-5 北京颐和园

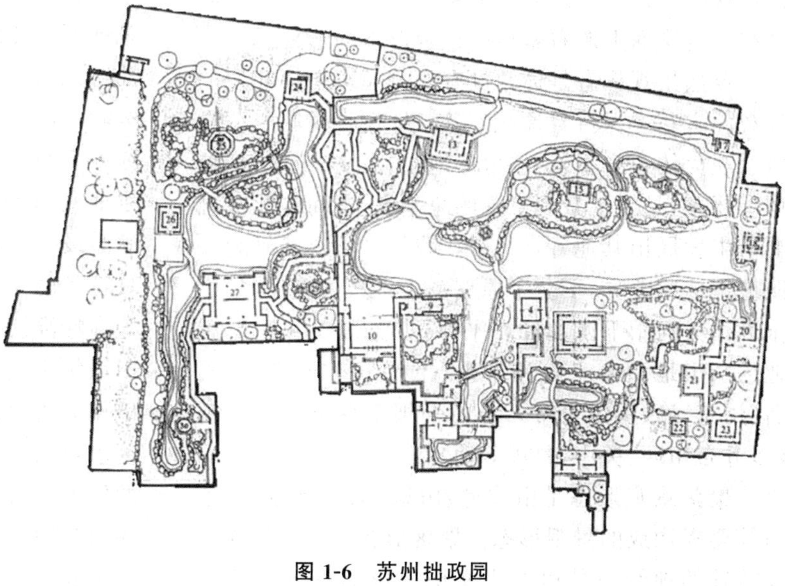

图1-6 苏州拙政园

明清时期的中国古典园林还有两个重要的标志：第一，造园艺术理论有了划时代的总结性成果，即明代崇祯时江苏吴江人计成《园冶》一书问世。过去，关于园林的设计原则、艺术技巧和实际建造经验，还只能在诗词、游记等文学作品中见到片断描述，并没有形成理论规律。但《园冶》却是一部有关园林建筑系统性、总结性的专门著作。全书共三卷，一卷为造园总论(《兴造论》、《园说》)、选地(《相地》)、立基和各种单体建筑(屋宇堂轩)的形象范例，二卷讲各式栏杆及其式样；三卷讲窗、墙垣、铺地、叠山、叠石、借景等，全书共计 30 000 多字，并有插图 200 余幅。它反映了当时的园林面貌和造园艺术水平，并一直对中国的造园有着指导意义，甚至可以说曹雪芹在《红楼梦》中所创造的大观园也是根据这些理论来构建的。第二，大批造园艺术家的诞生，如清代戏曲家李渔(笠翁)，在南北都有自己设计建造的住宅园林，以北京(应是南京秦淮河畔)的芥子园最为有名。杰出的造园家张南垣父子，更是园林史上的大家，不仅在苏扬等南方园林中有他们的遗构，北京的北海公园也有他们的遗作可供欣赏。

1.2.5 乡土景观

乡土景观形态分为两个层面，即物质景观形态与精神景观形态，物质形态又由自然、聚落和生产三大景观形态构成，它们之间相互影响，不可分割，而且在一定层面上左右着精神景观形态的形成。

自然景观形态是通常没有经过人类干预开发的景观。它基本保持着原生状态，人类干预较少。自然景观大体包含了气候、地形地貌、水文、土壤、动植物等要素，是乡土景观意象的总基底，进而在此基础上衍生发展出其他各类景观。我国乡土自然景观按照地理地貌差异，可分平原型乡土自然景观(多集中于大江大河中下游的冲积平原，如黄河长江中下游地区)；山地型乡土自然景观(主要分布于赣南、闽浙、川东、渝、黔滇一带)；丘陵平坝型乡土自然景观(多分布川西、关中、鲁中等地)。

聚落景观形态是由住宅、田地、果木及河渠、道路等要素构成的景观形态。聚落形态一般都是在当地特殊的地缘条件以及人文历史影响下逐渐形成的。乡土聚落的景观形态正是这种自然地理与人文积淀的外在反映。从聚落的布局形态方面讲，村落的发展是延续的、动态的，一般都具有一个从开始定居发展到定型的过程。通常来说，自然环境因素的变化是比较小的，而生产生活环境随着生产力的发展而变化，是乡土聚落演变的决定因素。乡土聚落的演化过程其实是一种从无序到有序，由自组织状态过渡到有意识的规划状态。从聚落的景观构成方面来说，聚落的空间层次主要表现在周边环境、建筑群组、外部空间形态和景观节点等几个方面。从外部空间展开，人们接近村落时首先看到村口或为牌坊、或为水口、或为桥梁，给人以村落的初始意象；进入村落，经过居民区，穿过几条街巷，到达村落的中心，通常是公共或半公共区域，具有相对开放的特征，与封闭感很强的街巷形成鲜明对比；此外水井、祠堂、晒坝等形成的景观节点构成了村民日常休憩娱乐的次中心，可作为第三道景观层次。从景观构成上看，人们对村落局部的单一印象叠加起来构成了对乡土聚落的总体印象。因此，乡土聚落总体上涵盖边界景观、居住区景观、广场景观、标志性景观、水系景观等层面。

农业景观是人类长期改造自然过程中形成的生产性景观。中国农业大致经历了从原始农业、到古代农业再到现代农业的阶段。其划分依据是土地利用方式和农业生产工具的不断改进，这也是农业景观逐渐演变的根本动因。有 3 种农业景观最具代表性：①北方旱地农业景观。旱地农业景观主要位于秦岭淮河分界线以北，中国北方十六省区旱地面积约占全国旱地总面积的 74%。北方旱地既有平原耕地，也有山坡耕地，因为北方干旱少雨，因此水利灌溉设施显得尤为重要，同时也是北方农业景观独具特色的一部分。②南方圩田农业景观。主要分布于秦岭淮河分界线以南，在南方水田系统中，尤以圩田系统更具有文化传承的意义。江浙地区一直以圩田作为主要的耕作形式。圩田就是一个筑堤围堰、蓄水垦殖的过程。③梯田农业景观。我国是个多山的国家，先民们很久以前就开始顺应山势修筑梯田。梯田是坡耕地中最广为人知的一种。在坡度大于 8°的山坡上垦殖田地被称为坡耕地。据统计资料显示，目前我国坡耕地面积占全国耕地总面积达35%以上。梯田的分布以华北丘陵、黄土高原和西南山地最为集中，构成了独具特色的人文景观。

乡村地区承载着我国数千年来耕读传家的生活，随着时代的变迁，乡村居住形态不断地演进，但源远流长的家族亲缘、邻里关系和传统习俗使居住形态成为“乡村文化”的重要载体。中国数千年的土地伦理充满着精神的含义，是乡土文化的载体。先民在这片古老的土地上世世代代繁衍、耕作，一条溪流、一座小山、一片风水林、一汪水塘都深深地烙在文明的基因里，归田园居成了每一个中国人的精神依托和价值认同，它们虽然不像皇家贵族的历史遗产那样恢宏壮丽，也没有得到足够的重视和保护。但这些民间的乡土景观与祖先和先贤的灵魂一起构成了民族草根信仰的基础。乡土文化景观作为人们在长期改造自然过程中渐渐形成的风俗、道德观、审美观和价值观等，具体包括生产观念、生活习惯、道德观念、行为方式、风土人情、宗教信仰和社会制度等多个方面。文化景观受自然景观和人造景观的影响，体现了一个地域的人文地理特征，其外在表达形式一般物化为生产方式、种植作物、乡村聚居区的形式和结构、村落布局、庭院绿化等。

1.2.6 寺庙胜迹

寺庙胜迹主要指遍布各地的寺庙园林及以览胜、祭拜为主题的胜地。寺庙园林是中国园林的一个庞大分支，它突破了皇家园林和私家园林在分布上的局限，广布在自然环境优越的名山胜地。“天下名胜寺占多”，寺庙园林同时具备自然景色的优美，环境景观的独特，天然景观与人工景观的高度融合，内部园林气氛与外部园林环境的有机结合，这些都是皇家园林和私家园林望尘莫及的。

寺庙园林是中国宗教文化的重要载体。儒家文化、道教文化、佛教文化是中国传统文化的三大支柱，它们既相互区别又相互补充。儒家文化强调天人感应，自我道德完善，在把握人之道的同时能够感应天之道进而把握天之道；道教文化强调天人同化，认为人来自于自然又复归于自然，只要物我两忘，无为而有为，自在得逍遥；佛家文化的本源来自印度，传到中国后吸收了儒、道两家文化而演变为中国佛教的禅宗文化，以佛为天。儒、道、佛三家文化都注重自然和人为的统一，只是统一的方式不尽相同：儒家文化追求道德感应，道家文化追求逍遥神游，佛家文化追求净根顿悟。因此，四周院墙、中轴对称、等级分明、内外有别的建筑组群及其审美观赏，更多地与儒家文化联系在一起，在园林风格上主要体现为皇家园林与文人园林；而风景名胜追求自然天成及其审美欣赏，更多的与道教文化联系在一起，在园林风格上体现为道教园林与自然园林；佛教梵宇却对上述两者兼收并蓄，建筑组群与儒家文化相联系，而园林部分恰好与道教文化相联系。

寺庙园林有着悠久的发展历史。早期寺庙被看作为“神”的世间宫苑，寺庙园林形象地描绘了道教的“仙境”和佛教的“极乐世界”。道教的玄学观和佛教的玄学化，导致道士、僧人都崇尚自然。寺庙选址名山胜地，悉心营造园林景致，既是宗教生活的需要，也是中国特有宗教哲学思想的产物。到了两晋、南北朝，贵族有“舍宅为寺”的风尚，即将宅园宅第转化为寺庙，成为早期的寺庙园林。寺庙在古代不仅是宗教活动的场所，也是宗教艺术的观赏对象。寺庙园林的开发使朝山进香与游览园林胜景结合起来，起到了以游览观光吸引香客的作用。后来，统治阶级利用宗教、资助宗教，信徒也往往“竭财以赴僧，破产以趋佛”。寺庙拥有强大的经济力量而具备了丰富园林的物质条件。寺庙胜迹的主要特征分为四个方面。

(1)公共游览性质。寺庙胜迹不同于禁苑的君主享用和宅园的私人专用，而是面向广大的香客与游人。因此，除了传播宗教以外，还带有公共游览的性质。宗教目的旨在“普度众生”，对来庙敬香者、瞻仰者、游览者，不管其贵贱贫富、男女老少、雅逸粗俗，一概欢迎，绝不嫌弃。庶民百姓只有到寺庙中去进香，才能兼得游赏。由于进香游览人数的众多，又出于虔诚的宗教信仰而大多愿意倾囊施舍，这又从经济上大大促进了寺庙园林在全国众多名山大川中的开发。名山胜水和灿烂的历史文物荟萃聚在一起，更吸引着千千万万的中外游客去饱赏其丰姿秀色。因此，寺庙园林具有公共游览性质，具有适应广大阶层游客观赏的景观内涵，不同于只供少数人独享其乐的皇家园林和私家园林。

(2)选址规模灵活。宫苑多限于京都城郊，私家园林多邻于宅第近旁，而寺庙则可以散布在广阔的区域，使寺庙有条件挑选自然环境优越的名山胜地，“僧占名山”成为中国佛教史上带有规律性的现象。特殊的地理景观是多数寺庙园林所具有的突出优势，不同特色的风景地貌给寺庙园林提供了不同特征的构景素材和环境意蕴。寺庙园林的营造十分注重因地制宜，扬长避短，善于根据寺庙所处的地貌环境，利用山岩、洞穴、溪涧、深潭、清泉、奇石、丛林、古树等自然景貌要素，通过亭、廊、桥、坊、堂、阁、佛塔、经幢、山门、院墙、摩崖造像、碑石题刻等的组合、点缀，创造出富有天然情趣、带有或浓或淡宗教意味的园林景观。寺庙园林的范围可小可大，伸缩的弹性极大，寺庙园林小者往往处于深山老林一隅的咫尺小园，取其自然环境的幽静深邃，以利于实现“远者尘世，念经静修”的宗教功能。大者构成萦绕寺院内外的大片园林，甚至可以结合周围山水风景，形成大面积的园林环境，形成闻名遐迩的旅游胜地。在众多的寺庙园林中，后者占有一定的比例。因而，寺庙园林的空间容量远比私家园林大得多，甚至具有浩大的空间容量，如泰山、武当山、普陀山、五台山、九华山等宗教圣地。空间容量大且视野广阔，具备了深远丰富的景观和空间层次，以致近能观咫尺于目下，远借百里于眼前，形成了远近、大小、高低、动静、明暗等强烈对比的主体化的环境空间，往往能容纳大量的香客和游客。

(3)园林历史久远。帝王、苑囿常因改朝换代而废毁，私家园林难免受家业衰落而败损。相对来说，寺庙园林具有较稳定的连续性。一些著名寺观的大型园林往往历经若干世纪的持续开发，不断地扩充规模，美化景观，积累着宗教古迹，题刻下历代的吟诵、品评。自然景观与人文景观相交织，使寺庙园林包含着历史和文化的价值。

(4)寓园林于自然。由于寺庙园林主要依赖自然景貌构景，在造园上积累了丰富的建筑与自然环境协调关系的设计手法。传统的寺庙园林特别擅长于把握建筑“人工”与自然“天趣”的融合。为了满足香客和游客的游览需要，在寺庙周围的自然环境中，以园林构景手段，改变自然环境空间的散乱无章状态，加工剪辑自然景观，使环境空间上升为园林空间。例如善于顺应地形立基架屋；善于因山就势重叠构筑；善于控制建筑尺度，掌握合宜体量；善于运用质朴的材料、素净的色彩，造就素雅的建筑格调；善于运用园林建筑小品，对景象进行组织剪辑，深化景观意蕴等。

知识链接

中国寺庙园林的布局

虽然各地地理环境、地域特色和风俗习惯不尽相同，但寺庙园林在组群布局上大体可以分为4个主要部分。

(1)生活部分。生活供应部分除方丈、僧房、斋堂、厨房等外，还设有供香客、游人住宿的客房。大型寺观的生活用房有的达到千间以上。这些方丈、客房，大多隐于僻静的部位，带有尺度宜人的小院，院内开凿小池，放置山石、盆景，构成与寺外园林异趣的庭园小天地。

(2)前导部分。前导香道既是寺庙的主要交通路线，也是寺庙园林游览的序幕景观。长长的香道在宗教意义上成了从“尘世”通向“净土”“仙界”的情绪酝酿阶梯，常常结合丛林、溪流、山道的自然特色，精心选定路线，点缀山门、山亭、牌坊、小桥、放生池、摩崖造像、摩崖题刻等，起着铺垫、渲染宗教气氛，激发、增强游人兴致，逐步引入宗教天地和景观佳境的过渡作用，四川乐山大佛寺的香道就是一个典型。

(3)游览部分。园林游览部分随寺庙所处地段呈现不同的布局。位处城镇的寺观祠庙，如苏州的寒山寺、戒幢寺(西园)、成都的武侯祠等，多是圈围在院墙内部、模仿自然的山水园，布局的方式和手法类同私家园林。位处山林环境的寺观，如杭州的灵隐寺、乐山的凌云寺、福州鼓山的涌泉寺、灌县青城山的天师洞、峨眉山的清音阁等，则突破模仿自然山水园的格局，而着力于寺院内外天然景观的开发，通过少量景观建筑、宗教景物的穿插、点缀和游览路线的剪辑、连接，构成环绕寺院周围、贯连寺院内外的风景园式格局。由于寺庙多位处山林，因此这类格局是寺庙园林布局的主流。

(4)宗教部分。宗教活动部分由供奉偶像和举行宗教仪礼的殿堂、塔、阁组成。通常多占据寺庙的显要部位,采用四合院或廊院格局,以对称规整、封闭静态的空间,表现宗教的神圣气氛。布局上大多与寺庙的园林部分隔离,有时也采用空廊、漏花墙,让园林景色渗透进来。在地段紧迫、地形陡变处,往往突破庭院式格局,随山势散点布置,融入自然环境。这样,宗教建筑自身也成了景观建筑,与园林游览部分融成一体(图 1-7)。

图 1-7 梁平双桂堂寺庙园林布局

来源:张兴国. 重庆市梁平双桂堂保护规划. 重庆大学建筑设计研究院有限公司. 2011.1

1.2.7 遗址公园

随着城市建设的现代化发展,城市中的文化遗址作为往昔的缩影和城市记忆深处的符号,面临着周围环境的突变和城市开发的压力。然而,人们心中的“怀旧情结”却越来越重。在生活节奏日益加快的时代,人们迫切需要一个观光、休闲、放松的好去处。同时,随着人们经济水平的提高,迫切需要更强的城市自豪感来满足日益增长的精神需求。在这种背景下,文化遗址公园应势而生。遗址公园是目前国际通用并日趋成熟的对考古遗址加以保护和利用的模式。遗址公园是指基于考古遗址本体及其环境的保护与展示,融合了教育、科研、游览等多项功能的城市公共文化空间。我国在 2000 年把这一概念正式引入文化遗产保护领域。大遗址指大型的古文化遗址,由遗存及其相关环境组成。大遗址公园模式的提出,不仅有利于一个地区保存独特的地域性格,增强人们对城市的认同感,还有利于城市的建设和发展。建设文化遗址公园是将城市中最具历史文化内涵的角落从尘埃中拾起,重新整塑,为当代人提供看得见、摸得着的历史。因为这历史与这座城市、这里的人们有着牢不可破、密不可分的渊源,理所应当成为当代人难以割舍的精神家园。

我国的遗址保护经历了从“遗址”到“大遗址”，再从“大遗址”到“考古遗址公园”的过程。国家考古遗址公园的提出及相关法规文件的颁布是实践大遗址保护的新形式，为城市建设和大遗址保护找到了一个结合点，为城市的文化建设找到了新内容。从高句丽遗址、殷墟遗址、金沙遗址和鸿山遗址等大型考古遗址公园建设的试点，到大明宫遗址公园、隋唐洛阳城遗址等大型考古遗址公园建设实践的扩大，再到实现良渚遗址、牛河梁遗址和临安城遗址等大型文化遗址公园规划建设的起步，以及安阳“曹魏文化遗址公园”的拟建，文化遗址公园这种整体保护大遗址的方式逐渐得到了人们的关注和认可（表 1-2）。然而，这些已实施、在实施、拟实施的城市规划举措，在守护了古代遗迹、前人文物、城市往事和未来生活的同时，还应考虑更好地处理好遗址保护与城市建设、改善民生之间的关系，做到遗址保护的同时，提高城市的休闲品质。

表 1-2　国内典型遗址公园

名称	项目简介	规划特色	实例照片
大明宫国家遗址公园	大明宫国家遗址公园是世界文化遗产，全国重点文物保护单位。位于西安市太华南路，大明宫地处长安城北部的龙首原上，始建于唐太宗贞观八年，平面略呈梯形。大明宫是唐帝国最宏伟壮丽的宫殿建筑群，也是当时世界上面积最大的宫殿建筑群，是唐朝的国家象征，大明宫初建于唐太宗贞观八年，毁于唐末，面积 3.2 km^2。	大明宫遗址保护展示体现中国模式和东方文化遗产保护模式，使大明宫国家遗址公园为中心的文化产业示范工程成为能够向国际文化遗产保护领域推广的模式和样板。不但在设计上延续大明宫遗址原有的空间秩序，与大明宫国家遗址公园总体的规划相吻合，而且在功能布局上也应将历史与现代气息相结合，融合各类的唐文化展示，同时在遗址的保护方面考虑得也比较周全（图 1-8，图 1-9）。	 图 1-8  图 1-9
西夏王陵遗址公园	西夏王陵是西夏历代帝王陵墓所在地，有“东方金字塔”之称。坐落在银川市西郊贺兰山东麓，营建年代约自 11 世纪初至 13 世纪初。它是中国现存规模最大、地面遗迹保存最为完整的帝王陵园之一，是中国最大的西夏文化遗址，也是宁夏最重要的一处历史遗产和最具神秘色彩的文化景观。	西夏王陵受到佛教建筑的影响，使汉族文化、佛教文化、党项族文化有机结合，构成了中国陵园建筑中别具一格的形式。在中国 119 处国家重点风景名胜区中，西夏王陵是唯一的以单一的帝王陵墓构成的景区。它承接鲜卑拓跋氏从北魏平城到党项西夏的拓跋氏历史（图 1-10，图 1-11）。	 图 1-10  图 1-11

1.3 风景园林遗产的属性

1.3.1 自然性

无论东西方都将风景园林的自然属性看作区别于其他遗产类型的本质特征。《佛罗伦萨宪章》里提到“历史园林是一个包括主要植物构成的建筑群体，它是活态的，即意味着这些植物会死亡或更替。但当一座园林已经完全消失，仅靠推测重建后的园林确不再被视为历史园林”。“自然的废墟”从18世纪起就是英国景观遗产的重要组成部分。英国18世纪诗人、园林理论家森士腾(William Shenstone)写道：“谁所营建的杰作立时开始倾塌；而谁所种植的杰作立时开始升华”。拉斯金在他的著作《建筑七灯》中，认为自然中的建筑也和自然一样出生、成长、衰退。“苍古”更是中国古典园林所追求的格调，童寯先生在1930年调查拙政园时有言：“惟谈园林之苍古者，咸推拙政。今虽狐鼠穿屋，藓苔蔽路，而山池天然，丹青淡剥，反觉异趣横生”。这都说明了人们将风景园林遗产的自然特征看作是最重要的。

即使风景园林遗产是人工作用于自然的产物，人们仍将“人化的自然”看作是最基本的内容。风景园林讲究“生境”、“画境”和“意境”的和谐统一。生境就是创作出一个生意盎然“木欣欣以向荣，泉涓涓而始流”的自然美境界和浓厚生活气息的生活美境界。而画境则是对自然、生活中美的素材，根据中国传统山水画意，通过艺术加工升华为艺术美的境界。意境则是通过艺术加工过的高山流水、清风明月、鸟语花香，使人触景生情，情景交融，乃是园林艺术的最高境界。

1.3.2 人文性

我国古典风景园林在古代社会道家思想的熏陶之下体现出比较明显的“意”文化思想，从园林设计的角度上来说，这种“意”就是指园林所需要表达的意义与情感。在这一思想作用下，风景园林设计需将多种园林要素综合应用起来，达到自然要素(花、草、水、木、生物)以及人工要素(建筑物、人造物)的和谐统一。这种风景园林设计方法对我国古典园林最大的作用就体现在城市设计的立意与布局这两个方面。纵观我国的风景园林，均是将“经营位置”作为了整个设计的首要原则。“虽由人作，宛自天开”是风景园林的最高追求，它有3个层次的认识：第一层次是表象理解，即关注园林营造景观风貌的自然度。第二层次是立法理解，即中国园林本于自然，而高于自然，是对自然的艺术提炼和抽象概括，“外师造化，中得心源”的理法。第三层次是哲理理解，园林不单纯是艺术性的问题，园林的营造应合自然之道、宇宙之法，应法天象地，与自然贯通，天人合一。

对于风景园林遗产来说，人类与自然相互作用彰显了遗产的主要价值，它既表明了人与土地的精神联系，也反映了文化与自然交融的状态。风景园林遗产中文化景观的提出进一步促使人们在现代遗产保护中将文化保护与自然保护有机地整合起来。这一概念基于以地域为基础的保护实践发展，反映了对人类利用土地的方式和关系到人类起源、发展历史纪念性场所的保护观念确立。

由于几千年农耕文明的影响，我国古代建筑、城市与园林的营建原本就十分注重人地关系。正如李约瑟博士指出的那样，“再没有其他地方表现得像中国人那样热心于体现他们伟大的设想‘人不能离开自然’的原则”。中国古代不论是皇宫、庙宇、陵墓、民居，还是城市与聚落的营建，无不体现出一种与自然环境的紧密关系。而中国传统审美对自然风景赋予的文化意义则使得我国的传统园林、风景名胜地均呈现出自然景观要素与人文胜迹有机融合的特点。我国历史上，人们常用“十景”、“八景”等具有丰富文化内涵的称谓来表达他们对自身居住场所的欣赏和赞美，这其中不仅表达出人们与其生存环境关系的本质思想，也蕴含了丰富的景观形态。例如著名的西湖十景、燕京八景，皇家园林圆明园甚至有多达四十景。以至于全国各地凡人文景观稍著者，莫不有八景、十景，这已经成为地方文化的一种表达形式了。这些表达了我们传统上与土地精神联系的风景观念，也从另一个角度与现代文化景观的含义相呼应。因此在某种意义上可以说，只有以文化景观的理念去理解和保存中国传统建筑、聚落与城市以及传统风景名胜等才是对它们价值最真实、完整、可持续的保护。

1.3.3 动态变化性

风景园林遗产是动态的，它是在气候、地理等自然环境与政治、经济等人文环境的作用和影响下，经过长期发展而逐渐形成的，呈现出历史要素、自然要素和人文要素融为一体的特征。它不仅在时空中处于变化，而且在天人关系中也处于变化。边际包括空间、地理环境、时间、古代与现代、生态、文化、政治等多种关系。

注入时间节点，发现与挖掘景观资源的物候条件、时间变化特性和最佳赏景时间，开展景观规划设计可使景观富有特色。如杭州西湖中的“苏堤春晓”和“三潭印月”，就是突出了春季、圆月这个时间要素而设计的。“苏堤春晓”为突出“春季”的特色，堤上的植被绿化选择了早春报绿的水柳与三月开花的桃树，早春三月翠柳桃红将苏堤装点得妩媚一片，使得西湖魅力无穷；“三潭印月”设计突出了圆月这个节点，圆月月月有，水中一个月亮，天上一个月亮，使得荡舟于西湖上的文人墨客，诗情交融，流连忘返。雁荡山风景名胜区的“犀牛望月”也有时间节点之妙，山地象形石“犀牛”若作为一处岩石景观，未免有些俗气，然当将它作为夜晚的剪影与天地月夜组合到一起时，却给雁荡山的夜景增添了无穷魅力。

由于自然的(气候、地质、生物等)干扰和人为的(战争、城市建设、社会发展等)破坏，特别是在当今经济社会快速发展的浪潮下，风景园林遗产受到的冲击越来越大，许多外围环境风貌难以留存。中国皇家名园颐和园，其现存的整体格局形成于 18 世纪，跨越了两个半世纪的历史变迁，依然较为完整地保存到现在，使得万寿山、昆明湖的山水魅力至今不减。这依赖于现代城市规划对其环境风貌的控制，使视野范围内的景观均得到了维护。但目前更多位于现代城市内部或边缘的历史园林，其景观视野确因为被现代建构筑物闯入而造成了风貌上的严重冲突。

1.4 风景园林遗产的价值

对于遗产而言，最核心的内容是对遗产内在价值的评估。如历史与文化、艺术与美学、技术及科学价值等，这是建立遗产的分级保护原则和保护措施手段的基础。有了对遗产价值较为全面深刻的认识，才能依据价值评判来进行保护方法的深入运用。按照联合国教科文组织制定的《世界文化遗产公约》中关于遗产价值的结论，风景园林遗产内在价值主要包括历史与文化、艺术与情感、教育与生态价值几个方面。

1.4.1 历史价值

1. 历史事件的见证

遗产作为“表现出人类创造性才华的杰作”(世界文化遗产标准 1)，“作为现存及已经消逝的文化传统或文明唯一的、至少是特别的”(世界文化遗产标准 3)，“作为一类建筑物、或建筑与工艺技术整体、或景观的杰出范例，表明人类历史一个重要阶段”(世界文化遗产标准 4)。它们真实地记录了人类文明的发展历史，也是漫漫历史长河中某些特定事件的当事者、目睹者和记录者。

风景园林遗产真实地记录了某一段时间的历史，是某一历史事件或历史风貌的真实记录者。中国的风景名胜区中，有的是古代“神山”因被历代帝王封禅祭天活动而形成的“五岳”，有的是自古以来因宗教活动而逐渐发展的佛教名山和道教福地，有的是千百年来人民群众一直游览的地方，有的则是近代发展起来的避暑胜地……这些地方都保存着大量的文物古迹、摩崖石刻、古建园林、诗联楹额、壁画雕刻等。它们都是文学史、革命史、艺术史、科技发展史、建筑史、园林史等的重要史料与见证，所以风景名胜区被誉为一部“史书”，有“游山如读史”之说。公元前 209 年，秦二世封禅泰山，并刻石纪功，其碑今尚存十个残字，不仅成为名山石刻之的稀世珍品，而且真实地昭示了中国帝王封禅的历史。而现存举世闻名的北齐行刻经石峪《金刚经》以及金章宗赐予佛爷寺额“玉泉禅寺”、“香严禅院”等，都是泰山佛教史上的重要标志(图 1-12，图 1-13)。

图 1-12 泰山封禅石刻

图 1-13 泰山岱庙

2. 历史文脉的传承

文化遗产作为“在建筑或技术发展、纪念物艺术、城镇规划、景观设计等方面，展现人类在时间跨度中或世界某一文化区中的重要交替”(世界文化遗产标准 N)，作为“传统人类定居与土地利用的典型文化的杰出范例，尤其是在不可逆转的变化中变得脆弱的”(世界文化遗产标准 5)，作为“与具有突出的全球重要性的事件或生活传统、思想和信仰、艺术和文学作品有着直接和实质联系”(世界文化遗产标准 6)，它们对文化的诞生、延续、继承发展具有重大作用。这种文化主要包括宗教文化、山水文化、民族文化等。

中国诸多风景名胜区和遗产地发展的历史，往往就是中国文化发展史的缩影和重要组成部分。以中国道教发源地之一的青城山为例，自公元 143 年(汉安二年)道教创始人张陵来赤诚崖舍，用先秦“黄老之学”创立“五斗米道”即天师道以来，青城山便以道教发源地和天师道祖山、祖庭而名标史册。汉晋时期，范长生助李雄建立了汉政权，天师道成为汉政权和蜀民的精神支柱。唐王朝崇奉道教，青城山山中道观多达 40 余处，先后演变成 7 个道派，使得中国道教发展进入鼎盛时期。19 世纪晚期，著名道教学者杜光庭融合道教各派成为道教理论集大成者和一代宗师，著书约 30 部 250 多卷，其影响遍及全国道教名山和东南亚，其后青城山一直是中国道教文化的重要传承者。

泰山人文景观中拥有大量突出文化传承价值的摩崖石刻和碑碣。据统计，仅岱庙至岱顶登山道一带就有 823 处。这些摩崖石刻不仅反映山神崇拜活动和封禅活动，而且赞赏泰山的自然美，歌颂壮丽河山和中华民族的伟大精神；不仅丰富了泰山景观形象，赋景观以深刻的文化内容，而且真实地再现了五岳之首泰山逐步演变为中华“神山”的发展历程。同时，也是中国书法艺术、山水文学等文化的重要载体。

苏州古典园林，不仅以其小巧精美、构思新奇的园林建筑、景观著称于世，而且形成了自成体系独特的退隐文化。如现存最早始建于北宋的沧浪亭(图 1-14)，是在园主苏舜钦仕途受挫、闲居苏州时修建。园林主人的退隐之心从园名上即可看出，如沧浪亭取自《楚辞渔父》“沧浪之水清兮可以濯我缨，浊兮可以濯我足，随世沉浮。”拙政园(图 1-15)取自晋潘岳《闲居赋》“拙者之为政也”，拙于做官，即不善于官场逢迎之意。历代众多遭贬谪、隐退购地建园的官吏，在园林的构建风格上，都不自觉地流露出自身心性来。如园林中内涵深刻的楹联、匾额、石刻、诗文、建园小记等，或暗示“身在园林，心在庙堂”的矛盾，或显露“怀才不遇，无人赏识”的忧愤，或表达“自得其乐，随遇而安”的淡泊。苏州古典园林已成为中国古代隐逸文化以及隐逸美学、哲学的重要象征，也是中国古代文人寻求心灵诗意栖居的文明实体。

图 1-14　苏州沧浪亭

图 1-15　苏州拙政园

1.4.2　文化价值

风景园林的文化意义可以以多种可见的形式表现出来，典型的就是山水诗、山水画、山水游记等山水创作活动。它们都是作者广游名山大川后对大量自来山水审美观的心得和产物，也是留给后人回味无穷千古传诵的历史文化作品。

早在春秋时期，孔子的许多活动已经与泰山有关。《丘陵歌》中说："登彼丘陵……喟然回虑，题彼泰山，郁确其高，梁甫回连"。《诗经》中"泰山岩岩，鲁邦所瞻"及泰山而小天下"等诗句长期流传于世。汉代天文学家、唯物主义哲学家张衡也留下"我所思兮在泰山"的诗句。《汉书》作者班固、文学家蔡色、著名学者马融、应劭也曾登览泰山。应劭曾留下《泰山封禅仪记》，记录了他们当时登览泰山的见闻，为现存第一篇泰山游记，也是中国现存的最早游记之一。此后，三国著名诗人曹植登泰山写下了《泰山梁父行》、《飞龙篇》、《驱车篇》、《仙人篇》等诗词。晋大诗人陆机的《泰山吟》："泰山一何高，迢迢造天庭；峻极周以远，层云郁冥冥"。南朝山水诗人谢灵运题写了专咏泰山的诗歌，标志着泰山作为游览审美历史的起始篇。唐宋以后，诗人、旅行家、画家、游人接踵而至，畅神审美，为泰山留下了丰富的文化精品，泰山美学资源得到了发掘和颂扬。泰山不仅是"神"的居所，更是美的象征。如李白《泰山吟》咏道："四月上泰山，石平御道开。……天门一长啸，万里清风来"。"平明登日观，举首开云关。精神四飞扬，如出天地间。"杜甫的《望岳》名句"会当凌绝顶，一览众山小"更是千古绝唱。宋代著名学者范成大游泰山著诗《日观峰》云："岱岳东南第一观，青天高耸碧喷元"。诗人苏东坡，书法家黄庭坚、赵孟頫等都留有诗句和墨迹。明清时代，游泰山的文人学士更是蔚然成风，不可胜举，如宋濂、方孝孺、汪广洋、李裕、王守仁、董其昌、徐霞客、宋弼、袁枚、魏源，等等。他们不仅为泰山留下了许多诗文、记、墨迹和摩崖石刻，大大丰富了泰山的文化内容，也把游人从山神崇拜中引向观赏、求知审美的新方向，而且也使旅游审美成为泰山的主要功能之一。

在山水审美与山水创作的同时，大量源自于自然的山水理论被提出，主要涉及绘画、文学、书法、哲学和山水欣赏等方面。如南朝宋山水画家正宗炳的《画山水序》、清人施元孚的"游山法"、清末学者魏源的"游山学"等。雁荡山的美学价值早在 1 000 多年前就被发现和利用。清人施元孚"寝游雁荡山中，经十余寒暑，披奇剔险，著有成书"提出"游山法"这一论著。他以雁荡山为蓝本，讲了许多游山学的思想和原理，也是值得研究的，如什么季节游什么地方，什么景水大时欣赏，什么景水涸时欣赏，什么是"喜风"，什么是"畏风"等等。更重要的是强调"林泉淡逸清幽，游者亦宜与称"，指出游览者的文化素养和行为，应与自然山水协调。如游山时，游者对物质享受应以"简少为贵"，不要奢华，富者游山，进山前，该摒弃轿和马。当官的如游山，应"节省从徒"，勿劳民伤财。提倡"游者页用自己本色。我儒也，不妨尊道讲学；我文士也，不妨登高作赋；我善书，或摩崖；我善画，或绘画图山"等等。"率具所知所能，以从事烟霞泉石间"这样，"得见高峰增色，流泉生韵，草木鸟兽为之绰约翔舞"。这是"用其本色，实济胜之妙具也"，指出游山不能俗化，雁荡虽有佛氏道场，无须效佛习套。"近见游者，念休，人皆厌而避之"。实际上，高僧的"禅机"与文人的"诗机"，在对待"烟霞泉石"之事是相通的。施元孚的"游山法"是中国古代游览山水活动中回归自然、与大自然精神往来的精神文化活动的经验总结，与清末学者魏源提出的"游山学"是一致的，也是值得总结的山水文化遗产。他的论著是游寝雁荡十年的产物，可以说是深入体验雁荡的杰作。

山水赋作为重要的文学题材，是中国山水文学的主要成就之一，如曹丕的《齐川赋》、《沧海赋》、《临涡赋》，郭璞的《江赋》、《巫山赋》，孙绰的《游天台山赋》等一系列作品。山水赋出现于先秦西汉时期，在魏晋（尤集中于东晋）成熟，继而勃兴。《涛经》中已把自然山水纳入初步的审美活动中，其中对自然山水的描写乃是后世山水文学的萌芽。魏晋以后，崇尚自然的风气盛行，山水赋的艺术境界和美学追求也达到了新的高度。山水赋作者更乐于在虚构的幻境中去驰骋自己的想象和艺术构思，通过巧构瑰丽的、神奇宏阔的场面来进行艺术创作，实现作者的美学追求。如司马相如《子虚赋》写云梦之泽"方九百里，其中有山焉。其山则盘行弗郁，隆崇苍翠；岑岑参差，日月蔽亏，交错纠纷，上千青云；罢池破陀，下属江河"。极尽博大宏深，雄阔壮观之美。此外，山水赋也多半借助神话和传说点缀事物，展现不可企及迢乎人力的意境。如许多赋在写海时，常常用到"巨鳞吞舟"的惊人描写。山水赋是中国文人艺术审美意识不断提高，艺术表现力不断提高的历史风向标。自然山水的钟灵毓秀孕育了大量人杰，如今依然吸引大量文化人士欣然前往。不论是画作、书法、理论，还是摄影、文学作品，文人艺术家对于山水的再感悟、再创作都不会停止。

1.4.3 艺术价值

风景园林遗产的重要组成部分世界自然遗产的特色即是"包括最好的自然现象，有独特的自然美景和重要的审美价值"（世界自然遗产标准3）。因此风景园林遗产以富有美的典型自然景观为基础，其美学价值是脱离人的主观意志（审美）而客观存在的。从宏观上看，每一处自然遗产地都可以说是一首自然山水的画卷；而在微观上，其内包含的建筑、雕刻、书法、园林等又可以说是一座众多人文美学艺术构成的宝库。

1. 自然山水的画卷

"自然风景的结构，是各种形式自然因素有规律的组合，包括地形、水系、色彩、声音、线条等。"地形，又有山地、河谷、平原、盆地、高原等种种形态。在这千变万化的地形环境中，还流动着江海河湖溪潭泉瀑等姿态各异的水体。而在不同的气候、地形、水热条件制约下，山水之间又生长着五彩缤纷、生机盎然的植被森林以及栖居其间、充满生命力的各种动物，从而构成了色彩缤纷、形式纷繁的自然界。同时造就了种种有规律的自然景观美的形式，包括形象美、色彩美、线条美、动态美、静态美、听觉美、嗅觉美等以及雄、奇、险、秀、幽、奥、旷等七大山水形象美。

总面积达10余万km^2的长江三峡（图1-16）则以其疾水、猿鸣、秀峰、茂林成为古往今来文人墨客争相称颂的美景长廊。早在北魏时期，郦道元的《水经注》中就有这样描写："自三峡七百里中，两岸连山，略无阙处。重岩叠嶂，隐天蔽日，……有时朝发白帝，暮到江陵，其间千二百里，虽乘奔御风，不以疾也。春冬之时，则素湍绿潭，回清倒影，绝巘多生怪柏，悬泉瀑布，飞漱其间，清荣峻茂，良多趣味。每至晴初霜旦，林寒涧肃，常有高猿长啸，属引凄异，空谷传响，哀转久绝"。在这段铿锵激昂的文段里，三峡是如此声色俱美，形神兼备。而李白的"两岸猿声啼不住，轻舟已过万重山"赋予了三峡山水一抹浪漫、自由、明快的色彩。明代徐霞客在记述了三峡"难以辞述"的"叠崿秀峰"、"离离蔚蔚"的萧森林木等后，感慨道“既自欣得此奇观，亦当惊知己于千古矣”。这更是将自身对于三峡景观美的喜悦表达了出来。

岳阳楼—洞庭湖风景名胜区(图 1-17)，位于湖南省岳阳市区西北部，为国家级风景名胜区。自古以来，洞庭湖就以湖光山色吸引了络绎不绝的游客。唐李白诗云：“淡扫明湖开玉镜，丹青画出是君山”。刘禹锡也赞叹道：“湖光秋月两相和，潭面无风镜未磨。遥望洞庭山水色，白银盘里一青螺”。北宋文学家范仲淹更是在其著名的《岳阳楼记》中这样感慨，洞庭湖“衔远山，吞长江，浩浩汤汤，横无际涯；朝晖夕阴，气象万千”。霪雨霏霏时“阴风怒号，浊浪排空”，春和景明时“波澜不惊，上下天光，一碧万顷；沙鸥翔集，锦鳞游泳；岸芷汀兰，郁郁青青”。气象宏阔、烟波浩渺的洞庭湖不仅以其佳绝风光为人称道，而且成为历代文人“先天下之忧而忧，后天下之乐而乐”人生理想的寄托之地。

图 1-16　长江三峡

图 1-17　岳阳楼-洞庭湖名胜区

2. 人文艺术的宝库

除了自然景观美，渗透在风景园林遗产地中与环境融为一体的建筑、雕刻、园林等众人文遗迹也展示了极为丰富、瑰丽多彩的艺术美。

以曲折幽深、富于变化而又充满诗情画意风格著称的苏州古典园林。在面积有限的空间内，古代文人在掇山、理水上深下功夫，借助自然山水景观中的典型规律，精炼概括为园林中的山水。在设计中，苏州园林都采用了对层次与空间关系串套连续的手法。具体讲就是园中有院、园院重叠相套的空间关系。同时，造园过程中注重运用形体的大小、高低，相互疏密、聚散；层次的远近、曲直，光的明暗、浓淡，色调的深浅、艳素，质地的粗细、虚实，将一座园林中的诸多物象构成一幅幅布景并烘托出来。如在留园东部的建筑庭院区，设计者在不大的狭长地用院廊分割和连接的手法，通过蜿蜒曲折的多层小空间转折，给人以小中见大的空间感。“多方景胜容于咫尺山林之中”，苏州古典园林通过精巧的空间组织、巧于因借的造园手法，以及因地制宜、独具匠心的建筑、假山、理水、植物配置艺术，取于自然而胜于自然，呈现出丰富多彩、步移景异、充满诗情画意的园林景观。

1.4.4　情感价值

1. 山水审美

审美是主观对客观的反映，是一种精神文化活动，它与审美者的文化修养、社会经验和审美实践有密切关系。自然山水成为供人们进行游览、审美、创作体验和探索自然的精神文化活动场所。山水审美具有层次性，即审美者发现、感受、评价和欣赏山水美的能力和深度具有差异性。这种差异大体可以分为由浅及深的三个层次或阶段：悦形、逸情和畅神。“悦形”是对山水形式美的感性认知，比如形态、色彩、声音、光影等，它可以引起心理、生理的愉悦感，通常的“鸟语花香”、“犀牛望月”(图 1-18)等就是这类审美的感受。在此基础上，具有丰富山水审美经验和素养审美主体，经过对比、联想等心理思维活动，以多种方式寄情于审美对象，将自然山水“人格化”，从而进行人与山水的情感交流。如春秋战国的“比德说”，魏晋南北朝的“人物品藻说”以及众多宗教和民间神话传说，这就是“逸情”。而“畅神”则是在前两者的基础上，经过感性和理性统一复杂的心理活动，达到物我两忘，“应会感神、神超理得”的最高审美境界。庐山形同一座北东西南的巨型笔架，故横看成岭，侧看成峰，必须从整体上“跳出山外”才能把握其真实面貌，于是就有了苏轼“横岭侧成峰，远近高低各不同。不识庐山真面目，只缘身在此山中。”这首哲理深刻的《题西林壁》绝句（图 1-19）。

图 1-18　犀牛望月

图 1-19　庐山自然山水

2. 爱国主义教育

我国的风景园林遗产资源数量多、质量高、种类丰富，是祖国锦绣山河的典型代表。人们游憩其间，无不在他们的心田中激发着爱国之情。当我们看到世界七大奇迹万里长城蜿蜒穿行在崇山峻岭中的雄姿，听到历经 2 250 年仍在灌溉着川西平原千万亩良田都江堰流水的咆哮，感悟到登泰山而“一览众山小”的高远意境时，我们无不为祖国大好河山和五千年文明史而自豪，所以风景园林遗产地又是爱国主义教育的重要课堂。目前，中国国家级爱国主义教育基地共有 370 个，其中风景区约 20 个，包括南岳忠烈祠、敦煌莫高窟、都江堰景区、大禹陵、炎帝陵、中山陵、雨花台风景区、茅山风景区等。此外，属于省级爱国主义教育基地的风景区有九华山风景名胜区、黄山风景区、甘肃万象洞景区、湖南浯溪景区等。

1.4.5　科研价值

风景园林遗产的一项重要价值主要表现在大量人文遗存本身的研究价值上。如 2000 年与邻近的青城山一起被联合国教科文组织列入《世界遗产名录》的都江堰，作为中国水利文明的代表，其独特的价值和世界意义得到了国际范围的认可。经过历代治理和完善，都江堰由最初以防洪、航运和灌溉为主的古代水利工程，演变为现在具有更完备的分流、排沙、泄洪、灌溉和工业用水等功能的综合性水利工程。从遗产本体来看，都江堰的科学价值尤为突出，主要体现在工程本身科学的规划和布局设计、对泥沙的巧妙处理以及代表着战国末期水利发展的最高技术水平，其水利技术在历史发展中不断被传播和传承（图 1-20）。同类型的古代水利工程还有位于广西桂林市兴安县的灵渠，作为秦代三大水利工程

图 1-20　都江堰水利工程规划布局

之一，灵渠以现存世界上“最合理的选址、最科学的大坝、最精当的铧嘴、最灵巧的南北渠、最微妙的泄水天平、最牢固的秦堤、最古老的船闸”，入选世界文化遗产预备名单。

风景园林遗产在科普教育方面也有着巨大的价值。人们透过自然、文化景观的表象，深层次地了解到产生这种景观的自然、文化背景，这就是科学普及。泰山贵为五岳之首，不仅在于它崛起于华北大平原东缘、凌驾于齐鲁丘陵之上、相对高度达到 1 360 m 的雄伟气势，还在于封建社会历代统治者的封禅祭祀、精神渲染以及从蒿里山—泰安城—岱顶分别代表着的地府—人间—天堂三重空间的一系列人文景观衬托。桂林山水甲天下，而形成这江山胜景的是特殊石灰岩峰林地貌以及簪山、带水、幽洞和奇石四绝。楠溪江风景区中的古村落保持着比较完整的传统历史风貌，如大量的明代古建筑、文化遗迹和“七星八斗”等多种村落布局格式，还保留着许多传统文化习俗。而从人文景观的角度来看，更重要的是透过这些景观现象，可以了解到内容极为丰富的“山村文化”，如浙东沿海著名的“耕读文化”和“宗族文化”等。因此，通过这些典型的古代社会细胞，又可以对古代中国社会的历史文化增强感性认识。

自然文化遗产资源具有很高的科学研究价值。然而科学是大众的，广阔的自然界不单是专家研究的“实验室”，更是广大民众认识自然、接受文明的“大课堂”。而对自然和历史奥秘的了解、知识的普及，又更能激发人们对科学的热爱和探索，从而反过来更好地在保护自然的前提下利用自然，和谐共处。2000 年，武夷山等一批遗产地被确定为全国科普教育基地、全国青少年科技教育基地。目前，作为科普教育基地的风景区共有 156 个，其中包括九寨沟国家级自然保护区、安徽天柱山风景名胜区、贵州黄果树风景名胜区、贵州百里杜鹃风景名胜区、浙江天目山国家级自然保护区等。千变万化的自然风景和孕育其中丰富多彩的人文景观，不仅以其优美的造型、绚丽的色彩、深厚的文化底蕴给人以美的享受，还启发人们不断地探索蕴藏其中的奥秘，寻求事物的客观规律。

1.4.6 生态价值

生态价值是风景园林遗产价值的重要组成部分。遗产地作为一种纯洁的、不容破坏的、具有特殊用途的环境生的“圣地”，其价值又包括环境和生态两方面。它既自然环境的调节器，也是生物多样性的保存地。

1. 自然环境调节器

人类生存所需的氧气，主要依靠绿色植物光合作用不断输送补充，循环再生。遗产地山清水秀的良好生态环境和葱郁茂密的林木，可以有效地通过叶绿素固化太阳能，促使生物量增加，构成生物链第一环，保持生态良性循环；并通过 CO_2 固定和 O_2 的释放保持大气的动态平衡，降解污染物，增强大气自净能力，抑制疾病蔓延。同时，通过涵养水源、防风固沙、提高地面植被覆盖率等有效调节区域小气候，为遗产地生物多样性奠定良好的环境基础。如武夷山保护区属于中亚热带湿润季风气候，年平均气温 8.5～18℃，年降水量 1 500～2 100 mm，局部地方高达 3 000 mm 以上，年相对湿度为 80%～85%，雾日 120 d，是福建全省气温最低、降水最多、湿度最大、雾日最长的区域。这些特殊的自然条件不仅使保护区的大气质量优于国家规定的大气环境质量一级标准，主要水体符合国家地面水一级水质标准，也使得在如此一个相对狭小的地区还保存有 290 km^2 的原生性生态植被，其被子植物更兼有从北温带地区到新热带美洲地区 4 个植物区 12 个亚区成分。

近年来，基于“3S”技术以及生态学、经济学定量方法，自然遗产地的生态资产，一切国家拥有的、能以货币计量的、并能带来直接、间接或潜在经济利益的生态经济资源，可以得到较为直观地评估。以云南石林世界遗产地为例，根据 1992—2007 部分年度的 SPOT 遥感影像资料，提取 6 种景观类型信息（耕地、森林、草地、建筑用地、水域和裸岩石砾地）进行监督分类，并通过全球静态部分平衡模型和 ARCGIS 数据分析，可以计算出各类型生态系统在气候调节、水源涵养、土壤形成与保护、生物多样性保护等方面的价值。结果显示，石林世界遗产地及缓冲区每年每公顷森林、草地和水域生态系统价值是巨大的。

2. 生物多样性保存地

遗产是“展现正在进行的陆地、淡水、海岸、海洋生态系统以及动植物群落的重要生态学、生物学过程的杰出范例”(世界自然遗产标准2),也是“包括最重要的有意义的自然栖息地,其中保持着生物多样性,从科学和保护的角度看,含有具有突出的普适性价值的濒危物种”。地处青海高原东北部的青海湖国家风景名胜区,环湖地区仍然形成了丰富的生物多样性生态格局。据统计,青海湖湖区有种子植物52科174属445种,其中裸子植物3属6种,北温带分布型科属占有较大比重。植物资源以草本为主,多为优良牧草,其他资源植物有药用植物、纤维植物、油脂植物、淀粉类植物、观赏植物、饮料类植物等。湖水中的浮游植物有53种、浮游动物共计29种、底栖动物共有22种。湖区共有鸟类164种,兽类36种。在这些野生动物中,有国家Ⅰ级保护动物,如雪豹、藏野驴、白唇鹿、马鹿、普氏原羚、野牦牛、黑颈鹤、玉带海雕等,国家Ⅱ级保护动物有24种。在上述这些鸟兽中,具有显著经济价值的动物约30种;有鸟禽164种,分属15目35科,总数在16万只以上。

习题

1. 风景园林遗产与文化遗产的联系与区别是什么?
2. 风景园林遗产的构成有哪些?
3. 风景园林遗产的属性有哪些?
4. 风景园林遗产的价值有哪些?
5. 以“我知道的风景园林遗产”为题制作图表进行展示。
6. 以“我最热爱的风景园林遗产”为题制作汇报文件进行演讲。

第2章 国际风景园林遗产保护理论与实践

2.1 国际风景园林遗产保护历程

风景园林(landscape architecture)这一概念自古就有,而风景园林作为一种遗产的观念则是伴随着国际历史遗产保护理论的发展而逐渐形成和完善的。风景园林遗产保护理论的发展可以从两条线索追溯,一条是风景园林遗产概念的形成,经历了从"历史遗产—历史环境—风景园林遗产概念"这样一个线索;另一条是百余年来在遗产保护过程中发展起来的国际遗产保护组织的发展及其公布的相关文献。这两条线索可以让我们基本理清风景园林遗产保护的思想脉络。

2.1.1 风景园林遗产保护运动的发展历程

从19世纪中后叶起,遗产保护开始作为一门学科的发展和形成。欧洲国家的实践探索和理论观点,集中地体现了遗产保护运动的行进轨迹。他们的实践探索和理论观点与现代的遗产保护运动有着深厚的渊源关系,是现代遗产保护科学的基石。

文化遗产保护在一百余年的发展过程中,在理论、方法和实践上都逐步走向成熟。而作为文化遗产重要的组成部分——风景园林遗产,也伴随着认识的逐渐深刻,概念的逐渐扩展,目的与原则的不断调整和修正,方法与手段的反复摸索和改进、完善。

1. 开创阶段——古代欧洲国家对于胜迹、圣迹的保护

西方的圣迹保护可以追溯到早期的自然崇拜和神话、传说中神居住的地方,其自然特征都被拟人化,如神圣的树、石、山、水等,与其他相关人造物一起构成具有神性的场所。一些有代表性的欧洲古代景观有的甚至保存至今,如英国索尔兹伯里附近的巨石阵,就是一处史前的祭祀遗迹(图2-1)。更多受保护的圣迹是早期的宗教遗迹和宗教场所。就基督教传统而言,这种圣迹保护可以一直追溯到《圣经·旧约》最早的篇章。例如,给一个场所取一个有意义的名字,使这里的含义、信息、传说能够代代相传;建立一座纪念碑、柱子或庙宇来标记一个场所的重要性,使它的神性为后代感知;保护一个物体作为一个事件或一种思想的证明以便将记忆传递给未来的一代。

此外,对以色列人而言,"应许之地"的更新和耕作是一种非常重要的遗产,它延伸到自然和聚居地景观,如城市、葡萄园、房屋和树木。在《圣经》中,有许多诸如此类的描述,例如:"他们必修造已久的荒场,建立先前凄凉之处,重修历代荒凉之城"。基督教的兴起,使得《圣经》成为一种具有普遍意义的经典,影响到整个西方世界。从此以后,宗教场所一直是西方在工业化社会之前重要的保护对象。而且在保护宗教场所的过程中人们领悟了文化遗产保护的完整意义,即"我们不仅要保护教堂的结构方式,还要保护其中联系着人、上帝和教堂建筑的特殊的观念"。

图 2-1　英国索尔兹伯里附近的巨石阵

作为早期文化遗产地保护，胜迹和圣迹的保护对于现代保护思想最重要的影响就是对“场所”的保护，即将历史遗存及其赖以存在的有形和无形环境共同保护的观念，从一定程度上说这也是风景园林景观遗产保护思想的萌芽。

2. 发展阶段——历史遗产保护运动的发展与“历史园林保护”的兴起

保护和欣赏古代遗迹作为一种广泛的社会运动起源于一百余年前的西方。随着人们对文物古迹保护的欣赏和重视，人们对见证着人类文明和社会发展的历史遗存开始从“文物古迹的保护”发展到“历史园林保护”的阶段。

法国大革命时期，教堂的财富和古迹作为民族成就代表的意识逐渐形成。从被法国占领中解放出来的普鲁士国王颁布了一个关于民族财富状况的报告，开始了政府控制并操作国家拥有的历史建筑的修复。在法国，革命期间产生的新政权倡导保护民族遗产，宣布国家古迹名录，这些今天都被视为在建立现代保护体系之前最有效的保护形式。1830 年，法国成立了欧洲早期最著名的古迹官方保护机构“历史建筑总检察院”，著名的浪漫主义文学家梅里美(Prosper Mérimée，1803—1870)出任第一任负责人。该机构在古迹保护与修复事业中及展示古迹广阔的社会价值方面进行了开拓性的工作。在此期间，主要有两种历史遗产保护思想左右着保护实践活动。

“风格修复(stylistic restoration)”是由法国著名建筑师维奥莱特·勒·杜克(Viollet le Duc，1814—1879)创立的古迹修复方法。它很大程度上基于对景观主观的评价和浪漫的情感。浪漫主义思想通过文学等形式促进了人们对自然和历史特征的敏感，刺激了新兴的中产阶级在各个层面上对保护历史遗迹的兴趣。这些兴趣通过系统化的研究和理论上的阐述，发展起一种宽容的学术兴趣，促进了保护和修缮精神的传播。现代考古学的兴起和发展，在艺术形式上导致各种不同历史风格的复兴。在从事与历史古迹修复有关的工作中，人们趋向于达成风格的完善，或者以风格的纯净作为修复的最终目标。“风格修复”在当时成为主流，甚至允许建筑师根据自己对古代风格的理解创造性地将古迹完善至理想形式。

“反修复运动”至 19 世纪后期，由于实证主义哲学和科学成就的发展，人们对历史的复杂性和客观性的认识进一步加深，此种基于理想化的客观逻辑而超越了价值判断的保护修复遭到了不断增长的批评，形成所谓“反修复运动”。英国艺术评论家拉斯金(John Ruskin，1819—1900)和莫里斯(William Morris，1834—1896)认为，鉴于古代与当代在社会、经济和文化上的巨大差异，“修复到伟大的古代”的做法是不真实的、自欺欺人的行为，要想获得和古代同样的意义就得改变社会条件。他们的这一思想成为现代西方保护理论中所强调的“原真性”思想的起源，资源的真实性被当作评价过去成就的基础，最终导致了现代遗产保护运动的兴起。

在这段时间，对于历史园林的保护实践也伴随着历史遗产保护运动蓬勃开展起来。在英国十六世纪的乡村庭院设计中，将历史遗存的残垣断壁也作景物设置，以迎合贵族对“夹杂着废墟的风景”的审美趣味。同时代的著名景观设计师 L. 布朗（Lancelot Brown，1715—1783）由于面对雇主时总是强调要发挥场地的“潜质”来做设计。他的场地“潜质”论就可以理解为，要抓住场地固有的自然和文化特征作为设计的参照。早期景观方面的历史保护实践多集中在历史园林、建筑的修复，以及对已成废墟的古代遗迹进行遗址绿化等，其中许多工作都是由私人机构完成的。如成立于 1858 年的非营利性保护组织美国蒙特弗农妇女联合会（Mount Vernon Ladies Association），该组织的主要工作包括修复和向公众开放美国第一任总统乔治·华盛顿的故居及其家族种植园。早期的历史保护体现了社会精英的历史观即“社会拯救”，是带有相当理想主义色彩的工作。

18 世纪 90 年代，法国大革命时期，政府没收了教会、皇家与贵族的财产，其中的不少园林向公众开放或改建成了公共散步区，如杜伊勒理公园（Les Jardins des Tuileries）、王宫公园（Du Palais－Royal）等。直到这时，法国人民才有机会游览自己民族的文化遗产。历史不再仅仅让人们梦想，在这些原来仅由国王和贵族们游赏的场所中，法国人民感到了前所未有的平等和自由。正如 19 世纪的一位无名作家对当时城市园林的描述：“在那里，可以这样说，实现了最完美的平等。这是一台节目，那些不能拥有田野的人，让那些永远无法走出关税壁垒的人回到大自然的怀抱……”，“在这里穷人能在富人旁边行走，他们呼吸着同一空气，享受着同一保护”。这一时期，历史园林开放作为公园在欧洲许多国家成为都市计划的一部分。在维也纳，约瑟夫二世 1777 年开放普拉特园为“供大众参观的乐园”。同一时期，英国也将往日贵族、富豪驰马行猎的肯辛顿公园（Kensington Garden）、圣詹姆斯公园（St. James Park）以及海德公园（Hyde Park）相继开放。有些历史园林如伦敦摄政公园（Regent Park）甚至奠定了现代公园的基础（图 2-2）。

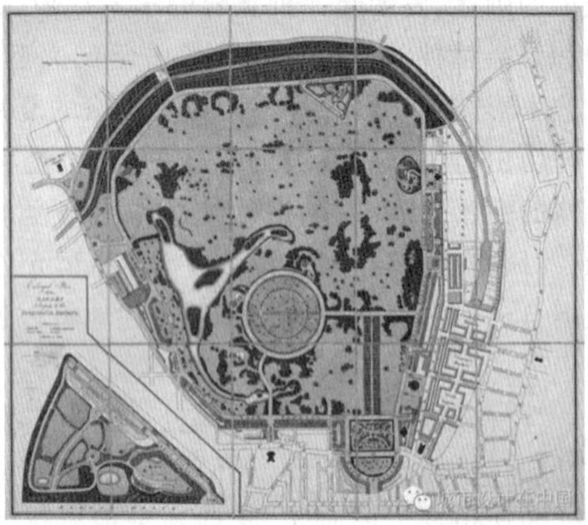

图 2-2　英国伦敦摄政公园

同时，园林景观的社会价值随着保护理论的深入开始有了更多的表达，丹麦人 C. C. L. Hirschfeld 提出了“国民庭院”的概念，文化自然因素相结合，以视觉方式表达对新的民主国家的礼赞。由于这一起源，历史遗产保护在很长的一段时间内一直被看成是一种公益事业；国际保护宪章中也多次强调遗产属于遗产所在地人民；遗产保护的终极理想因此也就体现为免费向公众开放所有伟大的古代遗迹。

3. 深入阶段——国际保护宪章和法规为基础的保护理论的完善

西方对历史遗产保护的不断探索，让人们开始了对于历史遗产价值的思考。从启蒙运动开始形成的现代意识，对上帝、理性、自然和人的观念进行了重新阐释。历史变成了对社会集体经验的解释，并认识到了不同阶段和地域的文化都有它自身的价值。这种新的历史观发展了对观念和习俗多样性的认识，最终产生了文化的多元论和对各民族的文化和价值差异的认识，表达了新的文化和地域关系、自然和环境关系，带来了新的时间观念和新的价值判断。遗产保护因此被定义为一种人文目标，保护的内容不仅包括古代遗迹和艺术品，而且逐渐涵盖过去岁月中的多样的价值领域。1989 年联合国教科文组织(UNESCO)作出了对文化遗产的定义："文化遗产应被定义为物质符号的整体。既包括艺术品也包括传递文化信息的象征性符号。文化遗产是构成人类文化身份的载体，它赋予了每个特别的场所可识别的特征，储存了人类的历史经验。保护和保存过去的文化遗产应是所有文化政策的基石"。这一定义充分解释了文化遗产的价值特性。现代保护的关键问题是价值问题，然而价值概念本身在现代时期也随着时代的发展而被重新定义。正如福科(Michel Foucault)所指出："价值不再如古典时期那样定义，基于一个完整的等价体系，像一件日用品一样可以相互交换。价值止于一个符号，它变成了一个产品。"保护运动基于对文化多样性和价值相对性的认识，这形成了界定"历史古迹"作为国家遗产概念的基础，逐步发展出一种由国家控制，以法律为保障，通过条文实施管理的遗产保护方法。

历史保护领域中的"原真性(authenticity)"概念的提出奠定了历史遗产保护的核心思想。随着历史研究从文学转向科学，一种要辨别真伪的科学历史研究方法开始成为主流。这就出现了一个新的、评价性的时代。20 世纪 60 年代"原真性"的概念正式引入文物建筑保护的学术领域。1964 年制定的历史遗产保护领域的权威性文件《威尼斯宪章》强调了这一思想，提出对历史古迹"我们必须一点不走样地把它们的全部信息传下去"。在使用时"决不可以变动它的平面布局或装饰"。修复时"目的不是追求风格的统一"，"补足缺失的部分，必须保持整体的和谐一致，但在同时，又必须使补足的部分跟原来部分明显地区别，防止补足部分使原有的艺术和历史见证失去真实性"。此后这个概念扩展到文化遗产保护的所有领域，成为遗产保护领域中最核心的概念。

这一时期在风景园林领域的历史保护实践主要表现为历史景观地的更新与开发利用。少数人早就意识到"历史遗产"也可以成为一种生意。较早为旅游业进行大规模恢复重建的是美国弗吉尼亚州的威廉斯堡。他们将重建这一地区光荣的过去当作它在经济上未来的保证。在 20 世纪 20 年代制定的规划是重现 18 世纪 90 年代小镇的风貌，同时将"现代"建筑从市镇景观中清除出去，以保证这个殖民小镇视觉上的纯洁性。这种虚构城市建造时代的做法在今天遭到了强烈的批判，但它的整体性保护的理念却已成为保护运动的重要思想。对于欧洲研究历史景观的人来说，美国的这种做法具有主题公园的性质，即坚信某些传统城市景观的价值来避免历史城镇变成由旅游者供养的不事生产的记忆博物馆。意大利的部分学者强调对城市肌理的历史发展方向的选择要采用学术研究的方法。每一个保护项目都开始于识别城市街区的原型样本——即来自于经数世纪发展形成的城市肌理的建造形式的原型。这种知识对于重建衰败的历史社区是至关重要的，并不是拆除拥挤的住房，而是拆除那些危险的搭建以揭示其原始建造形态。当新的建筑插入老建筑的街区中，只要能够维持传统的街区尺度、视觉上的持续性和原有的环境风貌，即是可行的办法。

整个 20 世纪，文化遗产的保护发展到国际的高度，涉及很多国际组织对保护宪章的界定，建议、公约和管理规则的制定，以及促进公众的保护意识，进行保护管理人员的培训，受保护文化遗产的内容也从历史古迹和艺术品扩展到人类学采集物、历史园林、城镇、村庄和景观。这种物质状况上成规模的增长和对文化多样性的认识，最终导致了在对 19 世纪的文化遗产概念和管理策略重新评估的基础上形成了现代保护理论(表 2-1)。

表 2-1　国际遗产保护领域的研究机构与组织

中文名称	英文全称	简称
联合国教科文组织	United Nations Educational, Scientific and Cultural Organization	UNESCO
国际古迹遗址理事会	International Committee of the International Council on Monuments and Sites	ICOMOS
保护和恢复文化遗产国际研究中心	International Centre for the Study of the Preservation and Restoration of Cultural Property	ICCROM
国际博物馆协会	International Council of Museums	ICOM
国际考古遗址委员会	International Committee on Archaeological Hertiage Management	ICAHM
国际图书馆与研究所联合会	International Federation of Library Associations and Institution	IFLA
世界遗产组织	Organization of World Heritage Cities	OWHC
世界古迹基金	World Monuments Fund	WMF

4. 完善阶段——后工业社会对生态环境的保护与关注

20 世纪下半叶以来，环境恶化和资源枯竭问题成为一项世界性问题。人口剧增使农业生产要求更多的土地，杀虫剂的使用使小动物大量死亡；交通运输的发展使更多的人要求和可能到达远离家乡的风景及历史圣地游览，这些都造成了历史遗产使用与保护间的矛盾。基于这样一个新的背景，现代保护运动在全球化时代的文化多样性策略和生态领域中的社会、经济环境可持续发展中被重新界定。

20 世 60 年代，“生态”变成了环境问题的热门词汇，人们开始了对自然环境固有价值的认可和欣赏。1962 年，蕾切尔·卡逊(Rachel Carson，1907—1964)的著作《寂静的春天》(*Silent Spring*)第一次对长期流行于西方世界的口号——“向大自然宣战”、“征服大自然”的绝对正确性提出了质疑。她注意到化学杀虫剂的生产和应用，殃及很多有益生物，最终连人类自己也不能幸免。最使公众警觉的不是她所述及的个别可怕的事例，而每个故事都是悄悄发展着的、看不见的、却又巨大的足以使地球窒息的锁链中的一环。这本书激起了公众的环境保护意识，引起了广泛的国际反响，它至今仍被认为是环境保护主义的奠基石，被称为“第一次由一个科学家作地球环境影响的陈述”。同年，自然保护联盟在美国西雅图召开了第一届世界国家公园和保护地大会(World Parks Congress，WPC)，旨在使全世界对国家保护地有更为深刻的了解，鼓励进一步发展全球国家保护地运动。大会讨论的话题如人类对野生动植物的影响、物种灭绝、旅游业的经济效益以及与保护地管理等，都是首次被提出而且至今仍是自然资源保护的关键问题。

20 世纪 70 年代，可持续发展观开始在世界范围内形成。1968 年，来自世界各国的几十位科学家、教育家和经济学家等学者聚会罗马，成立了一个非正式的国际协会——罗马俱乐部(The Club of Rome)。其工作目标是关注、探讨与研究人类面临的共同问题，使国际社会对人类的困境包括社会的、经济的、环境的诸多问题有更深入的理解，并提出应该采取的能扭转不利局面的新态度、新政策和新制度。1972 年俱乐部的第一份研究报告《增长的极限》(*Limits to Growth*)深刻阐明了环境的重要性以及资源与人口之间的基本联系。报告认为：由于世界的人口增长、粮食生产、工业发展、资源消耗和环境污染这 5 项基本因素的运行方式是指数增长而非线性增长，全球的增长将会因为粮食短缺和环境破坏于下世纪某个时段内达到极限。继而得出了要避免因超越地球资源极限而导致世界崩溃的最好方法是限制增长，即“零增长”的结论。由于种种因素的局限，其结论和观点存在十分明显的缺陷。但是，报告所表现出的对人类前途的“严肃的忧虑”以及对发展与环境关系的论述都具有十分重大的积极意义。它所阐述的“合理的持久的均衡发展”，为孕育可持续发展的思想萌芽提供了土壤。

1972 年 6 月 5 日在瑞典斯德哥尔摩召开的联合国人类环境会议（United Nations Conference on the Human Environment），是国际社会就环境问题召开的第一次世界性会议，标志着全人类对环境问题的觉醒。会议把生物圈的保护列入国际法之中，成为国际谈判的基础，使环境保护成为全球的一致行动，并得到各国政府的承认和支持。在会议的建议下，成立了联合国环境规划署（UNEP）。这次会议形成了 3 个影响深远的文献，成为世界环境保护运动史上一个重要的里程碑（表 2-2）。

表 2-2　第一届联合国人类环境会议文献

文献名称	主要内容
《只有一个地球》	由经济学家芭芭拉・沃德和生物学家勒内・杜博斯写作的经典著作作为大会的基调报告，奠定了可持续发展的理论基础。作者认为资源分为可再生资源与不可再生资源，环境的变化分为可逆变化和不可逆变化，人类的活动应当尽可能消除对环境的不可逆转影响
《我们共同的未来》	集中分析了全球人口、粮食、物种和遗传资源、能源、工业和人类居住等方面的情况，并系统探讨了人类面临的一系列重大经济、社会和环境问题之后，鲜明地提出了三个观点：①环境危机、能源危机和发展危机不能分割；②地球的资源和能源远不能满足人类发展的需要；③必须为当代人和下代人的利益改变发展模式
《人类环境宣言》	宣言郑重申明，人类有权享有良好的环境，也有责任为子孙后代保护和改善环境；各国有责任确保不损害其他国家的环境；环境政策应当增进发展中国家的发展潜力。这个宣言首次将环境保护作为一种国际承诺

本次会议将人们对经济发展对生态环境带来的影响转向了生态的压力对经济发展所带来的重大影响，指明了一条新的、把环境保护与经济发展切实结合起来的道路，即“可持续发展”的概念。它对可持续发展概念的最终形成和传播起了极大的作用。

20 世纪后期，保护运动的思想和实践在更新城市中衰退的旧城中心商业区、工业区的复兴计划中得到了进一步的延伸和发展。具体的做法是强调复兴可重新使用的旧城中心结构，保存沿街建筑的立面细部和街区尺度。也有转换场地的使用功能，如将废弃的码头进行景观设计后变为滨水风景带等。尽管此类开发计划多数都带有强烈的商业倾向，但它通过对资源的有效利用，使保护思想获得了生态学上的意义，同时也为风景园林遗产保护范畴之内的滨水地区复兴提供了大量的实践平台。由于这段时间人们对环境价值的觉察，景观遗产的保护规划越来越得到重视。遗产保护运动既限制了对环境大尺度的改造，同时也使景观规划从传统的范畴中转向自然和文化资源保护实践中的领导作用。德国规划专家 G. 阿尔伯斯教授认为“景观规划，发源于园林建筑学，直到 20 世纪中叶才为公共意识广泛接受。当然，在此之前景观规划也做出了一些很有成就的个别实例，但是直到最近公众才认识到，景观规划从事的是大范围的、包括整个环境在内的景观建设和保护工作。”

20 世纪 70 年代之后，历史遗产保护越来越超越对建筑和小块遗址的保护，而更加面向整个设计和文化景观。人们从开始时只是认识到历史环境的价值、将古迹与历史事件结合起来评价，然后逐步认识到城市规划体系本身的价值。20 世纪 80 年代末美国通过的所谓的奥姆斯特德法案，提出文件和评估将早期先锋景观建筑师如奥姆斯特德家族（Frederick Law Olmsted；F. L. Olmsted，Jr；J. C. Olmsted）、凯斯勒（Kessler）、克利夫兰（Cleveland）、韦登曼（Weidenmann）等人的工作登录为国家遗产。和这些对少数景观建筑师的作品重视相比，更令人鼓舞的是发布于 20 世纪 80 年代末期的两个美国国家遗产公告，它们强调了景观设计和文化景观都能够被列入遗产目录，以全面认识它们的艺术和历史价值。和文化遗产保护运动相平行的是对自然和环境的意识，资源管理、环境的可持续性、对增长限制的意识。这使自然和文化遗产发展出了共同的关联，保护从西方的社会运动发展成为一种全球化的行动。

随着文化遗产定义的拓展到普通人生活环境的保护和广大的乡村与城市景观，文化价值的评判越来越联系着经济活动，遗产保护越来越涉及城乡规划过程，这种变动使遗产政策和管理体系进一步复杂化。同时，现代的遗产保护并不意味着回到过去，而是要在真实的和潜在的现存文化、物质和环境资源中可持续地发展的思想已成为一种共识。在这种思想意识的发展影响下，风景园林遗产作为一种自然与人文"生态基因"的载体，提供了过去人类游憩生活环境的生动见证，展示了人类文明和生活方式的多样化。在生态环境的注重和文化价值关注的过程中，风景园林遗产保护理论也逐渐在实践过程中日趋完善。

5. 成熟阶段——世界现代自然遗产保护体系与文化景观

1948 年在联合国教科文组织的支持下，世界性的自然保护组织——世界自然保护联盟（IUCN）成立了，其宗旨在于"影响、鼓励及帮助世界各国保护自然的完整性和多样性，确保自然资源公正地、生态上可持续地利用"。此后这个组织在界定自然保护的观念、方法、组织自然保护的国际协作方面起到了重要作用。组织帮助国家环境立法和国际环境公约的建立，如 1972 年的《保护世界文化和自然遗产公约》、1975 年的《濒危野生动植物物种国际贸易公约》等，并开创性地提出了可持续发展、生物多样性和生态系统管理等自然保护理念。在 IUCN 的推动之下，首先在主要的工业化国家建立起自己的自然保护组织，并逐渐参与到国际性的保护工作之中。美国大自然保护协会（TNC，The Nature Conservancy）成立于 1951 年，是一个主要的国际保护组织，总部设于美国华盛顿，其任务是保护植物、动物和自然生物群落，通过保护它们赖以生存的陆地和水体来展现地球生命的多样性。目前，该协会是最大的非政府自然保护组织之一，拥有并管理着大约 1 600 个美国的自然保护区。

1972 年 11 月 16 日，联合国教科文组织大会第 17 届会议在巴黎通过了《保护世界文化和自然遗产公约》。依据《世界遗产公约》保护的自然遗产地，目前已有 149 处，另有 23 处为自然和文化双重世界遗产地。在联合国环境规划署（UNEP）和世界环境署养护监测中心（WCMC）的《联合国国家公园和保护地名录》的数据库中至少有 40 000 个保护区，而世界遗产地是世界保护地"王冠上的宝石"，对自然保护区保护和环境保护有示范的义务。

20 世纪 80 年代，自然保护的方法初步形成，工作的重点转移到了生态系统保护和保护区系统的合理化工作上，并在实践中提出了保护"生物多样性"的概念，即从保护单一物种的栖息地到在特有种、稀有种、濒危种、受危种以及生态系统关键种分布的地区和生物多样性的热点地区建立自然保护区。

1982 年 10 月第三届世界国家公园和保护地大会在印度尼西亚的巴厘岛召开，重点关注保护地在维护社会的可持续性方面所起的作用，并要求建立一个统一的保护地类别体系以便更科学地管理，满足保护地的保护和发展的需要，并维持二者的平衡。这一时期，自然保护联盟和世界自然基金会（WWF）发布了一个重要文件《全球自然保护策略》，它的目标是寻求在一个理性的全球发展计划中整合自然保护和对自然资源的利用，要求把保护工作纳入到全球发展议程的核心部分，同时也将保护工作的方向盘交给了全球发展议程，一时间"为了发展而保护"的理论开始占据优势，自然保护联盟甚至在 1981 年到 1987 年期间运作过一个以"为了发展而保护"为名称的中心，保护开始成为发展的从属工作。

在 20 世纪的最后十年，20 世纪 80 年代所谓"为了发展而保护"的理论已经越来越显现其负面后果，从而转向了一个更广泛深入的保护和保存的时代。如果人们不承认发展和保护的目标具有本质上的不同，就无法平衡二者相互矛盾的需求。对任何一个物种的任何利用都会挪走生物群落的一部分，都会对群落的动态变化和生态系统带来冲击。如亚洲国家的水稻种植已延续了数千年，看起来并没有损害到生态系统承载人类生存的能力，能够被视为可持续的发展方式，但它无法与当地的生物多样性保护相协调，稻田只保留了原始的森林和湿地中的一小部分物种，这样一种“可持续发展”的形式推广的必然结果就是许多物种绝迹了。因此，基于我们关于自然的重要性的非经济的、不可谈判的价值的共识，人们认识到必须有一个由伦理推动的全球管理的框架和基础。

1992 年在全球环境运动历史上是具有里程碑意义的一年。联合国在巴西里约热内卢举行了联合国环境与发展大会，并通过了《生物多样性保护公约》(Convention on Biological Diversity，1992)，提出就地保护的观念，要求拯救珍稀濒危物种，不仅要对所涉及的物种的野生种群进行重点保护，而且还要保护好它们的栖息地。也就是说，需要基于一个区域的概念，对物种所在的整个生态系统进行有效的保护。另一方面，可持续发展的观念也得到了进一步发展，与 1972 年旨在唤醒人们的环境意识的斯德哥尔摩人类环境会议相比，这次会议提高了对环境问题认识的广度和深度，会议通过的《21 世纪议程》将环境、经济和社会关注事项纳入一个单一政策框架，是一项具有划时代意义的成就。《议程》载有 2 500 余项各种各样的行动建议，包括如何减少浪费和消费形态、扶贫、保护大气、海洋和生活多样化以及促进可持续农业的详细提议。为了更好地保护生物多样性，1992 年 2 月在委内瑞拉加拉加斯召开的第四届世界国家国家公园和保护地大会，以强调人与保护地的关系、确认保护地对于生物多样性保护的重要性、探索一条土地管理的区域性途径为目标，提出了扩大保护地体系，争取在 2000 年之前每个主要的生态区系内都至少有 10%的面积受到保护，以实现“21 世纪的保护地，从孤岛发展成体系”的思路。

1984 年世界遗产委员会第八届大会对“文化景观”(cultural landscape)的概念的提出，标志着风景园林遗产已经作为文化遗产体系中一个不可分割的重要组成部分。大会委员们认为：在现代社会中，完全未受人类影响、纯粹的自然区域是极其稀少的。而在人类与土地共存的前提下，有突出的普遍价值的自然地域却大量存在。世界遗产的评估机构国际自然保护联盟(IUCN)和国际古迹遗址理事会(ICOMOS)通过商议，以严密的协议为基础，提出了与自然遗产和文化遗产两者相关的优异景观类别及其登录标准的提案。1992 年世界遗产委员会第 16 届大会，终于将“文化景观”列入遗产范畴，这类遗产地由 IUCN 和 ICOMOS 两个国际机构共同审议。文化景观代表《保护世界文化和自然遗产公约》第一条所表述的“自然与人类的共同作品”。文化景观的选择应基于它们自身的突出、普遍的价值，其明确划定的地理——文化区域的代表性及其体现此类区域的基本而具有独特文化因素的能力。它通常体现持久的土地使用的现代化技术及保持或提高景观的自然价值，保护文化景观有助于保护生物多样性。

1992 年 10 月，世界遗产中心按照委员会的要求，组织召开了历史文化风景园林的专家会议，会上研究讨论了将其列入世界遗产名录所要满足的标准。同年同月世界遗产委员会第 16 次会议批准了专家组的报告，增加了“历史文化风景园林”这一概念，并制定了相应的标准，使其成功成为世界遗产中的一个较为特殊的类别，并特别强调其是“人类和自然的共同作品”。同年同月版《指南》将相关内容归纳到“文化财产列入世界遗产名录的标准”部分。至此，风景园林遗产终于有了权威、完备的理论体系和宪章参照框架，风景园林遗产保护的实践也在 21 世纪的遗产保护活动中大步迈向未来！

2.1.2 风景园林遗产保护理念与国际宪章

历史文化遗产保护的发展和完善过程，其重要的标志即是一部部国际组织的宪章、公约或宣言的诞生。关于历史文化遗产保护国际宪章的发展主要经历了四个阶段：第一，1960 年以前以保护纪念物、遗址、单体建筑和制定文物古迹保护的基本原则为主；第二，1960—1990 年涉及历史地区、历史园林、历史城镇等历史环境的保护宪章、宣言逐渐增加；第三，1990 年以后开始关注乡土建筑遗产、历史性木结构、文化旅游等特定问题和保护利用中出现的相关课题；第四，21 世纪初保护范围的进一步拓展，从产业遗产、历史性城市景观到无形文化遗产，文化多样性的涉及。而风景园林遗产保护的理论也伴随着相关国际宪章的颁布和执行，而逐渐深化、完善。

1. 雅典宪章——对整体历史环境的保护

从单体文物古迹保护到整体历史环境保护概念的深入，为风景园林遗产保护的发展奠定了基础。环境整体保护的思想萌芽于1931年的《关于历史性纪念物修复的雅典宪章》，宪章提出要注意保护历史遗址周围的环境："历史建筑的结构、特征及它所属的城市外部空间都应当得到尊重，尤其是古迹周围的环境应当特别重视。某些特殊的组群和特别美丽的远景处理也应当得到保护"。此后，在20世纪60年代各个国家和国际古迹遗址理事会(ICOMOS)相继出台相关法案(宪章)，构建了今天遗产保护中整体保护的思想。1962年，法国制订了第一部保护历史性街区的法令《马尔罗法》，使得明确界定一个保护区的边界成为可能。1964年，在ICOMOS第2届会议上颁布的《威尼斯宪章》中提出了对文物建筑、遗址所在地及其周围一定规模环境进行保护的古迹修复和保护原则。1966年，日本制定的《古都保存法》，将遗产保护目标扩大到京都、奈良、镰仓等古都的历史风貌，进一步扩大了遗产保护的范围。1981年，ICOMOS澳大利亚国家委员会颁布的《保护具有文化特征的场所的巴拉宪章》中，从一个全新的角度阐述了对历史环境的认识，即"场所"的概念。这个宪章提出了三个新的保护对象——"场所"(place)、"文化意义"(cultural significance)、"结构"(fabric)，以此来代替以前的保护对象"古迹遗址"。场所和文化意义都是对一个环境的描述，而"结构意味着场所所有的物质材料"，这些都表明保护超越了单个具体的实物，保护的对象就是环境本身。之后，1987年《华盛顿宪章》针对历史城镇保护都出台了相应的原则和措施，遗产对象在空间范畴上得到了进一步拓展。至此，世界遗产保护的视野拓展到更为宏观的层面，整体保护的思想逐步形成。

知识链接

关于雅典宪章

20世纪30年代初的雅典先后产生了两部对以后世界建筑和城市的发展影响深远的宪章。第一部为1931年在雅典举行的历史古迹建筑师及技师国际会议第一次会议上通过的《关于历史古迹修复的雅典宪章》(The Athens Charter for the Restoration of Historic Monuments)；第二部在1933年CIAM雅典第四次大会(CIAM Ⅳ)上形成，最初由吉迪翁等人起草，题为《声明》(Constatations)，并在1943年正式以《雅典宪章》(La Charte d'Athenes)的名称发表。第一雅典宪章是20世纪60年代以后一系列关于保护历史建筑、城镇和街区的国际文件的先驱和源泉，为后来著名的《威尼斯宪章》提供了理论基础。它提出一些影响至今的保护原则，自此以后，保护运动的许多成就都在于对制止环境衰退、保护自然资源、保存历史和文化景观的立法。

雅典宪章的产生，主要基于欧洲历史遗产保护运动的推动。进入20世纪之后，现代建造技术和建成环境与历史环境间的差异日益巨大，使保护和保存历史古迹的要求和努力变得更为迫切。第一次世界大战对欧洲的许多著名古迹造成了严重破坏。战后对历史街区、城镇及古迹的修复和重建工作引起了许多探讨，不同的修复重建手段中何者更为适当也有许多争论。

与此同时，欧洲现代建筑运动正蓬勃兴起并日益不可逆转地改造着城市街区的面貌，但是又和历史积累下形成的传统建成环境产生日益严重的视觉冲突，使得历史遗产的保护出现了空前的紧迫性。战后第一个重要的国际组织——国际联盟于1920年成立，该组织由于美国拒绝参加，实际上主要由欧洲国家组成。欧洲第一次可以在超国家的层次探讨具有普遍性的社会与文化问题，使人们认识到了国际协作、国际条约的指导和约束作用的重要性。1930年10月国际联盟的一个下属机构——国际博物馆局(International Museums Office)在意大利罗马召开会议，讨论如何用科学的方法检验、保护和修复艺术品；第二年10月又在希腊雅典召开会议，研究建筑遗产的保护问题。这次会议由国际博物馆局局长儒勒·德斯特里主持，来自23个国家的长期从事历史建筑保护和修缮的建筑师和技师出席了这次会议，主要讨论了七个议题：①一般性原则和定义；②历史古迹的立法和管理措施；③古迹美学价值的提升；④古迹修复；⑤古迹状况的恶化；⑥保护的技术;⑦古迹保护和国际合作。会议所形成的结论集中成为一份文件,即《关于历史古迹修复的雅典宪章》。与此同时,现代建筑的发展也到达了一个关键时期。1933年7月27日,CIAM召开了这个组织成立以来的第四次会议。会议的主要议题是"功能城市"(functional city),会议最后文件即后来的《雅典宪章》,主要内容包括与现代城市相关的三个问题:①区域环境中的城市;②城市的四大功能:居住、工作、游息与交通,以及历史遗产;③结论。

雅典宪章所关注的是单个的古迹及其周边环境,或小块孤立遗址的保护。其主要思想在于确保古迹的历史特征不受损害,并就此提出了一系列具体的手段和要求。主要包括以下几个方面:

(1)应当进行关于对古代纪念物或纪念群落的视线保护的植物配置研究。

(2)在艺术和历史纪念物周围不搞对公众宣传的设施,不竖阻挡视线的电线杆,不建有噪声的工厂,也不立其他高层建筑。

(3)应正确使用所有的现代技术,特别是钢筋混凝土。但这种加固工作应当在任何情况下都予以隐藏,以使历史纪念物的外观和特征得到保护。

(4)各国建筑师和古迹的管理者应与物理、化学、自然科学方面的专家协作,共同决定对每个项目采取适当的保护措施以使其不受大气污染的损害。

(5)废墟应予以谨慎的保护,并在任何可能的时候逐步复原其原有的部分;在此过程中所使用的新材料必须可以被识别。

上述内容牵涉到三方面的工作:首先是对单个古迹或考古遗址的保护策略;其次是保护的技术和方法;最后是对其所在环境的关注——主要是视觉环境和美学上的关注,但也提及了大气环境这样技术性的问题,以及生活环境这样社会性的问题。而这些对古迹周边环境所指定的保护方法、原则,实际上是涉及风景园林遗产关注的核心——怎样有效地处理人和建筑、环境并进行有效的保护。

2. 威尼斯宪章——国际保护原则和技术的确立

在雅典宪章的倡导之下,意大利等一些国家据此形成和建立了本国的历史古迹保护条例以及修复规范,从而开始了国家立法保护建筑遗产的时代。历史遗产的保护观念真正为国际社会接受,成为公认的普遍准则。在20世60年代以后,由一个新的、更大的国际组织——联合国教科文组织(UNESCO)的推动,于1964年召开了历史古迹建筑师及技师国际会议第二次会议,通过了著名的《威尼斯宪章》,并在次年成立了国际古迹遗址理事会(International Council on Monuments and Sites,简称ICOMOS)。它由致力于保护古迹遗址的专业人士组成,主要是为国际上交流、评估和传播保护原则、技术、政策提供论坛的国际性非政府组织。此后,ICOMOS提出的一系列国际古迹修复和保护指导性文件构成了现代保护理论的基本框架。现在该组织已经在许多国家设有分支机构,定期组织国际会议、古迹修复技师的培训以及其他教育普及活动。

《威尼斯宪章》扩大了历史文物建筑的概念,提出了文物古迹保护和修复的基本原则和基本方法。主要包括:①真实性(authenticity)——要保存历史遗留的原物,修复要以历史真实性和可靠文献为依据,对遗址要保护其完整性,用正确的方式清理开放,不应随意重建;②可识别性(identifiability)——不可以假乱真,修补要整体和谐又要有所区别;③连续性(continuity)——要保护文物古迹在各个时期的叠加物,它们都保存着历史的痕迹,保存了历史的信息;④整体性(integrity)——即整体环境保护,古迹的保护包含着它所处的环境,除非有特殊的情况,一般不得迁移。这些原则和方法已成为世界各国遗产保护的共识。

威尼斯宪章在风景园林遗产方面的保护中有关内容主要有以下几个方面。

(1) 现代技术和材料的合理使用。虽然具体古迹修缮的技术千差万别,但20世纪30年代前主要倾向于使用与所维修古迹相同或接近的传统技术。传统技术有悠久的使用历史,工艺上较为成熟,往往被认为是较为稳妥的维修方式;但在工业时代以后,随着一般技术手段的飞速发展,现代技术也开始应用于古迹维修。虽然它和传统技术相比在效率上往往有明显优势,但由于和古迹本身的建造技术往往相距甚远甚至完全不同,也时常引起争议。在1964年的《威尼斯宪章》中,明确指出"必须利用有助于研究和保护建筑遗产的一切科学和技术来保护和修复文物建筑”;同时,“补足缺失的部分,必须保持整体的和谐一致,但在同时又必须使补足的部分跟原来部分明显地区别,防止补足部分使原有艺术和历史见证失去真实性”。

(2)保护历史遗产的周围环境。与当时一般保护对象仅限于单个古迹上相比,威尼斯宪章进一步提出了要注意保护历史遗址周围的环境。“会议建议历史建筑的结构、特征、它所属的城市外部空间都应当得到尊重,尤其是古迹周围的环境应当特别重视。某些特殊的组群和特别美丽的远景处理也应当得到保护”。这一建议以后成为关于遗产保护的国际文件的基本内容之一。

(3)认识到历史遗产保护与城市的关系。不管出于何种目的,该宪章实际上是要求通过交通组织、功能置换、周边环境清理整治等手段,将城市中的历史地段和历史建筑物隔离出来,以体现其功能分区的原则,从而形成了最原始的城市中的历史保护街区的概念。1962 年法国制订了保护历史性街区的法令,第一次使明确界定一个保护区的边界成为可能。1976 年 UNESCO 提出的《关于历史地区的保护及其当代作用的建议》(Recommendation Concerning the Safeguarding and Contemporary Role of Historic Areas,即《内罗毕建议》)和 1987 年 ICOMOS 制定的《保护历史城镇与城区宪章》(Charter for the Conservation of Historic Towns and Urban Areas,即《华盛顿宪章》)中对城市历史保护区给出了更为明确详细的界定,并提出了更为恰当和详尽的保护建议。

(4)认识到历史遗产保护与社区和居民之间的关系。西方早期的历史保护体现了社会精英的历史观,是带有相当理想主义色彩的工作,对历史遗产的关注也主要集中在美学的角度。威尼斯宪章注意到了社区在保护古迹中的角色,指出:“大会建议历史古迹的所有权应予以维持,以保证它们的生活连续性;但它们应在尊重历史和艺术特征的目的下加以使用”。宪章还谈及了古迹周边的社区改造:“清除历史古迹周边的贫民窟,可以为创造新的开放空间提供机会”,并提出历史遗产的保护不应影响所在地点居民的生活质量,这一思想在 20 世纪 60 年代以后的一系列国际文件中日益明确,具有日益重要的地位。

《威尼斯宪章》是国际历史遗产保护发展的里程碑。它所表达的科学思想是 18 世纪末以来,近一二百年各国理论和实践的总结,是世界上许多文物保护专家共同探索的结果。它所制定的基本概念、理论和原则为世界各国文化遗产保护实践提供了理论依据。它促成了 20 世纪 60 年代末至 70 年代初世界范围内保护城市历史建筑和遗产的国际潮流的出现。其中对整体环境的保护观念为风景园林遗产起到奠基作用。

3. 佛罗伦萨宪章——园林遗产保护的专业法规诞生

国际古迹遗址理事会与国际历史园林委员会于 1981 年 5 月 21 日在佛罗伦萨召开会议,起草了以该城市命名的历史园林保护宪章——《佛罗伦萨宪章》。它定义了历史园林的概念,保护和修复的原则方法,具体措施等。《佛罗伦萨宪章》的制定对历史园林的保护和修复提出了详细的规定,成为以后从事历史园林保护与修复的专业性参考文件,奠定了历史园林在当代意义上的保护原则。

《佛罗伦萨宪章》在内容上针对历史园林保护确立了以下几点原则。

第一,关于历史园林的定义和特点。这在《佛罗伦萨宪章》一开头就得到了明确的肯定:“历史园林是一主要由植物组成的建筑构造,因此它是具有生命力的,即指有死有生。因此,历史园林的面貌反映着季节循环、自然变迁与园林艺术,希望将其保持永恒不变的愿望之间的永久平衡(第二条)”。它们的内容除了建筑、种植格局外,还包括“活动或平静的水域,蓝天的倒影”(第四条)。它们的历史与艺术价值与大自然中瞬息万变的各种景象密切相关,其魅力不会随时光的流逝而减弱;岁月也许会使它们失去初时的光辉,但同时也在不断丰富和复杂着它原始的设计形态。这里将时间的痕迹看作历史园林的重要特点,甚至是历史园林作为历史遗产本身的一部分。另一方面,时间的流逝,也使得园林的面貌始终处在一种动态之中。作为园林主要组成部分之一的植物,随时间流逝,由幼小而壮大而凋零;随四季变更，或落叶或开花或结实。由此可见，历史园林的价值正是由时间累积而成。

第二，关于历史园林保护应遵守的原则。宪章继承了《威尼斯宪章》的保护原则，基于历史的设计景观自身的特点，阐述了历史园林保护所应注意的问题。如“构成历史园林整体组成部分的永久性的或可移动的建筑、雕塑或装饰特征，只有在其保护或修复之必要范围内方可予以移动或替代。任何具有这种危险性质的替代和修复必要根据威尼斯宪章的原则予以实施，并且必须说明任何全部替代的日期”（第十三条）。“在未经彻底研究，以确保此项工作能科学地实施，并对该园林以及类似园林进行相关的发掘和资料收集等所有一切事宜之前，不得对某一历史园林进行修复，特别是不得进行重建”（第十五条）。“修复必须尊重有关园林发展演变的各个相继阶段。原则上说，对任何时期均不应厚此薄彼，除非在例外情况下，由于损坏或破坏的程度影响到园林的某些部分，以致决定根据尚存的遗迹或根据确凿的文献证据对其进行重建”（第十六条）。“在一园林彻底消失或只存在其相继阶段的推测证据的情况，重建物不能被认为是一历史园林”（第十七条）。

此外，作为一种有生命力的历史遗产，历史的设计景观的保护具有有别于其他历史遗产的两个因素。

其一，任何得以保存至今的历史设计景观，都依赖于其局部的甚至整体的、不断的人工或自然的修复和重建过程。因此对于历史设计景观，修复和重建就是保护和保存的基本手段，任何严谨的修复和重建的价值和产品都是无法否定的，这可能有别于关于建筑类古迹中对“不得随意重建历史古迹”的原则。

其二，在历史设计景观永不停息的发展过程中可能确实存在过某些相对稳定的形态，但根据文字描述和绘画图片记载所进行的原始形态复原有多少真实性也是值得怀疑的。而且作为整体运作的自然系统，也很难做到让不同的时代片断共存。随着时代的变迁，历史设计景观中自然和文化要素的不断生长、变化是必然的，因此要根据不同的情况选择保护的方式。与一般历史遗产有所区别的是，历史设计景观除了要保留原始的印迹，还要保留“变化”的印迹。因此对它们的修复不能仅仅被看作复原至某一时期或使现存形态完整的行为，更重要的是在场地历史研究和现状调查中了解其演变和转化的过程，从而确定哪些部分需要改变，哪些部分需要恢复，以及哪些部分需要使之继续演变。

第三，特别针对历史园林中植物和水体的维护方法。《佛罗伦萨宪章》指出：“对历史园林不断进行维护至关重要。既然主要物质是植物，在没有变化的情况下，保存园林既要求根据需要予以及时更换，也要求一个长远的定期更换计划”（第十一条）。因此，历史设计景观的保护虽然必须遵循《威尼斯宪章》的精神，但在具体的方法上则不可拘泥，而应适应其自身特点。这些方法可分为两个层面：日常的维护与保护，可以称为历史设计景观的风貌维护；以及在受到破坏以后的修复与重建，可以称为历史设计景观的风格修复。宪章第十一条规定：“对历史园林不断进行维护至为重要。”对于以植物为主的历史设计景观，日常的维护和保护尤为重要。此种维护，其目的在于维持历史设计景观的景观特征，使其不因外界或自身的变化而出现显著的改变，因此称为风貌维护。

植物是历史园林景观的主要组成部分之一，其维护首先是植物品种的维持。《佛罗伦萨宪章》第十二条指出：“定期更换的树木、灌木、植物和花草的种类必须根据各个植物和园艺地区所确定和确认的实践经验加以选择，目的在于确定那些已长成雏形的品种并将它们保存下来”。

水体是一个更为微妙和敏感的问题。历史设计景观中的水体通常是非常重要的景观因素，但同时往往也是更大的地区水环境的一部分。除了常规的疏浚、清淤等技术性维护措施之外，维持整个地区水环境的生态平衡对于维持历史设计景观中水体的景观特征具有根本性的作用。《佛罗伦萨宪章》第十四条指出：“历史园林必须保存在适当的环境之中，任何危及生态平衡的自然环境变化必须加以禁止。所有这些适用于基础设施的任何方面（排水系统、灌溉系统、道路、停车场、栅栏设施以及游客舒畅的环境等）”。

《佛罗伦萨宪章》和《威尼斯宪章》在基本思想观念上一脉相承，但对于历史园林景观的保护提出了特别的理论方法。历史设计景观修复的本质就是对历史意境的保护和展现，而这种重现历史意境的目标在实践中通常表现为对某种景观艺术风格的追求。“风格”这个概念是通过比较艺术形式上的差异而建立起来的，是一个美学概念。而正如《佛罗伦萨宪章》第一条所声明，历史园林是一种艺术品。因此，历史园林的修复和重建应当理解为在严谨考证基础上的风格修复。在这一点上，《佛罗伦萨宪章》可以说是第一部真正针对风景园林遗产保护而设定的国际性遗产保护文件。

4. 其他关于遗产保护的国际性宪章

在历史文化遗产保护运动的发展中，随着对遗产概念内涵的不断扩大，以及保护理念和方法的不断完善，一些关于遗产保护的国际性宪章相继出台。这其中也涉及了风景园林遗产的内容。

1972 年联合国教育、科学及文化组织(UNESCO)大会第十七届会议在巴黎通过了《保护世界文化和自然遗产公约》与《文化遗产及自然遗产保护的国际建议》。《世界遗产公约》提出了遗产属于全人类的观念，并设立了世界遗产委员会(World Heritage Committee)对具有突出的普遍价值的人类遗产进行登录保护。对列入《世界遗产名录》(World Heritage List)的古迹遗址，UNESCO 监督并资助它的保护。世界上许多国家都依此建立或修订了自己的遗产保护和登录制度及相关法律。对世界自然和文化遗产的申报和评定，今天已成为各国文化交流的重要领域。

1977 年，国际建筑师及城市规划师会议提出《马丘比丘宪章》，它以一个古代文明遗迹命名，目的就是要体现出对传统文化和自然环境的尊重。在历史保护方面，它提出了“保护、恢复和重新使用现有历史遗址和古建筑必须同城市建设过程结合起来，以保证这些文物具有经济意义并继续具有生命力”，“近代建筑的主要问题已不再是纯体积的视觉表演而是创造人们能生活的空间，不再是孤立的建筑，而是城市组织结构的连续性”等城市有机发展的思想，使古迹遗址不再仅仅被看作静态的保护对象。

1981 年澳大利亚 ICOMOS 提出的《保护具有文化特征的场所的巴拉宪章》从另一个角度阐述了对历史环境的认识，这就是“场所”。这个宪章提出了三个新的保护对象“场所(place)”、“文化意义(cultural significance)”、“结构(fabric)”，来代替以前的保护对象“古迹遗址”，场所和文化意义都是对一个环境的描述，而“结构意味着场所所有的物质材料”，这些都表明保护超越了单个具体的实物，保护的对象就是环境本身。

20 世纪 90 年代以后，ICOMOS 发布的宪章反映了人们对遗产的多样性及其不同的保护方式的认识，如 1990 年发布的《考古遗产的保护和管理宪章》、1996 年发布的《水下文化遗产保护和管理宪章》、1999 年发布的《关于乡土建筑遗产的宪章》。近年来另一突出问题就是古迹保护和游览之间的矛盾。为了使旅游业从纯盈利的目标中解放出来，1999 年 ICOMOS 发布的《关于文化旅游的国际宪章》，在承认旅游业能为“保护和维持遗产和文化实践提供重要的意义和手段”的同时，对于在遗产保护地发展旅游业提出了一些要求，如旅游规划“应当考虑美学、社会和文化的尺度，自然和文化景观，生物多样性，以及遗产场所的更大范围的视觉关联。应该优先使用地方材料，并反映地方建筑风格或乡土传统”、“遗产场所的保护和旅游业的规划应该确保游客获得有价值的、满意的和令人愉快的体验”以及“在遗产场所被用于开发旅游业之前，经营计划应该评价资源的自然和文化价值。然后它们应当对可以接受的改变建立适当限制，特别是访客数量对遗产场所物理特征、整体性、生态和生物多样性的影响，对当地道路和运输系统以及遗产所在社区社会、经济、文化的影响。如果改变大到无法接受，那么开发计划应该被修正”，等等。

这一系列国际宪章的颁布实施，对国际历史保护事业具有重要的指导作用。但也要看到上述文件都是以欧洲文化传统为背景制定的。《世界遗产公约》的 161 个缔约国之间的文化、社会、经济、历史各不相同，可以遵从共同的精神，但不必套用同样的原则。在中国、日本等东亚国家，对传统的木结构建筑的保护，历来以落架重修作为一种重要的手段，这与西方国家基于砖石砌体结构建筑而发展的对原真性概念的理解有着冲突。为解决这一冲突，1994 年 11 月，来自 28 个国家的 45 位与会者在日本古都奈良专门探讨了如何定义和评估原真性的问题。会议最后形成了《关于原真性的奈良文件》。《奈良文件》首先强调了“文化多样性与遗产多样性”，然后将“信息源的可靠性与真实性”作为评判“原真性”的重要基础。而“信息源是所有使了解、认识文化遗产的性质、特点、意义和历史成为可能的实物、文字、口头和形象的资料”。文化的差异不仅涵盖了那些被关注的表面特征，而且包括了它的组织形式。

综上所述，我们可以看到，历史遗产保护理论在20世纪有了长足的发展。从保护著名的纪念物到保护“由于时间流逝而获得意义”的环境；从保护美学价值到保护生活、环境的连续性；从对保护标准教条的评判到承认多种保护方式的存在；从保护具体的物质对象到保护文化景观，从单纯的保护到历史街区的复兴、发展遗产地旅游业，等等。这些意识对保护策略的选择是非常关键的，它要求持续使用和尊重前工业时代的传统，在城市和乡村的整体环境上，对变化的控制和价值重建都在对物质遗存的保护中扮演了非常重要的角色。风景园林遗产保护理论与实践也随着历史遗产保护理论的发展而逐渐成熟完善起来。

2.2　西方风景园林遗产保护的实践

在风景园林遗产保护的形成发展过程中，西方国家的状况具有相当的代表性，集中地体现了遗产保护运动的发展轨迹。他们的实践探索和理论观点与现代的风景园林遗产保护理念有着深厚的渊源关系，形成了风景园林遗产保护学科的基石。这其中最为突出的是美国的遗产地保护、日本的自然公园系统和法国的景观地保护。

2.2.1　美国遗产地保护

1. 遗产地保护运动的发展历程

美国国土辽阔，自然景观多样化，作为一个移民国家，虽然历史不长，但文化传统来源复杂。它是最早以国家力量介入自然文化遗产保护的国家之一，是首先提出世界遗产概念的国家，也是自然文化遗产保护做得较为成功的国家。目前，美国的自然文化遗产体系主要由国家公园、国家森林、国家野生动物保护区、国土资源保护区、州立公园、各级博物馆体系和各类非官方保护组织组成。与遗产管理体系的制度和法规相对应的还有一系列的保护方法和经营手段，如遗产地旅游业、乡村博物馆、公园志愿者等等。其中，美国保护运动观念与方法的成长，经历了从保护著名的纪念物到保护整个建成环境；从保护美学价值到保护生态价值；从保护欧洲殖民者的遗产到认识遗产的文化多样性；从静态的保护到历史街区的复兴、发展遗产地旅游业等等。考察美国遗产地保护运动的历史变化和发展的过程、自然遗产的多样性和与之相对应的保护与利用方法的多样性，与在美国这种以区域为基础的、大尺度综合性的遗产保护和管理方法，会给当代中国仍处于起步阶段的风景园林遗产保护体系的建设提供有益的启示。

(1)保护体系的初步定义(1830—1930 年)。欧洲殖民者在美国建立国家之初，就怀着征服自然、支配自然的信念，并将环境定义为一种等待征服的力量——通过人类的干涉使这块土地从经济角度变得更富有。但在 19 世纪初，一些自然主义者和作家开始重新思考人类与环境的关系，认识到对资源不加限制的开发会损害环境与人类的未来。1832 年，画家和探险家乔治・卡特林(George Catlin，1796—1872)到密苏里州北部旅行写生，在旅行中注意到了沿途在土地开发过程中，大量野生动物被杀，使印第安人作为一个存在的民族，因为其生存的环境被剥夺而遭到严重威胁。他在这一旅程中所作的札记，已成为今天人类学家研究印第安人的重要资料。更有意义的是，他还提出了设立“国家公园”以保存土地的原始自然状态的建议，这里“人们在未来的日子里可以看到美国土著印第安人身着传统的盛装，骑着野马在奔跑跳越，手持弓箭、盾牌和长矛，打猎兽群和野鹿”。可以说，卡特林提出的“国家公园”保护理念是划时代的。

从此以后，美国知识界对自然的关注开始上升，并从中探寻到作为美国人身份的自豪感。1864 年，在美国景观建筑学之父老奥姆斯特德(Frederick Law Olmsted. Sr，1822－1903)关于风景和环境问题报告的影响下，加利福尼亚州在约塞米蒂河谷

(Yosemite Valley)建立了自然保护区。1872 年，国会通过了设立国家公园的法案(Yellowstone Act，1872)，第一个按照“国家公园”法案实施管理保护的区域——黄石国家公园被建立起来(Yellow Stone National Park，面积 8 710 km^2，如图 2-3 所示)。黄石国家公园的建立体现了一个新民族的自豪感。这

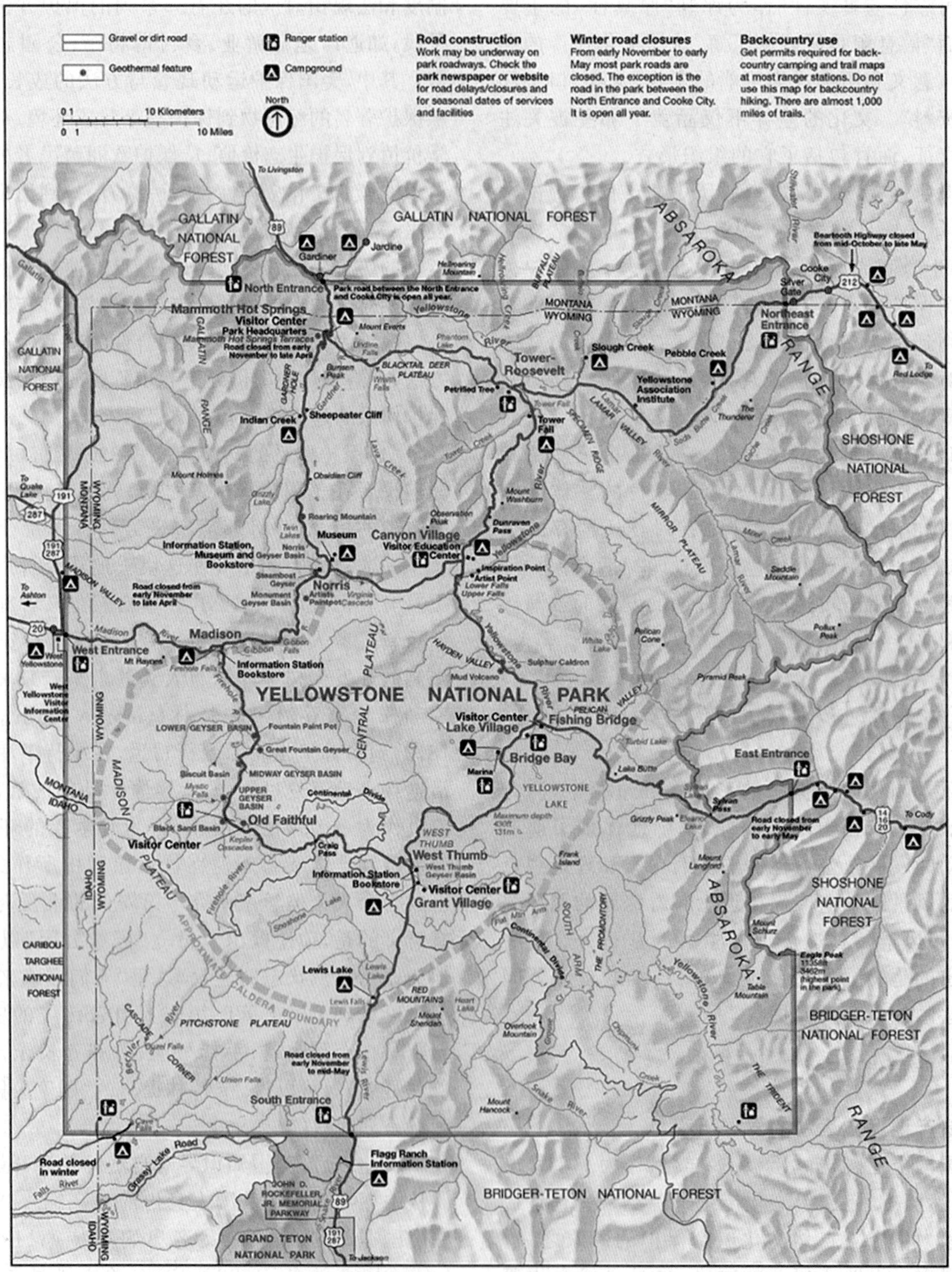

图 2-3　美国黄石公园布局

个公园不同于欧洲那些有着数千年历史的、远古构筑物与自然场所相交织的风景，而是一个展现大自然纯粹壮丽风光的胜地。美国自然和文化遗产保护的许多内容和目标都与这个新民族的自身文化认同的建立有关，也正是在这个过程中，美国的景观建筑学专业得到了长足的发展。在1916年，国会通过了《建立国家公园管理机构的法案》(Act to Establish a National Park Service [Organic Act])，之后专门的管理机构——国家公园管理局(National Park Service)才得以设立，那时在整个美国已有了15个国家公园和超过30个的国家纪念地。设立公园管理局的目标是“保存风景和自然与民族历史产物，以及在其中的野生动物，以保证这些自然资源能够流传到子孙后代的手上”。

黄石公园的建立初期，保护地内传统的生产方式，例如狩猎、采矿仍然存在，而汽车、公共交通等新的问题也给保护地造成了破坏。因此内政部官员和保护专家们对这些问题进行了广泛的讨论，得出了公园自然资源保护需要优先的结论，并相继颁布了《黄石狩猎保护法案》(Yellowstone Game Protection Act, 1894)、《古物法案》(Antiquities Act, 1906)。保护地向公众开放一方面既利于减轻政府财政压力，另一方面也是民主政治制度的一种表达方式。但这同时也带来了对自然资源保护和利用的深刻矛盾，这些矛盾促进了国家公园体系和管理制度的完善，尤其是加强了对公园内防火、森林资源和野生动物的保护，并促使政府对进一步完善保护地类型的政策进行了研究。但是，对自然公园的保护和利用的矛盾开始成为争论焦点，保护主义者要求维护自然地域绝对不受人为干扰，开发主义者则把自然看作一种可利用的经济资源。这种争论最终引起了两种不同原则的管理机构的建立：国家森林管理局和国家公园管理局。国家森林管理局设立于1891年，国家森林过去经常被定义为一种“资源储备”，从未被认为是永久保存的区域，因此容易遭到过度的砍伐，而国家森林管理局的建立是从长远角度维持森林资源的平衡，保证在林业砍伐的能够获得可持续性的发展。国家森林管理局的主要职责是确保森林不被过度砍伐，通过相应的管理手段确保林业资源的长期健康的发展，以及管理由砍伐树木引起的问题如阻塞航道等事情。另一方面，国家公园常被看作一种纯粹的自然保护目标，但是也在承载人类的旅游休闲活动。对于保护主义者而言即使是旅游休闲活动也对受保护的自然公园造成了破坏，所以此后对自然公园的保护与利用的争论一直在持续。

(2)罗斯福的新政对保护的影响(1930—1950年)。美国于1935年制定了专门的《保护历史遗址法案》(Perservation of Historic Sites Act, 1935)，在1936年通过了《公园、风景路和休闲地法》(Park, Parkway, and Recreational Area Study Act, 1936)，这些法案规定了在国家公园体系中历史古迹的保护内容和相关措施，进一步增强了国家公园管理局在历史文化资源和旅游方面的管理力度。这两个法案颁布于罗斯福新政年代(The New Deal Years)，在此前十余年年轻的国家公园管理局刚刚建立，并逐渐获得了公众的支持，在不断的发展过程中开始建立起了指导公园未来发展的管理哲学，但30年代的大萧条打破了许多既定的设想。罗斯福新政倡导的大规模国家公园开发计划，给景观建筑学专业带来了空前的大发展机会，同时也导致了景观设计观念的转变。景观设计不再仅仅被看作对古典欧洲园林风格的运用，而更多地被认为是对场地和使用状况的恰当回应。这些都使景观设计哲学与保护理论产生了更多的共鸣，重新点燃了公众对自然和文化资源保护的兴趣。同时，罗斯福新政中的一些开发项目例如在国家公园中建立营地、增加娱乐设施等开发措施，开始使自然国家公园更加接近公众。此时国家公园管理局的研究工作也开始不局限于保护工作，而是在尽可能的发掘自然公园的旅游功能潜力，但是过度的开发也开始让公园的生态系统的恢复能力受到了影响。以上这些因素都是促使《保护历史遗址法案》、《公园、风景路和休闲地法》颁布的历史背景与直接原因。

在1933年美国历史建筑保护局(HABS)成立了。HABS是作为一个保护机构而设立的，它的运作目的是雇佣设计师、历史学家和摄影师来承担研究和记录历史场地和历史构筑物的工作。这个机构成立的最初原因是仅仅为了增加就业机会，在大萧条的经济环境中给失业的建筑师们创造一些工作机会，但此后 HABS 在运作过程中开始形成了一个沿用至今的历史保护程序。

(3)生态革命(1960—1970 年)。1960 年蕾切尔·卡逊的著作《寂静的春天》激起了公众对环境问题的广泛关注。环境保护观念的盛行，将生态观念不再局限于科学家和生态保护主义者的领域，而变为了一种社会主流意识。20 世纪 60 年代到 20 世纪 70 年代是美国环境立法特别活跃的时期，颁布了一系列关于污染控制的相关法案，例如在 1970 年颁布的《空气清洁法案》和在 1972 年颁布的《水体清洁法案》，二者都为控制工业和城市污染制定了法律标准。1965 年发布的《土地和水资源资金法案》给国家公园管理局提供了资金来源，用于保护公园土地。1970 年通过的《联邦环境政策法案》(NEPA)对环境质量的评估和自然资源的管理影响最大，尤其是在制定各项规划和计划时环境影响的定量定性评估。

1961 年在简·雅各布出版的《美国大城市的生与死》书中，她认为历史街区的衰落是由于缺乏重视历史街区文脉和一种毁灭性的城市化规划政策所导致的。尽管在她写作的时代时她没有认识到遗产保护作为城市规划的整体中的重要部分，但她把遗产保护与城市的社会经济结构调整相结合观察引起了整个社会对此问题的关注。经过多年的探讨争论之后，国家公园的管理也逐渐由强调对公园美学特征的保护转向对公园生态环境的管理。针对国建自然公园在运作中的保护和使用的矛盾，美国在 20 世纪 50 年代末进行了以国家公园、公园道、海滨为主要内容的旅游地系列保护研究，对这一系列问题进行更深入和系统化的研究，这个部门主要是为旅游的需要，而不是单纯的自然、历史保护的目的而设立的。与此同时国家公园的野生动物、荒野管理部门也开始建立起来，对自然公园的管理开始从多个角度进行多样化开展。

在这种社会思潮的影响下，景观建筑师菲利普·路易斯和麦克哈格开始将人类对环境干涉最小化的理念运用到实践工程中，运用土地分析和资源评价的方法来探索规划对象的合理的开发模式。此后景观建筑学的规划方式越来越脱离传统的美学观念，而偏向科学分析的方法。20 世纪 60 年代霍华德·菲舍尔首先将计算机引入了以手绘传统为主的景观设计领域，对资源和环境的理性分析的方法开始在景观设计中占居主导地位。

(4)变革和拓展(1970 年至今)。20 世纪后半叶，节约能源、消费品的再循环使用、运用自然产品而非化工品等观念的兴起、通常都被认为是公众对环境问题态度转变的重要信号。可持续发展观念的流行，也使生态问题广泛吸引了公众的注意力。在 20 世纪 70 年代开始了所谓的后现代主义时期，以罗伯特·文丘里等为代表的城市规划和建筑界人士开始对城市历史美学产生兴趣，他和布朗等人合著的《向拉斯维加斯学习》在 1972 年中首次批判了美国建筑的野蛮发展(图 2-4)，从而建立了城市设计运动的基础。而凯文·林奇则试图通过建立起一套统一的规划标准去判断所谓"好的城市"，其中他考虑了利益、相关土地法律、经济效益、居住与城市中社会群体之间的关系。在这些研究中，这些学者们普遍认为历史遗产保护是保持城市的美学特征和提升城市美的品质的重要因素。当然之后这种试图维持城市景观凝固不变的观念也遭到了学术界的批判，但他们的工作成为将城市设计作为城市历史景观管理的重要工具，具有划时代的意义。

图 2-4 《向拉斯维加斯学习》与后现代主义建筑

这期间，在遗产地体系的建设方面有两个重要变化，一方面，拓展了国家公园的保护范围，将城市周边的生态敏感及部分城市历史遗迹地带纳入到国家公园体系中,建立了都市国家休闲公园的概念,如金门国家休闲地(The Golden Gate National Recreation Area);另一方面,更注重对原始旷野自然风景地的保护,因为新的保护观念认为遗产保护应当包含保护整个地方生态系统的含义,同时通过立法对保护地的采矿和伐木有了更严格的限制。

20 世纪下半叶,许多美国城市越来越被城市面积无节制的扩张困扰,这种城市区域过度蔓延的现象导致了城市周边生态环境的恶化,城郊的田园风貌和林地的保护开始成为严峻的问题。而城市发展的矛盾是发展潜力与发展环境之间的竞争,这要求协调好城市的生态、经济、开发与保护等一系列问题,促进城市的可持续发展,这就是“城市的成长管理(表 2-3)”。“城市的成长管理”最初出现时的目标是保护自然环境,抑制城市的过度蔓延,但此后它逐渐演变成为一项积极的引导城市健康成长的政策,并注重协调公众、企业和政府间的关系,如 20 世纪 80 年代下半叶在波士顿、西雅图等地的城市中心更新计划、城市森林重建项目等计划。今天它是“政府通过运用各种传统与现代的技术、工具、计划及活动,对地方的土地使用模式,包括发展的方式、区位、速度和性质等进行有目的引导”。通过这样一系列政策,既保护了城市生态环境,节约了土地资源,促进了对城市现有结构的高效率使用,达到了通过高效使用某一部分资源以保护其他资源的目的。

表 2-3　美国“城市的成长管理”的主要内容

1	划定城市成长界限,对城市发展的总容量进行控制
2	实行公共设施配套开发,执行土地开发许可制度,政府通过对水、电等基础设施建设的控制,调控城市的发展
3	实行土地开发的准入制度,要求开发商提供并组织评估社区和环境影响报告,对区域内资源保护提出专门的构想和措施
4	设立成长管制区,促使城市阶段性成长。强调必须首先拥有充分的公共设施的土地开发管理

随着生态学的深入发展,人们越来越意识到事物之间彼此联系的重要性,遗产地的定义和管理政策也呈现出这一特征。例如国家遗产区域、遗产廊道等概念的提出,伴随了相应的管理政策的出台,就是这种趋势最明显的例证。

2. 遗产地保护的管理制度

(1)主要文化遗产管理机构与制度。美国早期的文化遗产管理机构发端于对本土自然和人文历史景观的密切观察。1889 年,在南亚里桑那正式建立了 Casa Grande 遗迹联邦考古场所保护区,它保护的是 1450 年前后的欧洲殖民者居住区的遗址,是美国第一个国家古迹保护区(Casa Grande Ruins National Monument)。和国家利用遗产保护运动来确立一个新民族的文化身份一样,许多地方也致力于将遗产作为保存和传达地方身份的一种手段,这类保护运动主要由私人组织运作,如成立于 1858 年的非营利性保护组织美国蒙特弗农妇女联合会(Mount Vernon Ladies Association)。19 世纪晚期之后,一些国家范围的组织和团体开始建立起来,以使公众认识和了解这些遗产。如成立于 1895 年的美国风景和保护协会(ASHPS, American Scenic and Historic Preservation Society)。这个组织的工作主要是保护和维护纽约州历史与风景场所、战场公园及河道,并让这些场所向公众免费开放游览。由于美国遗产保护一开始就有强调景观环境的特征,所以内政部国土局也在联邦保护运动的发展过程中扮演着重要角色。

1906 年的《古迹法案》宣布某些场所,包括西南部美国土著居民遗址、战场以及其他具有科学和历史意义的场所均为国家古迹,如图 2-5 所示。此后,对文化遗产关注的目光逐渐跨越殖民和前殖民时期的建筑和场地,开始注意到在现代城市发展中快速消失的 19 世纪的建筑和城镇景观。此后著名的专业杂志《建筑实录》和美国历史协会也为加入保护运动的行列中,并成为其中重要的力量。

图 2-5　美国内战与印第安人遗迹

1916 年的《建立国家公园管理机构的法案》要求:"要把国家公园内的天然风景,自然变迁遗迹,野生动物和历史古迹,按原有景观世世代代保护下去,不受破坏"。按照这一法案成立的国家公园管理局,是美国联邦内政部下属的一个部门。1933 年罗斯福总统授权这个局管理联邦历史场地的权力。同在 1933 年,美国历史建筑勘查局(Historic American Buildings Survey[HABS])成立,由国家公园管理局和美国建筑师协会、国会图书馆共同主办,他们的工作是通过测绘、摄影和文件的形式记录历史古迹,他们以国家公园管理局制定的标准进行工作,为美国建筑师协会提供专业忠告,所取得成果被国会图书馆收藏。1969 年,又成立了类似机构美国历史工程实录局(HAER,Historic American Engineering Record),负责历史建筑工程、美国工业遗产的文件收集、调查和保护。同年还成立了美国历史景观勘查局(HALS,Historic American Landscapes Survey),他们调查、记录的范围从小庭院到几千英亩的国家公园,从设计作品到朴素的乡土景观,从乡村景观到都市景观,从农业景观到工业景观,以及菜园、庄园、公墓、农场、核试验站点、废弃地等等一切被认为是历史风景的地方,至此形成了一个完善的对不可动文化遗产进行测绘、整理、记录和研究的常设机构。

1935 年制定了专门的《历史遗址、建筑、古迹法案》(Historic Sites,Buildings,and Antiquities Act,1935),把对历史遗产的保护确立为国家政策。1966 年的《国家历史保护法案》(National Historic Preservation Act,1966)的通过则创造了一个保护所需要的重要政府工具,即历史场所的国家登记制度(NR,National Register)。这项由国家公园机构管理的登记制度是确认和证实各种类型的国家遗址的管理体系。《国家历史保护法案》还提出由国家赞助对历史街区、场所、建、构筑物、器物进行调查和规划,并对历史遗产的保护、获取、发展建立起一个标准。而且提出"历史性保存(historic preservation)"的概念,即对国家历史、建筑、考古学,或文化上有重要意义的区域、场所、建筑物,构筑物、器物进行保护、复原、恢复和重建。这个法案促使成立了一个独立的国家机构——历史保护咨询委员会(ACHP,Advisory Council on Historic Preservation)的成立,它由来自各学科领域的专家和政策研究人员组成,是为了历史遗迹保护的方法和相关项目提供资讯建议,如图 2-6 所示。

1933 年以后,国家公园管理局的角色变得更加重要,成为美国古迹修复工程的主要负责机构,同时管理历史街区,地方政府也参与到了保护工作中并给予相关项目税收上的优惠。国家公园管理局因此也就成了美国保护政策的主要制定者。

1947 年,公园管理局成立了国家历史保护信托(NTHP,National Trust for Historic Preservation),起初它的成员构成和资金都来源于国家公园管理局。1949 年,国会将这个机构扩大为国家信托组织(National Trust),成为一个私人赞助的、非盈利的、致力挽救历史场所和更新美国社区的组织,他们为各类美国历史场所的保护和社区复苏提供帮助。

图 2-6　历史保护咨询委员会标志

1960 年，国家公园管理局又设立了国家历史地标项目(NHL，National Historic Landmarks)，它所包含的项目由国家公园管理局组织研究、建议内政部指定，其中很多项目都不包括在国家公园系统内，因此具体的管理由州历史保护机构负责。自此，一个由国家公园管理局为主导的文化遗产保护和管理的框架成熟并建立了起来(图 2-7)。

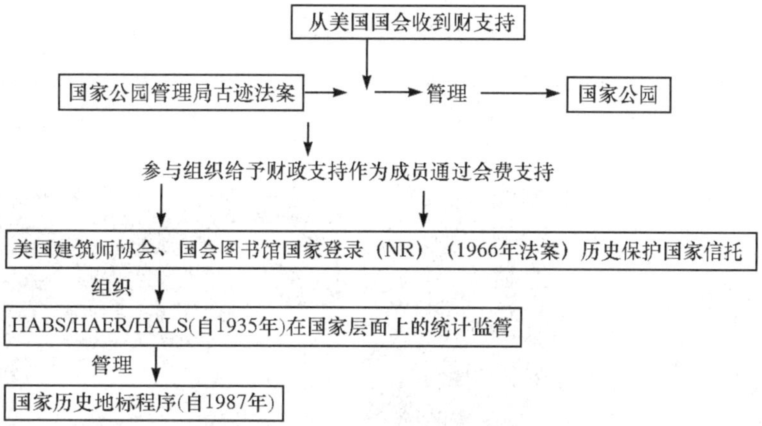

图 2-7　国家公园管理局在文化遗产保护中的整体操作

来源：Frank K，Petersen P. Historic Preservation in the USA，Berlin：Springer，2002：57.

美国主要文化遗产保护法规表 2-4。

表 2-4　美国主要文化遗产保护法规

时间	名称	主要作用
1906 年	《古迹法案》Antiquities Act	为建立联邦遗产地保护提供了依据
1935 年	《历史遗迹、建筑、古迹法案》Historic Sites，Buildings，and Antiquities Act	建立了系统的文化遗产和历史场所的保护机制
1966 年	《国家历史保护法案》National Historic Preservation Act	建立了遗产登录制度、国家历史保护基金，遗产保护、监督、使用的标准
1979 年	《考古资源保护法案》Archaeological Resources Protection Act	强调保护考古资源和印第安部落土地，加强公众、政府、学者之间的信息交流

(2)城市国家历史公园体系(national historic urban park)

城市国家历史公园这个概念来自美国国家公园系统中的“为民族利益而保护和管理的公共区域”的概念,这是一种将城市景观赋予具有民族和国家意义场所的方式,设置它的主要目的是将一些具有文化意义的城市用地作为休闲娱乐用地,以便为那些衰退的景观引入新的用途,使城市及其边缘的生态敏感区域得到保护和相对低强度的使用。城市国家历史公园内的资源是综合的,自然环境提供了变化的景观,历史传奇提供了空间的品质,同时也要求一个景观、市场、投资和管理综合的策划过程。当然被命名为历史城市公园能得到一定数目的联邦环境资金的支持,但它并不是非营利性的,而是与城市经济和产业结构进行有机结合。

马赛诸塞的洛厄尔(Lowell)兴起于 19 世纪上半叶,是一个为纺织工业专门规划的城市。该城开凿运河修建大坝为纺织业提供能源和运输,城市景观由厂房、工人们的膳宿公寓和教堂构成,反映着美国产业和产业工人生活的城市风貌。20 世纪 50 年代后由于生产方式的改变,这里的纺织业迅速衰落,20 世纪 60 年代一些工业设施陆续遭到拆除。此时保护运动在美国变成方兴未艾的广泛的社会运动,所以这里的拆除行动也遭到了抵制。

1976 年洛厄尔的两个历史街区被登录为国家历史场所,1978 年这里正式建立了“洛厄尔国家历史公园”,公园的规划是根据城市的物质肌理状况和旅游业的要求沿运河进行设置的,如图 2-8 所示。上百栋建筑在国家公园管理局的技术帮助下,进行了修复并找到了新的用途,促进了城市环境的改观。公园将前纺织公司大楼改造成为游客中心,在这里向访客们展示了公园的主题:劳工、机械、资本运作、工业化的动力和工业城市。公园的建立细致规划了步行道和运河道,一面小心翼翼地避免破坏当地历史景观,一面又继承了国家公园系统的整体观念,使一切又都围绕着阐释城市的建立和工业化这一主题开展。在转向旅游业的同时,城市也引进了高科技产业,强调了公园空间的混合使用和产业结构的多元化。

图 2-8 洛厄尔国家历史公园

金门国家休闲地(The Golden Gate National Recreation Area)是最大的城市国家公园,是于 1972 年在“使国家公园的资源更接近城市、更亲近人民”的目标下建立起来的。它体现了公园资源的综合性,公园拥有 300 km^2 土地和水域,北部从金门桥延伸到 Tomales 海湾,南部一直延伸到圣·Mateo 县,包含了近 90 km 长的海湾和海洋海岸线。城市公园内的文化资源包括众多的考古遗址,其中包括了 200 余年历史的构筑物等,反映出从 18 世纪到 20 世纪初期该地区的农业、军事历史,和加利福尼亚淘金热以及旧金山都市的成长。城市公园中的自然资源则包括了 19 种不同的生态系统和 1 273 个植物和动物种类。该公园每年能吸引访客 1 600 万人次,是游人最多的国家公园之一。公园的文化意义正如管理者所言:“金门国家休闲地的使命是保存和提升沿海土地的自然环境和文化资源,为民众提供一个教育、启发和休闲性质的场所，为未来世代保存民族财富。将国家公园的精神带给人民，使那些还没有机会参观其他公园的居民感受国家公园历史的丰厚和宽广，在城市发展中保护公园资源脆弱的完整性，加强公园与城市社区的合作，唤起公众参与管理公园历史和生态资源的兴趣”。

2.2.2　日本国家公园系统

日本国家公园系统是日本自然保护体系下的一个重要组成部分，是日本保护国土自然、文化资源的重要措施。作为亚洲最早建立国家公园的国家，日本国家公园的建设发展与运营体制都已形成了自己特有的模式。这对于研究现阶段中国国家公园规划建设、完善国家公园制度具有一定的借鉴与启示意义。

1. 日本国家公园的历史变革

1911年，帝国会议中提出将日光、富士山设为国立公园，这是日本最早成立的国立公园，如图2-9所示。直到1930年，内务省通过国立公园委员会确立了《国立公园法》。1934年4月，依照《国立公园法》指定了现在的云仙天草、濑户内海、雾岛屋久为国家公园，并于同年12月确立了阿苏、中部山岳、阿寒、大雪山、日光为国立公园。1936年又指定了大山隐岐、富士箱根伊豆、十和田八幡平、吉野熊野为国立公园。直至“二战”之前，日本总共确立了12处国立公园。“二战”结束后，日本重新启动了国立公园发展计划。1946年，确立了伊势志摩为首个国立公园。直到日本厚生省于1948年成立国立公园部，国立公园的发展才真正步入正轨。在1949年指定了上信越高原、支笏洞爷为国立公园；在1950年指定了秩父多摩甲斐、磐梯朝日为国立公园；1955年指定了西海、陆中海岸为国立公园。与此同时，日本也确立了琵琶湖、耶马日田英彦山、现在的佐渡弥彦米为第一批国定公园。

图2-9　富士山国立公园(a)与伊势志摩国立公园(b)

1957年，日本政府在《国家公园法》的基础上颁布了《自然公园法》，里面加入了对都道府县立自然公园的相关规定部分，从那时起在日本正式确立了由国家公园、国定公园及都道府县立自然公园构成的自然公园体系。到目前为止日本的自然公园总数为390处，其中国家公园28处，国定公园55处，都道府县立自然公园307处。根据《自然公园法》的第1条规定，在保护优美的自然风景区的同时，也要追求其利用价值的提高，并完成为国民提供保健、休养、教化等目的。在20世纪经济高度发展的日本，伴随着民众旅游需求的增加，自然公园内的各种旅游设施也在不断增加和完善。与此同时在日本各地也出现了因旅游开发对环境造成严重破坏的现象。所以在1971年日本政府设立了环境厅，并以此为契机于1972年制定了以自然环境保护为专门目的的《自然环境保护法》，从此自然公园在自然环境保护中的作用开始得到公众的普遍认可。在此方案基础上尾濑等地在1974年实施了私人用车的限制，此后对公园限制性利用的制度也开始实施。

1971年，日本设立了环境省，由总理大臣直接领导并对环境问题直接进行干预，从而逐步确立起以环境省为核心的日本环境行政体系。截至目前，日本已确立的国立公园总共有 29 处，总面积约 209 万 hm^2，占国土面积的 5.5%，确立的国定公园共有 56 处，总面积约 136 万 hm^2，占国土面积的 3.6%。日本政府于 1931 年出台了《国家公园法》，该法标志着日本国家公园制度的创立。为了通过振兴旅游来恢复战后国家经济发展，日本政府陆续指定了一批国家公园，并于 1950 年导入了准国家公园制度，也就是国定公园制度。

在 20 世纪 80 年代后期，日本进入泡沫经济时代，各地大兴土木建设度假村，自然公园开始再一次出现在公众视野里。当时的自然环境保护审议会对自然公园的利用方式进行了探讨，根据公园的性质，以新提案的形式提出了把“野外体验型”作为主要主题的公园规划方案。同时，国外的生态旅游事例与概念也通过各种渠道被陆续介绍到日本，因此人们开始探讨如何在自然公园里开展生态旅游等问题。而伴随着后来的泡沫经济破灭和 1992 年《生物多样性条约》的签署，使得公众开始关注自然公园的生物多样性保护。受此影响，自然公园的其他各种生态保护作用也得到政府的强化和充实。

2. 国家公园保护体系和实施保障

日本内阁环境省所确定的日本自然保护地域(areas for nature conservation)包括以下 4 类：①国立公园、国定公园、都道府县自然公园；②原生自然环境保全地域(wilderness area)、自然环境保全(nature conservation area)、都道府县自然环境保全地域；③鸟兽保护区，如国设鸟兽保护(national wildlife protecion area)、都道府县设鸟兽保护区；④生息地(natural habitat conservation area)等。自然公园是日本自然保护体系的有机组成部分，分为国立公园、国定公园、都道府县自然公园 3 种形式。

(1)国立公园，能够代表日本自然风景的区域，为保护自然风景而对人的开发行为进行限制，同时为了人们便于游赏风景、接触自然而提供必要信息和利用设施的区域。由国家直接管理，通过“自然环境保全审议会”(由地理、环境、历史等专家构成)提出意见，最终由环境大臣指定。

(2)国定公园，具有与国立公园相同的自然风景地区，相当于“准国家公园”，由都道府县直接管理。其景观和面积仅次于国立公园，通过都道府县直接提出书面申请，再由“自然环境保全审议会”进行审查，最终由环境大臣指定。

(3)都道府县自然公园，由都道府县制定，代表都道府县的自然风景地区，是都道府县经管的自然公园。根据日本《自然公园法》，日本的国家公园包含自然公园中的国立公园(国家公园)与国定公园(准国家公园)。

3. 国立公园保护分区

依照国立公园风景品质的不同，陆地部分公园分为普通区域、特别区域 2 类，海域部分公园分为普通区域与海中公园区域 2 类。其中特别区域是国立公园中最核心的保护区，应当实施严格的保护控制措施。特别区域再次细分为特别保护区、一类保护区、二类保护区、三类保护区 4 个级别，根据不同级别实施相应的保护与控制措施。在日本现在的国家公园已有多达 200 处特别保护地区，总面积达 34 万 hm^2，约占面积的 13%。

一类保护区是具有仅次于特别保护区的景观资源，必须对现有景观资源极力保护的地区。二类保护区的景观资源次于一类保护区，能够进行适当的农林渔业活动的地区。三类保护区的景观资源次于二类保护区，是一般不对农林渔业活动有过多限制的地区。海中公园区域不仅具有珊瑚、海藻、热带鱼类等海洋资源，而且包含岩礁地貌、滩涂以及海鸟活动区。普通区域是除特别区域、海中公园星域之外的需要实施风景保护措施的区域，主要是发挥其包括特别区域、海中公园区域和国立公园以外所有地区的缓冲与隔离的作用。

2.2.3 法国景观地保护

法国在遗产保护方面位居欧洲国家前列。法国的遗产概念包含了从集中制定物体的保护计划到国家和地方共同针对一个地域的整体保护计划制定。随着时间的推移，法国的遗产保护政策不断扩大其适用范围，到 1993 年已经普及了一切有价值的建筑、城市和景观遗产。法国成为遗产保护运动的先驱，尤其在景观地保护、文物建筑周边环境的保护方面。

1. 景观地保护的历史沿革

法国景观地保护理念的产生可以追溯至浪漫主义时期。18 世纪末，著名启蒙思想家卢梭宣扬对自然的崇拜思想，强调从丰富多彩的大自然中汲取营养，主张将自然的无穷魅力同人类崇高心灵交织在一起。19 世纪 30 年代以后，随着法国国内铁路的发展，交通条件得到了很大的改善，以自然景观地和第一个普查清单中的文物建筑为目的的远足旅游逐渐成为公众时尚。19 世纪末，有感于工业革命造成的破坏和污染，法国产生了第一批自然保护地保护组织。比如 1890 年成立的法国旅游俱乐部和法兰西阿尔卑斯俱乐部等，他们组成的协会向地方政提供了很多保护建议。

1900 年，法国颁布了第一部《景观地法》，法案第一次规定：为了保护自然界的美好，为了所有人的利益，必须保护壮丽或普通的景观，应该限制从法国大革命开始赋予每个人的神圣不可侵犯的所有权。该法律第一次明确应该在人类活动和自然保护、资源地和生活地保护之间找到平衡。参照 1887 年法律建立的“文物建筑”概念，1906 年的法律开始确立“自然遗产”概念。到 1930 年之前，根据相关法案法国一共确立了 589 个景观地为保护对象，分布在 74 个省份。该阶段保护对象主要是点状的景观地，也就是说自然景物，其中有 107 处森林，92 处岩石区，差不多占总数的 1/3。自然景物有瀑布、溪流泉水、喷泉岩洞山峰；还有一些建筑物，如墓地、教堂礼拜堂磨坊，桥梁废墟或遗址等等。法国西北部的布列塔尼地区因拥有非常丰富的自然景观，成为推动景观地保护的先驱。1907 年，布雷哈特岛（Ile de Brehat）成为法律颁布以后第 1 个受到保护的景观地（图 2-10）。

图 2-10　法国布雷哈特岛风光

随着 1913 文物建筑保护法律的完善，法国对 1906 年颁布的景观地法律作了重要修改，并于 1930 年 5 月 2 日颁布了有关自然景物和具有艺术、历史、科学、传说和画境特色的“景观地（sites）”概念。1930 年《景观地法》中“景观地”的概念的运用首先还是限定在自然物范围内，如瀑布、泉水、岩石、树林等，后来逐步扩大到人们创造的田园景观及城市中的特色景观，如巴黎城区内的战神广场（Champ-de-Mars），即埃菲尔铁塔所在区域，被认为是巴黎市非常重要的景观二列级保护。到目前为止，巴黎环线以内约 80％的面积被记录在景观地清单上，这样景观地的概念从自然景物扩展到城市景观。根据 1930 年法律第 12 条的规定，被列入的景观地“除非有特别准许，禁止任何破坏、改变其面貌的状况”。因此，所有可能引起景观地性状及其完整性改变的项目，如立面维修、树木裁剪、修建建筑（构筑）物都受到了严格的控制（图 2-11）。而对登录的景观地则灵活的很多。截至 2006 年 1 月 1 日，在第一个有关自然景物和景观地的 1906 年法律颁布 100 周年时候，整个国家的领土上有 2 640 个列级景观地，保护区域占到了整个国家领土面积的 4％。

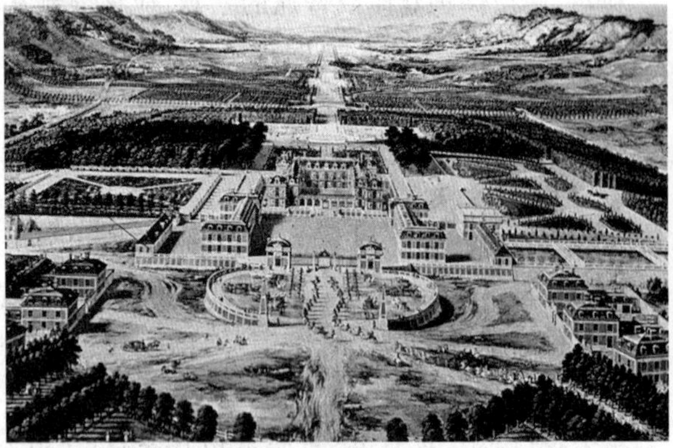

图 2-11 法国凡尔赛宫的保护情况

知识链接

法国景观法的主要内容

1. 保护对象

1930 年自然景物(monument natural)和景观地的保护从艺术、历史、科学、传奇或景观角度具有普遍意义。目的是保护景观地的特征、场所的精神以及避免遭受严重的损害。

1906 年法法律颁布时,主要用来保护点状的自然景物,比如树林、瀑布、岩洞、岩石等。自然景物是单体的、孤立的。如今景观地概念已扩大到人们创造的田园景观及城市中的特色景观。自然型景观是指大型的纯粹自然景观,其中有构成和谐整体的各种要素,如山体、森林、海滨、峡谷、河谷、沼泽、海峡、岛屿,等等,它们可能覆盖好几千甚至上万公顷的土地。城市型景观地是指从建筑、城市角度特别重要的景观区域,如巴黎城区内的战神广场,即埃菲尔铁塔所在区域,夏月山和夏约宫等。综上所述,1930 年的景观地法律最初希望能保护两种类型的景观地:“纯粹”的自然景观以及自然与人工环境相结合的景观。

2. 价值标准

根据 1930 年《景观地法》,受保护的景观地必须符合以下任何一个标准。

(1)画境特征的景观地,不论尺度大小,自然或者人工,如果可以确认其所有景观中具有可识别性,就是特色景观。

(2)艺术特征的景观地,艺术家认为其为特色自然风景地。

(3)传奇和历史特征的景观地,充满传奇色彩的自然景观,或者是见证过去的自然景观或者是见证重要事件的场所。

(4)科学特征的景观地,在地理学、矿物学、动物学和植物学方面有价值的景观地。

3. 景观地的保护程序

1906 年的法律明确要求每个省建立一个“景观地省级委员会”参与有关景观地保护的计划编制和实施。1930 年的法律明确建立国家层面的“景观地高级委员会,由主管部委代表、众议员、参议员组成,其任务是对景观地的规划和实施提出建议。这两个委员会在景观地保护政策推动过程中起到了关键作用。

景观地的主管部委有两个,自然型景观地由生态和可持续发展部负责,城市型景观地在 1995 年之前由装备部负责,1996 年开始由文化部负责。但在法国很少纯自然的景观,人类的双手几乎遍及除了高山和若干海滨的绝大部分地区。因此,1930 年的景观地法律参考了 1913 年的文物建筑法律,确定了景观地的两种保护措施。

4. 列级程序

(1)提议。一方面,景观地省级委员会对本省内所有景观地进行普查,并向主管景观地的部委提出保护建议。另一方面,地方政府也可以提出景观地保护要求,但需要征求景观地省级委员会的意见。由景观地省级委员会和大区环境厅(DIREN)共同提出列级提议，景观地高级委员会也可以直接提出对某景观地列级的建议。他们和产权人、政府官员共同讨论保护范围和管理模式，旨在保证对景观地的物质保护及维持其原有经济活力。提议材料包括针对景观地的物理、美学和历史等方面的说明，用以证明保护的必要性和说明保护要素，还包括一份非常详细的范围图及列级保护后将要实施的管理规定等。

(2)列级保护计划公共调查。景观地列级程序根据所有权性质的不同而不同。如果属于公共部门只要国家相关部门同意。如果是私有产权，就必须有省长指定调查人进行非常严格的公共调查。

(3)根据调查结果景观地省级委员会向省长就保护计划的修改提出意见。

(4)市镇议会对保护计划提出意见。

(5)保护决议。如果国家各部委和个人没有意见，由生态和可持续发展部做出列级决议。

(6)告知。虽然法律没有明文规定，但必须有书面告知。

当一个未受保护，或仅仅是登录的景观地，如果有很高的价值但正面临这非常紧急的破坏威胁，主管景观地的部长可采取紧急列级程序。从告知到列级历时一年时间。

2. 文物建筑周边环境的保护观念

20 世纪初开始的技术革命、城市化等从根本上改变了城市的风貌景观，而世界大战后的大规模城市重建运动则加速了城市面貌的改变。人们开始考虑不能仅仅保护那些杰出但古老的文物建筑，而要关注与该文物建筑息息相关的城市肌理、城市景观。1911 年有关巴黎城市建设的法律中曾出现纪念性视觉轮廓(perspective monumental)的概念，要求黎伏利大街两侧建筑应该协调，但这个规定仅限于巴黎市区。1913 年《历史纪念物法》中已经提到有必要对文物建筑的周边环境进行特别处理以突出协调受法律保护的文物建筑。但由于未提出具体的范围和措施，因此这项规定很少被采用。事实上，遭破坏的周边环境已影响到了处于其中的文物建筑的美学价值和历史价值。

随着城市面貌不断加速改变，人们逐渐意识到文物建筑与围绕它的空间不可分离。所有邻近环境的改变，不论是自然的还是人工的都会影响人们的感觉。因此法国在 1943 年通过了《文物建筑周边环境法》，建立了一个以文物建筑为中心的半径 500 m 的保护范围。与文物建筑和景观地复杂的保护程序不同，“文物建筑周边环境”法案的概念、范围和保护措施是自动生效的。一旦文物建筑被确定，在其周边便自动形成半径 500 m，面积约 78.5 hm^2 的保护范围，其中的建设活动都受到严格控制，包括：不能有任何未经特殊准许的建设；保护和历史建筑息息相关的自然元素(如独立的树木、树篱、成行的植株、树林等)；保护围绕文物建筑的建筑物；保护基地上或街道上的特征(如城市家具、铺装材料、公共照明等)，因为这些周边环境都具有“珍藏首饰的首饰箱”这样的作用。

1943 年法律明确，文物建筑周边环境具有空间和视觉的双重条件：或者位于文物建筑物可视范围内，即从文物建筑可以看到该建筑；或者从某个重要观景点可以同时看到两者，并且该建筑离文物不超过 500 m。这个概念更多地考虑美学角度，要求国家建筑师在现场进行非常细致的个案研究，并对所有工程尤其是建设和拆除工程确定是否颁发许可证。由于在法国的文物建筑数量庞大，因而覆盖面非常大，同时由于这个法律是在战时形成的，其制度反映了战时要求强硬、反应迅速的特点，在现代遭受了很多质疑。

知识链接

文物建筑周边环境保护法主要内容

1. 保护主体

1943 年法律的保护主体是文物建筑。这里特别强调如果文物建筑仅是一个花园(非建筑物)则不适用该法律。该法律在建筑物被列级、登录或紧急列级时自动生效。

2. 可视范围——空间和视觉条件

1943 年法律明确，文物建筑周边环境具有空间和视觉的双重条件：或位于文物建筑物可视范围内可以看到该建筑；或从某个重要观景点可同时看到两者，且该建筑离文物建筑不超过 500 m。空间条件和视觉条件互相补充，只满足其中一个条件不足以采取该项规定。

(1)空间条件：半径 500 m 圆形。半径 500 m 是最方便衡量研究建筑和保护建筑之间的距离，也是一般认为的视线远距离。半径 500 米周覆盖了大约 78.5 hm^2。另外，根据特殊需要，在文物建筑国家委员会同意下，由国家行政法院将某些特殊建筑物的周边环境半径扩大 500 m 以上，这样就可保证某些比较高大的建筑. 比如“塔楼”周围可以有较好的景观。1964 年凡尔赛宫周边环境保护范围就改变为锁匙状。新的保护范围从凡尔赛宫国王卧室中心往凡尔赛城市方向为 5 000 m。在花园一侧形成了一个长 6 000 m×宽 5 500 m 的长方形，主轴为中央大运河。正因为有这样凡尔赛宫和花园的参观者才能免受高楼大厦的视觉干扰。

(2)视觉条件：可视性和共视性。根据法律，某建筑物是否在文物建筑的可视范围内，有两种可能。第一种情况：如从文物建筑看到该建筑，则需要保护从文物建筑看出来的视线景观。第二种情况：如果从建筑看到文物建筑，则需要保护看到文物建筑的视线景观。

3. 21 世纪法国遗产保护战略

在法国，人们从 20 世纪 70 年代就开始考虑社会文化的可持续发展问题，虽然起初还只是零星研究，还没有“可持续发展”这个词。专家和政府开始研究：我们应该怎样理解我们的生存环境？对于大部分生活在城市中的人们来说，城市化应如何进行？贫民窟所造成的社会分离悲剧是否是规划导致的恶果？在郊区高密度的大型高层居住区内出现的社会文化问题和能源危机同样严重。因此法国人认为可持续发展概念有两个基本概念：生态环境性和社会文化性。

19 世纪，法国的遗产保护还停留在国家和精英层面，直到 20 世纪，才通过对城市建设的许可管理以国家和公共利益的名义来进行遗产保护。20 世纪 70 年代法国国内也曾经掀起了环境保护运动和社会维权运动高潮。但更多地表现在居住环境保护和弱势群体社会保障改革问题，具体而言是将旧城发展，遗产保护、弱势群体保障等政策结合，使得保护区内城市物质环境得到改善，人口逐渐增加，服务业得到复苏。这可以说是法国第一次将环境问题和社会问题结合起来进行讨论。

20 世纪 80 年代初，法国开始研究城市社会融合问题，并且通过多部法律将“城市资源的公平使用性”提到政治层面。1989 年关于住房权的法律满足了人们住房需求的公平性原则，开始要求所有住房改善计划“对住宅进行物质层面上的改善，对住房舒适度进行改善，同时保证原使用人特别是低收入家庭能够继续居住在该住宅中”。1990 年的《博松法令》(Loi Besson)强化了居住权，要求通过为社会贫困阶层提供住房，并对这些人群进行持续性干预来加强社会融合。1991 年 5 月的法律建立了城市社会互助基金(DSU)，协调市镇间的贫富差距。7 月《城市导向法令》(LOV)要求针对消除社会分离现象采取一系列措施，将居住平等权、基础设施可达性、公共服务设施多样性及城市环境保护等几方面进行整体考虑。这些理念为法国“社会—经济—环境”的发展观奠定了基础。

1987 年，世界环境与发展委员会向联合国提交了《我们共同的未来》的报道，明确地提出了可持续发展的概念。1992 年，联合国在巴西里约热内卢召开首届全球峰会，促成 120 多个国家签署了《21 世纪议程》，确定了环境共同责任原则。可持续发展思想也极大推进了法国维护公共利益和社会公正的政策。2000 年 12 月 13 日，法国颁布了《社会团结与城市更新法》(SRU)。世纪之交这个法律不仅要满足规划技术方法的改进，而且要从根本转变目标，贯彻可持续发展理念。该法律确定了 3 个目标：一是防止城市分散发展；二是促进城市更新；三是加强社会团结。因此，在城市规划方面更关注资源和生态环境保护节约建设，控制合理的环境容量，同时提高城市化的质量，也要求注重社会保证公共利益、社会公正，要求在生态环境保护和社会和谐团结基础上发展经济。

从法国的可持续发展理念中，尤其在 2002 年出现“文化可持续发展”，可看到法国人在 21 世纪遗产保护的主要方向：保护对象从 1985 年欧洲议会的《格林纳达公约》将文物建筑纳入环境之中；接着巴黎塞纳河两岸被纳入《世界遗产名录》;2002 年,长达 200 km 的卢瓦河谷也被列入世界遗产名录,如图 2-12 所示。所有这些变化都遵循了遗产概念扩大的逻辑。与此同时,保护的范围也在扩大。比如,以前“普通遗产”概念主要是限于乡村传统建筑,但今天已将单体或群体的城市等都纳入其中。

图 2-12 法国塞纳河与卢瓦河谷

本章对国外文化遗产保护学科的发展历程的梳理基础上,分析了风景园林遗产理论的发展经历的三个重要阶段,首先是国际文化遗产保护运动的发展,对遗产保护对象从单体历史建筑到整体环境的拓展,特别是《佛罗伦萨宪章》为标志的对历史园林保护的关注。第二是遗产保护文化思潮对可持续性发展、生态环境,文化多样性的关注,以及二十世纪自然保护运动中所形成的生态观、可持续发展观、建立遗产地体系观、国家协作保护观等都成为当代遗产地保护的主流思想。第三是以世界遗产名录登录的对重视文化遗产与自然遗产的保护,历史文化风景园林遗产类型的增加以及文化景观等概念的理论发展,使得风景园林遗产成为遗产保护中重要的组成部分。

习 题

1. 国际风景园林遗产保护所经历的五个阶段是哪些?

2. 标志着园林遗产保护的专业法规诞生的国际性宪章是哪一部?

3. 举例说明美国国家公园自然遗产保护的特色。

4. 结合实际,谈谈日本的国家公园系统对我国国家公园有哪些启示和借鉴。

第3章 国内风景园林遗产保护历程

3.1 中国风景园林遗产保护的特点

自然与人文并蓄是中国景观文化的基本特征，也是风景胜迹的魅力所在。天人合一的宇宙观和由儒家的理性与道家的玄思构成的人文精神历经数千年的积淀，已深深融入自然景色之中。这也决定了中国风景园林遗产保护实践因其自身的一些特点，有着一些特有的实践观念和方法。

3.1.1 时间变化性和生命动态性

风景园林遗产是“有生命的遗产”。1986 年，安罗森伯格（Ann Rosenberg）在她的论文《一种正在出现的风景园林模式》中强调了可变的设计语言，强调多样性和复杂性，人工要素应当与水源、野生动物栖息地、农业景观和城市林地相互交融，从而取代把风景园林看作为一种装饰、堆砌以及相对静态的看法。《佛罗伦萨宪章》中也特别指出，“历史园林是一主要由植物组成的建筑构造，因此它是具有生命力的，即指有死有生。其面貌反映着季节循环、自然变迁与园林艺术家希望将其保持永恒不变的愿望之间的永久平衡。”由此可见，在风景园林遗产保护中必须注重生命性遗产的保护。

中国文化成长于本土的新石器文化之上，在发展的过程中始终保持着连续不断的完整和统一。中国的建筑、城市和园林的发展也呈现出一种几千年血脉相承，风格上变化舒缓，体系上一气呵成的特点。中国风景园林的设计是建立在“天人合一”这个一元论的哲学基石之上的，建筑、自然和人之间有着密切的形态上的以及精神上的关联。受到这样特定的文化背景和营建特征的影响，中国传统园林在历史上发展出了自己独有的保存和延续方式。

与自然风景的依存以及人地关系的和谐性是中国传统风景园林的重要特点。现存的大量历史古迹、风景名胜、聚落与城市等通常体现出人文要素与自然要素密不可分的文化景观特质。在历史上建成环境的保存中得到延续的常常正是这种人与自然的和谐关系。这些融入风景名胜区内的自然物质使人们感受到自然界与人类历史和谐共生的发展过程，表达了人与自然和睦相处的思想境界。我国风景园林遗产的山水环境中孕育着深刻的人文思想，有自然风景人文化，人文景观自然化的特点，无论是山岳还是水景，人文景观与自然风景互为表里、相互辉映，在时空布局和审美情趣上互相渗透，文化遗产与宗教建筑等历史遗迹与其周围的地理环境互为衬托，背景对流，形成情景交融的统一体。

因此，注入时间节点，发现与挖掘景观资源的物候条件、时间变化特性和最佳赏景时间形成动态的景观变化，也是风景园林遗产的一个重要特色。世界文化景观遗产杭州西湖中的“苏堤春晓”和“三潭印月”，就是突出了春季、圆月这个时间要素开展的设计。“苏堤春晓”为突出“春季”的特色，堤上的植被绿化选择了早春报绿的水柳与三月开花的桃树，早春三月翠柳桃红将苏堤装点的妩媚一片，使得西湖魅力无穷；“三潭印月”设计突出了月圆这个时间点，使得荡舟于西湖上产生诗情交融的境界（图 3-1）。

断桥残雪

花港观鱼

三潭映月

平湖秋月

图 3-1　注入时间因素的西湖景观

3.1.2　意境至上的象征价值

风景园林遗产的一个重要价值是其可供欣赏的美学价值和从自然升华的意境美。中国现代美学家宗白华谈到：意境是中国美学的精髓，“以宇宙人生的具体对象，赏玩它的色相、秩序、节奏、和谐，借以窥见自我的最深心灵的反映，化实景为虚境，创形象以为象征，使人类最高的心灵具体化、肉身化”；美国当代美学家 H·G·布洛克指出，园林“与西方最古老的艺术理论即希腊人的‘艺术乃自然的直接复现或对自然的模仿’理论一脉相承，它已经升华出一种艺术概念”。中国的风景园林更是本于自然，而高于自然，是对自然艺术提炼和抽象概括。因此在评判其风景园林遗产价值的时候，所体现的意境完整性和文化关联性往往成为关键的因素。

由于“天人合一”是中国古代哲学中最基本的思维特征，中国传统园林景观呈现出与自然和人高度和谐统一的特点。由于几千年农耕文明的影响，我国古代建筑、城市与园林的营建原本就十分注重人地关系。正如李约瑟博士指出的那样，“再没有其他地方表现得像中国人那样热心于体现他们伟大的设想‘人不能离开自然’的原则”。中国古代不论是皇宫、庙宇、陵墓、民居，还是园林的营建，无不寻求与自然环境的紧密关系，因而呈现出独特的景观艺术特质。而中国传统审美对自然风景赋予的文化意义则使得我国的传统园林、风景名胜地均表现出自然景观要素与人文胜迹有机融合的特点。即便是一些人工化的宫苑、陵墓等，由于古代营建活动与“礼制”和“玄学”的结合，其构图、形式以儒家思想的“正统”为规矩准绳，并且被赋予了古代宇宙哲学中有关方向、吉凶等方面的象征意义。

由于这种对自然和人，对物质和精神世界统一性的追求，中国古代对于风景园林遗产的保存除了实用方面的考虑之外，其场所的文化内涵或象征意义常常是重要的作用因素。事实情况往往是历史遗存本身已经历经修葺，改变了最初的面貌，但场所的精神文化内涵却不断地继承延续下来。苏州阊门外的枫桥就是一个典型的例子。这座桥由于唐代著名诗人张继的一首诗《夜泊枫桥》而名，此后成为历代文人墨客的歌咏吟诵的主题。但枫桥本身早已被多次重建，和今天苏州现存的其他拱桥相比并无特别之处。在这里，枫桥的景观意义以及其与环境共同形成的"场所精神"是1 000多年来被保存下来的核心，而不是桥梁的物质形态本身。另一个著名的例子则是曲阜的孔庙，这幢建筑最初从公元前478年由鲁哀公在孔子死后不久建立的三间居堂，历经重建和扩建直至18世纪逐步成为长达几百间、规模堪与帝王宫室相媲美的宏伟殿宇。在至今长达约2 500年的变迁中，保存下来的不是最初建筑的物质实体，而是对建筑规制和空间组合的延续和发展，以及对这种规制所承载的儒家精神的弘扬与传承。事实上，在中国古代，"重修庙宇，再塑金身"，即对于具有宗教或文化象征意义的建筑进行重修并使之焕然一新，常常被认为是无上的功德而被提倡和加以鼓励。

中国古代建筑和城市的毁废也常常与其精神的或者政治的象征意义有密切的关联。中国古代有一个很恶劣的传统，就是大约自公元前3世纪初开始，在历次改朝换代以后，前朝的都城和宫殿作为旧的统治的象征，大都遭到有计划的摧毁和破坏，并认为由此可以断绝前朝复辟的可能性。项羽焚烧秦都咸阳"大火三月不灭"；金兵攻入汴梁后，把皇宫、苑囿全部拆毁，并把拆下的木梁柱和假山石运到北京，用于修筑金中都城。以后金灭辽、蒙古灭金，辽南京、金中都遭到了彻底破坏。个别沿用前朝都城的也要对原有格局进行很大的改动，从而达到"革故鼎新"的目的。

在对建筑和建成环境的存废选择中，除实用因素外，建筑与精神的或政治的背景环境之间的联系——即建筑遗产的情感和象征价值，常常比遗产的本体价值更受重视。直到现代的文化遗产保护产生，遗产的内在价值才开始引起人们的重视并成为保护活动中至关重要的影响因素。

在风景园林遗产保护中，有时候为延续原有风景园林的精神意境或保持与景观或环境之间的文化关联会通过重建恢复的形式来强调文化的延续性而非物质形态的延续性。这分为三种情况：第一种是对具有纪念性意义对象的重建，它是一种对于历史或文化的认同，是一种力图使当代物质世界与特定历史时代、事件文化建立起联系，或者修补存在的历史、文化断裂的行为，在一定程度上体现了人们对于重建建筑所寄托的情感。第二种是一些风景名胜区建筑因名称的延续而重建。在传统中国社会中名胜建筑在历史上往往存在多次重建活动，但这些重建通常并不强调对原有建筑形态的恢复，重建只是保持原有名胜建筑的名称，建筑本身则是根据当时的社会和经济状况，采用重建时的技术和尊重重建时代的审美趣味。它关注的是延续原有神圣精神或保持建筑与景观或环境之间的文化关联，强调的是一种文化的延续性而非物质形态的延续性。第三种情况是活态遗产中不断进行的重建活动，这种重建是因为一些古树名木因为病缺或死亡而必须进行更替，以恢复曾经的意境。这种重建在很多情况下往往根据重建时人们的审美或社会经济条件等采用新的形态。

国内风景园林遗产重建案例见表3-1。

表3-1 国内风景园林遗产重建案例

重建范式	典型案例	例图
纪念意义对象的恢复重建，并与当代环境建立联系。	以清朝的同治楼为蓝本，在传承明清黄鹤楼建筑风格的基础上，进行风貌重建，呼应了长江与京广线的交汇节点的中心位置，并延续了与长江的视线联系，重塑城市天际轮廓线。	 1. 清朝时期的黄鹤楼  2. 恢复重建的黄鹤楼

续表 3-1

重建范式	典型案例	例　图	
名胜建筑的重建以保持风景的文化关联	雷峰塔的原址重建，恢复历史上西湖十景的“雷峰夕照”，重塑承载着集体记忆的精神象征。新塔采用钢结构形式以满足可识别性要求并将原塔基址保留和展示。	 3.雷峰塔历史旧照	 4.重建后的雷峰塔
活态遗产因为生命的终结而采取的重建活动	世界自然与文化遗产黄山风景区的十大名松之一的“送客松”，由于树龄老化虽经多种措施抢救仍然枯死，便选取形态相近的松树替代，以恢复送客松的历史环境氛围。	 5.送客松的历史照片	 6.替换后的送客松

3.1.3　超尺度性与层次性

风景园林遗产具有尺度上的广泛性和层次性，特别是随着文化景观的提出和人们对文化遗产概念认识的深化，遗产保护区的尺度从面积数十平方公里的公园到数百平方千米的大遗址、风景名胜区。这其中包含的大量的自然因素与人类的宗教、哲学、经济、政治和美学成就，形成一种文化与自然交错的景观。在这种情况下，风景园林遗产的保护也提出了保护对象的整体性和保护方式的层次性的要求。以近年来风景园林遗产的一个重要组成部分——文化景观来说，它强调遗产的整体价值大于各遗产要素价值之和，这种整体性一方面是指物质要素与非物质要素并重，即与其功能相关的文化物质要素以及富有特征的自然要素，非物质要素反映沿线文化传播的手工艺、民俗、节日等内容。另一方面是保护要素的层次性，除了已纳入各级保护的文化遗址外，一些价值并不突出的遗产也需进行筛选保护，以呈现出一套完整的、层级性的保护方法。

知识链接

京杭大运河遗产保护

京杭大运河是与万里长城齐名的人工奇迹。它开掘于春秋，完成于隋代，畅通于唐宋，取直于元代，繁荣于明清；在贯穿整个中华文明史的同时，跨越京、津、冀、鲁、苏、浙四省二市，贯通海河、黄河、淮河、长江、钱塘江五大水系，全长约 1 794 km。随着社会的进步和时代的发展，京杭大运河所承担的功能也在悄然变化中。漕运功能已不复存在，航运功能正在继续，南水北调东线工程的建设又为其增加了新的职能。2009 年国家旅游局宣布“京杭大运河”为国家级旅游线，京杭大运河遗产的保护成为重要事件。

京杭大运河作为文化遗产，其超尺度、时间久的特性使得其保护不能仅通过历史层面、单一学科、单一线路来看问题，应从区域角度和航运、交通等领域，从整体、全面角度出发对京杭大运河等大尺度线形文化景观进行保护与利用。

大运河遗产可以分为以下几个层次：第一是水路遗产体系，由水道工程、蓄泄工程、交通运输工程、行政管理设施四大类组成；第二个层次是与大运河相关的遗迹，包括因运河而生的城镇、建筑等；第三个层次是大运河周边环境景观及非物质文化遗产。国家文物局关于印发《大运河遗产第二阶段保护规划编制要求》的通知中，"大运河遗产及其背景环境构成"部分包括：①大运河遗产。水利水运工程（水工）遗产，运河城镇、运河村落，其他相关历史遗存，非物质文化遗产；②大运河背景环境，城乡建设环境、郊野自然环境。目前在"南水北调"和地方经济开发的背景下，京杭大运河遗产的整体性保护、管理与合理利用，无论从遗产保护角度看，还是从景观生态、休闲游憩角度看，都具有相当的复杂性。

基于以上特点，京杭大运河的遗产保护应该将南水北调工程建设与运河调水、航道整治、文物保护、休闲游憩等工作结合起来。南水北调东线工程建设对运河文化遗产来说是一把"双刃剑"。一是因工程建设主要利用运河作为调水河道，可能会对运河遗产造成破坏；二是因工程建设将运河遗产的保护问题摆在我们面前，迫切需要做好文物保护工作，将以前也许无人问津的运河古道、遗迹等加以整治和修缮。遗产保护在这一过程中，应充分做好航道整治、文物保护和抢救、环境治理、可持续发展等工作。让运河这一滋养中华民族数千年、文化积淀丰厚的宝贵遗产继续传承下去。遗产保护的工作主要从几个方面开展：

一是水利相关产业的运行。遗产保护满足城市生活、环境、工业和农业用水，兼有防洪、除涝、航运等综合效益。按照"先节水后调水、先治污后通水、先环保后用水"的原则，国家计委会同水利部等部门于2003年共同编制了《南水北调东线工程治污规划》。

二是文化产业的整合与发展。大运河及沿线地区具有丰富的文化和景观财富，是具有极高潜力的战略性休闲资源。因此，需要在保护好运河遗产的基础上，发挥运河的价值，通过整合历史、自然、休闲功能，构建新的以文化产业、旅游产业为主导的产业体系，促进运河所经区域的经济发展。

三是健全多部门协调合作、分工明确、共同管理机制。中国大运河遗产的保护管理应建立健全的多部门协调合作、共同管理机制，设立一体化的运河专职管理机构。文物主管部门作为牵头单位，各相关部门为主要配合机构，建立多部门协调合作、共同管理机制。各部门以职能为基础，密切配合，明确并承担大运河遗产保护中的相关责任，做到职、权、责统一。2009年初大运河保护和"申遗"省部际会商小组是一种联席会议制度（或区际会商协调机制）。该机构由与运河保护相关的13个部委和沿线8个省、直辖市人民政府代表组成，会商小组办公室设在国家文物局。

经过几年的保护与发展，京杭大运河逐渐揭开了崭新的面纱。一些沿岸城市一方面采用"生态河堤"的方法对古河道岸堤进行整治；运河工程遗迹、建筑、街区的重建、修建或就地保护，在文物保护部门批准的前提下进行论证，并尽量保持遗产的原生态环境，对缓冲区进行控制；运河遗产的旅游利用在不阻隔与整体文化线路有机联系的状态下开展，使其处于自然状态；还有扬州、杭州、济宁等城市采用古运河和新运河的思路，古运河的运输功能在不断弱化，被开发成旅游线路、景观游憩场所，从而保护沿线文物古迹；而新运河的运输功能在逐渐强化（图3-2和图3-3）。

如今，京杭大运河遗产保护在其遗产本身的复杂性和层次性特征下，发展出了包括遗产旅游、遗产信息服务、遗产教育、遗产娱乐、遗产产品创意设计、遗产广告咨询、遗产鉴定修复以及遗产复制与公众展示等，开拓了遗产保护的深度和广度。

a

b

图 3-2　人文河堤

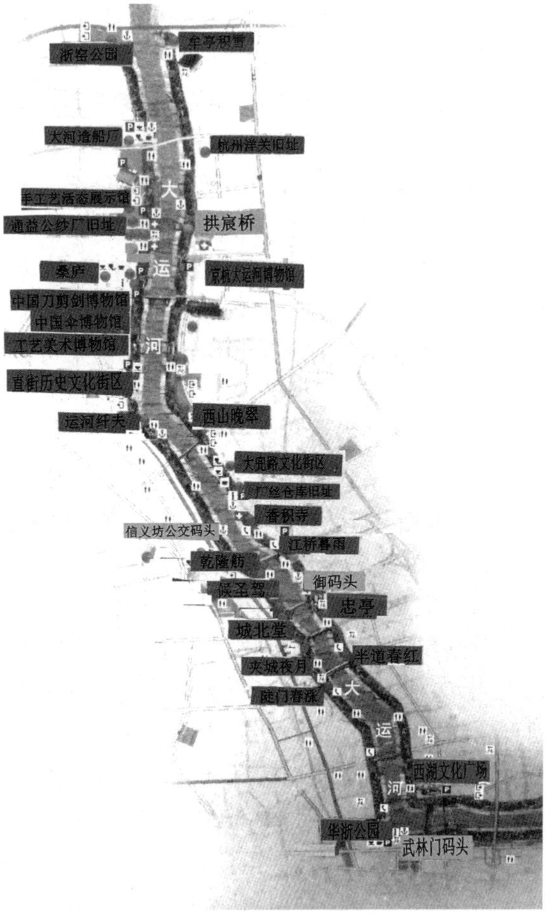

图 3-3　京杭大运河杭州段

3.2　我国风景园林遗产保护的发展历程

我国风景园林遗产保护的历史源远流长，从对名山大川朴素实用的利用与欣赏，到受西方遗产保护理念影响下对古典园林、风景名胜的保护，再到后来风景名胜区制度的建立发展，以及世界遗产保护组织的参与等，经历了不断成熟，壮大的历史进程。

3.2.1　风景园林遗产的认识与保护

中国对风景园林遗产的保护，最早可以追溯到中国文化传统中对风景胜迹的保护，因为这是最早以地域为基础的保护，即以场所、地点、环境而不仅仅是单个古迹为目标的保护，而且这种保护思想如今日益显示出它的价值。

我国古代在自然崇拜思想的影响下，在近山者拜山、近水者拜水的实践过程中孕育演绎出天地神灵与宗教、名山大川与胜迹审美等意识的萌芽。公元前 22 世纪左右出现的大禹治水，实质是我国国土和大地山川景物规划及其综合治理的起源；公元前 17 世纪，在夏商时期出现的爱护野生动物、保护自然环境、有节制狩猎、并进而产生保护自然生态与仁德治国等思想，在今天看来即是中国风景名胜发展的传承动因，也是当代永续利用和可持续发展概念的源头；《周礼》规定“大司马”掌管和保护全国自然资源、“囿人”掌囿游禁兽等制度，对我国古代风景名胜的保护和管理起到了保障作用。这些都印证了我国古代风景名胜保护的萌芽和发端。

人文景观的存在除了增添游赏的兴味和遐想，还是人们对风景园林保护和利用的一种表现形式。国人自古就在自然景观绝佳处点缀亭台楼阁，引人注目，驻足玩赏，同时也和自然景观一起，赋予场所性格。春秋战国之际离宫别馆与台榭苑囿的建设推动了邑郊风景区的发展，形成了楚国古云梦泽和太湖地区的风景名胜；战国中叶为开发巴蜀而开凿栈道，形成了千里栈道风景名胜走廊；公元前 276 年至公元前 251 年，李冰率众修建的水利工程形成了都江堰名胜……这些曾经以水利、交通为目的的建设，在数百年来也一直成为人们传颂游赏、保护传承的风景地。

中国对风景园林的利用和保护总的说来可以归结为以下几个阶段。

1. 朴素实用的利用阶段

第一个阶段大致相当于汉代以前。这是实用为主的阶段，即利用自然环境作为狩猎、渔樵、林果、游娱的场所，此时更多的是对自然资源的利用，而对自然之美的欣赏是以对自然的情感物化为出发点的。人类文明发展可分为 4 个阶段：渔猎采集时代、农业文明时代、工业文明时代、生态文明时代。对风景名胜遗产资源的利用，最早可追溯到农业文明时代。在这一时期人类对大自然的敬畏已逐渐过渡到对自然的情感依赖阶段。“自然”的概念被“物化”，诸多名山大川都被看成自然的缩影。这一阶段，名山不仅具备物质生产功能，而且是人类精神文化活动场地。精神的承载、“天人合一”朴素哲理的渗透，使这些山水环境自然而然地保护至今。此时古人对风景名胜遗产资源的利用以“名山”为主，以“方式”作为遗产利用行为。公元前 14 世纪至公元前 11 世纪，殷王室使用的甲骨文中出现“囿”这种在山水生物丰美地段，挖沼筑台进行营造，以形成观天通神、游憩娱乐、生活生产并与民同享境域的风景区。

秦汉时期是封建社会的中央集权确立和历史发展的重要时期，也是风景名胜形成的重要阶段。这一时期频繁的封禅祭祀活动，促使五岳五镇和人工池沼等名山大川景胜的建设、形成与发展，并进而确立了以五岳为首的中国名山名胜体系，由此形成中国风景名胜区的起源。据文字记载，早在先秦时代已形成“天子祭祀天下名山大川，诸侯祭其疆内名山大川”的祭祀礼仪，祈求风调雨顺、国泰民安。自然和文化双遗产的泰山地质古老，历史悠久，古迹遍布，自然景观与人文景观融为一体，渗透着极为丰富的历史文化内涵。历代帝王封禅的岱庙，凡是所谓“受命于天”的帝王，为答谢天帝“授命”之恩，便要到接近天庭的泰山之巅积土筑坛，增泰山之高以祭天，表示功归于天而后再到泰山前接近地抵的梁父、社首、篙里、云云等小丘设坛祭地，表示厚上加厚，福广恩厚以报地，这就是历代帝王狂热追求的泰山封禅大典。

《论衡书虚篇》中记述“百王太平，升封泰山。泰山之上，封夯土台基可见者七十有二，纷纶湮灭者不可胜数”。在我国历史上，秦始皇、秦二世、汉武帝、汉光武帝、汉章帝、汉安帝、隋文帝、唐高宗、唐玄宗、宋真宗、清康熙、清乾隆等接踵登封告祭，刻石纪功气图。关于封禅活动真正有据可查《祭泰山铭》记有封禅仪典的过程。每代帝王都会留下各自的夯土台基，即所谓的“坛”此外帝王更有不少摩崖石刻用来记功。换言之，历代天子将泰山看作神的化身，坛和石刻都是作用于自然资源的人文资源、人文景观。泰山的帝王封禅代表了古代君主对于自然遗产资源“小心翼翼”的利用方式，即将泰山作为被“神化”的场所。就泰山而言，据史书载，远古帝王封禅泰山时为保护泰山的一草一木，进山的车轮子必须包裹上蒲草；汉武帝封泰山时为保护泰山的自然环境，仅携霍去病大将军之子车子侯登泰山举行大典；唐玄宗因“灵山清洁”、“不欲多人”而仅携少数侍臣登岱告天；宋真宗登封泰山礼毕后诏令“泰山四面七里之内不准樵采”。

这一时期对风景园林的利用还表现为农业水利建设而拓展的实践活动。河流冲积、湖滩区域形成的洪泛平原为人类生产、生活提供了良好的生存条件，人们利用洪泛区周期性调节洪水带来的丰富营养物质的泥土从事农作物的种植和渔猎生活，逐步形成了原始的农业自然经济。我国古代在利用自然于人类生存方面积累起了一整套顺应自然演变规律的自然文化生态理念，从而使许多文化遗产保持了上千年的自然生机与文化活力，甚至一直延续至今。

始建于公元前 256 年左右的都江堰水利工程是人类顺应自然规律，最大限度地发挥自然价值的杰作。该工程是基于一种中国传统的普遍文化价值观和哲学思想之上的分疏治水的生态理念，它不仅从根本上解决了岷江多年来的洪涝灾害问题，而且李冰父子采用的无坝引水、自行排沙、灌溉的管理策略，为万亩良田解决了灌溉用水问题。他充分利用山形、水势、水流特性，将防洪、蓄水、灌溉、水运、引水、分流、疏沙、泄洪等工程措施整合为一个系统工程，为岷江周边地区创造了一个世世代代在此繁衍生息的良好自然环境。都江堰独特的“水文化”是中国古代人民智慧的结晶，被誉为“世界水利文化的鼻祖”。

此外，这一时期也开始了风景园林遗产资源游览审美利用。“孔子登东山而小鲁，登泰山而小天下”，也许是名人登蒙山(今在山东邹县东南)和泰山的游览审美活动的最早记录。孔子的“仁者乐山，智者乐水”让仁者和智者从不同角度领悟山水“生养万物，取益四方”，使“国家以宁”的品格，反映了文人在农业文明时代与自然山水的精神关系。这种山水比德观念对后世山水审美有深刻影响。

知识链接

关于都江堰水利工程

李冰父子本着“深淘滩，低作堰”的原则对都江堰实施了三大主题工程，包括：用于分水、分沙的鱼嘴；泄洪、排沙的飞沙堰(泄洪道)；引水、输沙的宝瓶口(引水闸)。一方面防止岷江大量泥沙带来的河床淤塞，同时也降低了洪水的冲击，最大限度地发挥河洪调蓄功能；另一方面使洪水不得为患，保证了下游平原广大农田灌溉的用水需求。都江堰水利工程在不破坏自然的前提下合理地利用自然，并为人类带来巨大的社会效益。该工程作为一个综合水资源开发和流域生态资源管理的典范，对于 2 000 多年后的今天仍然具有极为重要的参考价值(图 3-4)。

图 3-4 都江堰水利工程

2. 遗产资源的审美与利用阶段

这个阶段从两晋南北朝一直延续到近代。人们由于对现实的不满，在返璞归真，回归自然的思想指导下，对自然之美进行挖掘和加工。魏晋南北朝是封建社会早、中过渡期，也是社会动荡和历史重大转折时期。由于政治分裂、战乱不止，城市和经济相对萎缩，自给自足的庄园经济相对独立发展，意识形态的儒、道、佛、玄等诸家争鸣，产生了思辨与理性的纯哲学、抒情与感性的纯文艺，呈现出思想解放与人性觉悟的特征。整个意识形态的变化，引发了游览山水、民俗游乐、经营山居、隐逸岩栖、山水文化、佛教道教的盛行和发展。文化艺术活动及其作品也活跃地描绘了风景名胜，促进了风景名胜和宗教圣地的开发建设。由于佛教道教空前盛行，宗教朝拜活动及其配套设施的开发建设，促使了山水景胜和宗教圣地的结合发展。

隋、唐、宋是中国封建社会的上升与全盛时期，政治统一、经济发达、军事强盛、社会思想活跃、文化艺术灿烂，随着城市体系的形成，中国风景名胜建设进入全面发展和兴盛时期。这一时期的特点如下：一是数量与类型增多，分布范围大大扩展，在当代前三批审定的 119 个国家重点风景名胜区之中，有近 30 个是在这个时期新发展起来的；除此之外，分布在各地区的大量中小型和地方性风景区、风景点，大多也是在这个历史时期发展起来的，中国风景名胜区体系已逐渐形成。二是风景名胜的内容进一步充实完善，景观质量水平提高，人文因素与自然景源更加紧密结合并协同发展，成为保护与利用自然、游览与寄情山水、欣赏与创造风光美景为主要内容的风景胜地。三是发展动因多样，并且强劲持久。隋唐的佛教丛林制度、寺院经济实体和四大佛教名山的出现，隋唐的道教宫观制度、道教的 118 处洞天福地的确定等因素，有力地推动风景名胜的发展。

从魏晋南北朝开始，游山玩水已成为时尚，尤其是唐宋以来，更成为名山的重要功能。然而由于宗法伦理的影响，古人的游玩，并非浅层意义上的游玩娱乐，而是遗产资源“宗教化”的利用方式。宗教文化对名山的建设和发展产生了深远而持久的影响，宗教活动逐渐成为名山的重要功能之一。创立于东汉末年的道教以“崇尚自然、返璞归真”为主旨，名山是他们采药炼丹、得道成仙的理想场所。到了唐代，道教盛行全国，并形成了十大洞天、三十六小洞天和七十二福地的道教名山体系。其中有处现已成为国家风景名胜区，有处列入“世界遗产名录”。佛教传入中国后，受道、儒思想的影响，遂与名山结缘，形成“天下名山僧占多”的局面。著名的佛教四大名山均成为国家级风景名胜区。

元、明、清是中国封建社会后期的三个王朝，蒙、汉、满族轮番掌管大一统封建帝国大权，促进了民族融合，形成了多元化的民族文化和地方特征，并不止一次地出现过经济繁荣、政治安定的封建盛世，中国风景名胜建设也进一步发展和成熟。这期间全国性风景名胜区已超过百个，并且大都进入盛期，各类名山、名湖、名洞、名瀑、名泉、名楼、名塔、名桥、书院寺观、山林别墅、名园胜景星罗棋布，各级各类志书也形成体系，山水文化中出现了大量的游记杰作，使山水审美、风景鉴赏评价和开发提升到了一个更高境界，风景游赏成为风景名胜发展的主要因素。这一时期，一些传统风景名胜的规划设计原则、建设施工组织、经济与经营管理都已渐成体系。

自宋代起，我国开始了风景园林遗产资源“科考”的利用方式。问奇于名山大川，探索山水科学。大自然不仅给人以灵感和情感，而且给人以理性的启迪。宋代博学家沈括游雁荡山，观奇峰异洞深受启迪，而作出流水侵蚀作用的科学解释。明代旅行家徐霞客，一生“问奇于天下名山大川”，以“性灵游求美，驱命游求真”，既欣赏山水之美，又探索其成因。他不仅是旅行家、文学家、地理学家，而且是名山风景科学的开创人。正如英国科学技术史学家李约瑟博士评价徐霞客说的，“他的游记，读起来并不像是世纪学者所写的东西，而像是世纪野外勘察家所写的考察日记”。

此外，风景园林遗产资源用作隐读场所也开始兴盛起来。中国自古以来，就有许多高士隐居于名山胜水，如庄子、东方朔、严光、稽康、陶渊明、陈传、王夫子等。他们崇尚自然，超然尘外，不求功名利禄，隐居山水之间。读书写作，陶冶情操，养浩然正气，扬民族气节，留下许多代表中华民族与青山绿水长存的精神文化。名山不仅是培养人才的胜地，也成为学术交流的场所。唐宋以来，尤其是宋代，在名山风景区建立了不少书院。如庐山的白鹿洞书院、武夷山的紫阳书院、篙山的篙阳书院等，是农业文明时代中国名山特有的现象。

3. 新中国成立以来的风景园林遗产保护实践

新中国成立以来风景园林遗产的保护实践，主要集中在历史文物环境的保护，以及中国传统园林的保护修复两个方面。

(1)城市历史环境的整体性保护。梁思成先生是我国城市历史环境的整体性保护思想的开创者。1943年，他在《中国建筑史》序言中写道：“纯中国式之秀美或壮伟的旧市容，或破坏无遗，或仅余大略，市民毫不觉可惜。雄峙已数百年的古建筑，充沛艺术特殊趣味的街市，为一民族文化之显著表现者，亦常在‘改善’的旗帜之下完全牺牲”。梁思成敏锐地注意到近代文物古迹不断损失的重要原因之一就是旧城改造措施的不合理，因此他提出文物建筑应当与它的环境一同被保存。在他为北京牌楼、北海团城、天安门东西三座门等文物建筑保护提出的多次建议中，除了反复论述文物建筑本身的价值外，也反复阐释这些文物建筑和城市空间的关系。更重要的是他在中国最早系统地论述历史城市的整体性保护。他多次将城市比喻为一个有机体：“有经络、脉搏、肌理，如果你不科学地对待它，它会生病的。北京城作为一个现代化的首都，它还没有长大，所以它还不会得心脏病、动脉硬化、高血压等病。它现在只会得些孩子得的伤风感冒。可世界上很多城市都长大了，我们不应该走别人走错了的路，现在没有人相信城市是一门科学，但是一些发达国家的经验是有案可查的”。

据此观念，梁思成初步建立了历史城镇保护策略。首先是保护它的道路系统，即保护经络；其次是将富有历史和艺术价值的古迹有机地组织到城市中去，即保护肌理。此外，有机体总是在不断地发展变动之中，因此保护不是限制发展。梁思成提出历史城市保护和发展的关系应当以“古今兼顾，新旧两利”为原则。1950年他和陈占祥先生一起提出的《关于中央人民政府行政中心位置的建议》，提出应该严格保护紫禁城；在老城墙里面的建筑物要限制在两层到三层；等等。尽管《建议》的基本观念与今天的保护规划理念基本一致，但这在当时是一个过于超前的规划设想。

梁思成创造性地提出将北京的城墙改造成城墙公园，这种以景观学的思考方式来对待历史遗产保护成为后来中国对待城墙等历史遗产保护的典范。

知识链接

梁思成与城墙保护

1950年5月7日，梁思成发表了《关于北京城墙存废的讨论》。他说：城墙外面有一道护城河，河与墙之间有一带相当宽的地，现在城东、南、北三面，在地带上都筑成了环城铁路。环城铁路因为太近城墙，阻碍城门口的交通，应该拆除向较远的地方展移。拆除后的地带，同护城河一起，可以做成极好的"绿带"公园。护城河在明正统年间，曾经"两涯甃以砖石"，将来也可以如此做。将来引定河水一部分流入护城河的计划成功之后，河内可以放舟钓鱼，冬天又是一个很好的溜冰场。不唯如此，城墙上面，平均宽度约10 m以上，可以砌花池，栽植丁香、蔷薇一类的灌木，或铺些草地，种植草花，再安放些园椅。夏季黄昏，可供数十人的纳凉游息。秋高气爽的时节，登高远眺，俯视全城，西北苍苍的西山，东南无际的平原，居住于城市的人民可以这样接近大自然，胸襟壮阔。还有城楼角楼等可以辟为陈列馆、阅览室，茶点铺。这样一带环城的文娱圈，环城立体公园，是全世界的一无二的。北京城内本来很缺乏公园空地，1949年后皇宫禁地都是人民大众工作与休息的地方；清明节前后几个周末，郊外颐和园一天的门票曾经达到八、九万张的记录，正表示北京的市民如何迫切地需要假日休息的公园。古老的城墙正在等候着负起新的任务，它很方便地在城的四面，等候着为人民服务，休息他们的疲劳筋骨，培养他们的优美情绪，以民族文物及自然景色来丰富他们的生活（图3-5和图3-6）。不唯如此，假使国防上有必需时，城墙上面即可利用为良好的高射炮阵地。古代防御的工事在现代还能够再尽一次历史任务！

图3-5 北京城墙公园概念设计草图

图3-6 现今北京城墙绿化带

（2）中国古典园林原真性的探索。传统园林是我国历史风景园林遗产的重要组成部分，它是一种相当古老然而又很脆弱的人类艺术形式。建章宫的太液池，宋徽宗的艮岳，在当时均极尽奢华，但今天早已湮灭；此外历史的设计景观还包括历史的风景点设计，风景点是利用城邑郊外或市区依托某一佳山好水形成的游览胜地，一般都有亭阁、寺观等建筑，像南京的鸡鸣寺等。中国在20世纪对苏州园林的保护进行了大量的探索。例如苏州名园拙政园，自明代嘉靖初创建以来，五百年间数易其主，多次毁坏，但每一次均很快得到保护，经过精心维护和修复，获得新的生机，是故直至今日，仍然是吴中胜迹之一。因此，对历史设计景观进行适当保护，其实已经是一种传统。

1949年后，文物保护部门为主的实践者们一直致力于传统园林的原真性保护。梁思成在《中国建筑史》中讲，中国古代建筑有“不求原物长存之观念”，不注重原物保存。样式风格更是随时代而变，只注重原址和始建年代，对原真性的追求仅限于此。这显然是与原真性原则的国际性共识相悖的，所以梁思成提倡“修旧如旧”，主张原真性的重点在于保存原材料的真实性。

结合国内学者关于原真性的讨论与探索，以及《奈良原真性文件》，中国古典园林的原真性确立了合以下四项原则。

①应在园林范围完整的基础上，维护园林历史上山水、建筑及植物配置的原有风貌与形制。

②在明确了解原貌的前提下，应允许对已损坏或不符合历史原貌的部分进行修缮和恢复，不刻意追求保存原始建材，修复应尽可能使用符合历史的材料和工艺。

③园林营建与修缮的过程中所采用的工艺、材料，也是园林原真性的一部分，应得到保存和继承。

④更换病树、枯树时，应选取与原树木品种相同、树形相近的树木，保持植物景观的原真性。

按照以上的修复原则，开始了以苏州园林为代表的园林修复。苏州拙政园曾荒芜多年，损毁严重，东园已完全湮没。20世纪80年代重修时根据文献和书画资料，尽可能复原了清代拙政园风貌，并恢复了东园。耦园原名涉园，位于江苏省苏州市仓街小新桥巷，为清顺治年间保宁知府陆锦所筑，取陶渊明《归辞》中的“园日涉以成趣”之意，黄石假山是园中的一大特色。因在住宅东西两侧各有一园，后又得名耦园。耦园于2000年11月被联合国教科文组织列入世界文化遗产名录，第二年6月被列为全国重点单位，在风景园林遗产保护上有非常重要的意义。耦园在历史上历经了数次破败和毁坏，咸丰年间曾毁于兵燹，1950年又遭受了一场大火，后来被用作车间、仓库、宿舍、托儿所等场所。1960年，在苏州政府的引导下，才开始对耦园进行修整，至今又经历了几次大修。耦园的修复可谓全方位地体现出了“原真性”：在建筑修复上，坚持使用原材料与原工艺，用传统方式修复木构，修正了之前修复的拙陋之处，其中正门的重修，特意参照了苏州同时期的其他园门，尽可能现其原真性。在植物配置的修复上，对已死亡的树木进行清理，选取品种、高度、造型相同或相似的树木进行补栽，对现有不符合园林历史风貌的植物进行逐年替换。同时恢复原有建筑与山水的格局，做到了游览路线的原真性。

知识链接

苏州古典园林的保护之路

苏州古典园林，作为苏州的城市文化名片，其精湛的传统工艺展现着深厚的文化艺术积淀，其杰出的人居艺术价值也一直为世人所惊叹，多年来一直得到各级政府部门的科学保护以及社会公众的广泛关注。

然而，随着城市化进程的加速以及现代材料的广泛运用，传统工艺濒临失传，带来各种冲击，现代经济生产形式的转变正使得传统工艺的失传越来越普遍；传统材料数量减少、价格高昂、质量降低，正逐渐被现代材料取而代之，日显稀缺；而现代旅游业的发展也使得已改变使用功能的苏州古典园林正面临许多新的严峻挑战。

回顾苏州古典园林的保护之路，可以粗略分为三个阶段。

第一个阶段是20世纪50年代初至80年代初，为最大程度的抢救和保护好珍贵的苏州古典园林，由园林修整委员会及相关园林管理部门先后对拙政园、留园、沧浪亭等十几座古典园林进行了抢救性的整体修复，虽然不少古典园林的修复缺乏足够的参照，也没有明确的文物保护修复的法律法规和操作规范，但苏州古典园林的老一辈工作者凭借丰富的历史文献资料、优秀的传统工匠技术以及专家学者们严谨的学识和经验进行修复，重现了苏州古典园林风貌。

第二个阶段是20世纪80年代以后至90年代“申遗”成功前，从1982年《中华人民共和国文物保护法》出台后，文物保护法中明确的“不改变文物历史信息”、“最小干预”等概念开始深入人心，进一步推动了苏州古典园林的科学保护与管理水平的提升。

第三个阶段是1997年苏州古典园林申遗成功后至今，苏州古典园林的科学保护与管理进入新阶段。伴随着国际组织以及国内各级各部门先后出台的条例、规范以及社会公众不断提高的苏州古典园林文化活动需求，“保护其突出的、普遍的文化价值”、“真实性、完整性”、“预防性保护”、“世界遗产监测”等新名词、新概念的出现，让苏州古典园林的保护有了新的内容。

对比这三个历史阶段的保护工作，其历史文化背景与经济条件有着极大的不同，20世纪50年代的苏州园林修整委员会汇集了大批学养深厚的专家学者，除此之外，还有大量的传统工艺、技术人才的支持。新中国成立初期，由于经济发展的基础薄弱，以“香山帮”古建工匠群体为代表，通过师徒相传的方式，学习继承了传统的工艺技术，这些技术人才就业形势良好，他们掌握的传统工艺纯正、成熟、精湛，又有丰富的生产实践经验，是古典园林保护修复工作的重要技术支撑。在物质材料方面，自20世纪50年代起，修整委员会就从民间收集了大量的材料，风格及形制相同的木、石、砖质的构件，也为苏州古典园林的保护与修复提供了丰富的物质基础。

“申遗”成功后，面对国际组织提出的更为严谨的要求，如何平衡技术人才流失与材料匮乏的影响，怎样科学规范各类修缮保养工作，如何评估新技术手段的效果等一系列的问题摆在管理部门面前。面对新的形势与挑战，苏州古典园林的保护核心已从单纯的物的概念发展到全方位地保护遗产的真实性完整性价值，保护管理部门不仅仅要关注建筑本体生命周期、植物生长态势等问题，还要关注气象、环境以及材料衰变等影响因素。

新的时代背景下，古典园林保护面临着新的挑战。苏州园林管理部门引入监测的科学管理方法，并研究制定相关的技术方案和标准，利用现代科技手段对苏州古典园林的变化趋势和影响因素等进行观察，周期性的采集、测试和分析园林保护管理中的各类数据，实施全方位数据采集、全方位实时监测、全方位监测预警，建立起一套数据全面，评估、分析、预警及时的监测软件平台。

保护世界遗产的突出普遍价值，不仅仅是对历史事物的简单维护和修复，而且要发挥遗产对于现代社会生活的思维和文化价值的影响。因此，在管理中注重监测效应的发挥，倡导数据的科学作用，才能逐步实现从经验型到科学、规范的管理模式转变，从而更有利于世界遗产的“原汁原味”传承。

3.2.2 我国风景区名胜区的发展

1. 我国风景名胜区制度的建立

(1)准备阶段(1950—1979年)。新中国成立以后，从公共卫生和劳动保护的角度出发，决定在风景胜地建设休养、疗养设施。1963年3月建工部在《关于城市园林绿化工作的若干规定》中指出：“凡具有天然优美的景色，面积较大，可供人们游览活动或休养、疗养的地区以及具有名胜古迹的地方等，均应定为风景区。”同时，这个《规定》也制定了景区资源的一些保护要求，如不得建厂矿企业，确定了风景区的用地性质，开始了对风景名胜地的开发阶段。庐山风景名胜区就是在这一时期进入了它历史上第二个大规模开发建设阶段。1978年，中央在《关于加强城市建设工作的意见》的文件中首次明确了由城市建设主管部门负责管理风景名胜区事业，自此，建设部门开始将风景名胜区工作正式纳入日常的管理范围。1979年4月，国家建设部门提出了《关于加强自然风景区保护管理工作的意见》呼吁加强对我国风景资源的保护、规划、建设和管理，并正式将此类区域定名为“风景名胜区”。1979年3月国务院正式把自然风景区的建设与维护职责赋予刚成立的国家城建总局。

(2)实施阶段(1980—1999年)。1981年，国家城建总局向国务院提交《关于加强风景名胜保护管理工作的报告》，提出对全国风景资源进行普查以确定风景名胜区的等级和范围；建立健全风景名胜区的管理体制和机构，实行统一管理；加强资源保护，实行有计划的开发。初步形成了我国风景名胜区管理制度的构想。

1982年11月，国务院批准了城乡建设环境保护部等部门《关于审定第一批国家重点风景名胜区的请示通知》(国发〔1982〕136号)，审定公布了我国首批44个国家重点风景名胜区。这是我国有史以来第一个由中央政府发布的正式确立风景名胜区管理体制的重要历史性文件。《通知》首次明确了我国的风景名胜资源管理和保护的体制、形式和范围，并明确了对风景名胜区资源实行统一管理、严格保护和科学管理的政策方针。《通知》奠定了我国风景名胜区制度的基础。

1985 年 6 月，国务院颁发了《风景名胜区管理暂行条例》，通过法规条例明确了风景名胜区的划定、评定、保护、规划和管理等内容，同时展开了全国性的风景名胜资源调查。1987 年 6 月，建设部颁布了《风景名胜区管理暂行条例实施办法》，我国风景名胜区建设进入法制化的轨道。

20 世纪 90 年代之后，中国的社会环境更加开放，进一步融入国际社会的要求也更加强烈。一些人认为“风景名胜区”这一概念具有太浓的中国特色，国外没有相对应的概念，不便于同国际接轨。于是建设部发布了《关于发布中国国家风景名胜区徽志的通知》，徽志的图案正中为万里长城和山水图案，象征祖国悠久历史、名胜古迹和自然风景；两侧为由银杏树叶和茶树叶组成的环形图案，象征风景名胜区优美的自然生态环境和植物景观。图案下半部汉字为“中国国家风景名胜区”，上半部英文字为“National Park of China”。正式将“风景名胜区”的英文名字确定为“国家公园。”但我国对于风景名胜相当于国家公园的概念并没有因为这个文件的发布而达成共识。

此后随着中国社会经济的快速进步，第三产业发展迅速，国际交流的增加使风景名胜区管理者的资源保护意识有所增强，风景名胜区逐渐成为兼备游憩健身、景观形象、生态保护、科教启智以及带动社会发展等功能的重要地域。国务院于 1988 年、1994 年先后审定发布了第二批、第三批国家重点风景名胜区，各省、自治区、直辖市也发布了一大批省、市级风景名胜区。至世纪交替之时我国已有 119 处国家重点风景名胜区，省级风景名胜区 256 处，县(市)级风景名胜区 137 处，共 512 处。总面积约 9.6 万 km^2，占国土面积的 1%。这一时期的主要成就有以下几个方面。

① 在对风景名胜资源全面调查评价的基础上，建立了国家、省、县(市)三级中国风景名胜区体系。

② 健全了风景名胜区的管理机构，1998 年国务院进一步明确了建设部对国家重点风景名胜区及其规划的审查报批和保护监督的职能。各个景区根据《风景名胜区管理暂行条例》成立了相应的管理机构，这些机构的主要类型有政府管理型，包括政府直管型、政府派出机构管理型、地方政府职能部门管理型，如山西五台山风景名胜区人民政府、杭州西湖风景名胜区管委会；政企分管型、政企合作型，如浙江绍兴市旅游局；企业管理型等管理模式，如浙江柯岩风景区开发股份有限公司。

③从行政法规到部门规章、地方法规的制定完善了风景名胜区的法制建设。1985 年国务院颁布了《风景名胜区管理暂行条例》，之后建设部相继制定了《风景名胜区管理暂行条例实施办法》、《风景名胜建设管理规定》和《风景名胜区管理处罚规定》，以及《风景名胜区安全管理标准》和《风景名胜区环境卫生管理标准》。全国大部分省、市自治区、直辖市还制订颁布了当地的《风景名胜区管理条例》和配套管理办法，有的风景名胜区和世界遗产地还设立了“一区一法”。这些法律规章的制定，推进了风景名胜区管理的制度化，规范了景区的保护、开发、游览和接待服务，初步完成了我国风景名胜区的管理向法制化、制度化转变。

④在对风景名胜区的认识上实现了从利用它作为休养环境到保护它作为不可再生资源；管理上实现了从清洁安全深入到科学规划。1999 年，国家发布了作为国家标准的《风景名胜区规划规范》，初步形成了总体规划和详细规划二级规划层次。《风景名胜区规划规范》在保护观念上也具有划时代的意义，它在我国第一次以国家法规的形式建立起了分级、分类的保护区体系。

(3)发展阶段(2000 年至今)。中国风景名胜区协会会长赵宝江先生在列举中国风景名胜区建设二十年的成就时指出：“经过 20 年来的开发建设，逐步建设起了一大批基础设施和接待服务设施，极大地改善了公众的旅游环境，扩大了旅游接待规模，风景名胜区经济效益和社会效益也日趋显著。风景名胜区的设立，尤其是国家和省级风景名胜区的设立，促进了政府和相关产业的资金投入，景区内外交通、通讯、电力等设施有了较大改善，解决了大批社会劳动力和待业人员的就业问题，拉动了包括宾馆餐饮、文化娱乐、交通运输、园林绿化、建筑与工程、广告宣传、环境技术、商业贸易以及工艺纪念品开发生产等旅游服务的相关产业，对地区经济以及社会的发展产生了重大作用和深刻影响。”

综上所述，“风景名胜区”在它 20 余年的发展过程中，那些历经数千年文化选择的名胜和少有人工雕琢的天然风景愈来愈演化成为巨大的经济实体，这使得它们的资源保护和特征维护都面临前所未有的严峻挑战。2000 年 3 月，《国务院办公厅关于加强和改进城乡规划工作的通知》规定，要根据国家有关规定和风景名胜区特点，按照生态保护和环境容量的要求，严格控制开发利用活动。这标志着我国管理部门对风景名胜区工作的认识从开发建设到保护控制的转变。

2. 风景名胜区体系的成熟

进入 21 世纪之后，国务院分别于 2002 年、2004 年发布了两批国家重点风景名胜区，至此，我国已经建立风景名胜区 677 个，其中国家重点风景名胜区 177 个、省级风景名胜区 452 个、市县级风景名胜区 48 个，总面积占国土面积的 1%以上。

2002 年 5 月，《国务院关于加强城乡规划监督管理的通知》再次重申，风景名胜资源是不可再生的国有资源，严禁以任何名义和方式出让或变相出让风景名胜资源及景区土地，也不得在风景名胜区内设立各类开发区、度假区。随后，建设部等九部委《关于贯彻落实〈国务院关于加强城乡规划监督管理的通知〉的通知》要求，风景名胜区规划中要划定核心保护区（包括生态保护区、自然景观保护区和史迹保护区）保护范围，制定专项保护规划，确定保护重点和保护措施。核心保护区内严格禁止与资源保护无关的各种工程建设。

2003 年 2 月建设部在《关于进一步加强和改进风景名胜区工作的请示》中认为当前“风景名胜区”出现的种种问题的主要原因是“规划编制和管理工作相对滞后”和监管不力。于是建设部相继制定了《国家重点风景名胜区规划编制审批管理办法》、《国家重点风景名胜区总体规划编制报批管理规定》和《关于做好国家重点风景名胜区核心景区划定与保护工作的通知》等一系列制度，规范了风景名胜区规划的编制工作，强调了分级分区保护和核心景区重点保护的理念（表 3-2）。

表 3-2　1950 年以来中国主要风景名胜区法规

时间	名称	颁布者	性质
1963 年	《关于城市园林绿化工作的若干规定》	国家建工部	部门规章
1978 年	《关于加强城市建设工作的意见》	国家建委城建局	部门规章
1979 年	《关于加强自然风景区保护管理工作的意见》	国家建委城建局	部门规章
1981 年	《关于加强风景名胜保护管理工作的报告》	国家城建总局	部门规章
1982 年	《国务院批转城乡建设环境保护部等部门关于审定第一批国家重点风景名胜区的请示通知》	国家城建总局	部门规章
1985 年	《风景名胜区管理暂行条例》	建设部	部门规章
1987 年	《风景名胜区管理暂行条例实施办法》	国务院	行政法规
1988 年	《国务院批转建设部关于审定第二批国家重点风景名胜区报告的通知》	国务院	行政法规
1990 年	《关于发布中国国家风景名胜区徽志的通知》	建设部	部门规章
1992 年	《风景名胜区环境卫生管理标准》	建设部	部门规章
1992 年	《关于加强风景名胜区工作的报告》	建设部	部门规章
1993 年	《风景名胜区建设管理规定》	建设部	部门规章

续表 3-2

时间	名称	颁布者	性质
1994 年	《风景名胜区管理处罚规定》	建设部	部门规章
1994 年	《中国风景名胜区形势与展望》绿皮书	建设部	部门规章
1994 年	《国务院关于发布第三批国家风景名胜区名单的通知》	国务院	行政法规
1995 年	《国务院办公厅关于加强风景名胜区保护管理工作的通知》	国务院	行政法规
1995 年	《风景名胜区安全管理标准》	建设部	部门规章
1999 年	《风景名胜区规划规范》	建设部	部门规章
2000 年	《关于加强风景名胜区规划管理工作的通知》	建设部	部门规章
2001 年	《国家重点风景名胜区规划编制审批管理办法》	建设部	部门规章
2001 年	《关于对四川省风景名胜区出让、转让经营权问题的复函》	建设部	部门规章
2002 年	《国务院关于加强城乡规划监督管理的通知》	建设部	部门规章
2002 年	《关于立即制止在风景名胜区开山采石加强风景名胜区保护的通知》	建设部	部门规章
2002 年	《国务院关于发布第四批国家重点风景名胜区名单的通知》	国务院	行政法规
2002 年	《国务院关于加强城乡规划监督管理的通知》	国务院	行政法规
2003 年	《建设部关于进一步加强和改进风景名胜区工作的请示》	建设部	部门规章
2003 年	《关于做好国家重点风景名胜区核心景区划定与保护工作的通知》	建设部	部门规章
2003 年	《国家重点风景名胜区总体规划编制报批管理规定》	建设部	部门规章
2004 年	《国务院关于发布第五批国家重点风景名胜区名单的通知》	国务院	行政法规

此外建设部于 2002 年 11 月启动了《国家重点风景名胜区监督管理信息系统》，作为科学管理的工具。这一系统采用国外高精度遥感成像图片，对同一景区选取连续两年的数据进行比对，从而找出变化点，再通过与建设部里备案的风景名胜区改扩建数据库进行比对，从中找出那些未经审批动工的项目，之后，通过建设部行政干预的方式最终实现对风景名胜区的监管与保护。

3. 风景名胜区概念与国际遗产体系的接轨

一方面，自然与人文并蓄是中国景观文化的基本特征，也是风景名胜的魅力所在。“天人合一的宇宙观和由儒家的理性与道家的玄思构成的人文精神历经数千年的积淀，已深深融入自然景色之中。”而《保护世界自然和文化遗产公约》（UNESCO 1972 年发布）中也强调了遗产的自然与文化的连续性。如在第一条对文化遗产概念的界定中，提出了“自然与人工联合工程”的内容。《关于在国家一级保护文化和自然遗产的建议》（UNESCO 1972 年发布）又重申：“文化和自然遗产构成协调的整体，其各组成部分均属不可分割”，世界遗产的标志也体现了这一观念，方形代表文化遗产，圆形代表自然遗产，二者又相互包容，连为一体。这都使得“风景名胜区”在表达现代遗产观念和全面保护与展示遗产特征方面具有独特的价值。另一方面，我国的风景名胜区作为强大的经济实体，较之其他一些人迹罕至的自然保护区和具有较高科学研究价值而景观价值一般的大遗址，更有条件提供遗产保护所需的巨额经费。在遗产保护和风景名胜区建设互动的过程中，风景名胜区的规划理念也汲取了世界遗产保护的思想，开始注重保护和展示景区的生物多样性和文化多样性，以及参照世界遗产真实性和完整性的标准来对景区自然和文化资源进行保护。

自从我国 1987 年有了第一批列入《世界遗产名录》的项目以来，至今已有 9 个国家级风景名胜区处于风景名胜区中的人文景观被列入《名录》。此外，我国的各级文物保护单位中的许多项目，以及一些国家自然保护区也位于风景名胜区中，如位于南京钟山风景名胜区的明孝陵和位于武陵源风景名胜区中的张家界国家森林公园。自然与人文并蓄是中国景观文化的基本特征，也是风景名胜的魅力所在。“风景名胜区”在表达现代遗产观念和全面保护与展示遗产特征方面具有独特的价值。在遗产保护和风景名胜区建设互动的过程中，风景名胜区的规划理念也汲取了世界遗产保护的思想，开始注重保护和展示景区的生物多样性和文化多样性，以及参照世界遗产真实性和完整性的标准来对景区自然和文化资源进行保护。事实上，我国的风景名胜概念与 IUCN 确定的“国家公园”这一概念有一些重要的差别，主要是以下几个方面。

（1）我国的风景名胜区的发展多和人类的营建活动密切相关。“未经人类开采、聚居或建设”这一情况在我国大部分风景名胜区并不存在。

（2）我国的大部分风景名胜区长期保持着良好的自然生态环境，但这只是它们保护内容的一个方面，“名胜”——通过传奇、传说、胜迹而形成的著名景观——这本身就说明了它们包含大量无形或有形的文化遗产，因此我国的风景名胜区应属于文化景观的范畴，而不是一个单纯的自然保护区，这是它和“国家公园”主要的区别之一。

（3）由于我国风景名胜区大部分经过长期开发，因此形成了空间构成形态、土地产权形式和利益主体的多元性，风景名胜区有空间独立的、也有位于城郊交接处或位于城市中心的；风景区外部边缘情况复杂，内部也包括政府、部门、集体和个人对风景名胜区土地的多种利用方式，权属、利益多元错综。因此 IUCN 关于“国家公园”的四条标准的第 3、4 条应当作为我国风景名胜区保护的目标之一，但实现起来任重而道远，要完全实现必须经历一个痛苦的功能置换过程，在我国现有的经济条件下还很难做到。

风景名胜区的建设在当今进入了生态意义的认识阶段。近代以来，风景名胜除了上述两个阶段的实用与美学价值外，还增加了改善人类居住环境和生态状况的功能。这一时期的风景名胜区建设由工业时代的理性思考和生态文明时代的自然伦理观所推动。出现了许多具有高度科学研究、自然生态价值的风景名胜区，如武陵源风景名胜区、天山天池风景名胜区、三江并流风景名胜区等（图 3-7）。

图 3-7　国内主要风景名胜区

1. 九寨沟国家级风景名胜区　2. 泰山国家级风景名胜区　3. 武陵源国家级风景名胜区
4. 石林国家级风景名胜区　5. 三江并流国家风景名胜区　6. 三清山国家级风景名胜区

3.2.3 世界遗产申报对风景园林遗产保护的推动

1985 年 11 月 22 日，第六届全国人民代表大会常务委员会第十三次会议批准申请加入《世界遗产公约》，我国成为缔约国，标志着我国从此正式加入《保护世界文化和自然遗产公约》。1987 年 12 月，我国成功申报第一批世界文化遗产，共 6 项：周口店北京人遗址、莫高窟、泰山、长城、秦始皇陵、明清故宫，截至 2013 年，我国拥有的世界遗产数量位列世界第二，为 45 项。意大利拥有世界遗产 49 项，位列世界第一。西班牙拥有世界遗产 44 项，位列世界第三。在我国拥有的 45 处世界遗产中，文化遗产是 27 处，自然遗产是 10 处，文化与自然双重遗产是 4 处，世界文化景观遗产 4 处（表 3-3）。

表 3-3　1987—2005 年中国列入《世界遗产名录》项目一览表（物质遗产部分）

列入时间	文化遗产	自然遗产	文化与自然双遗产	文化景观
1987 年 12 月	明清皇宫、长城、周口店北京人遗址、秦始皇陵及兵马俑坑、敦煌莫高窟		泰山	
1990 年 12 月			黄山	
1992 年 12 月		九寨沟、黄龙、武陵源		
1994 年 12 月	曲阜孔庙、孔林和孔府、布达拉宫、武当山古建筑、承德避暑山庄及周围寺庙			
1996 年 12 月			峨眉山-乐山大佛	庐山
1997 年 12 月	苏州古典园林、丽江古城、平遥古城			
1998 年 12 月	颐和园、天坛			
1999 年 12 月	大足石刻		武夷山	
2000 年 11 月	皖南古村落、青城山都江堰、明清皇家陵寝、龙门石窟			
2001 年 12 月	云冈石窟			
2003 年 7 月		三江并流		
2004 年 7 月	高句丽王城、王陵及贵族墓葬			
2005 年 7 月	澳门历史城区			

知识链接

京杭大运河遗产保护

我国世界文化遗产很多与风景园林遗产有关，或本身就是传统历史园林，如苏州园林、避暑山庄，有些遗产的一部分属于风景园林遗产范畴，如故宫中的庭院，曲阜孔庙、孔府中的孔林等。现举例如下。

1. 曲阜孔庙、孔府、孔林

孔子是公元前 6 世纪到公元前 5 世纪中国春秋时期伟大的哲学家、政治家和教育家。孔夫子的庙宇、墓地和府邸位于山东省的曲阜。孔庙是公元前 478 年，为纪念孔夫子而兴建。千百年来屡毁屡建，到今天已经发展成超过 100 座殿堂的建筑群。孔林里不仅容纳了孔夫子的坟墓，而且他的后裔中有超过 10 万人也葬在这里。形成一个庞大显赫的府邸。1994 年 12 月 12 日至 17 日，在泰国普吉岛举行的联合国教科文组织世界遗产委员会第十八届会议上，曲阜孔庙、孔林、孔府作为世界文化遗产被列入《世界遗产名录》。

孔府是衙宅合一、园宅结合的范例，官衙和住宅建在一起，是一座典型的封建贵族庄园，衙署大堂用于接受皇帝颁发的圣旨，或处理家族内事务。孔府后院有一座花园，幽雅清新，布局别具匠心，可称园林佳作，也是园宅结合的范例。孔府藏有大量的历史档案、传世文物、历代服饰和用具等，都极其珍贵。

我国古典园林理景的文化渊源源于儒、道、释文化。孔子是儒学文化的创始人，儒学文化博大精深，2 000 多年来影响着我国社会的方方面面，尤其是对我国古典文人园林营建的影响极其深远。苏州古典园林拙政园中许多景点的创意和立意都是儒学文化和农耕文化结合的结晶，如远香堂、待霜亭、玉兰堂、得真亭、倚玉轩等景点的立意都源于儒学学说思想并通过我国农耕文化对荷香、柑橘、白玉兰、松柏、竹等植物物性的理解，以这些植物景的营造为设计创意和立意表达的载体，实现了我国古典文人园林营造的景境、意境、心境的完美统一，成为我国江南文人园林的代表。

这里不仅可以使人们对以孔子为代表的儒学思想和学说有一个基本了解和体会，更能领悟我国文人园林景点创意和立意中蕴含的我国传统文人君子品行及其文化。山东曲阜孔庙是分布在中国、朝鲜、日本、越南、印度尼西亚、新加坡、美国等国家的2 000 多座孔庙的先河和范本。该处文化遗产是体会和领悟我国传统儒学的最佳场所。而且，孔庙是中国现存规模仅次于故宫的古建筑群，堪称中国古代大型祠庙建筑的典范，对研究和掌握我国古代大型祠庙建筑的布局、空间与开合特点、建筑风格、图纹样式与载体、祠庙绿地系统设计艺术与手法等都大有裨益。

2. 承德避暑山庄和周围寺庙

承德避暑山庄，又称“热河行宫”，坐落于中国北部河北省承德市中心以北的狭长谷地上，占地面积 5.84 km^2。避暑山庄始建于清康熙四十二年（公元 1703 年），雍正（公元 1723—1736 年在位）时代一度暂停营建，清乾隆六年（公元 1741 年）到乾隆五十七年（公元 1792 年）又继续修建，增加了乾隆（公元 1736—1796 年在位）三十六景和山庄外的外八庙。整个避暑山庄的营建历时近 90 年。这期间清王朝国力兴盛，能工巧匠云集于此。康熙五十年，康熙帝（公元 1662—1723 年在位）还亲自在山庄午门上题写了“避暑山庄”门额。避暑山庄主要分为宫殿区和苑景区两部分。宫殿区位于山庄南部，宫室建筑林立，布局严整，是紫禁城的缩影。包括正宫、松鹤斋、万壑松风和东宫四组建筑。苑景区又分湖泊区、平原区和山岳区。它是由众多的宫殿以及其他处理政务、举行仪式的建筑构成的一个庞大的建筑群。建筑风格各异的庙宇和皇家园林同周围的湖泊、牧场和森林巧妙地融为一体。避暑山庄不仅具有极高的美学研究价值，而且还保留着中国封建社会发展末期罕见的历史遗迹。

1994 年 12 月 12 日至 17 日，在泰国普吉岛举行的联合国教科文组织世界遗产委员会第十八届会议上，承德避暑山庄和周围寺庙作为世界文化遗产被列入《世界遗产名录》。

避暑山庄是中国清朝的园林式皇宫，是中国清朝的第二个政治中心。避暑山庄及周围寺庙历经康雍乾三代帝王，历时 89 年，集中全国人力物力建造而成。它是帝王苑囿与皇家寺庙建筑经验的结晶。园林建造实现了“宫”与“苑”形式上的完美结合和“理朝听政”与“游息娱乐”功能上的高度统一。它继承和发展了中国古典园林“以人为之美入自然，符合自然而又超越自然”的传统造园思想，总结并创造性地运用了各种造园素材、造园技法，使其成为自然山水园与建筑园林化的杰出代表。

避暑山庄文化遗产作为园林式皇宫，集中代表了我国清王朝时期帝王苑囿的规划设计理念与自然山水园相结合的造园艺术和方法。表现在以下 3 个方面：

第一，湖泊景区具有浓郁的江南情调，平原景区宛若塞外景观，山岳景区象征北方的名山。这种移天缩地、融冶荟萃了我国南北风景于一园的大手笔正是“普天之下，莫非王土”的帝王思想在苑囿景区规划设计中的表现，这是我国封建帝王政治理念与苑景相结合的完美案例。

第二，园内外浑然一体的大环境寓意着以清王朝为中心的多民族大帝国缩影，象征寓意如同圆明园。这种象征民族团结和国家统一的创作意图借助于造园的规划设计加以体现，并与园林景观完美地结合起来。这种形式的造园，在清代皇家诸园中，算得上表现最突出和成功的一例。

建筑风格各异的庙宇与皇家园林同周围的湖泊、牧场和森林构成一体，使建筑风格各异的庙宇既成了山岳景区内隐约可见的景点，也让庙宇有了天然的“自古名山刹”的传统古刹外环境。所以山庄内的8所主要寺观中，7所都选址布局建置在山岳景区内幽谷深壑的隐蔽地段。

避暑山庄苑景区位于宫殿区之后，包括三个大景区：湖泊景区、平原景区、山岳景区，三者成鼎足而立的布列。

湖泊景区的主体是人工开凿的湖泊。整个湖泊是一个以洲、岛、桥、堤划分为若干个水域的大水面，面积约0.43 km^2。湖泊景区的自然景观开阔深远与含蓄曲折兼而有之，虽为人工开凿，但水面形状、堤的走向、岛的布列、水域的深度等都经过精心设计，配以园林树木，宛若天成。水面景区的处理都以江南水乡河湖作为创作的蓝本，极其精致而又不落斧凿之痕，完全达到了“虽由人作，宛自天成”的境界，通体显示出浓郁的江南水乡情调，尺度十分亲切近人，是北方皇家园林中理水的上品之作。湖泊景区面积达到全园的1/6，却集中了全园1/2以上的建筑，是避暑山庄的精华所在。该景区以“金山亭”为总揽全局的重点，以“如意洲”作为景区的建筑中心。其中“金山亭”在景区内发挥了重要的“点景”和“观景”作用，是景区内主要的成景对象和许多风景画面的构图中心，还与山岳景区的“南山积雪”、“北枕双峰”遥相呼应形成对景，登阁环眺，能观赏到以湖泊为近景的大幅度横向展开犹如长卷的风景画面，仿佛江南的“北固烟云”、“海口风月”皆归一览，整个湖泊景区内的建筑布局都能够恰当而巧妙地与水域的开、合、聚、散相呼应，洲、岛、桥、堤和园林树木的障、隔、通、透结合起来产生步移景异的效果。另外，利用在时间上的连续欣赏过程来加强园林的艺术感染力，这在其他大型园林中也是常用的处理方法。但避暑山庄的湖泊景区规划更注重创设明确的游动观赏路线，通过起、承、开、合及对比、透景、障景等的经营，来构成各景点之间的渐进序列，是园林规划的定观组景与动观组景相结合，以及点、线、面相结合的杰出一例。

平原景区南临湖、西北依山。山的雄浑、湖的婉约、平原的开旷，三者在景观上形成强烈的对比。平原景区建有用于观水赏林的四个亭：莆田丛樾、濠濮间想、莺啭乔木、水流云在。园内最高的建筑是永佑寺舍利塔（建于乾隆十六年，1751）。该塔高耸挺秀的体型北依蓝天、西枕青山，作为湖泊、平原二景区南北纵深尽端收束处的一个重要景点，其位置的安排非常恰当。植物景观有“万树园”，其中麋鹿成群于林间。位于平原区西半部的“试马埭”一片如茵的草毡，表现塞外草原的粗犷风光。它与南面湖泊景区的江南水乡的婉约情调存于一园之内，这种特殊的景观设计有着“移天缩地在君怀”的明显政治意图，即便在皇家园林中也是罕见的例子。在乾、嘉时期，皇帝经常在万树园召见蒙古、西藏宗教领袖进行政治活动，这里也成为当时的政治中心之一。

山岳景区面积占全园的2/3。该景区峰峦涌叠，形成起伏连绵的轮廓线，以其浑厚优美的山形而形成绝好的观赏对象。建筑的布置也相应地不求其显但求其隐，不求其密但求其疏朗，以突出山桩天然野趣的主调。其中显露的四处建筑（南山积雪、北枕双峰、四面云山、锤峰落照）均以亭子的形式建置在峰头。小园林中以“碧静堂”和“秀起堂”代表“依山就势、巧于因借”设计和我国传统的山地建筑艺术的高水平。

3.3 中国风景园林遗产保护的责任与危机

3.3.1 取得的主要成绩

经过多年的发展，我国初步建立了风景园林遗产管理机制。在体制建设方面，形成了与现行行政体制相对应的部门负责与属地管理相结合的管理方式；在法律法规上，各部门、各级政府出台了一系列法律、法规、规章及规范性文件，基本形成了“国家法律法规—地方政策法规—文化遗产地管理规定”的三级框架，有些还需要遵守相关国际公约；在规划管理上，基本形成了覆盖各类风景园林遗产的规划体系，各类风景园林遗产保护规划编制工作取得较大进展。风景园林遗产保护开始由粗放管理向规范化、法制化、科学化管理转变。风景园林遗产保护工作被纳入国家社会经济发展整体战略，遗产保护意识在全社会逐步普及。随着科学发展观的贯彻落实，我国风景园林遗产的保护和利用正在成为可持续发展和构建社会主义和谐社会的重要内容。国家“十一五”规划明确提出“实施主体功能区战略”，世界文化自然遗产、国家级自然保护区、国家级风景名胜区、国家森林公园、国家地质公园等被明确划定为禁止开发区域。党的十八大报告又系统、完整地提出生态文明的战略任务。随着自然文化遗产保护的宣传、教育工作逐步加强，风景园林遗产价值认识逐步深化，风景园林遗产保观念得到推广，全民遗产保护意识逐渐形成。这也进一步要求国家层关于遗产地财政保障机制和绩效评估机制等具体政策必须及时跟进。

风景园林化遗产的环境、社会和经济效益日渐突出。风景园林遗产在中国生态环境保护、民族文化传承和社会发展进步方面发挥着不可替代的重要作用。目前，中国 85%左右的陆地生态系统类型、绝大多数国家公布的重点保护野生动植物物种以及大部分具有国际代表性和国内典型性的地质遗迹和古生物遗迹，在国家自然文化遗产体系中得到保护。同时，风景园林遗产凝聚着深厚的民族精神，在加强精神文明建设、传承民族优秀传统文化、开展爱国主义教育、促进民族团结、维系海内外中华儿女情感和增进国家认同感等方面发挥着日益重要的作用。风景园林遗产也是旅游业发展的宝贵资源，遗产旅游带动了诸多相关产业的发展，增加了就业机会，促进了自然文化遗产周边群众的脱贫致富，2011 年，中国游客量前 10 位的风景名胜区年游客数均超过 1 400 万人次，而门票收入前 10 位的风景名胜区仅此一项均超过 3.5 亿元。

风景园林遗产保护的国际交流与合作日益广泛深入。中国在自然文化遗产保方面与多个国际组织以及有关国家建立了广泛的合作关系，合作模式从过去的“走出去，向别人学习”逐步向“重合作，在合作中创新”转变。中国是《保护世界文化和自然遗产公约》、《生物多样性公约》、《湿地公约》等国际公约的缔约国，并作为遗产大国承办了第 28 届世界遗产大会、第 3 届世界自然遗产大会、国际风景园林师联合会第 47 届世界大会，还与相关国际组织合作举办了一系列国际会议。由江西庐山发起成立了世界名山大会。截至 2011 年，共有 27 个国家级风景名胜区与国外的国家公园建立了友好公园的关系，并派出 2 061 名技术人员赴国外学习交流，接待 133 801 名国外国家公园人员访问交流。这些合作不仅有效地促进了中国遗产保护事业的国际化，同时也增进了国际同行对中国文化和自然遗产保护理念、方法的认识和理解，形成了一些具有重要影响的国际文件(如《苏州宣言》、《峨眉山宣言》等)，发挥了作为一个自然和文化遗产资源大国应有的积极作用，为国际自然和文化遗产保护事业做出了重要贡献。

3.3.2 存在的主要问题

在看到我国风景园林遗产保护取得突出成绩的同时，也要清醒地看到我国风景园林遗产保护在国家快速工业化和城镇化的背景下还面临着错误认识、错位开发、体制不顺、区域不平衡等因素带来的严峻挑战，存在着一系列亟待解决的问题。

1. 错误认识

风景园林遗产是人类宝贵的文化财富。但随着近年来一些遗产知名度的提升，游客蜂拥而至，在取得了显著的经济效益和社会效益的同时，一些地方和领导对遗产的认识出现了严重的错误，将遗产这种不可再生的资源完全等同于一般的经济资源而且是无成本的经济资源，以其旅游价值完全取代了历史文化和科学价值。于是，一方面造成片面追求经济利益，对遗产资源超载开发，过度利用；另一方面，这种利用在空间上集中在遗产地范围内，产业上多限于狭义的旅游，是超载利用、低效收益。这些都对遗产的真实性和完整性造成了破坏，甚至在国内外产生了不良影响，损害了国家的声誉和形象。

2. 错位开发

首先，无序的建设造成遗产地内部“城市化”、“商业化”和“人工化”，破坏了遗产地原有风貌以及生态环境，也降低了遗产资源的审美内涵，影响了游客的游览情趣。其次，遗产地外围混乱的布局造成遗产地环境“孤岛化”，大量建设用地沿着通道或多方向不断蚕食、挤占遗产地外围保护用地甚至遗产用地，使遗产地失去了其存在和演变的历史环境，真实性和完整性受到严重损害。

3. 体制不顺

目前，部分风景园林遗产拥有多重身份，风景、旅游、森林、土地、文物、宗教，等分别属于不同部门管理，没有统一的遗产管理机构，容易产生“遇到利益一哄而上，遇到责任互相推诿”的现象。各类自然文化遗产区划重叠、边界不清、核心功能不明造成了管理效能低下，不利于统筹自然文化遗产资源的整体保护。除了多头管理外，中国现行行政法规对国家文化和自然文化遗产保护均作了相应规定，但一些领域的立法滞后，实践中有法不依、执法不力、违法不究的问题在一些地方还较为突出，法制化建设亟待加强。规划管理方面，当前在一些自然文化遗产规划管理中存在的规划缺乏、水平不高、执行不力、修订滞后、公众和专家参与不足等突出问题，严重削弱了规划在自然文化遗产保护管理中的基础性作用，导致一些遗产盲目建设、粗制滥造，甚至造成破坏。

4. 区域不平衡

我国风景园林遗产分布点多、面广，尤其是对于广大中西部地区而言，分布着中国大部分重要的生态保护区（如三江源）以及珍贵的大型民族文化遗产，但由于经济相对落后，多年来在设施设备和日常管理上资金投入不足，许多自然文化遗产保护设施短缺，装备陈旧，技术人员匮乏，因此它们面临的主要是保护管理能力低下的问题。而对于东部地区，由于经济发达，人口密集，遗产地在征地、拆迁、就业、收益分配等方面和当地居民容易引发诸多冲突，影响了自然文化遗产的有效保护和可持续利用，因此，东部面临的更多是巨大的发展压力问题。

可以说，对风景园林遗产资源的一切破坏源自于对遗产性质和价值的错误认识。因而长期以来，“保护与开发的关系”就成了遗产学术部门和地方政府部门、专家与领导争议的焦点。

出于地方利益、眼前利益、个人利益、经济利益等考虑，作为真正的遗产管理者和政策执行者的大多数地方政府，即使打着“并重说”的口号，实际上也无法做到真正的并重，而是继续走着“先污染，后治理；先开发，再保护”的老路。而作为开发商或经营者，追求最大的经济利益是其原本目的。于是，当一切理论上的观念争议还在进行时，对遗产的破坏却在每时每刻地发生着。出现这些问题的原因，首先在于对自然文化遗产的价值没有正确的认识，不清楚“保护什么，利用什么”，无法处理好保护与利用、长远与近期、整体与局部的关系。于是，尽管遗产具有多方面、多层次的价值，然而在实际利用中，却仍然仅限于旅游开发；对遗产保护技术层面的问题已经有广泛的讨论和共识，在实践中依然让位于各种开发，达不到实施保护的目的。

因此，对遗产资源保护利用最基础，也是最关键的问题即是对遗产价值进行分层次、分时空的归纳和探讨，理清保护和利用的不同主体和主次关系，从而针对性地提出自然文化遗产保护和利用的基本原则，以更好地解决遗产资源“为什么要保护，保护什么，怎样保护；为什么要利用，利用什么，怎样利用”的重要问题。

习　题

1. 中国风景园林遗产保护的特点是什么？

2. 我国名胜区制度的建立经历了哪些阶段？

3. 举例说明世界遗产申报制度对我国风景园林遗产保护的推动作用。

第4章 风景名胜区的保护与利用

中国风景名胜区源自古代的名山大川，大致相当于国外的国家公园。但与国外的国家公园相比，我国大部分风景名胜区具有山水美景之胜与历史文化积淀相融合的鲜明特点。《世界遗产名录》认可了我国将“风景名胜区”译为“风景与历史名胜区”(Scenic and Historic Interest Area)的做法，这充分反映了国际社会对此特点的认同。

4.1 风景名胜区规划

4.1.1 规划的主要内容

风景名胜区规划的主要内容包括保护培育、开发利用和经营管理，并同时发挥其多种功能作用的统筹部署和具体安排。经相应人民政府审查批准后的风景名胜区规划具有法律权威，必须严格执行。风景名胜区规划的目的是实现风景优美、设施方便和社会文明，并突出其独特的景观形象、游憩魅力和生态环境，促使风景名胜区适度、稳定、协调和可持续发展。

风景名胜区规划是依据风景名胜区资源保护与利用的整体目标，根据国家、省等上层次风景名胜体系规划的要求，同时考虑到与风景名胜区区域相关的国土规划、区域规划和城市规划等相关内容的衔接，在充分对资源保护与利用现状进行分析研究、科学预测其发展规模与效益的基础上，采取相应的方法与途径，促进风景名胜区生态效益、社会效益和经济效益的协调发展。主要包括以下内容：

(1)综合分析评价现状，提出评价报告。

(2)确定规划依据、指导思想、规划原则、风景名胜区性质与发展目标，划定风景名胜区范围及其外围保护地带。

(3)确定风景名胜区的分区、结构、布局等基本构架，分析生态调控要点，提出游人容量、人口规模及其分区控制。

(4)制定风景名胜区的保护、保存或培育规划。

(5)制定风景游览欣赏和典型景观规划。

(6)制定旅游服务设施和基础工程规划。

(7)制定居民社会管理和经济发展引导规划。

(8)制定土地利用协调规划。

(9)提出分期发展规划和实施规划的配套措施。

4.1.2 规划的主要特点

风景名胜区规划除了具有常见规划或计划工作目的性和前瞻性的特征外，还具有突出地区特征、调控动态发展、重在综合协调和贵在整体优化的明显特点。

1. 突出地区特征

首先，这是一种特定地区和特殊地域的规划。因为当代的风景名胜区均应由各级政府确认和审定公布，其价值地位、规模范围、管理机构和总体规划均应经相应的政府部门批准。即使是历史的风景名胜区，大多也是社会约定俗成或经过当时各级主事者确认的。同时，风景名胜区又是一个“自然景物、人文景物比较集中，环境优美……可供人们游览、休息或进行科学、文化活动的地区”。景物、环境、功能的特殊性，决定了其规划地域的特殊性。

第二，这是一个地区单元和管辖范围的规划，要保护规划对象与范围的完整。因为风景名胜区要“依法设立人民政府”，“没有设立人民政府的，应当设立管理机构”，“设在风景名胜区内的所有单位……都必须服从管理机构对风景名胜区的统一规划和管理”，“风景名胜区的土地，任何单位和个人都不得侵占”。所以规划过程中应把风景名胜区作为一个有机整体加以考虑，统筹安排其生存与发展中的各种矛盾。

第三，要突出风景名胜区的地方和个性特色。各风景名胜区的景源特征、自然生境和社会经济因素千差万别，其发展方向、目标定位和结构布局也不应相同，规划就应在异地对比中着力提取其特殊性，扬长避短，因地、因时、因景制宜地突出本风景名胜区的特性，力求形成独具特色的景观形象及游憩魅力，防止照搬照抄，重复建设和千篇一律。

2. 调控动态发展

天景、地景、水景、生景等自然生境因素是风景名胜区的本底要素，它们一直处在循环再生的演变之中；而相关的社会人文因素是风景名胜区发展的动力要素，相关的经济技术因素也可以转化为风景名胜区的物质构成要素，这些社会经济因素，更是处在活跃的变化之中。所以，规划既要把握已有的动态变化规律与特征及其发展趋势，还要对不可预见的发展因素、变数或突发事故留有余地，使规划成果能够随着信息反馈而作必要的随机调整。因此规划也是对未来状态进行不断选择决策的动态过程。根据变化中的新情况和社会需求，提出新的发展目标与途径，调节控制新的发展状态，实现滚动式和连续性的发展规划。

3. 重在综合协调

风景名胜区规划内容相当广泛，可能涉及相关自然、社会、经济三大系统及其子系统与诸要素，涉及农林、商旅、工副、交通、科教文卫等辖区的权益关系。对大型而又复杂的风景名胜区来说，这类条块关系将十分突出。因而规划就要综合分析、评价、论证，扬长避短，综合优化规划内容，使其既有利于风景名胜区游憩、景观、生态三大基本功能的全面发挥，又有利于风景名胜区自生、竞争、共生三项基本能力的综合发展。同时，还要对各系统、各部门、各地区的内外关系，分析研究和权衡利弊，采用有序协调的方法使诸多条块形成可以互补的有机网络。风景名胜区规划方案的形成和抉择，也是多方面、多目标、多层次、多种构思方案综合比较、择优遴选出来的。规划文本常由行政主管、相关专家和技术经济部门共同编制，其中，专家班子则由风景师主事并与相关专业人员交相配合组成。

4. 贵在整体优化

风景名胜区规划中不乏感性与形象思维，但更多的还是理性与创新思维。分析评价、专项调查、创意构思和综合论证大都贯穿于规划的全过程。针对一个个风景名胜区特有的时空和视角条件，以相应的构思创意与创优能力，力争实事求是地反映每个风景名胜区发展中的本质规律、内部联系、整体形态、运行状况、发展历程与道路。风景名胜区规划，时常涉及社会游憩规律、景观形象原则、生态协调原理、寓教于游规则、社会经济催化理论，经常运用景源评价、现状分析、系统协调、层次叠加、整体优化、相关发展规划整合等方法。在可持续发展的战略方针中，还将逐步完善和优化政府主管、专家会诊、公众参与的科学规划之路。

4.1.3 规划的主要类型

20世纪80年代以来，应用最多的规划类型是按照规划阶段进行划分，从宏观到微观可以分为8种规划类型。其中，风景名胜区规划纲要、风景名胜区总体规划、风景名胜区详细规划三类规划被明文列入2001年4月20日城建〔2001〕83号发布的《国家重点风景名胜区规划编制审批管理办法》。其他规划类型虽未列入上述文件，但在社会实践中也常常会遇到。

1. 风景名胜区发展战略规划

风景名胜区发展战略规划是对风景名胜区或风景名胜体系发展具有重大的、决定全局意义的发展规划，其核心是解决一定时空的基本发展目标、途径与举措，其焦点和难点在于战略构思与抉择。主要内容包括如下几方面。

(1)发展战略的依据，包括内部条件和外部环境。

(2)发展战略的目标，包括方向定性、目标定位(定性兼定量)及其目标体系。

(3)发展战略的重点，包括实现目标的决定性战略任务及其阶段性任务。

(4)发展战略的方针，包括总策略和总原则(发展方式与能力来源)。

(5)发展战略的措施，包括发展步骤、途径和手段。

例如，创建文明风景名胜区、申报世界自然与文化遗产、构建某种体系和实行某种目标等均属于风景发展战略规划。

2. 风景名胜区旅游体系规划

风景名胜区旅游体系规划是一定行政单元或自然单元的风景体系构建及其发展规划，包括该体系的保护培育、开发利用、经营管理、发展战略及其与相关行业和相关体系协调发展的统筹部署。主要内容包括如下几方面。

(1)风景旅游资源的综合调查、分析、论证。

(2)社会需求和发展动因的综合调查、分析、论证。

(3)体系的构成、分区、结构、布局、保护培育。

(4)体系的发展方向、目标、特色定位与开发利用。

(5)体系的游人容量、旅游潜力、发展规模、生态原则。

(6)体系的典型景观、游览欣赏、旅游设施、基础工程、重点发展项目等。

(7)体系与产业的经营管理及其与相关行业相关体系的协调发展。

(8)规划实施措施与分期发展规划。

例如，全国、省域、市域、流域、气候带等风景旅游体系规划。

3. 风景名胜区区域规划

风景名胜区区域规划是针对可以用于风景保育、开发利用、经营管理的地区统一体或地域构成形态所进行的规划，这类区域整体其内部有着高度相关性与结构特点，具有大范围、富景观、高容量、多功能、非连片的风景特点，并经常穿插有较多的社会、经济及其他因素，也是风景名胜区的一种类型。如漓江、太湖、两江一湖、胶东海滨等。主要内容包括如下几方面。

(1)景源综合评价、规划依据与内外条件分析。

(2)确定范围、性质、发展目标。

(3)确定分区、结构、布局、游人容量与人口规模。

(4)确定严格保护区、建设控制区和保护利用规划。

(5)制定风景游览活动、公用服务设施、土地利用与相关系统的协调规划。

(6)提出经营管理和规划实施措施。

4. 风景名胜区规划纲要(审批管理)

风景名胜区规划纲要是在编制国家级风景名胜区总体规划前应先编制的规划纲要，其他较重要或较复杂的风景名胜区总体规划也宜参考这种做法。主要内容包括如下几方面。

(1)景源综合评价、规划依据与内外条件分析。

(2)规划焦点与难点论证。

(3)确定总体规划的方向与目标。

(4)确定总体规划的基本框架和主要内容。

(5)其他需要论证的重要或特殊问题。

5. 风景名胜区总体规划

风景名胜区总体规划是统筹部署风景名胜区发展中的整体关系和综合安排，研究确定风景名胜区的性质、范围、总体布局和设施配置，划定严格保护地区和控制性建设地区，提出保护利用原则和规划实施措施的规划。主要内容包括如下几方面。

(1)分析风景名胜区的基本特点，提出景源评价报告。

(2)确定规划依据、指导思想、规划原则、风景名胜区性质与发展目标，划定风景名胜区范围及其外围保护地带。

(3)确定风景名胜区的分区、结构、布局等基本构架，分析生态调控要点，提出游人容量、人口规模及其分区控制。

(4)制定风景名胜区的保护、保存或培育规划。

(5)制定风景游览欣赏和典型景观规划。

(6)制定旅游服务设施和基础工程规划。

(7)制定居民社会管理和经济发展引导规划。

(8)制定土地利用协调规划。

(9)提出分期发展规划和实施规划的配套措施。

总体规划成果包括规划文本、规划图纸、规划说明书、基础资料汇编四个部分。规划文本应以法规条文的行文方式,直接叙述规划主要内容的规定性要求;规划图纸应清晰明确、图文相符、图例一致,应在图纸的明显处标明图名、图例、风玫瑰图、规划期限、规定日期、规划单位及其资质图签编号等内容,并强调图纸需在标准地形图上进行制图,以满足清晰辨识现状地形信息的目的(表 4-1);规划说明书应分析现状,论证规划意图和目标,解释和说明规划内容;基础资料汇编应包括自然景源、人文景源、景区当地社会经济发展背景、旅游发展现状等基础性原始资料,资料索引需标示清晰以备引用与核实。

表 4-1　风景名胜区总体规划图纸规定

图纸资料名称	比例尺				制图选择			特征	可合并图纸
	风景名胜风景名胜区区面积/km^2				综合型	复合型	单一型		
	20 以下	20～100	100～500	500 以上					
现状(包括综合现状图)	1:5 000	1:10 000	1:25 000	1:50 000	▲	▲	▲	标准	1
景源评价与现状分析	1:5 000	1:10 000	1:25 000	1:50 000	▲	△	△	标准	
规划设计总图	1:5 000	1:10 000	1:25 000	1:50 000	▲	▲	▲	标准	
地理位置或区域分析	1:25 000	1:50 000	1:25 000	1:200 000	▲	△	△	简化	
风景游赏规划	1:5 000	1:10 000	1:25 000	1:50 000	▲	▲	▲	标准	
旅游设施配套规划	1:5 000	1:10 000	1:25 000	1:50 000	▲	▲	△	标准	3
居民社会调控规划	1:5 000	1:10 000	1:25 000	1:50 000	▲	△	△	标准	3
风景保护培育规划	1:10 000	1:25 000	1:50 000	1:100 000	▲	△	△	简化	3 或 5
道路交通规划	1:10 000	1:25 000	1:50 000	1:100 000	▲	△	△	简化	3 或 6
基础工程规划	1:10 000	1:25 000	1:50 000	1:100 000	▲	△	△	简化	3 或 6
土地利用协调规划	1:10 000	1:25 000	1:50 000	1:100 000	▲	▲	▲	标准	3 或 7
近期发展规划	1:10000	1:25000	1:50000	1:100000	▲	△	△	标准	3

注:"▲"表示应单独出图;"△"表示可作图纸;"标准"指绘于标准地形图上;"简化"指可以简化制图。

资料来源:GB 50298—1999《风景名胜区规划规范》。

当然,不同用地规模和人口密度的风景名胜区,其总体规划的侧重点应有所不同。

6. 风景名胜区分区规划

风景名胜区分区规划是在总体规划的基础上,对风景名胜区的自然与行政单元控制、风景结构单元组织、功能分区及其他分区的土地利用界线、配套设施等内容作进一步的安排,为详细规划和规划管理提供依据。主要内容包括如下几方面。

(1)确定各功能区、景区、保护区等各种分区的性质、范围、具体界线及其相互关系。

(2)规定各用地范围的保育措施和开发强度控制标准。

(3)确定各景区、景群、景点等各级风景结构单元的数量、分布和用地。

(4)确定道路交通、邮电通信、给水排水、供电能源等基础工程的分布和用地。

(5)确定旅行游览、住宿接待服务等设施的分布和用地。

(6)确定居民人口、社会管理、经济发展等项管理设施的分布和用地。

(7)确定主要发展项目的规模、等级和用地。

(8)对近期建设项目提出用地布局、开发序列和控制要求。

7. 风景名胜区详细规划(审批管理)

风景名胜区详细规划是在景区总体规划或分区规划的基础上,对风景名胜区重点发展地段的土地使用性质、保护和控制要求、景观和环境要求、开发利用强度、基础工程和设施建设等作出的管制规定。详细规划可分为控制性详细规划和修建性详细规划。

(1)控制性详细规划主要内容包括:①确定规划用地的范围、性质、界线及周围关系;②分析规划用地的现状特点和发展矛盾,确定规划原则和布局;③确定规划用地的细化分区或地块划分、地块性质与面积及其发展要求;④规定各地块的控制点坐标与标高、风景要素与环境要求、建筑高度与容积率、建筑功能与色彩及风格、绿地率、植被覆盖率、乔灌草比例、主要树种等控制指标;⑤确定规划区的道路交通与设施布局、道路红线和断面,出入口与停车泊位;⑥确定各项工程管线的走向、管径及其设施用地的控制指标;⑦制定相应的土地使用与建设管理规定。

(2)修建性详细规划主要内容包括:①分析规划区的建设条件及技术经济论证,提出可持续发展的相应措施;②确定山水与地形、植物与动物、景观与景点、建筑与各工程要素的具体项目配置及其总平面布置;③以组织健康优美的风景环境为重点,制定竖向、道路、绿地、工程管线等相关专业的规划或初步设计;④列出主要经济技术指标,并估算工程量、拆迁量、总造价及投资效益分析。

详细规划成果包括规划文本和规划图纸,其中详细规划图纸包括:规划地区综合现状图,规划总平面图,相关专项规划图,反映规划意图的直观图。图纸比例为 1:(500～2 000)。

8. 景点规划

景点规划是在风景名胜区总体规划或详细规划的基础上对景点的风景要素、游赏方式、相关配套设施等进行具体安排。主要内容包括如下几方面。

(1)分析现状条件和规划要求,正确处理景点与景区、景点与功能区或风景名胜区之间的关系。

(2)确定景点的构成要素、范围、性质、意境特征、出入口、结构与布局。

(3)确定山水骨架控制、地形与水体处理、景物与景观组织、游路与游线布局、游人容量及其时空分布、植物与人工设施配备等项目的具体安排和总体设计。

(4)确定配套的水、电、气、热等专业工程规划与单项工程初步设计。

(5)提出必要的经济技术指标、估算工程量与造价及效益分析。

景点规划成果包括规划文本和规划图纸,其中景点规划图纸包括:景点综合现状图,规划总平面图,相关设施和相关专业规划图,反映规划意图的分析图、剖面图、方案图及其他直观图。图纸比例为 1:200～1:1 000。

4.1.4　规划的依据原则

1. 依据

风景名胜区规划的主要依据包括国家的有关法律法规、国家各项技术标准规范和风景名胜区的基础资料等。

社会主义市场经济是法制经济,市场经济条件下的风景名胜区规划也应是具有法制化、规范化性质的规划。所以以下列举的国家的有关法律、条例等,是风景名胜区规划所必需遵守的。

(1)《风景名胜区管理条例》,2006 年 9 月国务院发布。

(2)《中华人民共和国环境保护法》。

(3)《中华人民共和国森林法》。

(4)《中华人民共和国文物保护法》。

(5)《中华人民共和国野生动物保护法》。

(6)《中华人民共和国城乡规划法》。

(7)《中华人民共和国土地管理法》。

(8)《中华人民共和国水法》。

(9)《中华人民共和国水土保持法》。

(10)《中华人民共和国环境影响评价法》。

(11)《中华人民共和国防震减灾法》。

(12)《中华人民共和国防洪法》。

(13)《关于加强风景名胜区规划管理工作的通

知》，建城〔2000〕94 号。

(14)《关于加强和改进城乡规划工作的通知》，国办发〔2000〕25 号。

(15)《国家重点风景名胜区规划编制、审批和实施管理规定》。

(16)其他相关资料。

国家各项技术标准规范是风景名胜区规划设计的技术依据。2000 年发布的国家标准《风景名胜区规划规范》是在总结了中国风景名胜区规划实践和吸收国外先进理念的基础上编制而成的，其综合性强、政策性强、科学性也较强，所以成为风景名胜区规划的主要依据，各种技术标准规范主要包括如下。

(1)《风景名胜区规划规范》，1999 年。

(2)大气、水、土壤等环境标准。

(3)道路、交通、水电等工程技术标准规范。

2. 基本原则

(1) 风景名胜区规划必须符合中国国情，因地制宜地突出本风景名胜区特色。风景名胜区应有自己的特色，这些特色首先取决于自然景观的千变万化，规划和建设只是对自然景观的提炼和典型再现，以及对其特定环境的巧妙利用。在风景名胜区中，大自然已经谱写了主体乐章，规划设计的基本任务是做好配乐。应善于从大千世界中，从浩瀚的自然景观中，提取出“美景”来，特别是具有个性的奇异景观和自然现象，常常是风景名胜区青春常在的基本要素，风景名胜区规划只不过是通过衬托、渲染、组织游览程序等手法，使其特点更加突出，以便引起游人的注意。如黄山是以怪石、奇松、云海为特色的，山势雄伟，群峰竞秀，假如在山脉横切一条马路，则完全破坏其惊险气氛。黄山松生长在高山石隙，久经大自然的锤炼，古雅苍劲，各具奇姿，有名的迎客松、凤凰松、卧龙松、怪石被一片林海淹没，黄山就再也不奇了。

(2)应当依据资源特征、环境条件、历史情况、现状特点以及国民经济和社会发展趋势，统筹兼顾，综合安排。

(3)应严格保护自然与文化遗产，保护原有景观特征和地方特色，维护生物多样性和生态良性循环，防止污染和其他公害，充实科教审美特征，加强地被和植物景观培育。

(4)应充分发挥景源的综合潜力，展现风景名胜区游览欣赏主题，配置必要的服务设施与措施，改善风景名胜区运营管理技能，防止人工化、城市化、商业化倾向，促使风景名胜区有度、有序、有节律地持续发展。

(5)应合理权衡风景名胜区环境、社会、经济三方面的综合效益，权衡风景名胜区自身健全发展与社会需求之间的关系，创造风景优美、设施方便、社会文明、生态环境良好、景观形象和游赏魅力独特、人与自然协调发展的风景游憩境域。

(6)风景名胜区规划应与国土规划、区域规划、城市总体规划、土地利用规划及其他相关规划相互协调或衔接。中国风景名胜区用地规模差异很大，面积跨度从不足 10 km^2 到上万平方千米。因而，风景名胜区规划常与国土规划、区域规划、城市总体规划、土地利用规划等规划密切相关，甚至交错穿插或相互覆盖，这就需要在时间、空间和内容上相互关照与调整，并达到协调互补发展。

知识链接

风景名胜区规划的整体区域协调

风景名胜区规划应在区域范围的基础上统一规划协调，避免游览内容雷同和设施重建等现象，应突出各自风景名胜区的特色，互相协调，并形成统一的整体。例如江西省风景名胜区在规划过程中，就是在区域范围内进行统一规划，互不重复，并各自突出其特色。在制定风景名胜区的结构形态时，既考虑了主体景区与周围景点的联系，统一构思和布局，又杜绝把不相干的景点网罗在一起，从而构成了以庐山、井冈山、龙虎山、三清山 4 个国家级风景名胜区为主体和骨干的赣北、赣西、赣东北、赣中的风景名胜区旅游体系。

(1)赣北风景旅游体系，以庐山本体和山南景区(秀峰、星子温泉、归宗寺、海会寺、玉帘泉、康王谷等)作为相对集中的主体。在这个主体外围分布着许多风景名胜资源，构成了赣北风景旅游体系。包括九江市内风景点(能仁寺、甘棠湖、锁江楼等)；

星子县城风景点(周敦颐爱莲池、落星墩等);鄱阳湖水上游览线和吴城候鸟保护区、鞋山等;九江县沙河镇的岳母墓、岳飞李夫人墓、陶渊明祠、狮子洞;湖口县的石钟山;永修县的云山。这些风景名胜点在地域上相对靠近,游览线路比较顺畅,景观风格与历史文脉具有一定的相关性,因而可以构成赣北风景旅游体系。此外,还有许多风景名胜,如瑞昌县、九江县、彭泽县都有不少质量很好的岩溶洞群。但因其过于偏远,应属于赣北地区独立的地方性风景名胜点。

(2)赣西风景旅游体系,以井冈山风景名胜区为主体,外围分布着很大一批革命纪念遗址和风景名胜,构成了完整的革命纪念体系。包括三湾改编、垄市会师、茅坪(八角楼、湘赣边界第四次党代会会场、红军医院等)、步云山练兵场、七溪岭战斗与龙源口大捷遗址等。在赣西地区还有许多独立的风景名胜区,如武功山、杨岐山、洞山等。

(3)赣东北风景旅游体系,由三大系统构成,即南部龙虎山风景游览系统、中部三清山风景游览系统和北部景德镇古文化游览系统。龙虎山风景名胜区的主体是以芦溪河为骨架展开的丹霞地貌区,附近的应天山、鬼谷洞、麈湖、洪五湖山则是龙虎山风景旅游系统的组成部分。远在 50 km 以外的圭峰列为赣东北风景旅游体系中的一个独立风景名胜区。三清山风景游览系统以三清山为主体,与周围的玉山县、上饶县灵山和怀玉山、德兴县崇儒洞以及上饶市、玉山县、德兴县城内的名胜古迹共同构成一个系统。瓷都景德镇与婺源古建筑村落、朱熹纪念馆、乐平洪源洞等构成了以景德镇为主的古文化游览系统。

(4)赣中历史文化风景旅游体系,包括历史文化名城临川(王安石、汤显祖文化遗存)—南城麻姑山、益王墓群-南丰曾巩故里—宜黄曹山寺与棠荫古建筑民居—乐安流坑董氏古建村落—永丰欧阳修纪念馆—吉安县文天祥纪念馆—历史文化名城吉安市的青原山净居寺、白鹭书院(王阳明讲学处)。赣中历史文化风景旅游线把井冈山—庐山—景德镇—三清山—龙虎山—临川—吉安连接成一个风景旅游环路,成为江西风景旅游网络的主体,与赣南风景旅游体系遥相呼应(图 4-1)。

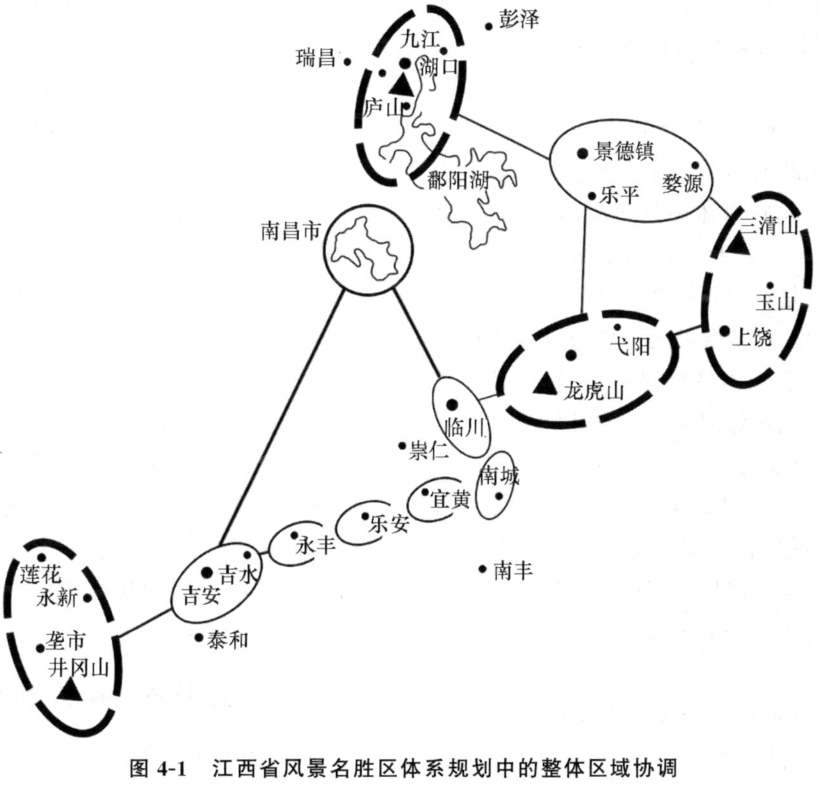

图 4-1　江西省风景名胜区体系规划中的整体区域协调

4.2 风景名胜区保育规划

4.2.1 规划的主要内容

风景名胜区的保护与开发，一直是困扰风景名胜区建设的问题。资源保护主义者认为，风景名胜区的自然风景资源必须加以保护，禁止或尽量减少人与该资源的交往；片面建设论者确夸大了美学中人工因素的重要性，认为自然景观必须有"丰富的人工点缀"。事实上，保护与开发应该是一个统一体。《世界自然资源保护大纲》将保护与开发定义为：保护是对人类使用的生物圈加以经营管理，使其能对先进人口产生最大且持续利用，同时保护其潜能，以满足以后人们的需要与期望；开发是改变生物圈并利用人力、财力、有生命及无生命之源，以满足人类需要，并改善生活品质。风景名胜区的保护与开发应以景观生态学为理论基础，实施"综合保护，有限开发"的原则，亦即遵循生态平衡的原则。保护不是封闭，保护的目的是为了使风景名胜区能够永续利用和可持续发展；开发不是破坏，开发的目的是为了使风景名胜区能够合理利用，让它更好地为人类服务。

风景名胜区的基本任务和作用之一是保护培育国土，树立国家和地区的形象，因此，在绝大多数风景名胜区规划中，特别是在总体规划阶段，均把保护培育的内容作为一项重要的专项规划来做。风景名胜区的保护培育规划，是对需要保育的对象与因素实施系统控制和具体安排，使被保护的对象与因素能长期存在下去，或能在被利用中得到保护，或能在保护条件下被合理利用，或能在保护培育中使其价值得到增强。应包括以下 3 方面的基本内容。

(1)查清保育资源，明确保育的具体对象和因素。其中，各类景源是首要对象，其他一些重要而又需要保育的资源也可被列入，还有若干相关的环境因素、旅游开发、建设条件也有可能成为被保护因素。

(2)依据保育对象的特点和级别，划定保育范围，确定保育原则，例如，生物的再生性就需要保护其对象本体及其生存条件，水体的流动性和循环性就需要保护其汇水区和流域因素，溶洞的水溶性特征就需要保护其水湿演替条件和规律。进而要依据保育原则制定保育措施，并建立保育体系。保育措施的制定要因时因地因境而制宜，要有针对性、有效性和可操作性，应尽可能形成保护培育体系(图 4-2)。保育体系可分为 3 个部分。

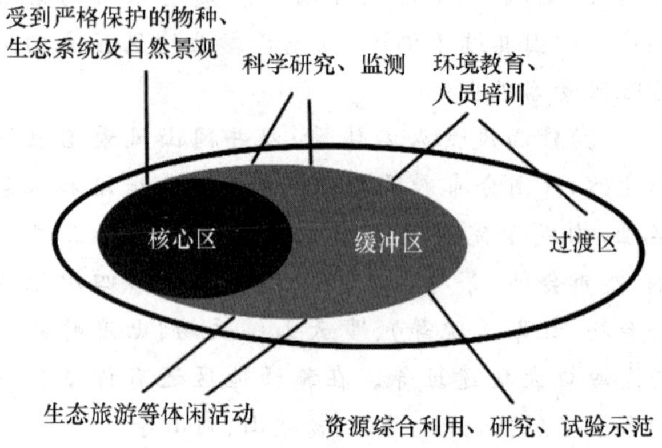

图 4-2 保育体系的划分

核心区：每个保护区，都有一个或几个基本上保持着原始状态或很少受到人类影响的区域，作为核心区用以保护主要物种、生态系统或自然景观。它作为自然本底，具有重要的保护与科学价值。因此，核心区必须受到严格保护，只能进行科研、监测活动。

缓冲区：缓冲区为传统经济区，与核心区之间必须明确划定区域边界。

过渡区：考虑到保护区内及周边社区群众生活与发展的需要，在缓冲区的外围设过渡区。当地群众可在这个区域，进行对上述两个区没有污染和负面影响的经济活动。这个区域可以用来进行资源合理利用的研究、试验和示范，并向周边地区推广和扩散，促进当地地区经济协调发展。

(3)保护培育规划应包括查清保育资源、明确保育的具体对象、划定保育范围、确定保育原则和措施等基本内容。

4.2.2 历史资源的保护原则

世界遗产事业发展到今天，无论是文化遗产还是自然遗产，对它们的评定、评价与保护常常都要涉及真实性和完整性两个方面。通过有关文件，尤其是《行动指南》中对真实性和完整性原则的引用，不难发现两个原则表现在定义上的与遗产类型的对应关系是：真实性原则——文化遗产，完整性原则——自然遗产。不可否认，真实性和完整性原则在《世界遗产公约》诞生后的若干年内，在文化遗产、自然 遗产的评定和保护监督中发挥过积极的作用。

1. 真实性原则

真实性这一概念最早出现于《威尼斯宪章》(Venice Charter，1964)中，之后在欧洲社会逐渐得到了广泛的认可，当时主要适用于欧洲文物古迹的保护与修复。世界遗产领域内关于真实性的解释最初见于《行动指南》，比较详细的解释见于《奈良文件》(Nara Document，1994) 和《行动指南》中。《奈良文件》第 13 款指出："想要多方位地评价文化遗产的真实性，其先决条件是认识和理解遗产产生之初及其随后形成的特征，以及这些特征的意义和信息来源。"

真实性包括遗产的形式与设计、材料与实质、利用与作用、传统与技术、位置与环境、精神与感受。有关真实性翔实信息的获得和利用需要充分地了解某项具体文化遗产独特的艺术、历史、社会和科学层面的价值。文化遗产真实性的保持还在于不同文化和社会都包含着特定的形式和手段，它们以有形或无形的方式构成了某项遗产。世界遗产委员会在《行动指南》指出，列入《世界遗产名录》的文化遗产应符合《世界遗产公约》所说的具有突出普遍价值的至少一项标准和真实性标准，每项被认定的项目都应满足对其设计、材料、工艺或背景环境，以及个性和构成要素等方面的真实性的检验。

例如，以生态系统保护为核心内容之一的自然遗产地，近年来被强调要谨慎对待外来物种的引进问题。我国云南滇池水葫芦的蔓延及其对水体造成的污染便是一个突出的例子。与此相对应的是，本地物种的缺失与恢复也已成为一个新的关注热点。美国黄石国家公园现已完成初期试验性地恢复灰狼在公园内的存在，借以恢复过去为保护农畜、消灭灰狼之前的自然生态系统。这些事例均体现出对自然遗产生态系统真实性(不人为增加，也不人为减少) 的关注与维护。

保护遗产的真实性和完整性，这与中国几千年来对自然文化遗产的保护利用观念也是相一致的。我国古代名山大川里有限的体验性服务设施——道路、桥梁、亭阁、寺庙、摩崖石刻等人工建(构) 筑物都要以自然为主。

2. 完整性原则

完整性意味着未经触动的原始条件，主要用于评价自然遗产，如原始森林或野生生物区等。完整性原则既保证了世界遗产的价值，同时也为遗产的保护划定了原则性范围。《行动指南》对自然遗产的完整性有如下的界定。

(1)对于表现地球历史主要阶段的重要实证的景点，被描述的区域应该包括在其自然环境中全部或大多数相关要素。例如，一个冰期地区，应包括雪地、冰河以及切割图案、沉积物和外来物(例如冰槽、冰碛物、先锋植物等)；一个火山地区，应包括完整的岩浆系列、全部或大多数种类的火山岩和喷发物。

(2)对于陆地、淡水、海岸和海洋生态系统，以及动植物群落进化和演变中重大的持续生态和生物过程的重要实证的景点，被描述的区域应该有足够大小的范围，并且包括必要的元素，以展示对于生态系统和生物多样性的长期保护发挥关键作用的过程。例如，一个热带雨林地区应包括一定数量的海平面以上的植被、地形和土壤类型的变化、斑块系统和自然再生的斑块。

(3)对于有绝佳的自然现象或是具有特别的自然美和美学重要性的区域，应包括具有突出的美学价值，并且包括那些对于保持区域美学价值起着关键作用的相关地区。例如，一个景观价值体现在瀑布的景点，应包括相邻集水区和下游地区，它们是保持景点美学质量不可分割的部分。

(4)对于最重要和最有意义的自然栖息地，景点应包括对动植物种类的生存不可缺少的环境因素。景点的边界应该包括足够的空间距离，以使景点免受人类活动和资源乱用的直接影响。已有的或建议的被保护区域还可以包括一些管理地带，即使该地带不能达到提出的标准，但它们对于保证被提名景点的完整性起着基础作用。例如，在生物储备景点中，只有核心地区能够达到完整性的标准，但是其他地区（如缓冲地带和转换地带）可能对保证生物储备的全面性具有重要意义。本着完整性的考虑，也应将之纳入景点范围之内。

上述对于自然遗产完整性的解释，是以涵盖与自然遗产密切相关的周边空间范围为要旨的。自然遗产完整性的保持，还应该有景点和周边一定空间范围内的环境内容不被随意增添或删减的含义。一是范围上的完整（有形的）。建筑、城镇、工程或者考古遗址等应当尽可能保持自身组分和结构的完整，及其与所在环境的和谐、完整性。二是文化概念上的完整性。如我国的明十三陵，作为中国陵墓文化的一组典型代表，它们具有文化概念上的完整性，以及相应地体现在地理位置上的相互关联性。最简单地说，十三陵申报世界文化遗产，作为一个组团，十三处缺一不可。再如泰山，其文化价值体现在佛教、道教、封禅以及世代歌咏、吟诵文化的同为一体。结合登山线路格局的变换，对泰山的封禅祭祀包括酝酿、登天和抵达仙境三个阶段，突出了文化遗产伴随实物而来的概念上的完整性。

对以自然环境见长的国家公园来说，最需要注意的还是排除人为因素的影响。如标准(1)……具有优美景观、特殊生态或地形，有国家代表性，未经人类开采、聚居或建设；标准(3)……限制工业区、商业区及人类聚居开发，禁止伐木、采矿、设厂、农耕、放牧及狩猎等行为，以有效地维护自然景观及生态平衡；标准(4)……保护现有的自然状态，准许游人在一定条件下进入，可作为现代及未来的科研、教育、游览与启智的场所。

《行动指南》明确提出过“保护文化遗产的完整性”的概念。1996 年“关于提名世界自然遗产的总体评价原则和标准”专家会议讨论的主题是，将完整性条件应用到自然和文化遗产上，成为确认和评价世界遗产制订一种通用的方法。《国际古迹遗址理事会意见书》(ICOMOS Position Paper)中说，希望简单地把适用于自然景点的完整性条件简单移用到文化财产的想法是不明智的。虽然如此，完整性条件表达出整体上对文化遗产的接近，它比真实性原则与文化遗产之间的关系更相关、更有意义。作为一个概念，完整性适用于自然遗产，它同样平等地适用于文化遗产。《意见书》还举例，1972 年《世界遗产公约》刚刚订立和 1975 年正式实施期间，一份关于美国历史纪念地提名进入《世界遗产名录》的使用标准的文件中，术语“完整性”作为一个决定性因素被专门使用。可见通过完整性原则判定文化遗产并不是一个近年来才出现的概念。《威尼斯宪章》中的有关论述也值得一提，在修复一节第十四条指出，“古迹遗址必须成为专门照管的对象，以保护其完整性”。

事实上，考虑到 175 个世界遗产公约签（缔）约国遗产类型的多样化，世界遗产委员会 1992 年通过了“文化景观”（cultural landscapes)这一项目，认定文化景观“包括了自然和人类相互作用的极其丰富 的内涵”，并对其列入《世界遗产名录》的有关事项在《行动指南》进行了说明。这可视为一个新观点得到的认可，此观点为：自然与文化双重遗产不是简单的自然＋文化，而是自然与文化交融为一体，不可分割。

知识链接

泰山风景名胜区保育规划的保护原则

泰山岱顶是我国世界遗产地和风景名胜区超载旅游、错位开发，进而导致人工化、城市化、商业化的一个典型代表。首先，大量旅游经营性项目的建设，破坏了环境的真实性，还破坏了自有封禅活动以来赋予岱顶的“仙境”的氛围，进而打破了泰山封禅文化于无形中的完整性。其次，建筑物立身之处的植被和微生物所依附的地表层不复存在，微生态环境和生物链受到扰动，自然环境的完整性被打破，同时大量宾馆产生的垃圾问题还造成了环境污染，这些都使得岱顶的原有风貌极大地丧失。

泰山世界遗产资源的保护与利用应建立在科学管理理念的基础之上，充分考虑世界遗产的公益性、唯一性、不可替代性和不可再生性特点，遵循遗产资源保护的真实性和完整性原则，在保护优先的前提下合理利用。

1. 树立文化价值导向的遗产管理理念

世界遗产的特性使得遗产管理不同于一般的风景资源管理。从绝对保护到绝对市场化开发，遗产管理思想在探索中不断碰壁，又得以不断调整，遗产的特性使得遗产无法完全进行市场化开发。但国内遗产保护资金不足的现状以及遗产的多重功能又使得遗产无法实现真空中的保护，因此，遗产管理必然要考虑保护前提下的开发。

遗产的经济价值源自它的文化价值，遗产产业应当是"文化价值导向"。由于对遗产的价值导向认识不清，我国许多遗产地在发展的同时出现了因过分重视经济利益而使遗产受损的现象，例如，张家界景区内建世界第一梯、武当山遇真宫被烧等，这种为了短期经济利益的行为牺牲了长期利益，破坏了珍稀的世界遗产，也就阻碍了遗产地未来的发展。泰山世界遗产资源的永续利用要求遗产地管理者转变观念，从经济价值导向转向文化价值导向。

2. 通过上级政府的协调，实现景区的统一管理

泰山管理体制的完全统一应结束泰安、济南两地分别管理的现状。由于灵岩寺属于济南市，所以泰山的分区管理问题一直长期存在。这种分割现状既增加了管理难度，又使得泰山景区的统一管理和开发难以有效实现，同时也有损泰山的整体形象。泰山景区分区管理现状是由历史原因所造成的，在新的旅游业发展环境下，应由山东省政府从中做出调整，通过划拨方式将灵岩寺划归泰安市，同时要求由泰安市给予济南市一定的经济补偿，从而打破行政界限，实现遗产的统一管理。

3. 以完整性原则为指导，实现文化、自然、游客体验的完整性

遗产的完整性包括三部分：自然遗产的完整性、文化遗产的完整性以及游客体验的完整性。自然遗产的完整性强调自然遗产必要的构成要素及其周边环境的完整。文化遗产的完整性既包括文化遗产本身有形的完整，也包括文化概念的完整。自然和文化遗产的完整性是从资源的角度，从物的角度强调的；游客体验的完整性则是从人的角度出发，要求自然、文化遗产的保护应确保完整，在旅游开发中也应展现遗产的完整，不应断章取义或摘取片断，从而为游客获得完整体验创造条件。

由于遗产保护和利用中存在着问题，泰山在保证自然遗产、文化遗产和游客体验的完整性方面还有待提高。破坏性开发和超容量接待破坏了自然的完整性，对于封禅文化的未全面开发有碍文化遗产的完整性，索道、公路的建设使游客的旅游体验只剩下片断，影响了体验的完整性。泰山完整性的实现有赖于泰山管委会切实以完整性原则为指导，严格遵循泰山总体规划，杜绝破坏性开发，逐步拆除与遗产真实性、完整性氛围不符的建筑，全面保护和开发封禅文化，并保护泰山三重境界沿线区域，加强宣传和教育，引导游客徒步登山，从多方面保障遗产资源和游客体验的完整性，促进遗产的永续发展。

4. 在保护优先的前提下，合理利用资源

世界遗产的特点决定了遗产的开发不能像传统资源开发那样，无法追求经济利益的最大化，要保障遗产的世代传承，必须把遗产的保护放在首要位置。保护优先并不是说遗产不能利用，而是要合理利用。世界遗产不仅具有教育、科研的功能，同时具有旅游功能。遗产资源不应是封闭式的保存，而应是在有效保护的前提下，合理的利用资源开发旅游活动，并通过旅游活动的开展为保护筹得资金，从而促进遗产持续发展，实现保护与利用的良性循环。遗产地保护与利用的关系应考虑下述方面：遗产利用应在保护的前提下进行；应引导游客旅游行为并对其进行遗产知识教育；完善法律体系，依法管理遗产资源，同时借鉴国外遗产管理经验，改进我国遗产管理制度。泰山世界遗产旅游开发中的失误多因未能将保护优先放在首要位置，过分突出遗产的经济效益，忽视遗产资源的特性，从而造成遗产破坏。泰山未来的遗产旅游开发应以真实性、完整性原则为指导，严格遵循保护优先的原则，并适度进行遗产旅游开发，一旦旅游开发可能危及遗产保护，应立即停止开发。

3. 公益性原则

中华文明历史悠久，五千年的文明史为今天留下了极其丰富的文化遗产资源。它们是国家和民族的共同财富，这一本质属性决定了任何文化遗产的保护和利用都应惠及全体人民。要把社会效益放在首位，实现公益价值最大化，是遗产所在地政府的神圣职责。随着市场经济的建立及社会体制的转型，许多文化遗产被开发成旅游景点，给当地政府带来了巨大的经济效益，但其社会效益却屡屡遭到质疑，越来越多的各类投诉似乎正在削弱文化遗产的公益属性，引起了文化遗产保护部门的担忧。探索社会经济体制转型期文化遗产保护利用的公益性价值实现，对具有中国特色的社会主义文化建设体制创新无疑具有重要的现实意义。

文化遗产景区的公益性价值实现是一项系统工程，社会效益第一是实现公益性的内在前提。保护好祖先留下的文化遗产，以科学美观的展示，人性化的优质服务接待公众参观游览，发挥宣传教育功能，提高公民的科学文化素质等是公益性的主要内容。管理者代表国家管理文化遗产，是实现公民文化权利的主体，景区管理者有责任以不同的文化产品和科学的管理最大限度地满足不同阶层和人群的不同需求，每个公民作为平等的法人主体也有责任与景区管理者共同管理好景区，游客与管理者双方的良性互动是公益性的最佳境界，也是社会和谐的一道亮丽风景。

4.2.3 分类保护

为了便于保护和管理，每个风景名胜区必须有确定的范围和外围特定的保护地带。划定范围和保护地带要有科学依据，要经过反复调查、核定和论证，不能带有主观随意性。确定的主要范围和保护地带的划分相当于行政区划分的确定，要经过相应的人民政府审批。批准后要立碑刻文，标明界区，记录入档。范围确定的原则如下。

(1)国务院有关文件对风景名胜区范围的规定是："范围的规定，要保持风景面貌的完整，满足游客的需要，不受行政区划限制"。因此，风景名胜区范围的确定，对景源特征、景源价值、生态环境等应保障其完整性，不得因划界不当而有损其特征、价值或生态环境。

(2)在一些历史悠久和社会因素丰富的风景名胜区划界中，应维护其历史特征，保持其社会的延续性，使历史社会文化遗产及其环境得以保存，并能永续利用。

(3)应强调地域单元的相对独立性。不论是自然区、人文区、行政区等何种地域单元形式都应考虑其相对独立性。

在保护培育规划中，分类保护是常见的规划和管理方法。它是依据保护对象的种类及其属性特征，并按土地利用方式来划分出相应类别的保护区。在同一个类型的保护区内，其保护原则和措施应基本一致，便于识别和管理，便于和其他规划分区相衔接。

我国规定的 6 种保护区及相应的保护原则和措施，可以覆盖风景名胜区范围内的各种土地利用方式，并同国外的“国家公园”或国内外相关的保护区划分方法易于互接，因而具有很强的包容性和适用性。

分类保护中的风景修复区，是很有当代特征和中国特色的规划分区，它具有较多的修复、培育功能与特点，体现了资源的数量有限性和潜力无限性的双重特点，是协调人与自然关系的有效方法。

风景名胜保护的分类应包括生态保护区、自然景观保护区、史迹保护区、风景恢复区、风景游览区和发展控制区等，并应符合以下规定。

1. 生态保护区的划分与保护规定

(1)对风景名胜区内有科学价值或其他保存价值的生物种群及其环境，应划出一定的范围与空间作为生态保护区。

(2)在自然保护区内，可以配置必要的步行游览和安全防护措施，宜控制游人进入，不得安排与其无关的人为措施，严禁机动交通及其设施进入。

2. 自然景观保护区的划分与保护规定

(1)对需要严格限制开发行为的特殊天然景源和景观，应划出一定的范围与空间作为自然景观保护区。

(2)在自然景观保护区内，可以配置必要的步行游览和安全防护设施，宜控制游人进入，不得安排与其无关的人为设施，严禁机动交通及其设施进入。

3. 史迹保护区的划分与保护规定

(1)在风景名胜区内各级文物和有价值历代史

迹遗址的周围,应划出一定的范围与空间作为史迹保护区。

(2)在史迹保护区内,可以安置必要的步行游览和安全防护措施,宜控制游人进入,不得安排旅宿床位,严禁增设与其无关的人为措施,严禁机动交通及其设施进入,严禁任何不利于保护的因素进入。

4. 风景恢复区的划分与保护规定

(1)对风景名胜区内需要重点恢复、培育、抚育、涵养、保持的对象与地区,例如森林与植被、水源与水土、浅海及水域生物、珍稀濒危生物、岩溶发育条件等,宜划出一定的范围与空间作为风景恢复区。

(2)在风景恢复区内,可以采用必要的技术措施与设施;应分别限制游人和居民活动,不得安排与其无关的项目与设施,严禁对其不利的活动。

5. 风景游览区的划分与保护规定

(1)对风景名胜区的景物、景点、景群等各级风景结构单元和风景游赏对象集中地,可以划出一定的范围与空间作为风景游览区。

(2)在风景游览区内,可以进行适度的资源利用行为,适宜安排各种游览欣赏项目;应分级限制机动交通及旅游设施的配置,并分级限制居民活动进入。

5. 发展控制区的划分与保护规定

(1)在风景名胜区范围内,对上述五类保护区以外的用地与水面及其他各项用地,均应划为发展控制区。

(2)在发展控制区,可以准许原有土地利用方式与形态,可以安排同风景名胜区性质与容量相一致的各项旅游设施及基地,可以安排有序的生产、经营管理等设施,应分别控制各项设施的规模与内容。

4.2.4　分级保护

保护培育规划中,分级保护也是常用的规划和管理方法。是以保护对象的价值和级别特征作为主要依据,结合土地利用方式而划分出相应级别的保护区。在同一级别保护区内,其保护原则和措施应当基本一致。

我国规定的四级保护区及其相应的保护原则和措施,也可以覆盖风景名胜区范围内各种土地利用方式,同自然保护区系列或相关保护区划分方法容易衔接。其中,特别保护区也称科学保护区,相当于我国自然保护区的核心区,也类似分类保护中的生态保护区。风景名胜保护的分级应包括:特级保护区、一级保护区、二级保护区、三级保护区四级内容。

1. 特级保护区的划分与保护规定

(1)风景名胜区内的自然保护核心区以及其他不应进入游人的区域应划为特级保护区。该区景象艺术特征突出,空间环境质量好,艺术价值和科学价值高,开发利用方便,具有下列特点。

①景点有鲜明的个性艺术特征,如造型奇特、优美,具有逼真的动态或变化效果。

②空间环境的组合巧妙,能有力地渲染和突出整体环境气氛,或者环境空间的变换节奏丰富,给人以奇特的空间变换效果。

③水体气势磅礴,半岛、岛屿嵯峨,或者为流量大、落差大的动态水景。

④国家一级重点保护植物和千年以上古树。

⑤国家级或者省级文物保护单位。

(2)特级保护区应以自然地形地物为分界线,其外围应有较好的缓冲条件,在区内不得搞任何建筑设施。

2. 一级保护区的划分与保护规定

(1)在一级景点和景物周围应划出一定范围与空间作为一级保护区,宜以一级景点的视域范围作为主要划分依据。

(2)一级保护区内可以安置必需的步行游赏道路和相关设施,严禁建设与风景名胜无关的设施,不得安排旅宿床位,机动交通工具不得进入此区。

3. 二级保护区的划分与保护规定

(1)在景区范围内以及景区范围之外的非一级景点和景物周围应划为二级保护区。

(2)二级保护区内可以安排少数旅宿设施,但必须限制与风景名胜游赏无关的建设,应限制机动交通工具进入本区。

4. 三级保护区的划分与保护规定

(1)在风景名胜区范围内,对以上各级保护区之外的地区应划为三级保护区。

(2)在三级保护区内,应有序控制各项建设与设施,并应与风景名胜区环境相协调。

知识链接

庐山风景名胜区风景资源分级评价

庐山风景名胜区景观资源分为自然景观和人文景观两大类，其中自然景观4个中类，19个小类；人文景观4个中类，13个小类。

1. 景观类型

庐山风景名胜区自然景观资源分为天景、地景、水景、生景4个中类，以及19个小类(表4-2)。

表 4-2　风景资源类型表

大类	中类	小类	景点名称
自然景观单元	天景(13处)	日月星光	月照松林、石门衔日、含鄱口日出、鄱湖烟云
		虹霞蜃景	三叠泉彩虹、大天池晚霞、佛光、蜃景
		气候景象	雨凇、雪凇、雾凇
		云雾景观	云海、云瀑(瀑布云)
	地景(42处)	山景	九奇峰、大天池峰、大汉阳峰、小五老峰、五老峰、双剑锋(秀峰景区)、太乙峰、文殊峰、石钟山、龙首崖、好汉坡、含鄱口、折扇峰、龟背峰、卧龙冈、姐妹峰、香炉峰、铁船峰、犁头尖、聚仙峰、鹤鸣峰
		地质景观	大坳冰谷、冰川U形谷、冰谷、冰桌、核杂岩
		峡谷	石门涧、剪刀峡、康王谷、锦绣谷
		石景	飞来石、天桥、仙人墩、石松、落星石、醉石、鞋山
		洞府	马祖洞、仙人洞、仙居洞、龙宫洞、狮子洞、涌泉洞
	水景(36处)	泉井	招隐泉、浪井、温泉、聪明泉
		潭池	大天池、小天池、乌龙潭、仙浴潭、玉渊、龙潭、卧龙潭、浴仙潭、黄龙潭、碧龙潭
		溪流	三峡涧、白鹤涧、青玉峡、将军河、相辞涧、桃花溪
		瀑布跌水	一线泉、七彩瀑、三叠泉、马尾水瀑布、马尾瀑布、王家坡双瀑、玉帘泉、百丈崖瀑布、谷帘泉、卧瀑、爱莲瀑、隐瀑、黄岩瀑布
		江河湖泊	甘棠湖、如琴湖、芦林湖
	生景(19处)	植物生态类群	亚热带常绿阔叶林带、针叶林、针叶混交林、常绿阔叶落叶混交林带、落叶阔叶矮林带
		古树名木	三宝树、公孙长老(银杏)、六朝松、六棵树、白果王(银杏)、迎客松、赣北罗汉王(罗汉松)
		动物群栖息地	云豹、金钱豹
		物候季相景观	山寺桃花、五老峰杜鹃、庐山秋季彩叶植物景观
		其他生物景观	庐山鸟类栖息地、庐山昆虫栖息地

2. 景观特征

2.1　地质构造复杂，地貌景观千姿百态

庐山具有独特的第四纪冰川遗迹，是中国第四纪冰川学说的诞生地，山麓鄱阳湖滨遗留着末次冰期时由古季风环流产生的独特的风沙丘群。

庐山地区地质构造复杂，形迹明显，主要有北东向华夏式构造和北东向新华夏式构造。许许多多的断裂构造形成众多的山峰。庐山是第四纪强烈上升的断块山，当庐山上升之际，周围相对下陷，鄱阳盆地进一步发展，继而形成鄱阳湖。

庐山山体南北长约28 km，东西宽约11 km，是一座长轴型菱形断块山。其最高峰大汉阳峰的海拔标高为1 473.8 m。古人命名过的山岭有171处，主要山峰有99座。庐山成层地貌特征较为明显，但又比较特殊。总的看来，庐山的地貌特征，属断块山构造地貌、冰蚀地貌、流水地貌三位一体的复合型地貌景观。陡崖与平台的位置与地层岩性密切相关。山上的沟谷相对较为开阔，山脊陡峭如刃。其地貌特征正是在冰川地貌的基础上，经后期流水强烈改造的结果。山体四周多陡崖、瀑布。山麓地带的峡谷大多呈陡壁型，山前到处是蛇曲状冰川终碛垄。

2.2　风云莫测，气象万千

云海、云瀑、佛光和蜃景在庐山均有出现。

因庐山经常为江湖水气笼罩，易生成云雾，云海出现也就频繁，尤以春秋两季最多。有时雨过放晴，或在山谷或于山沿地段汇成一片汪洋，乍似海水翻腾，波涛时起时伏，山峰一下子变成“大海”上的点点孤岛，这就是所谓庐山云雾中最壮观的云海。

当空中湿度下降结成层积云受上升气流的影响，再遇风吹向壑下倾泻，就像巨瀑飞泻一样，形成气势恢宏的云瀑。云瀑以小天池飞泻最佳，但五老峰和犁头尖等处也会出现。

佛光是山间的一种光学现象。在峰岭开阔处，只要有云雾和弱阳照射，人被太阳而立，前面雾帘上有时会显示彩虹般的光环。如此异景一般在含鄱口、五老峰等处会出现。而过去传说在大天池出现的称为“天池佛灯”。

蜃景的出现是当光线经不同密度的空气层，再通过不同介质而显著发生上传曲射，起反射作用，把远处景色透视在空中形成奇异幻景。庐山较近出现一次，是在五老峰上空的云屏里再呈现一座五老峰，大约维持了半个小时，假峰才下降合并真峰直至消失。

2.3　生物资源，种类丰富

庐山本身是座天然植物园（省级自然保护区），山体的森林覆盖率达76.6%，植物垂直分带较为明显，从山脚至山顶大体可划分为：亚热带常绿阔叶林、山地温暖带落叶阔叶混交林、山地温带落叶阔叶林、针叶混交林、灌木林带。庐山共有各种植物211类973属3 400多种，其中高等植物约1 800多种，野生植物2155种，引种驯化植物229种。仅裸子植物就有260多种，杜鹃360种，各种松柏达200种以上。濒危珍稀植物45种，其中列为一级保护的植物有11种、二级保护植物34种。共有古树名木233棵。珍贵的金钱松、水杉、鹅掌楸、银杏、瑞香、红兰花、云锦杜鹃、鹿子百合花独具特色。

风景名胜区内共有各种鸟类178种，其中繁殖鸟121种，兽类39种，爬行类33种，两栖类20种，昆虫2 000种以上（庐山特有昆虫33种）。其中一级保护动物3种，二级保护动物18种，省级保护动物49种。

2.4　溪涧遍布，瀑潭众多

长江从庐山以北流过，全国最大的淡水湖鄱阳湖也位于其东南部，是赣江的连河湖。这个面积达5 500 km^2的连河湖，在冬季湖水面积仅500 km^2左右，形成了全国最大的湿地，每年冬季有236种38万多只候鸟到湿地过冬，全世界最为珍稀的白鹤98%来此地过冬。所以，鄱阳湖在夏季是理想的水上游乐园，冬季是观赏候鸟的旅游胜地。庐山顶的如琴湖和庐林湖是两个较大的人工湖，也成为重要的旅游景点。

庐山四周多溪流，飞流奔驰，清澈见底。上游沿溪常有瀑泉、碧潭；中游大都在陡壁型的峡谷之中，幽奥神秘；下游因有冰碛泥砾分布，急流将泥沙冲走，仅剩巨大的漂砾，布满河床，因此称为“石河”，异常壮观。这些溪流本身有一定的欣赏价值，对四周风景起到了重要的点缀作用。

庐山的瀑泉碧潭是其自然景观的重要组成部分。区域内有旅游价值的大瀑布几乎集中于庐山山体的悬崖地带，尤以庐山东侧更为发育。“匡庐瀑布，山川绝胜”名副其实，仅著名的瀑布就有20多条，集“形体美、空灵美、幻象美、动态美、声韵美”为一体。庐山瀑布与雁荡龙湫、黄山石笋并称“天下三奇”。庐山的瀑泉碧潭在空间形态结构上几乎都有一个共同特点，上端有一个石门状裂点，中间是瀑布主体，瀑下有一碧潭。

在庐山发现有断层型温泉，星子温泉早在宋代就已开发，曾称为黄龙灵汤院。经考察研究，该温泉中含有30多种微量元素，是一个典型的硫化氢氡泉，有着较高的医疗价值，与法国的“凡儿德百”温泉、英国的“拜斯”温泉属同一类型，水质可与西安的华清池媲美。平均水温 62℃，每天可开采水量 1 063 t。星子温泉疗养院四周环境优美，早已是一个风景点。

庐山还有不少上升泉，大多是沿断层带分布的上升泉，有些泉水虽流量不大，但水质甚好，例如观音桥头的招隐泉（天下第六泉）。

2.5　避暑胜地，气候垂直分带明显

庐山风景名胜区位于北亚热带季风温湿气候区，四季分明。由于山高坡陡、濒湖临江，所以气候垂直分带较为明显，以气温低、湿度大、日照短、云雨多为特征。全年平均气温为 11.5℃，最高为 32℃，最低为－16.8℃，具冬暖夏凉的海洋性气候特色。

风景名胜区处于西南暖湿气流与北方冷空气的首当接触部位，年降水量较大，再加上植被发育，山体高耸，襟江临湖的独特地理位置，使大量暖湿气流沿陡坡悬崖上升，与山上冷空气相遇凝结成水，造就了庐山特有的多雨雪云雾的气候特色。年均雾日达 190.6 d，多则可达 221 d。年降水量达 1 833.5 mm，年降水天数达 164 d，平均相对湿度达 78%，全年日照仅 1 924.4 h，年蒸发量 1 008 mm。

3. 自然景点评价

因庐山风景名胜区内的景点性质、规模、类型差别较大，为了全面地、系统地、准确地对其进行评价，我们把一些位置风格接近，游赏方式相同的景点进行有机的归类、组合形成不同的景点，以便更好地进行定性定量分析，为风景名胜区规划、设计提供准确的依据。

3.1　景观等级标准

按照一定的权重比例，赋予这四个方面相应的分值，总分以 100 分为满分，其中景源价值占到 70 分；环境水平占 20 分；利用条件占 5 分；规模范围占 5 分。按照前期对风景资源的调查与分类，邀请规划组成员以及相关学科领域专家进行评分，最终确定各旅游景区（点）的定量评分。

在制定对资源进行定量评分方法与标准的同时，还对资源的分级标准加以确定，使资源的评分结果直接与资源的分级相关联，形成一定的应对关系。在综合规划组及专家组成员意见的基础上确定庐山风景资源分级标准分为特级、一级、二级、三级和四级 5 个等级。并确定了各级别风景资源具体的定性评论和定量评分标准，共 110 处景点，分为天景、地景、水景、生景 4 类。

3.2　评价结果及分析

通过对各景点进行评分（表 4-3），自然景点中特级景点 7 个，一级景点 23 个，二级景点 32 个，三级景点 43 个，四级景点 5 个，共计 110 个。

表 4-3　自然景点等级类型统计一览表

类型	特级	一级	二级	三级	四级	合计	比例/%
天景	0	5	5	1	2	13	12
地景	5	10	10	14	2	42	37
水景	2	6	11	17	1	36	34
生景	0	2	6	11	0	19	17
合计	7	23	32	43	5	110	100

从“景点类型比例分布图”（图 4-3）可以看出，庐山风景名胜区的自然风景资源类型比较丰富，主要以地景和水景为主，占被调查自然景观资源总数的 70%，充分体现了其地貌景观丰富，溪涧、瀑潭众多的特点。另外天景也是庐山的一大特色，成为其自然景观资源中的一个重要组成部分。

从“景点等级比例分布图”（图 4-4）可以看出，特级景点、一级景点和二级景点分别占 6%、21%和 29%，占统计景点总数的 56%，说明庐山的自然景观资源具有很高的观赏价值。

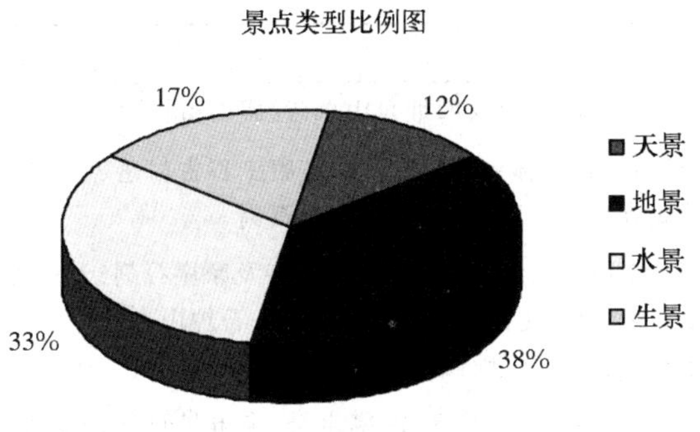

图 4-3　景点类型比例分布图

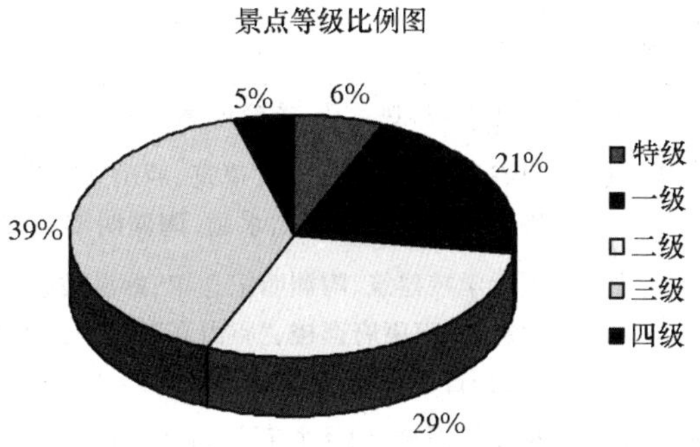

图 4-4　景点等级比例分布图

4　文景观资源评价

4.1　人文景观资源类型(表 4-4)

表 4-4　文化景观分类表

大类	中类	小类	景点名称
人文景观(71 处)	园景(17 处)	陵园墓园	岳飞妻李夫人墓、岳母姚太夫人墓、陶渊明墓、濂溪墓
		植物园	庐山植物园、林赛公园
		风景建筑	含鄱亭及牌坊、烟水亭、御碑亭、漱玉亭
		民居宗祠	太乙村、东谷别墅区、西谷别墅群、康王谷古村落
		其他园景	玉渊潭、浪井、黄龙潭
	建筑(29 处)	宫殿衙署	姑塘海关
		宗教建筑	万杉寺、太平宫、开先寺、东林寺、仙人洞、玄妙观、西林寺、报国寺、近代教堂建筑、圆佛殿、圆通寺、栖贤寺、海会寺、铁佛寺、黄龙寺、赐经亭、简寂观、熊仁寺
		纪念建筑	小天池诺那塔院、白居易草堂、陶渊明纪念馆、锁江楼宅塔
		文卫建筑	白鹿书院、民国三大建筑(含庐山会议旧址)、庐山恋电影院、近代学校建筑
		其他建筑	天心台、南康府谯楼
	胜迹(23 处)	遗址遗迹	天池塔、天池寺遗址、李璟读书台、恭乾禅师塔、普同塔
		摩崖题刻	九十九盘石刻、大天池石刻、女儿城石刻、五老峰石刻、汉阳峰石刻、玉帘泉石刻、石门涧石刻、好汉坡石刻、“庐山高”石牌坊、秀峰龙潭石刻、秀峰摩崖、花径石刻、铁船峰石刻、锦绣谷石刻、碧龙潭石刻
		科技工程	广济桥、观音桥、紫阳堤
	风物(2 处)	民间文艺	山水画、山水诗

注:以上各栏目景点名称均按笔画排序。

4.2　人文景观资源评价

人文景观的分类依据建设部颁布的《风景名胜区规划规范》(GB 50298—1999),按照园景、建筑、胜迹、风物四种类别进行评价。本次规划共选取人文景点 76 处,分为 4 个中类、13 个小类,共分 5 个等级,其中特级景点 5 处,占 9%;一级景点 14 处,占 19%;二级景点 22 处,占 28%;三级景点 33 处,占 44%(表 4-5)。

表 4-5 人文景观等级表

等级	景点名称	占比/%
特级(7 处)	白鹿书院、观音桥、秀峰摩崖、东谷别墅区、民国三大建筑(含庐山会议旧址)、山水诗、庐山植物园	9
一级(14 处)	西谷别墅群、近代教堂建筑、庐山恋电影院、仙人洞摩崖石刻、东林寺、西林寺塔、塔康王谷古村落、御碑亭、林赛公园、山水画、陶渊明墓、恭乾禅师塔、黄龙寺及摩崖石刻、三叠泉摩崖石刻	19
二级(22 处)	近代学校建筑、陶渊明纪念馆、好汉坡石刻、五老峰石刻、李璟读书台、姑塘海关、海会寺及摩崖石刻、简寂观、南康府谯楼、“庐山高”石牌坊、太乙村、岳飞妻李夫人墓、花径石刻、石钟山石刻、石钟山古建筑、醉石馆石刻、岳母姚太夫人墓、赐经亭、天池寺附近石刻、九十九盘石刻、烟水亭、月照松林石刻	28
三级(33 处)	碧龙潭石刻、锦绣谷石刻、石门涧石刻、铁船峰石刻、含鄱亭及牌坊、开先寺、漱玉亭、玉帘泉石刻、熊仁寺、铁佛寺、小天池诺那塔院、天池塔、天心台、圆佛殿、黄龙寺、黄龙潭、玄妙观、栖贤寺、玉渊潭、广济桥、浪井、锁江楼宅塔、太平宫、白居易草堂、女儿城石刻、汉阳峰石刻、天池寺遗址、普同塔、报国寺、圆通寺、万杉寺、濂溪墓、紫阳堤	44
合计	76 处	100

庐山风景区自然景观评价图见图 4-5。

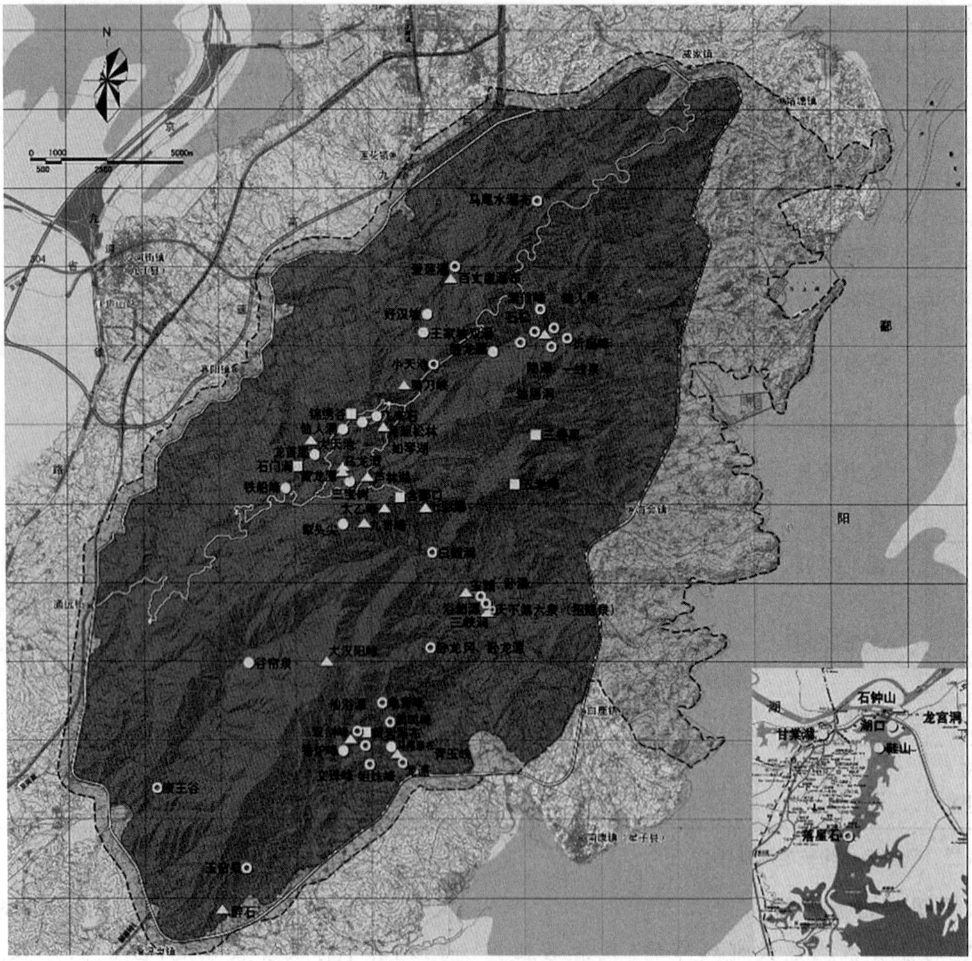

图 4-5 庐山风景区自然景观评价图

资料来源:清华大学建筑学院,北京清华城市规划设计研究院. 庐山风景区总体规划(2011—2025)

庐山风景区人文景观评价图 4-6。

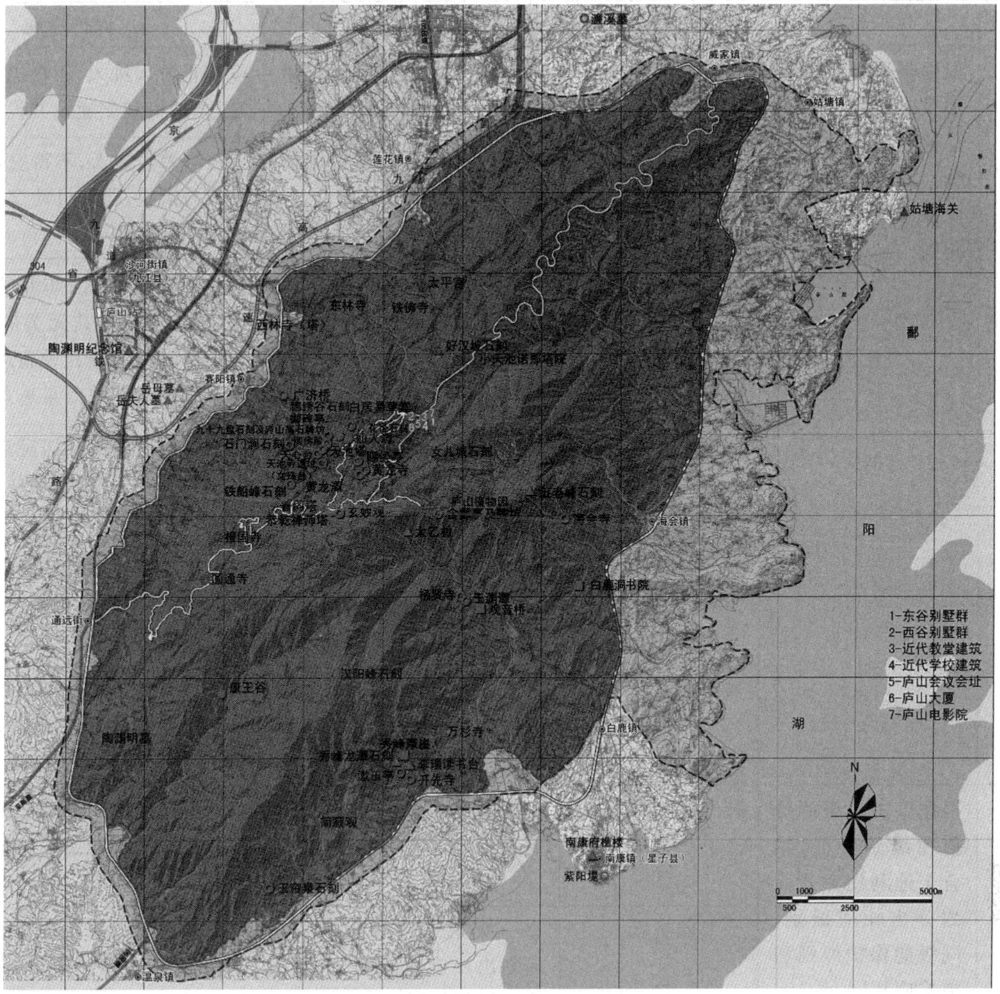

图 4-6 庐山风景区人文景观评价图

资料来源:清华大学建筑学院,北京清华城市规划设计研究院. 庐山风景区总体规划(2011—2025)

对人文景观的分级评价应建立在对景观价值、环境水平、利用条件、规模范围综合考虑的基础之上。根据“真实性”“完整性”的总原则,在考虑评价对象的历史文化价值、欣赏观览条件的同时,要特别注意评价对象的历史真实性。

分类保护和分级保护各有其产生的背景和规划特点。分类强调保护对象的种类和属性特点,突出其分区和培育作用;分级保护强调保护对象的价值和级别特点,突出其分级作用。两者各有其应用特点。

在保护培育规划中,应针对风景名胜区的具体情况、保护对象的级别、风景名胜区所在地域的条件、择优选择分类或分级保护,或者以一种为主和另一种为辅的两者并用方法,形成分类之中有分级或分级中又有分类的综合分区,使保护培育、开发利用、经营管理三者各得其旨,并有机结合起来。

总之,保护培育规划应依据风景名胜区的具体情况和保护对象的级别而择优实行分类保护或分级保护,或两种方法并用,应协调处理保护、培育、开发利用、经营管理的有机关系,加强引导性规划措施(表 4-6)。

针对不同的保护分区,在总体规划的专项规划中可以落实不同的规划控制方针(表 4-7)。

表 4-6　保护规划要点表

保护类型	保护要点	保护分区	保护对象	保护措施
分类保护	根据保护对象的种类及属性特征，按土地利用方式来划分。同类保护区的保护原则和措施应相同	生态保护区	有科学价值或其他保存价值的生物种群及其环境	应禁止游人进入，不得搞任何建筑设施，严禁机动交通及其设施进入
		自然景观保护区	需要严格限制开发行为的特殊天然景源和景观	宜控制游人进入，不得安排与其无关的人为措施，严禁机动交通及其设施进入
		史迹保护区	各级文物和有价值的历代史迹遗址的周围	宜控制游人进入，不得安排旅宿床位，严禁增设与其无关的人为措施，严禁机动交通及其设施进入，严禁任何不利于保护的因素进入
		风景恢复区	需要重点恢复、培育、抚育、涵养、保持的对象与地区	应分别限制游人和居民活动，可以采取必要的技术措施，严禁对其不利的活动
		风景游览区	景物、景点、景群、景区等各级风景结构单元和风景游览对象的集中地	宜配置安排各种游览欣赏项目，应分级调整游人规模、旅游设施及机动交通的
		发展控制区	对上述 5 类保护区以外的用地与水面以及其他各项用地	准许原有的土地利用方式与形态，可以安排相应的旅游设施及基地，应分别控制其规模和内容
分级保护	根据保护对象的价值和级别特征，结合土地利用方式而划分出相应级别。同级的保护原则和措施应相同	特级保护区	自然保护的核心区及其他游人不应进入的地区	应以自然地形、地物为分界线，其外围有较好的缓冲条件，区内不得搞任何建筑设施
		一级保护区	在一级景点和景物周围，应划出一定空间和范围作为一级保护区	可配备必要的步行游览路，机动交通不得入内，严禁建设与风景无关的设施。严格控制游人容量
		二级保护区	在景区范围内及其景区范围以外的非一级景点和景物	可以安排少量旅宿设施，应限制机动交通进入。限制与风景无关的建设，控制游人容量
		三级保护区	在风景名胜区范围内，对以上各级保护区以外的地区均应划为三级保护区	应有序控制各项建设与设施，并应与风景环境相协调，控制人口规模
综合保护	把分类保护和分级保护在点线面上结合起来并用	①先分类后分级的分区保护； ②先分级后分类的分区保护； ③分层级的点线保护与分类级的分区保护相互配合		在点、线、面、体和时间上分别控制：①游人规模和人口规模；②配套设施及其级配；③开发利用方式及其强度。即动态调控与保护措施

资料来源：《风景名胜区规划规范》，1999 年

表 4-7　不同保护分区的规划控制措施

保护分区	旅游活动	游览设施	内部交通	居民社会	土地利用	基础设施
特级保护区	旅游者禁止进入，经过严格审批的科研人员和管理人员科研进入	无游览设施	无游道和车道，已有的游道必须拆除并恢复植被	无居民区	全部为风景保护用地	无地上、地下的基础设施
一级保护区	游客可以进入，但规模必须控制在允许环境容量之内	可以设没有过夜设施的服务部、休息亭和观景台	除必要的与外界联系的通道外，禁止社会车辆进入，内部实行环保机动车交通	除个别具有地方文化景观意义并不对遗产保护构成威胁的居民建筑外，所有居民应逐步迁出	该区应该退耕还林，除必要的交通用地外，都应划入风景游赏用地	禁止设置电力、电信、给排水设施，所有管线应该埋地化处理
二级保护区	可以有户外游憩活动	可以有服务部，有露营地，但不能有室内过夜措施	可以有直达机动车，但应限制过境交通	鼓励居民向城镇搬迁、向山下搬迁。居民建筑受到严格控制	保护耕地，严格限制建设用地	基础设施建设不对遗产造成破坏
三级保护区	游客进入不受限制	集中布置服务设施村镇	与外界建立通达的交通联系	居民聚集区	游览设施用地，城镇建设用地	完善的电力、电信、给排水等基础设施

4.2.5　国外分区保护模式

最早创立国家公园的美国和加拿大，已经有了一套系统的分区模式和技术方法，已经成功地保护了国家公园内的自然遗产

1. 美国自然遗产地保护分区模式

美国国家公园管理模式中，将国家公园内部土地利用划分为不同的区域以实施分区控制。分区制是国家公园进行规划、建设和管理等方面最重要的手段之一，是用以保证国家公园大部分土地及其生物资源得以保存野生状态，并把人为设施限制在最小限度以内的措施（表 4-8）。

表 4-8　国家公园与保护区体系

用地大类	土地利用种类	定义	首要管理目标	保护度	发展度
国家公园与保护区体系	严格自然保护区	拥有杰出或有代表性的生态系统，其特征或种类具有地质学或生理学意义	科学研究；物种/基因多样性保护	10	0
	野生保护区	自然特性没有货只受到轻微改变的辽阔地区；没有永久性或明显的人类居住场所	荒野保护；环境监测	9	1
	濒危动植物栖息地	通过积极的管理行动，确保特定种群的栖息地或满足特定种群的需要	保护特定动植物种群	8	2
	国家（或省立）公园	为当代和子孙后代保护一个或多个生态系统的完整性；排除与保护目标相抵触的开采和占有行为；提供在环境和文化上相容的精神、科学、教育、娱乐和游览机会	提供游憩机会；物种/基因多样性保护；环境监测；荒野保护	7	3

续表 4-8

用地大类	土地利用种类	定义	首要管理目标	保护度	发展度
	天然地貌保护区	拥有一个或多个具有杰出或独特价值的自然地貌地区，这些价值来源于它们所具有的稀缺性、代表性、美学品质或文化上的重要性	自然特色的保护；提供游憩机会	7	3
	人文景观保护区	具有重要文化多样性的地区	文化特性的保护；提供游憩机会	7	3
过渡区体系	受管理的资源保护区	没有受到严重改变的自然系统，通过有效管理，在保护生物多样性的前提下同时满足社区需要，并可提供自然产品与服务	物种/基因多样性保护；资源可持续利用	6	4
	国家或省级旅游度假区	资源非敏感地区，适合人类游憩需要	提供休闲度假机会	5	5
	畜牧业用地	资源非敏感地区，满足当地畜牧需要	畜牧业	4	6
	农业用地	资源非敏感地区，满足当地农业需要	农业	4	6
	其他非城镇用地	资源非敏感地区，满足当地社区水利灌溉等其他需要		4	6
城镇体系	中心村	资源非敏感地区，人口在500人以上的村落		4	6
	镇	资源非敏感地区，人口在1万人以上		3	7
	小城市	资源非敏感地区，人口在5万人以上		2	8
	中心城市	资源非敏感地区，人口在10万人以上		1	9

2. 德国施普雷森林自然保护区

距德国首都柏林东南80多km有一个欧洲独一无二的自然保护区——施普雷森林自然保护区。1990年，德国政府宣布这片森林公园为“自然保护区”。2001年3月，联合国教科文组织正式命名为“施普雷森林自然保护区”，并列为联合国“人与自然发展项目”。

施普雷森林自然保护区的总面积为472.92 km^2，划分为达莫、劳斯兹和施普雷—尼斯河套3个县。全保护区的耕地面积为118.92 km^2，绿地面积为133.5 km^2，森林总面积为132.5 km^2，河流总面积为13.86 km^2。

德国施普雷森林自然保护区是保护与旅游的成功之作。为了便于科学有效地保护利用和开发，施普雷森林被划分为4个部分：纯原始状态的核心区；尚未开发的自然风景缓冲区；已开发利用的旅游度假风景名胜区；从城镇到旅游景区之间的过渡区。然后，根据自然条件、动植物种类的特点，再划分出许多个不同的小的区域范围，分别采取不同的管理措施。

4.2.6 国外保护分区模式和我国保护分级模式对比

国外保护分区模式和我国保护分级模式对比见表4-9。

表 4-9 国外保护分区模式和我国保护分级模式对比

	特级保护区	一级保护区	二级保护区	三级保护区
中国（《风景名胜区规划规范》）	风景名胜区内的自然保护核心区及其游人不应进入的地区。应以自然地形、地物为分界线，其外围有较好的缓冲条件，区内不得搞任何建筑设施	在一级景点和景物周围，划出一定空间和范围作为一级保护区，宜以一级景点的视域范围为主要划分依据。可配备必要的步行游览路，机动车辆不得入内，严禁建设与风景无关的设施。严格控制游人容量	在景区范围内及其以外的非一级景点和景物的周围应划为二级保护。可以安排少量旅宿设施，应限制与风景无关的建设，控制游人容量	在风景名胜区范围内，对以上各级保护区以外的地区均应划为三级保护区。应有序控制各项建设与设施，并应与风景环境相协调，控制人口规模

续表 4-9

日本	特级保护区	一级保护区	二级保护区	三级保护区
	维持风景不受破坏,一般占总面积的 50%,可以有步行道和当地居民	在特级保护区之外的,尽可能维持风景完整性,一般占 30%,可以有步行道和居民	需要调整农业产业结构的地区,可以有车道	除特级、一级、二级保护区之外对风景资源基本无影响的区域,一般占 10%,是集中建设的区域
加拿大	特级保护区	荒野区	自然环境区	户外游憩区、公园服务区
	约占 4%,人车都不能进入	约占 90%,人能进入,车不能进入,但不能排除必要的交通联系	约占 1%,限制机动车进入	户外游憩区可以有直达车道,是户外游憩的集中场所。公园服务区是国家公园的接待中心
美国	自然纪念地、自然避难所,无开发,人车都不能进入	特别自然保护区	自然环境区(缓冲区)	边缘区
		除必要的交通联系外无车道,有自行车道、步行道,无接待设施(露营地除外)	建有接待设施、饮食设施、休闲设施、公共交通和游客中心	高密度开发、接近人口、居民区
津巴布韦	特别保护区	荒野区	荒原地区	发展区
	包括生物保护区、庇护区、湿地。是以科研为目的地区域,只有开展科研活动才准予进入	规模很大,包括在保护区生存的全部动植物区系,开发较少,准许进入少量游客	道路畅通,有乡村式的建筑、露营地和观景台,准许进入较多的游客	主要提供行政机关及研究设施、职工宿舍和游客活动项目。该区的理想位置是保护区的尽端

4.3 风景名胜区保育规划案例

4.3.1 浙江南北湖风景名胜区资源保护规划

浙江南北湖是国家 AAAA 级旅游景区,位于杭州湾北岸海盐县境内,是中国唯一集山、海、湖为一体的风景区。南北湖三面环山,南临大海,风光秀丽,人文景观丰富,拥有鹰窠顶、谈仙石城、蝴蝶岛、云岫庵等诸多景点,是浙江省第一批省级风景名胜区,也是浙江十大"最佳休闲度假胜地"之一。在南北湖风景名胜区资源保护规划中,特提出以下 4 种保护区域规划措施:

(1)自然风景保护区;

(2)历史风土保护区;

(3)各种特别绿地保护区;

(4)建筑层高体量控制区。

为了确保山水风貌和尺度,控制城市轮廓和空间效果,特分为四级控制:

1.非城市建筑区

①规划中的公园风景名胜区和各种绿地;②位于市区的漓江沿岸 60 m 以内;③位于郊区的漓江沿岸 500～1 000 m 以内。

2.低层建筑区(二层以内)

①主城周围 100 m 以内;②一级、二级保护石山周围 3～4 倍高度范围以内;③榕杉湖、濠塘、桃花江、小东江周围沿岸 100 m 以内;④解放桥东岸居住区。

3.一般建筑区(4～5 层以内)

4.允许高层建筑区

①三里店旅馆区;②铁路站区;③平山、瓦窑区;④铁路北站区;⑤西城区。

南北湖风景名胜区的分类保护规划分为史迹保护点、自然景观保护区、生态恢复区、风景游览区和发展控制区五类。

1. 史迹保护点

①根据文物建筑的不同等级，按照《中华人民共和国文物保护法》的有关条款进行保护。同时，对未定级的文物建筑，根据其历史、艺术与科学价值，设定相应的暂保级别，建议按此进行申报和保护。

②根据文物建筑的级别、性质和地理环境，划定必要的保护范围和建设控制地带，建立标志。对保护范围内的一切建设进行管理和控制。在外围保护地带内严格控制建设，必要的基础设施建设不能破坏景观。

③建议由文物部门和规划建设部门对各文物建筑的保护、修缮和建设编制专项控制性详细规划。

④建立摩崖石刻档案，明确其位置、年代、内容、损坏程度及修复保护措施，价值较高的石刻应有拓片。游人集中的摩崖石刻，应设立防护栏杆和标示牌，禁止游人践踏、触摸。

2. 自然景观保护区

(1)水域保护区。

①湖区水域保护区。湖区水域面积约 1.2 km^2，是南北湖景区的精华所在，目前环湖村庄、居民点和宾馆饭店已很稠密。规划期内为切实保护湖区和湖水的质量与景观应做到以下几点：

a. 按照总体规划布局要求适当搬迁部分的环湖居民点和宾馆饭店，以减少对湖区的压力与影响。

b. 环湖景点、村庄和服务设施的生活污水应尽可能集中并经处理达标后排放。离湖岸较远的村落，其生活污水应单独处理达标后就近排放。

c. 严格限制湖区养殖的数量，减少水体的富营养成分和有害生物的增长速度。

d. 结合景点建设和村庄改造挖湖清淤，提高水深，扩大蓄水能力，同时满足环湖景观环境建设和游船行驶的需要。

e. 除救生、巡逻等必要的机动船只以外，在湖面上禁止汽油、柴油机动船的行驶，以保持水质，减少污染；严格禁止快艇等高速、高噪声机动船的使用。

f. 加强环湖的绿化造林和保持水土工作。

g. 湖区周围的农田、林地、茶园等应避免使用的有残留毒素和难以分解的农药。

h. 规划期内湖水水质力争达到国家Ⅰ类水质的要求。

②浅海水域保护区。南北湖风景名胜区南部和东部的浅海水域面积约 3.9 km^2。其南部海滨号称"钱江潮源"，举世闻名的钱塘江大潮就是从这里开始汇集、孕育而成的；东部汹涌澎湃的"龙口怒潮"景观也非常壮观罕见。为保护浅海水域的景观与环境应做到以下几点：

a. 整个滨海地带包括城镇和农村的污水都应达标排放。在澉浦镇建设污水处理厂，主要处理本镇区、附近村庄以及景点和服务基地的生活与工业污水。远离镇区的沿海村庄的污水也要单独处理达标后排放。

b. 滨海地带要严格限制工业项目的无序发展和污染物及固体废弃物的排放。

c. 对海域水质要及时进行检验，随时掌握水质变化情况。

d. 对本海域内的渔业作业船只应加强监督管理，配备防污设备和设施，禁止把污染物随便投入大海。

e. 山、海、湖浑然一体是南北湖风景名胜区最大的特色和卖点，任何建设都不得影响和破坏这一特征。

③其他河、塘、山泉、溪流的保护。南北湖风景名胜区内河网密集水塘星罗棋布，还有众多的山泉、溪流等，这些都是整个风景名胜区水域的重要组成部分，必须加以保护应做到以下几点：

a. 结合农田灌溉和景点建设的需要，疏浚湖区，逐步恢复和建设南北湖水闸、澉浦古城护城河、长山闸等景点。

b. 在滨水地带大量植树绿化，防止水土流失，保持风景名胜区水系的畅通，营造良好的生态和景观环境。

c. 风景名胜区内的任何单位和个人不得随意向水体中倾倒垃圾和未经处理的有污染物的污水，确保风景名胜区水体的质量和环境景观。

(2)湿地保护区。南北湖风景名胜区地处山、海、湖交界的边缘地带，拥有丰富的湿地资源和动植物景观，对区内约 1 km^2 的海滨湿地应严格进行保护，维持其自然原貌。

①严禁在滩涂上倾倒垃圾等污染物。

②严禁在沿海山体开山取土，避免水土流失，保护山体的自然风貌和阻挡海潮的袭击，保持湿地生态系统的相对稳定。

③对围垦等重大项目应组织有关专家进行论证，确定其可行性。

(3)生态恢复区。面积约为 5.6 km^2，主要包括风景名胜区内的山体以及山体之间的生态廊道。山林资源既是重要的风景资源，也是生态系统的有机组成部分。山体以及山林地和其中的野生动植物，尤其是鸟类的保护是南北湖风景名胜区保护的重要内容之一。具体保护措施包括：

①立即停止开山采石等破坏景观和环境的行为，尤其是要严格禁止在长山、青山、葫芦山等沿海山体的采石和毁林现象，已经开采的要立即停止，并采取必要的植被措施。

②对风景名胜区内的古树名木和珍稀植物要进行记录和挂牌，制定相应的保护措施。

③严禁在林中打鸟、捕鸟等伤害野生动植物的行为，有关部门应当制定严格的制度和行之有效的管理办法，严肃处理各种违法和破坏行为。

④在严格保护，综合采用人工造林、封山育林、森林防火、病虫害防治等各种恢复手段，在切实巩固和管理好现有植被资源的同时，应根据适地适树的原则大力营造混交林，有计划、有步骤地调整树种结构，逐步扩大观赏乔木、常绿树、花灌木、竹林等植被的种植面积，发挥林地最大的生态效益。

(4)风景游览区。在风景资源保护区和恢复区之外，规划对南北湖风景名胜区内景源较为集中的区域，划出一定的范围与空间作为风景游览区，面积约为 9 km^2。在风景游览区内，可以进行适度的资源利用行为，适宜安排各种游赏项目。也可结合游赏活动，进行少量的景观建设，如亭、榭、廊、坊等以及应有的安全和指示措施，以方便游人活动。本区内可配置必要的机动交通及旅游设施。

(5)发展控制区。在风景名胜区范围内，对上述四类保育区以外的用地，均应划为发展控制区，总面积约为 12.6 km^2。在发展控制区内，可以准许原有土地利用方式与形态，安排同风景名胜区性质与容量相一致、直接为游人服务的各项旅游设施和基地以及有序的生产、经营、管理等设施，但各项设施建设的规模与内容应以保护环境为前提，建筑形式以景观建筑为主，能隐则隐，以能满足游人的基本需要为准，严禁扩大建设用地。发展控制区可分为三类，即 6.5 km^2 的田园控制区、1.7 km^2 的古镇控制区和 4.4 km^2 的其他发展控制区。根据各区景观特色、功能用途与用地形态的区别，其保护、利用与控制的方法也有所不同。

南北湖风景名胜区的分级保护规划分为一级保护区、二级保护区、三级保护区、外围保护区四级：

(1)一级保护区。包括南北湖环湖山脊线以内向湖地区和二级以上景点较集中的谈仙岭、鹰窠顶地区，总面积为 4.2 km^2，其中湖面面积为 1.2 km^2。一级保护区范围内必须编制详细规划，任何建设必须符合规划要求。要特别重视主要景点和景观视线的保护，严格控制建筑的高度、色彩、体量和风格，建筑物周围要有充足的绿化空间。一般沿湖绿地宽度不得小于 30 m，极个别处也不应小于 10 m。区内可以设置必需的步行游赏道路和相关设施，严禁建设与风景无关的设施，不得安排旅宿床位，机动交通工具不得进行本区。严禁开山采石、挖沙取土、埋坟建墓，对已开山或建墓的地段应加强绿化屏挡，逐步治理和恢复。

(2)二级保护区。包括风景名胜区内的山林和滨海地区等生态敏感地带，总面积为 15.8 km^2。二级保护区范围内可以安排少量旅宿设施，但必须限制与风景资源保护和风景游赏无关的建设。必需的旅游服务及经营管理设施，应安置在景观价值较低、不破坏绿化和地貌之处，建筑形式要求融于自然，不破坏自然景观。

(3)三级保护区。在风景名胜区范围内，以上各级保护区之外的地区应划为三级保护区，总面积为 12.5 km^2。在三级保护区内，应保护自然地形、地貌和山林景观的整体完美，有序控制各项建设与措施，使其与风景环境相协调。对澉浦镇等居民点应合理规划，统筹安排，逐步引导人口与产业的转移，切实保护好风景环境。

(4)外围保护区。为了更好地保护南北湖风景名胜区的风景资源，规划在风景名胜区范围周边设立外围保护区，具体界线是：西部沿高阳山、南木山、北木山山脊线西侧控制 50～300 m，北部至老沪杭公路北侧 400 m，东部与南部基本控制至钱塘江潮间带，为自海岸线向外 800～1 000 m 的范围。外围保护区的面积约为 15.4 km^2。外围保护地带范围内，在保护整体风景环境的前提下，可进行与风景旅游相关的开发建设，但其植被、建筑、设施等在布局、体量、造型、色彩上均应与环境协调。区内不得建设严重污染环境和破坏景观的工矿企业，并应大力治理环境卫生，保持环境整洁。

4.3.2 庐山风景名胜区保护培育规划

庐山风景名胜区是世界文化景观遗产，是以人与自然和谐共生，古今中外文化交融积淀深厚为主要特征，以资源保护、观光度假、避暑休闲、科普教育、会议会展为主要功能，以山岳型为主体的国家级风景名胜区。

国家建立风景名胜区的目的在于严格保护和合理利用风景名胜资源，风景名胜区所包含的自然景源和人文景源是国家乃至全人类所共同拥有的宝贵遗产，其珍贵价值是无法替代和再生的。因此，保护风景资源是风景名胜区管理的首要任务。规划中以保持风景名胜资源的完整性、真实性为原则，采取分类、分级、专项保护管理等措施，确保庐山风景名胜资源的永续利用。

1. 分类保护的范围及依据

保护范围包括庐山风景名胜区界线范围内约 330.42 km^2 的区域。

在保护培育规划中，为了更有效地保护庐山丰富的景观资源，根据庐山风景名胜区风景资源的观赏价值、历史文化价值、科学价值、环境特点，结合其现状问题，采取了更具针对性的分类保护规划。庐山风景名胜区分类保护是根据保护对象在人类活动中功能的不同和利用的强度不同进行分类，强调保护对象的种类和属性特点，突出分类和培育作用，注重历史的真实性和景观的完整性，使风景资源得到切实可行的保护。

2. 分类保护和培育区划

按照对象的种类和属性特点，庐山风景名胜区的分类保护包括：核心保护区(其中含生态保护区、自然景观保护区、史迹保护区)；风景恢复区；发展控制区；风景游览区。

(1)核心保护区。核心保护区是指风景资源价值高，对人类活动十分敏感的区域或对保护生物多样性以及生态环境具有重要作用的区域。

①生态保护区：针对庐山风景名胜区的资源现状特点，生态保护区指对保护庐山生物多样性及生态环境作用十分重要，或对人类活动敏感的区域。主要包括植被保存较完整具有较典型的亚热带自然生态景观和暖温带自然生态景观的区域、珍稀动植物栖息地及重要景点的水源涵养地。生态保护区的划定主要参照庐山自然保护区中核心区以及庐山世界地质公园中的生态保护区的范围，并依据庐山自然植被群落以及地形地貌的完整特性，同时考虑选取明显的地物地标来对区域划分加以标示，便于对各分类保护区域实施不同的保护措施。生态保护区内可以配置必要的研究和安全防护性设施，除科学研究的特需外，禁止游人进入，严禁任何生产经营活动，严禁搞任何建设设施，除特殊情况(如消防)外严禁任何机动交通及其相关设施进入。风景名胜区内的生态保护区共有 3 处，面积 38.42 km^2(表 4-10)。

②自然景观保护区：自然景观保护区是指庐山风景名胜区范围内含有特殊地质景观、自然植被景观、特殊天象等天然景源、景观及其周围一定范围与空间的地段，主要包括特级景点和一级景点及其相关区域。自然景观保护区的划定依据是以保持自然景观资源特征的完整性为核心，并从整体考虑自然景观周围环境的协调性与一致性，结合自然景观周遍地形地貌环境特征加以划定。自然景观保护区区内严格限制对自然景观的开发，可以配置必要的步行游览和安全防护设施，禁止游人进入，严禁安排任何与其无关的人为设施，除特殊情况(如消防)外严禁机动交通及其设施进入。风景名胜区内的自然景观保护区共有 4 处，面积 83.69 km^2。

③史迹保护区：史遗迹保护区是指在庐山风景

名胜区内具有突出的历史价值和人文价值的资源敏感地区及其周围的环境，包括各级文物和有价值的历代史迹遗址周围，划出一定的范围与空间作为史迹保护区。该区主要是为了保护历史遗迹的真实性与完整性。史遗迹保护区具体包括共 5 处，面积 7.09 km^2。

(2)风景恢复区。对庐山风景名胜区内的自然植被、地质地貌等各种人文和自然景观遭到破坏，需要重点恢复、培育、抚育、涵养、保持的对象与地区，例如森林与植被、水源与水土、珍稀濒危生物等，划出一定的范围与空间作为风景恢复区。根据庐山风景名胜区的实际情况，将核心保护区与风景游览区外围的一定区域确定为风景恢复区，区域划定过程中主要根据庐山现有森林植被以及现有自然与人文景观资源的分布现状，对风景名胜区内低海拔地区，尤其是近年来遭到人为破坏比较严重的区域内的景观资源加以保护培育，使其景观质量得以恢复与提升。同时使风景恢复区域尽量以一种嵌入的方式与发展控制区用地相结合，从而达到限制山下居民点、农田、村镇形成连片发展态势的目的。

风景恢复区内可以采用必要技术与设施对被破坏景观资源加以培育，对完整景观资源加以保护；并且应该采取相应措施与技术手段对游人和居民活动进行控制与引导；不得安排与风景资源恢复无关的项目与设施，同时严禁对风景恢复不利的各类行为与活动。

风景名胜区内的风景恢复区共有 9 处，面积 138.63 km^2。根据景源分布情况，将风景名胜区内资源价值较高，景物、景点、景群、景区等各级景观单元和风景游赏对象集中，但对人类活动不甚敏感或资源利用项目及行为符合风景名胜资源保护要求的区域划为风景游览区，它是风景名胜区内主要的游览活动区域和人类活动区域，其利用和使用强度必须严格控制在风景名胜区资源与环境允许的容量以内。区内可以进行适量适度的资源利用行为，适宜安排各种游览欣赏项目，但任何资源利用方式或风景游览活动必须以确保自然与人文景源的完整性与真实性为根本原则，而有选择地限制机动交通及旅游设施的配置，并分级限制居民活动进入。风景名胜区内的风景游览区共有 15 处，面积 11.98 km^2（表 4-10，表 4-11，图 4-7，表 4-12，图 4-8）。

表 4-10　分类保护区域中设施控制与管理一览表

设施类型 \ 分类名称		核心保护区			风景恢复区	风景游览区	发展控制区
		自然景观保护区	生态保护区	史迹保护区			
1. 道路交通	栈道	×	×	○	×	△	△
	土路	×	△	△	△	○	△
	石砌步道	×	×	△	×	●	△
	其他铺装	×	×	×	×	○	△
	机动车道、停车场	×	×	△	×	△	×
	索道等	×	×	×	×	△	×
2. 餐饮	饮食点	×	×	×	×	○	○
	野餐点	×	×	×	×	—	○
	一般餐厅	×	×	×	×	△	○
	中级餐厅	×	×	×	×	×	○
	高级餐厅	×	×	×	×	×	×

续表 4-10

设施类型 \ 分类名称		核心保护区			风景恢复区	风景游览区	发展控制区
		自然景观保护区	生态保护区	史迹保护区			
3.住宿	野营点	×	×	×	×	○	△
	家庭客栈	×	×	×	×	△	○
	一般旅馆	×	×	×	×	×	○
	中档宾馆	×	×	×	×	×	○
	高级宾馆	×	×	×	×	×	×
4.宣讲咨询	解说设施	×	×	○	×	●	○
	咨询中心	×	×	×	×	○	○
	博物馆	×	×	×	×	○	○
	展览馆	×	×	×	×	○	○
	艺术表演场所	×	×	×	×	×	○
5.购物	商摊	×	×	×	×	○	○
	小卖部	×	×	○	×	△	○
	商店	×	×	×	×	×	○
	银行	×	×	×	×	×	○
6.卫生保健	卫生救护站	×	×	×	×	○	○
	医院	×	×	×	×	—	○
	疗养院	×	×	×	×	×	○
7.管理设施	景点保护设施	●	○	●	●	●	○
	游人监控设施	—	—	—	—	●	○
	环境监控设施	●	●	●	●	●	●
	行政管理设施	×	×	×	×	○	○
8.游览设施	风雨亭	×	×	△	△	●	○
	休息椅凳	×	×	○	○	●	○
	景观小品	×	×	×	×	○	○
9.基础设施	邮政设施	—	×	—	×	—	○
	电力设施	—	—	—	○	○	○
	电讯设施	—	—	—	○	○	○
	给水设施	—	—	—	○	○	○
	排水设施	—	○	—	○	○	○
	防火通道	—	○	—	○	○	○
	消防设施	—	○	—	○	●	○

续表 4-10

设施类型 \ 分类名称		核心保护区			风景恢复区	风景游览区	发展控制区
		自然景观保护区	生态保护区	史迹保护区			
10. 其他	科教、纪念类设施	×	×	△	△	○	○
	节庆、乡土类设施	×	×	△	△	—	○
	宗教设施	×	×	△	△	△	△
	水库	×	×	×	×	×	△

注：●应该执行；○允许开展；△有条件允许开展；×禁止开展；—不适

表 4-11　分类保护区域中人类活动控制与管理一览表

活动类型 \ 分类名称		核心保护区			风景恢复区	风景游览区	发展控制区
		自然景观保护区	生态保护区	史迹保护区			
旅游活动	1. 按指定路线游览	×	×	●	×	●	○
	2. 探险登山	×	×	×	×	△	—
	3. 骑自行车游览	×	×	×	×	△	△
	4. 摄影、摄像	×	×	△	×	○	○
	5. 采摘	×	×	×	×	×	○
	6. 篝火晚会	×	×	×	×	×	×
	7. 烧烤	×	×	×	×	×	×
	8. 室外歌舞集会	×	×	×	×	△	—
	9. 游泳	×	×	×	×	×	×
	10 射击射箭	×	×	×	×	×	×
	11. 蹦极、攀岩、滑翔等各类极限运动	×	×	×	×	△	△
	12. 冰雪活动	×	×	×	×	△	△
	13. 野营	×	×	×	×	△	×
	14. 民俗节庆	×	×	×	×	△	×
	15. 劳作体验	×	×	×	×	○	×
经济社会活动	1. 伐木	×	×	×	×	×	×
	2. 采药、挖根	×	×	×	×	×	×
	3. 开山采石、采矿挖沙	×	×	×	×	×	×
	4. 放牧	×	×	×	×	×	×
	5. 赢利性捶拓	×	×	×	×	×	×
	6. 人工养殖、种植	×	×	×	×	△	○
	7. 抽取地下水	×	×	×	×	△	△
	8. 构筑堰坝	×	×	×	×	×	△
	9. 商业活动	×	×	×	×	○	—

续表 4-11

分类名称 活动类型		核心保护区			风景恢复区	风景游览区	发展控制区
		自然景观保护区	生态保护区	史迹保护区			
科研活动	1. 采集标本	×	△	×	△	△	○
	2. 科研性捶拓	△	×	△	△	○	○
	3. 钻探	×	×	×	×	×	×
	4. 观测	△	○	△	○	○	○
	5. 科教摄影摄像	△	△	△	△	○	○
管理活动	1. 标桩立界	○	○	●	○	○	○
	2. 植树造林	—	○	—	○	○	●
	3. 灾害防治	○	●	●	●	●	●
	4. 引进外来树种	×	×	×	×	×	△
	5. 监测	●	●	●	●	●	●
	6. 解说活动	—	—	○	—	○	—

注：●应该执行；○允许开展；△有条件允许开展；×禁止开展；—不适

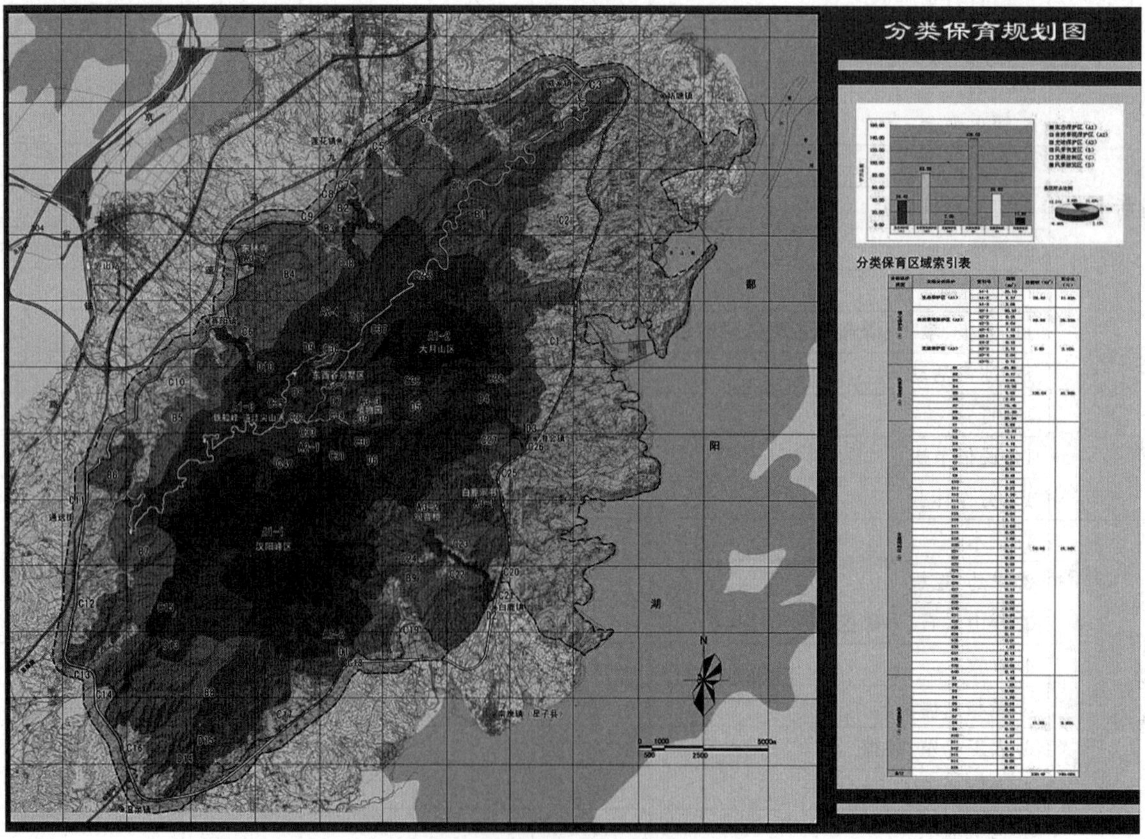

图 4-7　庐山风景区分类保育规划图

资料来源：清华大学建筑学院，北京清华城市规划设计研究院. 庐山风景区总体规划(2011—2025)

表 4-12　分级保护区域中土地利用控制与管理一览表

活动类型＼分类名称		核心保护区			风景恢复区	风景游览区	发展控制区
		自然景观保护区	生态保护区	史迹保护区			
1. 风景游赏用地	风景点建设用地	×	×	×	×	△	×
	风景保护用地	●	●	●	●	—	—
	风景恢复用地	×	×	×	●	—	—
	野外游憩用地	×	×	×	×	●	△
	其他观光用地	×	×	×	×	△	△
2. 旅游设施用地	旅游点建设用地	×	×	×	×	×	×
	游娱文体用地	×	×	×	×	×	×
	休养保健用地	×	×	×	×	×	×
	购物商贸用地	×	×	×	×	×	×
	其他旅游设施建设用地	×	×	×	×	×	△
3. 居民社会用地	居民点建设用地	×	×	×	×	×	○
	管理机构用地	×	×	×	×	△	△
	科技教育用地	×	×	×	×	×	△
	工副业生产用地	×	×	×	×	×	△
	其他居民社会用地	×	×	×	×	×	△
4. 交通与程用地	对外交通通讯用地	×	×	×	×	×	×
	内部交通通讯用地	×	×	×	×	●	●
	供应工程用地	×	×	×	×	×	△
	其他工程用地	×	×	×	×	×	△
5. 林地	/	△	○	○	○	×	○
6. 园地	/	×	×	×	×	△	○
7. 耕地	/	×	×	×	×	△	○
8. 草地	天然牧草地	—	○	△	○	—	○
	人工草地	—	—	△	—	—	—
	其他草地	—	△	△	—	△	△
9. 水域	/	△	○	△	○	○	○
10. 滞留用地	/	×	×		×	×	○

注：●应该设置；○允许设置；△有条件允许设置；×不允许设置；—不适用

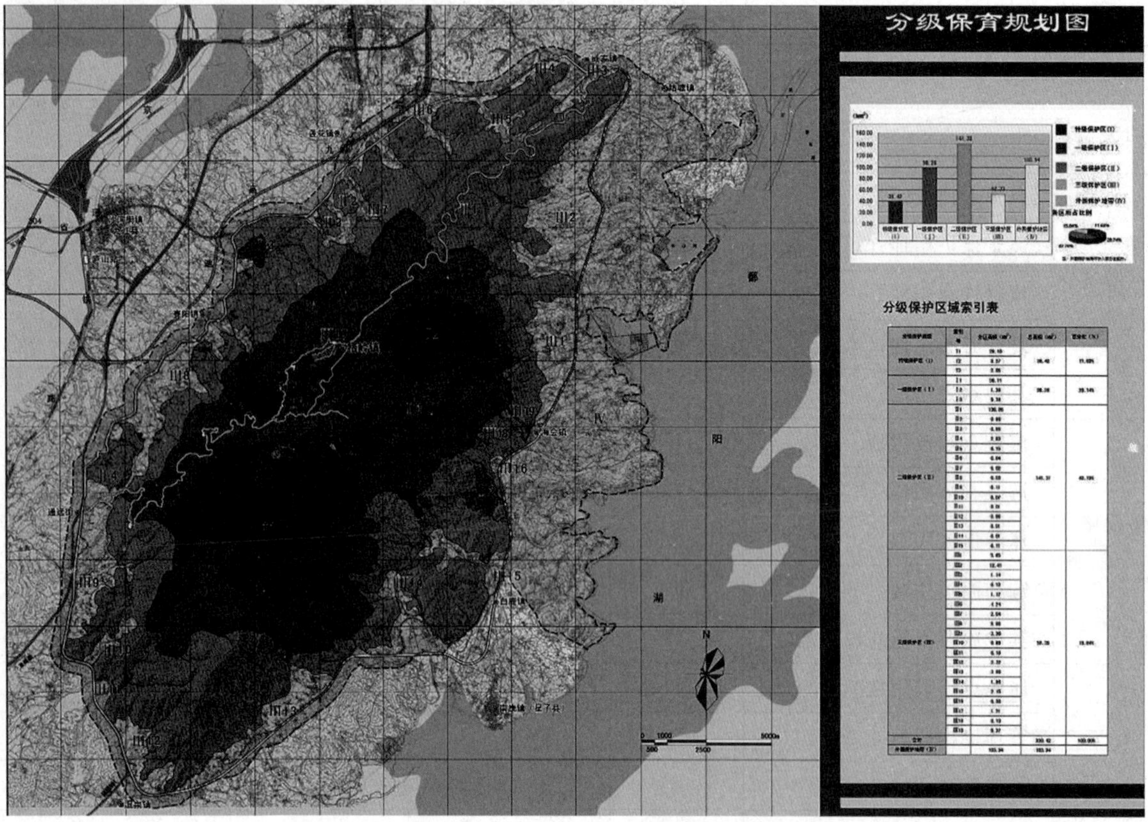

图 4-8 庐山风景区分类保育规划图

资料来源：清华大学建筑学院，北京清华城市规划设计研究院. 庐山风景区总体规划(2011—2025)

(3)发展控制区。根据庐山风景名胜区发展现状，景区范围内的低海拔居民与村镇的发展已经呈现出不断向山上蔓延的趋势，出于对庐山资源整合与合理配置的考虑，将风景名胜区范围内除以上保护分区范围之外的区域划定为发展控制区，发展控制区内包括了大量的居民点、乡镇和农田。区内可以安排同风景名胜区性质与容量相一致的各项旅游活动，可以安排有序的生产、经营管理等设施，可以利用和改造现有各项设施，但对其规模、形式、体量、内容等及生产、经营管理需加以严格控制，并制定相应的审批程序，同时应分别控制各项设施的规模与内容。风景名胜区内的发展控制区共有 40 处，面积 50.60 km^2。

作为核心保护区中的生态保护区、史迹保护区及自然保护区的范围及保护措施应严格遵照《核心景区保护规划》相关条文执行。

3. 分级保护与培育

分级保护和培育内容。按照保护和利用程度的不同，整个风景名胜区内可划分为特级保护区、一级保护区、二级保护区、三级保护区等 4 级，并在风景名胜区周边划出一定范围的外围保护地带以控制周边用地建设对其的影响。

①特级保护区(与生态保护区一致)：庐山风景名胜区特级保护区包括三部分，总面积 38.42 km^2，占风景名胜区规划总面积的 11.63%。特级保护区是指对保护庐山生物多样性及生态环境作用十分重要，或对人类活动敏感的区域。特级保护区与分类保护培育规划中的生态保护区范围相一致。特级保护区范围内的植被同时是形成庐山水景的重要水源涵养地。特级保护区内禁止任何生产经营活动，除科学研究的特需外，不得进入游人，不得进行任何建筑设施。

②一级保护区：一级保护区是指在特级或一级景

源周围，风景资源价值高的区域，其在功能上满足自然植被生态恢复、史迹保护、地质保护等要求。一级保护区的划定主要根据景源评价中所确定的特级和一级景源及周边形成的完整的景源环境所在区域范围，同时确定以庐山风景名胜区目前森林植被在山体垂直分布的基本状况，即落叶常绿阔叶混交林和常绿阔叶林分布交叉带的800～1 100 m海拔线为主要参照标尺。一级保护区范围内的植被同时也是庐山重要地水源涵养、补充地带。一级保护区包括两部分，总面积98.95 km^2，占风景名胜区规划总面积的29.95%。一级保护区可以安置必需的步行游赏道路和相关设施，严禁建设与风景游赏无关的任何设施。除东林寺(旅游服务站)外，此区不得安排旅宿床位，严格控制和限制机动交通工具进入。

③二级保护区：二级保护区是指在风景名胜区范围内，二级、三级和四级景源周围相应区域。二级保护区的划定主要根据景源评价中所确定的二级、三级和四级景源及周边形成的完整的景源环境所在区域范围，同时确定以庐山风景名胜区目前森林植被在山体垂直分布的基本状况，即针叶林广泛分布地带的500～800 m海拔线为主要参照标尺。二级保护区包括两部分，总面积141.38 km^2，占风景名胜区规划总面积的42.86%。详见表4-12分级保护区域索引表。二级保护区范围内可以安排少量的旅宿设施，但对规模、密度、形式、体量等需加以严格控制，并严禁任何与风景游赏无关的建设，应有条件限制机动交通工具进入本区。

④三级保护区：庐山风景名胜区范围内，以上各级保护区之外的地区划为三级保护区，总面积52.33 km^2。占风景名胜区规划总面积的15.84%。详见表4-12分级保护区域索引表。三级保护区内，应有序控制各项建设与设施，并应与风景环境相协调。

⑤外围保护地带：主要是指在风景名胜区界线范围外，对庐山风景名胜区景观与生态完整性有明显影响的区域。总面积103.94 km^2。在城镇建设区内重点是控制城镇规模和环境污染，突出风景城镇特色，所有建设必须进行环境分析和评价。在农村范围内严禁砍伐树木和开山采石，加强水土保持，农村居民点建设必须符合风景名胜区总体规划要求，修建道路及其他一切建设活动不得损伤风景资源与地貌景观。详见分级保护区域索引表。

4. 专项保护规划

(1)古树名木专项保护。古树是指树龄在100年以上的树木；名木是指国内外稀有的以及具有历史价值和纪念意义、重要科研价值的树木。庐山风景名胜区内共有古树名木282棵，分属39科，73种，以水杉、银杏、金钱松、罗汉松、鹅掌楸、柳杉、樟树、枫香为主。有珍稀植物45种，其中属国家一级保护的有11种，二级保护的34种。古树名木是庐山历史的见证，是活文物，是林木之秀的精华，也是价值很高的自然景观资源，应该制定有效的保护措施对其进行精心细致的依法保护。

(2)水景水域专项保护。庐山风景名胜区内的瀑布、碧潭、溪流、泉眼、湖泊、水库、坑塘等各类水景水域遍布各景区，仅著名的瀑布就有20多条，重要的溪流就有10处，面积超过4 hm^2 的湖泊、水库也近10处，这些水体不仅是风景名胜区内景观、生活、生产用水的重要来源，同时也是庐山风景名胜区自然资源的重要组成部分。然而，调查显示，近年来庐山风景名胜区各类水景水域水量不断减少、水土流失、水体污染等现象日趋严重，保护庐山风景名胜区水景水域对庐山来讲非常重要并且刻不容缓，必须立即采取得当的措施。

(3)生物多样性专项保护。生物多样性是指一定空间范围内多种多样活有机体(动物、植物、微生物)有规律地结合在一起的总称。它既是生物之间以及与其生存环境之间复杂的相互关系的体现，也是生物资源丰富多彩的标志。它是对自然界生态平衡基本规律的一个简明的科学概括，也是衡量生产发展是否符合客观规律的主要尺码。一个区域和一个生态系统保护得是否完整，在很大程度上要以其生物多样性的保护和利用是否合理来决定。

生物多样性的保护是人类管理物种与生态系统，最大限度地发挥它们当前提供的用途，并维持它们的潜力以满足子孙后代的需要。它的目的在于强调如何合理管理土地，持续利用丰富的生物资源，它不是消极地保护行动。

庐山风景名胜区拥有相当丰富的物种存量，本身是座天然植物园（省级自然保护区），山体的森林覆盖率达76.6%，植物垂直分带较为明显，从山脚至山顶大体可划分为：亚热带常绿阔叶林、山地温暖带落叶阔叶混交林、山地温带落叶阔叶林、针叶混交林、灌木林带。风景名胜区内共有各种植物211类973属3 400多种，其中高等植物1 800多种，野生植物2 155种，引种驯化植物229种。仅裸子植物就有260多种，杜鹃360种，各种松柏达200种以上。濒危珍稀植物45种，其中列为一级保护的植物有11种、二级保护植物34种。共有古树名木233棵。珍贵的金钱松、水杉、鹅掌楸、银杏、瑞香、红兰花、云锦杜鹃、鹿子百合花独具特色。

同时，庐山风景名胜区内动物资源也相当丰富，共有各种鸟类约178种，其中繁殖鸟121种，兽类39种，爬行类33种，两栖类20种，昆虫2 000种以上（庐山特有昆虫33种）。其中一级保护动物3种，二级保护动物18种，省级保护动物49种。

（4）地质遗迹专项规划。庐山风景名胜区内共有159个重要的地质遗迹景观点，其中保存较为自然而完整的第四纪海洋性山麓冰川遗迹景观，不但是中国东部地区而且也是国际上在中纬度中山区最典型的地区，有着极其重要的科学价值。同时，庐山地质公园的地貌别具特色，由断块山构造地貌、冰蚀地貌及流水地貌三位一体而构成多成因复合地貌景观，乃国内外罕见，许多还是重要景点的构成主体，如五老峰、锦绣谷、含鄱口、芦林湖、铁船峰、三叠泉、王家坡、石门涧等等，在各项景观资源中占有十分重要的地位，有着较高的地学旅游品位，具备较高的美学价值、观光旅游价值。因此必须对庐山地质遗迹进行专项保护。

（5）森林保护专项。包括退耕还林专项规划和林相改造专项规划。

①退耕还林专项规划：退耕还林是减少水土流失、改善生态环境的有效措施，过度的毁林开垦、陡坡耕种，使庐山的森林面积减少，土壤涵养水源、保持水土的功能降低，导致水土流失的加剧、生态环境恶化。因此，必须实行退耕还林，遏制水土流失、减少自然灾害、改善风景名胜区生态和游赏环境。

②林相改造专项规划：森林是生态环境建设的主体，在保护和改善环境中具有不可替代的作用，发达的林业不仅对于改善生态环境保持水土、调节气候、涵养水源、森林防火等方面发挥重大的作用，而且丰富的森林资源、合理的林相结构对发展旅游、改善庐山季相景观都具有至关重要的作用。

5. 人文景观专项保护规划

（1）宗教建筑保护。具体保护规划措施如下。

①为适应庐山的发展，应当积极保护现存宗教建筑遗迹，并根据建筑遗迹的实际情况，通过清理、整治、展示、合理利用等，采取多种手段进行保护。

②现有宗教建筑属于“历史遗迹”的，可视建筑的寿命和安全性恢复其原有自身功能，用于宗教活动。尽量保持原有规模、原有面貌。与所处环境协调，与其应有的地位相符。

③对不合理的改建、扩建或新建部分，应当整治、改造，必要时应予拆除。同时，应注意其周边环境的整治、改造。属于文物保护单位的，应严格按照有关规定落实。

④在主体建筑无存、损毁，或主要建筑基本无存的情况下，应切实做好现存建筑遗迹的保护，通过不完整的、片段的“历史遗迹”，使历史信息得以保存、流传，产生影响。

⑤在建筑全部无存，仅留有遗址的情况下，如遗址尚未被移作他用，应进行清理基址、竖立标志牌。

⑥舍宅为寺是庐山当地寺庙的悠久传统，寺庙建筑反映了地方民居特色，新建、改扩建中应保持和发扬这一做法。

⑦停止拟议中的玄妙观的改扩建工程，改为以整修、保护遗址为主，以避免对环境较大的破坏。特别是恭乾禅师塔应加强保护，并增加解说设施。

（2）书院建筑保护。具体保护措施如下。

①书院建筑是庐山风景名胜区的重要历史文化遗产。书院“历史遗迹”的保护利用，应根据不同现状采取保护、修缮、清理、整治遗迹等不同方式，或竖立标志牌。但是，无论采取何种方式，均应经过专家论证，一事一议。

②白鹿书院作为展示中国近700年宋学大趋势

的重要历史遗迹，应加强维修和保护，可继续作为展示中国传统文化和朱熹等名人事迹的展览馆和纪念馆。1910年所设的江西高等林业学堂，可考虑作为管理用房或供小规模研究机构使用，但应设立标志牌予以说明。

③濂溪书院等影响比较大、历史资料比较丰富、但又不复存在的书院可考虑适当重建，通过举办展览、开展教学科研、接待研修考察、举行交流研讨等活动，形成庐山新的文化氛围，复兴、发扬庐山的书院文化。

(3)近代建筑与别墅保护。具体保护措施如下。

①东谷、西谷别墅群见证了庐山在中国近代史上的重要地位，其造型独特、环境幽雅，有很高的历史价值和艺术价值，是庐山风景名胜区的标志性景观之一。但大量别墅年久失修、损坏较严重，故应加强对别墅及其他近代建筑的专项研究工作，拍照测绘、登记入册。

②应确立整体保护的理念，特别针对东谷别墅区应从整体上拟定保护的对策，包括规划结构、道路系统、绿化系统、景观构成、公共设施与市政设施配套等建立整体和谐一体化的保护措施。对其旅游服务的功能定位、经营范围及游人容量要有科学合理的确定。

(4)传统民居与村落城镇。涉及的保护规划措施如下。

①加快对风景名胜区范围内的传统民居和村落的调研工作，积极组织有关高校或科研机构开展测绘工作并登记造册，并根据不同性质、规模和价值分别向有关管理部门申请文物保护单位、历史保护地段、历史名村、历史名镇、历史名城等不同级别的保护称号。

②在开展对庐山风景名胜区民居调查的时候，要特别注意其传承关系及对寺庙观阁、书院和近代别墅等的影响。

③地方村落中的传统民间风俗、农用器具、祭祀礼器、生活用品等也应开展普查调研工作并注意收集、整理。

(5)保护石刻碑刻。具体保护措施如下。

①根据石刻石碑的历史、艺术、科学价值，分别划为各级文物保护单位及文物保护名录，按照《文保法》进行保护，同时对没有定级的价值较高的石刻石碑，设定相应的暂报等级，积极进行申报和开展保护工作。

②建立石刻石碑档案，明确位置、年代、内容、损坏程度及修复和保护措施。

③严禁对石刻石碑随意移动、敲砸、践踏、触摸。

④石刻石碑的周边环境也要加强保护，以保持石刻石碑的内容所反映的景观意境。应在石刻石碑附近适当位置设立保护警示牌或标记。

⑤对石刻石碑的修复、保护、涂色，应在专家指导下进行，注意材料应用及与环境协调，避免造成新的破坏。保护手段应因地制宜，便于观赏，不要对景观造成破坏，避免使用铁丝网、铁栏杆等简单粗暴的保护方式。

4.3.3　随州炎帝故里风景名胜区核心区保护规划

随州市地处湖北省的北部，西走川陕，北通中原，南望江汉，自古就是连接荆楚与中原的重镇，是国家历史文化名城。其地处长江流域和淮河流域的交汇地带，是湖北省对外开放的“北大门”之一，是特大城市武汉向西北辐射的重要接力站和中转站，区位优势十分明显，战略地位日益突出。随州古为汉东大国——曾国(随国)，建制历史悠久，文化源远流长，自古为中原文化与楚文化的交汇处，是中华民族人文始祖炎帝神农氏的诞生地，也是曾侯乙编钟的出土地。

华夏始祖炎帝神农的诞生地——厉山(烈山)，坐落在湖北省随州厉山镇九龙山(烈山)南麓。在炎帝神农烈山风景名胜区内，现有炎帝神农洞、神农泉、神农碑、炎帝神农纪念广场、炎帝神农纪念馆、炎帝神农牌坊等历史遗迹和纪念性建筑物。随州也是炎黄子孙谒祖寻根的一处圣地，每年农历四月二十六日炎帝神农诞辰日，有大量的海内外炎黄子孙前来寻根谒祖。

神农故里风景名胜区规划用地约1.94 km^2，其中水面约0.10 km^2，主要为烈山湖及姜水河；镇区现状居住及厂房等用地约0.57 km^2；丘陵——九龙山(烈山)约 1.11 km^2。区域内地形北陡南缓,最高海拔为西北端寿星山 142 m,最低海拔为 316 国道沿线两侧 78 m,最大高差为 64 m,地貌类型属低山丘陵地貌。烈山九岭,九山并立,一字排开。区域内主要以林地为主,间或有部分农田、农舍及部分厂房和宿舍。

在炎帝神农故里风景名胜区内,现有炎帝神农洞、神农泉、神农庙、功德殿、日月楼、炎帝神农碑、炎帝神农纪念广场、炎帝神农纪念馆、炎帝神农牌坊等历史遗迹和纪念性建筑,景区内还存有万法寺、烈山湖等景观,万法寺立于烈山耕耘山山巅,取"百川汇海,万法归宗"之意。除此之外,还有部分本土村民的自建居住建筑。风景名胜区周围历史上曾经有龙河新涨、九岭晴岚、烟寺晚钟、山村夕照、奎阁朝霞、龙泉月夜、古洞春云、断岩宿雾八大景观。

由于历史的原因,炎帝神农故里长期没有一个比较科学完整的规划,导致景区建设滞后、管理松散、制约了景区的发展。景区间、景点之间缺乏游览路线的接连,景区的通达性差。目前景区的建筑规模、环境品质、管理水平、设施和功能配置等方面均不能满足随州市委市政府提出的"擦亮'炎帝神农故里'和'编钟古乐之乡'两张城市名片,推进随州经济社会又好又快地发展"的根本要求。

1. 规划指导思想、依据、性质、目标与设计理念

(1)规划思想。主要依据如下。

①依据文史典籍、民间传说和文物考证等资料,运用大致复实的手法,规划设计炎帝神农故里风景名胜区的景点,展现远古时代炎帝神农的不朽功绩。

②打好文化特色牌、充分体现"炎帝神农故里"规划在"文化随州"中的战略地位。

③保护好炎帝神农故里风景名胜区内的文化古迹,治理和改善炎帝神农故里景区内现有建筑风貌及自然生态环境。

④挖掘荆楚历史及地域文化内涵,突出炎帝神农故里规划的建筑文化及环境特色。

(2)规划性质与目标。把炎帝神农故里建设成为世界华人的谒祖观光胜地,展示自然与人文遗产并提供多种旅游活动,具有国家级意义的风景名胜区。

①自然生态理念:规划设计充分遵从自然地理地貌,保护好规划区内的自然植被、水体等。体现自然质朴的空间格局,自然的生态过程。

②历史人文理念:按照文物保护及历史建筑保护有关法规保护历史建筑的真实性,强调历史文脉的延续和人文景观的文化内涵。

③科技创新理念:借助现代科技手段和先进的设备,创新性的体现或再现历史人文景观和建筑特色。

④环境保护理念:在保护自然生态环境的基础上,强调对环境污染的治理,净化和优化炎帝神农故里环境。

⑤可操作性理念:规划设计中既考虑前瞻性,同时要考虑近期规划实施的可操作性,使其适应现代经济文化建设的需要。

2. 功能分区与景点设计意向

以炎帝神农深厚的文化底蕴为依托,以炎黄子孙寻根谒祖为核心,以体验炎帝神农的农耕文化、医药文化、贸易文化、原始艺术文化等为根本,展开景区规划布局,结合烈山淳朴的民风民俗和秀丽风景,规划形成"一核三线五区"的空间结构(图 4-9)。

(1)"一核三线五区"。一核是以"谒祖广场、炎帝神农大殿、炎帝神农塑像"为规划核心展开规划布局。规划在中心点的西面布局"银杏园"、"功德林"。

三线是以三条轴线,即规划中之炎帝神农谒祖大殿之轴线和现有功德殿建筑群之轴线以及万法寺轴线为整体规划中的重要控制和组织的空间序列。

五区是规划 5 个功能区——"寻根谒祖朝圣区"、"圣迹观光体验区"、"民俗文化展示区"、"旅游服务及沿河景观区"、"自然生态景观区"。其中"圣迹观光体验区"中的农耕文化部落村,该部落村以大致复实的手法建设石器时代原始部落生活场景,作为枣阳雕龙碑石器人类遗存的延展,形成"双区联璧"。引导世人"地表圣境拜烈山、地下圣境看雕龙"。

图 4-9　风景名胜区功能分区规划

来源：张兴国. 随州市炎帝神农故里风景区规划. 重庆大学规划设计研究院有限公司. 2007.11

(2)从自然到人文的设计意向。景点、景物设计结合炎帝神农历史功绩、神话传说以及其他神农文化的延展。规划设计中除了相应的规划建筑物，应当尽可能保留和保护九龙山(烈山)的自然山体、植被和水体，使自然山水与人文景点相互辉映。

(3)寻根谒祖朝圣区布局。谒祖朝圣区是世界华人谒祖朝圣的地方，在现存的古遗址区——神农洞、神农庙、神农碑亭、神农泉和复建的神农尝百草塑像、日月楼、功德殿的基础上，规划建设圣火广场、华夏始祖门、圣火坛、谒祖广场、炎帝神农大殿、神农纪念柱等谒祖活动的建筑与场地(图 4-10)。

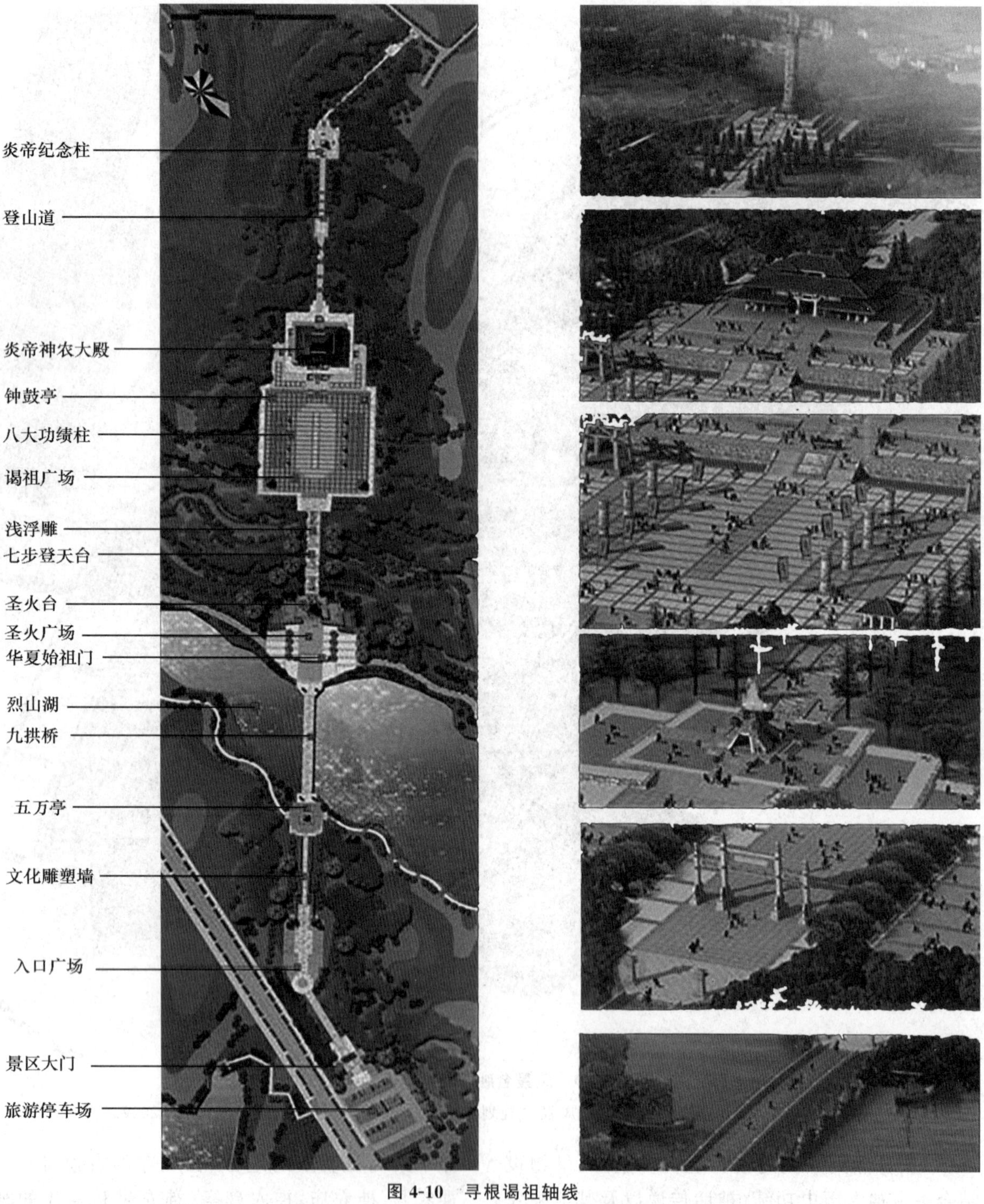

图 4-10　寻根谒祖轴线

来源：张兴国．随州市炎帝神农故里风景区规划．重庆大学规划设计研究院有限公司．2007.11

从南到北整个轴线为：寻根谒祖朝圣区布置在葫芦山上，依次布局烈山湖南段——景区入口及服务用房、文化景墙、五方亭广场、九拱桥；葫芦山核心段——圣火广场（通过雕塑、景墙、广场铺装等展示原始火种采集，保存的方法以及原始火文化图腾）、华夏始祖门、圣火坛、谒祖广场、炎帝神农大殿、神农纪念柱；在谒祖核心区西侧布置“银杏园”和“功德林”。

(4)圣迹观光体验区布局。炎帝神农时代至今已有5 000～7 000多年的历史。景区用大致复实的手法，把神农时代的生产、生活浮现在人们面前，体现神农时代创造开拓精神和奉献精神，此即中华民族精神的源泉和精髓，给人“华裔仰始祖，天下赖其功”之感。景区以神农主要的历史功绩作建设的主体和核心来规划。在寻根谒祖朝圣区东面的耕耘山布置以神农“开创农耕”为主题的“原始农耕、生活场景体验”亚区，在钻断山布局以神农“创制器物”为主题的“陶器、农具文化体验”亚区，在登天山布局以神农“发明医药”为主题的“百草、医药文化体验”亚区。

①“原始农耕、生活场景体验”亚区布局”原始部落村设置在耕耘山南部地势较高用地平坦地段，其西侧为五谷园景点(体验耕作情景)。在耕耘山山顶设置观象台，重现当年神农“夜观天象，以制历时”。同时整治修缮百草山上的万法寺和山脚的净水池。聚落范围大体上作南北较长、东西较窄的不规则圆形。居住区在聚落的中心，包括许多方形及圆形的房屋和储藏粮食的窖穴。在每区里，有一个大屋，周围密布小型房子，门都朝向大屋，围绕居住区周围有一条长而深的壕沟，壕沟边布局饲养家畜的圈栏。在部落村入口偏中心位置设置原始艺术表演区。

②“陶器、农具文化体验”亚区布局：沿着烈山湖湖边，在钻断山山谷布置农具制作馆、陶艺馆、山顶修建观日阁。在陶艺馆南面的低洼地，利用现有的水塘规划为水产品养殖体验点，可养鱼、虾等，部分可种植莲藕、荷花。

③“百草、医药文化体验”亚区：山谷的湿地景观与鲜花带作为入口引导，山腰规划布置百草园和紫阳观(药草馆或道观)、山顶建设景观林，山谷北段布置旅游服务点，将现有的神农尝百草塑像移到百草园中间，展现神农尝百草的历史功绩。

百草园种植《百草经》中记载随州地方现有药材，同时考虑不同的药材及草本的不同生产长季节和物种搭配，布置了16个药圃，分别为桔梗圃、丁香圃、乌药圃、黄连圃、当归圃、女贞圃、芍药圃、麻黄圃、牡丹圃、甘草圃、首乌圃、木香圃、淮山圃、乌梅圃、苍术圃和射干圃。同时种植随州特有的蔬菜——“泡泡心”(冬季白菜)和培育多种随州地区名贵兰花圃。

规划充分尊重原有地形地貌，将原有的农田形态进行改造，创造出丰富的景观效果。同时在各主要位置布置广场和休息平台等空间节点，从而形成一个丰富的空间序列和空间形态。

④民俗文化展览区布局：厉山镇民风淳厚，民俗淳朴，是丰富的文化资源和旅游资源，规划拟将民间文化娱乐、民俗饮食、民俗商贸联片开发，形成赏、吃、住、娱、购一条龙的富有地方特色的旅游点。文化方面挖掘包括炎帝神农文化和厉山民间文化(现有的和原有的)。

厉山民间文化，如独人轿、独杆舞、独角兽、采莲船等，形成固定的文艺表演形式。

炎帝神农文化，以农耕文化为源、炎帝神农文化发展为线，以汉江、楚水等荆楚风情为底蕴，艺术地昭示了炎帝神农精神和浓郁的随风、随俗、随歌、随情，再现了随州文化浓郁、古朴的独特风韵。

民俗饮食主办当地特色风味小吃和炎帝神农的“五谷饭、百草宴”主食五谷杂粮、野菜、野菌，兼顾现代食品。民俗文化展览区位于九龙山北、姜水河南侧，呈东西向带状发展。以现有的神农文化纪念馆、文化广场为中心向东西延伸，东侧规划了烈山五姓宗亲会馆，作为海内外宗亲会活动场所，宗亲会馆东侧布局世界杰出华人馆。神农文化纪念馆西侧依次规划了农耕文化博览园(包括室内的博物馆和室外的园林式展示园)、日中街市和饮食文化娱乐园。

⑤旅游服务区及沿河景观带布局：在景区东侧沿316国道与旅游专线的连接线修建行政办公及管理中心，将神农文化馆西侧的镇政府迁出，并与景区管委会共同办公；在办公区南部拟建旅游接待中心、乡村旅馆度假区，院落式旅行宾馆和相关服务和配套设施——供水、电、设施及医疗点建设等。在沿316国道与姜水河之间的带状用地规划为滨河公园，形成景区北部绿色的开敞空间，展现农耕文化展览区的建筑环境特征，同时也展露出景区九龙山的山体形态与建筑环境。

⑥自然生态景观区布局：自然生态景观区山环水抱、山水交融，山谷相间，丘陵与平川呼应，湖光山色、树木葱郁，构成一幅风光秀丽的自然景观，烘托圣地环境优美。主要对现有的植被林相进行一定的改造，使之形成形、色、味俱佳，草、灌、乔搭配的自然生态环境。少量建设专业园林，如竹园、茶园、百果园等，同时建设游客休憩、娱乐、观景的配套设施。

3. 空间体验

(1)寻根谒祖朝圣体验。结合规划区现状建筑布局，以及对场地进行高程、坡度、坡向等地理信息系统分析，应用高科技手段模拟出九烈山现实情况，根据寻根谒祖朝圣的功能需求，对景区内九烈山进行中轴线断面比较分析，得出谒祖朝圣区以葫芦山为轴线展开布局最为适宜，该区位于规划区的中部，结合旅游专线，将主入口设在烈山湖南部，形成以葫芦山为对景的南北中轴线。轴线布局由南向北依次为：南入口的景区大门设旅游接待处和景区大门标识，形成景区入口广场。沿着两山夹景的轴线南端设计文化墙、文化雕塑，展现华夏五千年文明的历史进程。

参观完文化雕塑，来到五方亭广场，这时时空转换，前景豁然开朗，通过烈山湖水面，核心景区雄伟、庄严、肃穆的依山而筑的炎帝神农大殿呈现在眼前，形成强大的视觉冲击力。同时这种从狭窄空间到豁然开朗的空间转换，也暗示着炎帝神农带领先民从蒙昧时代走向文明时代的历史转换。跨越烈山湖的九拱桥进入圣火广场，通过华夏始祖门，熊熊燃烧的圣火展现在眼前。踏上登天台，来到谒祖广场和炎帝神农大殿。通过神农大殿，上升多级台阶，来到山门直达葫芦山制高点神农纪念柱，完成中轴线布局。

然后通过现有的步行梯道下山，来到现有神农文化纪念馆、农耕文化博览园进行参观，接着连向西北，来到山腰神农洞和神农庙，通过台阶来到神农碑楼、日月门楼，来到功德殿。通过南门下山进入银杏园休憩，到姓氏广场查找各姓氏发展脉络，完成整个谒祖寻根程序(图 4-11)。

图 4-11　寻根谒祖朝圣体验视线分析

来源：张兴国．随州市炎帝神农故里风景区规划．重庆大学规划设计研究院有限公司．2007.11

(2) 陶器、农具制作体验。在钻断山角设置陶艺馆，陶艺馆一方面展示原始制陶(包括生活陶器、纺锤陶器等)工艺流程、展示古陶器样本；另一方面设置陶艺加工场地，让游客尽情参与其中，以亲身经历烧制原始陶瓷器具(电烧作坊)，深刻领会原始陶文化艺术，同时可以将亲手烧制的陶器作为旅游工艺品购买，具有非凡的纪念价值。在部落村东侧山脚建设农具制作馆，主要展示制作石器时期生产用具，农业生产工具如耒耜、狩猎工具如弓箭等。在钻断山东部山丘，也是风景名胜区九龙山最东峰规划布置观日阁，恢复历史景点“奎阁朝霞”。

(3)原始农耕、生活场景体验。规划利用耕耘山与五帝山之间现状为耕地的沟谷，建设五谷园作为农耕体验区，在耕耘山向南延伸的台地上布置部落村，本区内以古衣、古农具进行耕作演示，再现神农时代的古朴耕作情景，形成特有的景观，重现当年神农时代耕作和日常生活场景。让游客倾听神农古乐，观赏原始艺术表演，注重游客参与体验春耕、秋收。

(4)百草、医药文化空间体验。百草医药文化体验区布置在登天山与洞天山之间的谷地，现状谷底为水田，山坡为农田。规划结合现状将部分水田改造成景观湿地，在湿地两侧种植四季鲜花带，在山腰地段种植随州当地草本植物、中药材，山顶植树绿化建设景观林，形成“山涧溪水长流、山腰鲜花如带，山顶绿树成荫”的神农百草谷，展现“百草与百花丛生，神农躬身，捉百草，尝而辨之”。在百草谷中部建设紫阳观（本草医疗馆），一方面展示、出售神农药草，另一方面开展神农特色药疗、药浴保健，驱除游客游玩疲惫之躯。在本草园中建设药王亭，纪念“神农尝百草，一日遇七十二毒”的大无畏精神，同时兼做游客休憩场所。在谷底设置神农谷旅游服务点。

（5）自然生态景观区体验。神农《本草》里说：“神农尝百草，日遇七十二毒，得荼（茶）而解”。民歌“茶树本是神农栽，朵朵白花叶间开，栽时不怕云和雾，长时不怕风雨来，嫩叶做茶解百毒，每家每户都喜爱。”因此在寿星山（九烈山最高峰）规划一小片茶园、一片百果园展开与茶、果文化相关项目，如山茶采摘园、神农茶轩让游客参与其中，体验摘茶、采果，同时在山顶建设观景平台。自然景观区内结合道路设计花鸟园、棋艺阁、祈雨亭等作为游客休息，游憩娱乐场所。

4. 炎帝神农故里重点建筑设计意向

（1）神农大殿设计意向。方案构图意向采用三重檐的建筑构图手法，试图通过画像石画像砖中建筑形象的总结，提炼早期楚汉高台建筑大尺度的空间技术方法，反映早期大空间的建筑空间组合方法；在当心间位置，两根大柱贯穿两层，以强调当心间主入口的核心作用，当心间重檐的折断，又有早期古朴自然的建筑技术风格隐喻；建筑平面柱网采用面阔九间，以反映历史上荆楚以九为尊地方文化内涵，同时也隐喻炎帝神农故里九龙山的含意。在平面布局上由内外两圈石柱围合而成，外圈柱 36 根，象征 36 天罡，同时为符合荆楚文化中“九”的模数关系。

在入口处四颗方形石墩柱上分别雕有炎帝神农画像及图腾，一方面隐喻着四个季节及炎帝恩泽华夏大地，另一方面是对楚汉建筑特有建筑形式的抽象再现。

本方案的台基采用两种不同的方式，以突出不同的强调重点，方案之一采用两重台基的手法，以台基高度和数量体现炎帝神农的始祖地位；方案之二则采用了单层高台的建筑手法，以体现历史上荆楚地区高台建筑的地域建筑风格，高台色彩采用黄褐色，以展现早期古朴粗放的高台建筑风格（图 4-12）。

图 4-12　神农大殿

来源：张兴国．随州市炎帝神农故里风景区规划．重庆大学规划设计研究院有限公司．2007.11

(2)功德殿建筑群保护整治。以功德殿为主体建筑的炎帝神农遗址位于山顶，碑文已模糊不清。宣德壁上，到处都是游客留下的涂鸦；西侧的建筑大门被砸破，东侧的建筑地面被挖开，浮土成堆，房顶上的瓦多处缺失……当地居民称，这里曾一度是流浪者的“家”。

原有功德殿位于九烈山之高处，这已经是不可变更之事实。因此，必须充分重新整治功德殿建筑群，使之成为炎帝神农故里重要的组成部分。同时，要保护建筑群周边的植被，使得建筑掩映在植被之中，若隐若现，在游览路径中观看显现出一种意趣。

①对场地环境的改造：加强建筑群与中心轴线的联系，扩大入口空间，功德殿建筑群广场铺地采用青石或当地石材，建筑周边配置松科及柏科为主调树种，形成四季常绿、郁郁葱葱的森林景观以体现庄严肃穆的气氛。

②对原有建筑的修复：对功德殿建筑群在不改变主体结构的情况下进行修复，如更换屋面破损的瓦件，对柱子进行加固处理等。

③对建筑装饰的完善：对栏杆、柱子重新清理、上漆；将原有破损的层板墙体进行更换，更换门窗材料。

拓宽炎帝神农文化馆的入口前广场，同时对现有纪念馆主体建筑进行整修，如对纪念馆内外墙立面进行重新粉刷装修，更换屋面破损的瓦件等。神农纪念广场 3 000 m^2 地砖更新为大理石地砖。神农雕像底座进行相应的改造。回廊应改造成碑廊（图 4-13）。

图 4-13 功德殿建筑群保护修缮

来源：张兴国. 随州市炎帝神农故里风景区规划. 重庆大学规划设计研究院有限公司. 2007.11

5. 绿化景观规划

绿化规划要以维护和促进风景名胜区生态平衡为宗旨，在因地制宜，适地适树的原则下，扩大风景林和水源保护林面积，提高森林植被覆盖率和其他景观价值。绿化种植在注意生态环境效益、经济效益的同时也要注意环境美观的要求。绿化设计原则如下。

(1)从改善生态环境出发，贯彻防护为主、绿化、美化相结合，乔木、灌木、花草相结合，多林种、多树种相结合，林、果、花总体推进的原则。因此在设计上应体现各景区用地特性，规划不同的植物群落，发挥各自功能。

(2)植物景观应突出区系地带性植物群落的特色；充分利用森林植物群落结构、树种、植物形态与色彩，形成不同结构景观与四季景观，并重点突出具有特色的植物景观。并为野生动物创造适宜的生存环境，提高风景名胜区生态功能和美化功能。

(3)遵循“因地制宜，适地适树”的原则。坚持多树种林相，做到常绿、落叶，针叶、阔叶，乔、灌、草和谐搭配，在核心区域形成森林郁闭度较高的常绿林景观，沿景点建设用地边缘形成植物景观丰富、具有缓和林冠线的错落景观，林层、林相丰富且具季相变化，形成优美舒畅的视觉景观。

习题

1. 风景名胜区规划的主要内容和主要特点是什么？

2. 风景名胜区规划的主要类型和主要原则是什么？

3. 风景名胜区保育规划的主要内容是什么？

4. 风景名胜区保育规划分级和分类的主要内容是什么？

5. 自选案例调研，完成风景名胜区保育分级规划和分类规划的建议报告。

6. 自选案例利用思维导图分析风景名胜区保护与利用的策略。

第5章 历史园林的保护与利用

5.1 历史园林遗产保护的基本原则

5.1.1 原真性原则

原真性是文化遗产保护的最基本原则。1931年颁布的《雅典宪章》是第一个关于历史建筑物保护的国际共识性文件。1964年达成的《威尼斯宪章》中，最早出现了“原真性”这一概念。1981年在《威尼斯宪章》的基础上增补了“活的纪念物保护”部分内容，形成了《佛罗伦萨宪章》，专司指导历史园林保护工作，这一文件同时也是迄今为止唯一一部关于历史园林保护的国际宪章。1994年达成的《奈良原真性文件》针对原真性修复实际操作中出现的问题进行了修改，对“原真性”一词作出了新的定义，即“依靠文化遗产的性质和文化背景，原真性判断可以和许多不同类型的信息来源相联系。这些信息来源包括以下方面：形式与设计、材料与质地、利用与功能、传统与技术、位置与环境、精神与感受，以及其他内部因素和外部因素”。文物遗迹的原真性保护还在于“不同的文化和社会都包含着特定的形式和手段，它们以有形或无形的方式构成了某项遗产”，这些都为历史园林在原真性保护的方法上提供了指导性原则。

世界各国根据国情和文化背景制定有本国的园林景观修复准则，体现出对历史园林原真性的不同认识。美国《内政部历史遗产保护处理措施标准》针对不同类型的历史景观规范了四种保护措施：保存、更新、恢复、重建，在强调景观历史原真性的前提下允许有限的替换、添加，以适应新的要求。《佛罗伦萨宪章》第十五条强调在未经彻底研究，以确保此项工作能科学地实施，并对该园林以及类似园林进行相关的发掘和资料收集等所有一切事宜之前，不得对某一历史园林进行修复，特别是不得进行重建。在任何实际工作开展之前，任何项目必须根据上述研究进行准备，并须将其提交给专家组予以联合审查和批准。对于修整、修复、重建等工作，都应十分审慎，有了充分的史料和考古依据再进行。“把遗产全部的真实性传承下去，这是我们的职责”。日本《文化文物保护法》针对园林修复提出了符合日本文化传统的原真性要求，更强调修复材料和工艺的原真性。近些年国内对古典园林的保护与修缮越来越重视，对于原真性问题也出现了各种争论。由于古典园林建筑中木质构件自身易腐坏的性质，以及园林植物不可避免的生长与死亡，中国古典园林在修复与保护中，如何定义原真性，如何保持原真性，已经成为摆在风景园林学术界面前的一个亟待解决的问题。

国际上关于原真性问题已经有了一定程度的共识，认为应保留建筑的原始构件，保留历史痕迹，修复部分要与原始部分有明显区别，显然这些准则是针对西方石质历史建筑制定的。但这些准则在园林，尤其是中国古典园林中，却遇到了一些问题。园林最大的特点就在于它是活的，园林本身是作为一个在不断变化的过程而存在的。园林中的植物有其自然规律，随时间推移会有四季变化和生老病死；由于木质建筑构件的朽坏，即使不断翻修重建也无法避免成为园林变化过程中的一部分。植物生长，木构朽坏，古典园林不是经久不变的，这就意味着单纯从西方历史建筑原真性的角度，是无法妥善处理中国古典园林原真性问题的。

5.1.2　完整性原则

完整性原则既保证了历史园林的价值，同时也为园林遗产保护划定了原则性范围。完整性原则最早是作为文化遗产保护的原则被提出"不仅保护遗产本身，还要保护其周围的环境……这样才能体现出遗产的风貌"。完整性意味着未经触动的原始条件，主要用于评价自然遗产，如原始森林或野生生物区等。完整性原则证了世界遗产的价值，既保同时也为遗产的保护划定了原则性范围。历史园林的完整性原则有如下的界定。

(1)对于表现历史主要阶段的重要实证的景点，被描述的区域应该包括在其自然环境中全部或大多数相关要素。例如，一个"冰期"地区，应包括雪地、冰河以及切割图案、沉积物和外来物。特别是一些历史园林中涉及的已经稳定的生态群落应该整体保护，如一片森林中包括地表植被、地形和土壤，板块系统和自然再生的斑块等。

(2)对历史园林的审美、意境产生重要作用的自然现象或特别的自然美和美学重要性的区域。如以群山、湖泊为背景的景点，虽然其不成为历史园林的范围，但它们是保持景点美学质量不可分割的一部分。

5.1.3　可识别性原则

清华大学的吕舟教授认为"历史可读性"作为一项文物保护的普遍性原则在中国同样适用。因为"所谓可读性就是使文物建筑所具有的历史信息清晰可辨，尽可能展示历史的真实面貌，而不是混淆，甚至是伪造历史。……作为一项原则，可读性在实际操作中有不同的做法，甚至罗马大角斗场南侧外墙和北侧外墙就使用了不同的方法来实践这样的原则。我国在近年的实践中如承德普宁寺大佛阁和独乐寺观音阁的维修中也进行了相关的实践"。

上述原则除第二条外，其他均被我国文物保护工作者广泛接受。第二条"维修需使古迹的历史可读性(又称'可识别性')更加清晰"，在我国被理解为：维修时文物的新、旧部分呈现突兀的色彩和形式上的变化，因而无法被广泛接受。一次在关于历史景区的讨论会上，一位中山陵的管理人员称："中山陵祭堂蓝色的琉璃瓦掉了，我总不能换块黄的上去吧！"事实上这都是因为我们对来自西方的"历史可读性"理论的理解只限于形式，历史可读性指的是文物在其存在的历史过程所产生的每一个变化都是一段历史文献，必须保留使后人有机会阅读。保存历史可读性的方法多种多样，详细地记录修复过程也是其中的一种方法。

《威尼斯宪章》指出："任何一点不可避免的增添部分都必须跟原来的建筑外观明显地区别开来，并且要看得出是当代的东西"，"必须使补足的部分跟原来部分明显地区别，防止补足部分使原有的艺术和历史见证失去真实性。"《历史性木结构建筑的保存原则》指出："新构件或其部分应该用雕刻、烙印或其他的方法分别加以标志，以便能在以后被识别"。

5.1.4　可持续性原则

遗产保护与可持续发展应有机地结合起来。为此，文化遗产保护首先应当建立在对遗产所有文化价值，以及所有可能影响这些价值的问题进行有力的评估这一基础之上。为了使社区和利益相关者系统地和透明地参与到这一过程中来，应当为长期规划和具体遗产项目的管理进行战略环境评估和环境影响评估。其次，作为遗产保护手段之一的旅游大众旅游的发展常常会带来对遗产资源的非可持续性和商业化利用，从而导致这些资源的退化和枯竭。目前对旅游业的指导规范是不够的。因此，需要在国家层面建立一套针对文化遗产资源和文化旅游业的新的管理体系。第三，遗产融资，公共和私人部门的参与使遗产资源具有经济和社会价值，因此应当将它们视为可持续发展进程的有机组成部分，进行保护管理和有益地利用。需要建立一个全面的资金规划体系和结构化的收入分配体系，调动相关公共和私人部门积极投入文化遗产保护和可持续发展中来。

5.2 历史园林保护措施及方法

随着时代的变迁，历史园林景观的形态变化也是必然的，因此要根据不同的情况选择保护的方式。保护是在变化和持续之间寻求平衡，它的目标是恢复景观的历史结构，这应当包含它在历史发展过程中形成的大部分形式、特征和细节。在我国国情的基础上，历史园林保护的措施及方法主要有以下 4 种。

(1)风景文物的维修。对实体遗存维修以保持其耐久性和艺术完整性。

(2)搬迁和改建。为使某些分散的古迹得到更有效的保护，或由于某种不可抗拒的原因危及原址保护，搬迁是一种补救措施，同时，在景观的个性能够得到确实保存的前提下，可以作适当地添加或改变以适应新的要求。

(3)重建和复原。用新的材料创造已湮没或消失的景观，以达到重现历史意象或对某种文化解释说明的目的。

(4)风貌设计。较大范围的整体形态和形象的保护。

5.2.1 保存与修缮

风景文物作为一种"具有生命力的文物"，随着时光的流逝，原初的形态已经发生了变化，同时又在时间的发展过程中不断地丰富。因此对它的维修不能仅仅被看作复原至某一时期或使现存形态完整的行为，更重要的是在场地历史研究和现状调查中了解其演变和转化的过程，从而确定哪些部分需要改变，哪些部分需要恢复，以及哪些部分需要使之继续演变。例如中国和法国在文物修缮领域都强调古迹修复在艺术上的完整性，所不同的是中国强调"修旧如旧"，如梁思成先生所说"不是返老还童，而是输血打针，让它延年益寿"。而法国的做法则是"整修一新"，如刚刚完成的对巴黎圣母院的修缮。意大利学派的修复方法则基于考古学修复观念，严格区分原件和复制品。

风景文物维修的基本原则，主要有以下几个方面。

(1)维修既要尊重古迹的艺术价值，又要尊重古迹的历史价值。《威尼斯宪章》指出："补足缺失的部分，必须保持整体的和谐一致"，"修复是一件高度专门化的技术。它的目的是完全保护和再现文物建筑的审美和历史价值，它必须尊重原始资料和确凿的文献。它不能有丝毫臆测。……不论什么情况下，修复之前和之后都要对文物建筑进行考古的和历史的研究"。我国的《文物保护法》规定："对不可移动文物进行修缮、保养、迁移，必须遵守不改变文物原状的原则"。这也体现了对文物历史价值的尊重。

(2)维修的目标应当包括长久、可逆、日常维护。维修的基本目标是使古迹更持久地保存。《历史性木结构建筑的保存原则》指出："修复的目的是保存历史性的结构和它的支撑功能"。为了不影响今后在古迹上获取历史信息，维修的手段和添加的构件"在技术上可行时应当是可逆的，或至少不妨碍将来的保存工作"。

对于以植物为主的风景文物，日常维护也是十分重要的。《佛罗伦萨宪章》指出："对历史园林不断进行维护至为重要。既然主要物质是植物，在没有变化的情况下，保存园林既要求根据需要予以及时更换，也要求一个长远的定期更换计划。定期更换的树木、灌木、植物和花草的种类必须根据各个植物和园艺地区所确定和确认的实践经验加以选择，目的在于确定那些已长成雏形的品种并将它们保存下来"。

需要说明的是，在历史的设计景观的保护和维护工作中，常遇到被列入国家各级文物保护单位的建、构筑物，在保护操作中应严格按照文物的修复标准来对待；对于不属于文物的建、构筑物的维修则可以具备更大的灵活性。

基于以上原则的风景文物维修在实际操作中，由于文物本身的种类和形态千差万别，因此维修技术也各不相同，牵涉到大量的专门技术，跨越材料科学、工程技术、历史文化研究等多个领域。例如在渤泥国王墓保护与墓区环境整治详细规划中，对石象生等石制文物建议采用以有机硅为主要成分的材料涂于其表面，防止进一步的风化，对裂痕和崩裂选用颜色相近的高分子黏合剂予以修补的维修方法。在一些大型石窟中，对由于山体开裂造成的风景文物的损坏，通常的做法是：铁件加固局部裂缝，然后喷浆掩盖加固件以保证风景文物的艺术完整性。而对我国风景文物中大量存在的传统木结构的修缮，在长期的历史实践中已积累了丰富的经验，如《大清会典·内务府》卷 94 中就详细规定了木结构建筑的每一种构件的“保固”期和更换期。

虽然具体的技术千差万别，大致地说，目前常用的维修技术手段主要可分两类：传统技术和现代技术。传统技术往往有悠久的使用历史，也往往被认为是较为稳妥的维修方式；但在工业时代以后，随着一般技术手段的飞速发展，现代技术也开始应用于古迹维修。虽然它和传统技术相比在效率上往往有明显优势，但由于和古迹本身的建造技术往往相距甚远甚至完全不同，也时常引起争议，成为一个需要谨慎从事的课题。从 1931 年的《历史古迹修复的雅典宪章》提出“正确使用所有的现代技术，特别是钢筋混凝土”来修复古迹，到更严谨的《威尼斯宪章》提出“当传统的技术不能解决问题时，可以利用任何现代的结构和保护技术来加固文物建筑，但这种技术应有充分的科学根据，并经实验证明其有效”，到最近的《历史性木结构建筑的保存原则》更详细地指出在哪些情况下使用传统技术，在哪些情况下使用现代技术以及具体的技术方法。

杭州胡雪岩故居其园林的修复和法国阿尔贝·肯恩园林的修复体现了两种不同的风景文物维修的方法和步骤。胡雪岩故居创建于 1872 年，现存建筑为原有建筑的 50%。其园林芝园为违章建筑所占领。维修的根据一般分文献和现状两个部分。胡雪岩故居建筑的现存部分提供了建筑风格、用材、装修、雕刻工艺等方面的范例；园林虽然残破，但拆除违章建筑后，各景物位置尚能识别，又进行了考古清理，这些使准确修复成为可能。文献方面有《胡雪岩外传》中的详细描绘及 20 世纪 50 年代的照片。

胡雪岩故居的园林是我国古代文化遗产中的珍品。古典园林的保护和修复大部分还是严格按照传统的施工工艺进行。修缮过程中运用传统材料、工艺，保护建筑及构筑物原真性。建筑维修和保养主要包括建筑油漆、花窗勾线粉刷、戗角维修、木构件维修和更换、屋面清理、墙体修复等内容（图 5-1），主要内容有以下几方面。

图 5-1 胡雪岩故居修复前后对比

第一、维修屋面，更换木构件。由于风吹雨蚀，古建筑屋面出现损坏，需要更换碎瓦。维修期间，对于一些已经开裂、损坏木构件及时进行维修和更换。整修使用原工艺和材料恢复了传统的木装修。

第二、采用传统工艺实施建筑油漆。对于一些木构件中附属的雕刻图案，施工人员仔细清理反复打磨至线脚轮廓完全清楚后再进行油漆，使得油漆后的雕刻图案十分清晰。

第三、戗角维修，花窗勾线粉刷。整修过程中对一些破损的戗角按照传统工艺维修，恢复原样。

胡雪岩故居建筑部分的修缮既运用了梁架校正、接柱、更换蛀朽木构件等传统方法，也运用了钢筋混凝土剪力墙等现代技术来加固外倾墙体。为了使胡雪岩故居园林恢复旧貌，修复中，除建筑保护运用了混凝土等新技术外，由于原水池早已盛不住水，因此浇筑了钢筋混凝土池底和池壁。浇筑完成后，池岸旁太湖石驳坎仍按原样放置，环境气氛恢复旧状。

5.2.2 重建和复原

重建和复原都是保护和保存历史设计景观的重要手段。重建是对已消失的历史设计景观或历史设计景观环境中缺损部分进行再创作。"这种方式既尊重我国大多数人的传统文化心理和审美标准，也有利于保持原有地区历史文化的完整性和延续性。"

我国的许多历史胜迹都是经过历代多次修建才保存至今，并且每次重建并不拘泥于位置和形象上的准确，既有延续历史的含义，也抒发当世的情怀。例如江南名楼之一滕王阁，有文字记载的重建自唐代到民国就达 36 次，而且每次重建艺术风格都在继承中有所创新，位置上的变化可考证的达 5 个之多。重大的重修重建活动还要请名家作文记之，范仲淹的《岳阳楼记》就典型地反映了古代胜迹的重修重建的时机和目的："越明年，政通人和，百废俱兴。乃重修岳阳楼，……"既然是适逢盛世，因此重修，那么必然要超越前者："增其旧制，刻唐贤今人诗赋于其上，……"由此可见，"重建设计相对比较宽松，不必拘泥于某一历史时期的特定式样，可以根据需要作出调整，也可对原有历史环境进行再创造，使人文胜迹与自然更有机地融为一体。"

对于历史园林文物古迹的重建问题，曾经有较大的争论。一些学者认为这违背了文物保护的原真性原则。作为中国传统的保存场地历史的方式的重建在当代受到了许多学者的质疑。由于西方历史保护思想的影响，注重物质形态的历史遗存，重建工程受到《威尼斯宪章》和《保护世界自然和文化遗产公约》的排斥。有人认为"它很容易造成文化史的错误认识，真假不分，甚至虚伪和欺骗。……重建也必须有严格的根据和证明，决不可以臆测。即使如此，它们也不可能有任何历史的痕迹和信息，没有真实性……"这些看法都是只看到历史胜迹物质形态的一面，而未看到它传递历史信息、文化意义的一面。同时历史胜迹环境本身也是发展变化的，无论是在形态上还是文化上，而且古人也未回避这一点，各种重修重建记录中他们都自豪地谈到了胜迹的历史和最新的变化。

对这一问题的讨论应当从当代文化遗产保护学科的发展、形成过程，从对保护对象价值的认识和理解，从相关的文化背景和语境等方面对这一问题进行综合的考量与分析。建筑形态的恢复为目标的重建只是保持原有寺庙或建筑的名称，建筑本身则是根据当时的社会和经济状况，采用重建时的技术和尊重重建时代的审美趣味。这些重建的建筑或园林是为了对早已灭失的遗迹或遗址进行展示。它是一种对已灭失建筑研究成果的展示，具有科学研究的价值，但同样，由于它是新建的建筑，具有新建筑的全部特征，它是一个原有历史建筑的经过研究确定的形式的展示，可以被视为一个根据当代研究成果建造的一个历史建筑的模型，它的意义在于帮助人们认识和理解历史遗迹或遗址，从它反映的对遗址及特定建筑形态的研究而言，它具有科学价值，从展示的角度它具有教育功能和社会价值。

复原是一种较为严格的重建，是在现有残址上恢复到某一历史时期旧观的方法，有整体复原和部分复原之分，但都要求严格遵循原有建筑的形制和时代特征。在关于保护历史园林的《佛罗伦萨宪章》提到重建和复原问题时指出："在未经彻底研究，以确保此项工作能科学地实施，并对该园林以及类似园林进行相关的发掘和资料收集等所有一切事宜之前，不得对某一历史园林进行修复，特别是不得进行重建。在任何实际工作开展之前，任何项目必须根据上述研究进行准备，并须将其提交一专家组予以联合审查和批准。”“修复必须尊重有关园林发展演变的各个相继阶段。原则上说，对任何时期均不应厚此薄彼，除非在例外情况下，由于损坏或破坏的程度影响到园林的某些部分，以致决定根据尚存的遗迹或根据确凿的文献证据对其进行重建。”

1. 重建的原则与方法

重建是对于一些已经消失或正在消亡的有较高历史价值的建筑物，在相对缺少足够原始资料的情况下，参照该地区、该时代的营造技术或通用的形式推测其外观和所采用的技术，或者采用现代的技术和材料在原址或其他地点新建历史建筑物，使原有的景观环境得以继续保持。重建后的建筑沿用原历史建筑的名称，在一定程度上使历史建筑的象征价值、情感价值得以延续。重建所反映的建筑风貌的真实性是有限的，事实上是当代文化、社会心理和现代技术的写照。作为人们情感载体的实物部分形式的重要性，被毁历史胜迹在哪些情况下应当重建，重建设计应当遵循哪些原则，能够既获得学术界的认可又满足广大人民群众对历史胜迹的心理需求，都是极其重要的。

首先，重建项目要受到总体规划的制约。《中华人民共和国文物保护法》第二十二条规定：“不可移动文物已经全部毁坏的，应当实施遗址保护，不得在原址重建。但是，因特殊情况需要在原址重建的，由省、自治区、直辖市人民政府文物行政部门征得国务院文物行政部门同意后，报省、自治区、直辖市人民政府批准；全国重点文物保护单位需要在原址重建的，由省、自治区、直辖市人民政府报国务院批准。”对于某些标志性景观、为加深对历史连续性认识的需要、为形成历史环境的完整性以及人民情感的需要，可以也应当进行适当的恢复和重建工作。

其次，历史胜迹的重建恢复工作应当有谨慎的态度，学术研究的精神。就重建工程，应从以下几个方面着手。

(1)研究历史胜迹的演变过程和现状，分析布局与环境的关系，评判历史形式与处理手法的优劣，去芜存精。南京崇正书院位于清凉山东麓，为明嘉靖年间督学御史耿定向讲学时所筑，耿定向去世后变为祠堂，清咸丰年间毁于战火，后由僧人重建，又变为寺院，改名小九华寺。“文革”时僧人遣散，建筑群遭到破坏。1982 年在杨廷宝先生指导下恢复重建。面对历史上该景点所经历的种种变化，重建时决定恢复至有明清江南山地园林特色的书院形制。因为历史上书院是这一景点文化上最具特色之处，有关这一胜迹最著名的文字记载即为清代著名作家姚鼐所写《游古崇正书院记》。而“清季俗僧据之假小九华名以招徕香客”则不值得强调。书院依山势分为三进，一殿与二殿由两边回廊相连接，廊壁墙上开各式花窗，东侧廊壁嵌有两块石碑。二殿与三殿间是开阔青石平台，其东侧有一组山水小景。三殿是公园的制高点，放眼周围一片苍翠，抬头远望，方圆百里尽收眼底，进入大厅，四幅大型壁画跃然醒目，再现金陵春牛首、夏钟山、秋栖霞、冬石城之四季景色。如今，该建筑群兼作展览之用。

(2)分析和提取历史发展过程中的典型形象。这种形象所具有象征性。在重建时，若能谨慎地保留这些象征性形象特征，有助于取得认同，延续场地的历史文化意义。南京鸡鸣寺，明清时是著名的金陵四十八景之一，留下大量图片描绘了其重重屋宇簇拥一高耸宝塔的整体形象，以及与台城、玄武湖的空间关系。这些和常被周围群众看到的山门的形象及清康熙皇帝为寺院题写“鸡鸣古迹”的传说，都在重建设计中得到了充分表达，因此重建后的鸡鸣寺作为历史性的空间标志很快得到广泛的认同。

(3)准确把握总体风格和规模尺度，恰如其分地体现它在地区文化中所具有的地位。陈从周先生在《造风景还是煞风景》一文中指出，现在有一些重建工程“明明是一处名人故居，他的身份是个穷秀才，如今一修却变成了地主庄园，这种现象甚为普遍”。这就是总体风格和规模尺度的把握问题。

绍兴青藤书屋是我国明代杰出书画家、文学家徐渭的降生地和读书处，明末画家陈洪绶亦曾寓居于此，为我国青藤画派的发源地。青藤书屋为庭园式民居建筑，面积不及两亩，环境清静，优雅不俗。书屋系石柱砖墙硬山造木格花窗平房，共两室。前室南向，内悬徐渭画像及其手书“一尘不到”。东西两壁分别嵌有“天池山人自题象赞”和阮元撰的《陈氏重修青藤书屋记》石碑，记述书屋始末甚详。南窗下有石砌水池，即“天池”。池中置方形石柱，镌徐渭手书“砥柱中流”四字。池西栽青藤。院内天池、漱藤柯、自在岩等，均为明代遗存。书屋至今已经过多次重修，又因城市发展，可以看出今天的青藤书屋与徐谓所绘的《青藤书屋图》已大不相同，但是它保持了简洁小巧，朴素优雅的情调，并没有变成大画家纪念馆式的豪华建筑群，使后世的参观者还能从传统的精心营构中得到启示（图 5-2）。反之，规模尺度的过分改变却违背了总体风格的协调。天宁寺是常州市一座较大的佛教寺院。文革时遭到破坏，1979 年至今一直在不断修复扩建之中。最近计划重建的天宁寺宝塔，设计高度达到 154 m，目标是要成为常州市的标志性建筑。这样的巨大高度不免与周围的传统寺院建筑群发生比例尺度上的冲突，也夸大了天宁寺作为一座佛教寺院在今天常州市文化、经济生活中的地位（图 5-3）。

图 5-2　绍兴青藤书屋重建保留了小巧的尺度

图 5-3　夸大了的天宁寺塔与周边建筑失去了协调

（4）重建时，强调表现特有的地方特色，才能使之融入该地区的历史文化环境之中。传统形式产生于地方文化和环境之中，它的独特性正是它今天形成景观资源的重要因素。陈从周先生说：“僧侣的世俗化，对风景区与寺庙修整，也带来很多不利条件，……，他们想争取善男信女与游客，以庸俗的东西，强加于寺庙风景之上。……不尊重地方特色，好新奇，赶时髦。苏州园林一上市，南北叠假山，……。经验交流，师其精神，盲目搬用，其所造成痛苦教训，是值得注意的。”因此，只有充分表达独特性，才能成为成功的重建设计。

知识链接

风景名胜区规划的整体区域协调

历史上最早的黄鹤楼始建于三国时期，位于形势险要的夏口城即今天的武昌城西南面朝长江处。该楼在群雄纷争、战火连绵的三国时期，原是一处“军事楼”，“凡三层，计高九丈二尺，加铜顶七尺，共成九九之数”。随着三国归于一统，从而逐渐失去其军事价值，演变成为官商行旅“游必于是”“宴必于是”的观赏楼。然而兵火频繁，黄鹤楼屡建屡废，仅明清两代，就被毁 7 次，重建和维修了 10 次。最后一座“清楼”建于同治年间，毁于光绪年间，此后百年未曾重修。

黄鹤楼作为山川与人文景观相互倚重的文化名楼，享有“天下绝景”之美誉，与湖南岳阳楼、江西滕王阁并称为“江南三大名楼”。历代文人墨客到此游览，留下不少脍炙人口的诗篇。唐代诗人崔颢一首“昔人已乘黄鹤去，此地空余黄鹤楼。黄鹤一去不复返，白云千载空悠悠。晴川历历汉阳树，芳草萋萋鹦鹉洲。日暮乡关何处是，烟波江上使人愁。”已成为千古绝唱，更使黄鹤楼名声大噪。李白诗句“一为迁客去长沙，西望长安不见家。黄鹤楼中吹玉笛，江城五月落梅花。”更是为武汉“江城”的美誉奠定了基础(图 5-4)。

1957 年建武汉长江大桥武昌引桥时，占用了黄鹤楼旧址，重建的黄鹤楼于 1981 年破土开工，1985 年落成，选址在距旧址约 1 km 的蛇山峰岭上。新黄鹤楼坐落在蛇出之巅，背倚万户林立的武昌城，面临汹涌浩荡的扬子江，刚好位于长江和京广线的交叉处，即东西水路与南北陆路的交汇点上。

登上黄鹤楼，武汉三镇的旖旎风光历历在目。新黄鹤楼不仅成为登高望远、观赏武汉市城市景观的极好观景点，还与龟山、蛇山、长江大桥等构成了武汉市城市意向的中心，成为武汉市城市景观的重要标志(图 5-5)。如今，新楼所处在的蛇山一带已辟为黄鹤楼公园，这是由主楼、配亭、轩廊、牌坊、南楼、诗碑廊等构成的建筑群，建筑群沿山脊走向布置，天然形成一条东西走向的中轴线，轴线制高点为新黄鹤楼(图 5-6，图 5-7)。两侧的亭廊轩榭将主楼烘托得更加壮丽，同时增加了空间层次和纵深感。由于新楼较清代黄鹤楼(以下简称清楼)发生了位移，为了在视线上继续和大江保持联系，只能以增加建筑高度的办法来“换取”距离的缩近。另一方面，蛇山两侧已被高大的建筑包围，黄鹤楼作为城市轮廓的重要组成部分，也有必要增加其体量。这样的处理方式体现出对整体环境的关照(图 5-7)。

图 5-4 历史上的黄鹤楼

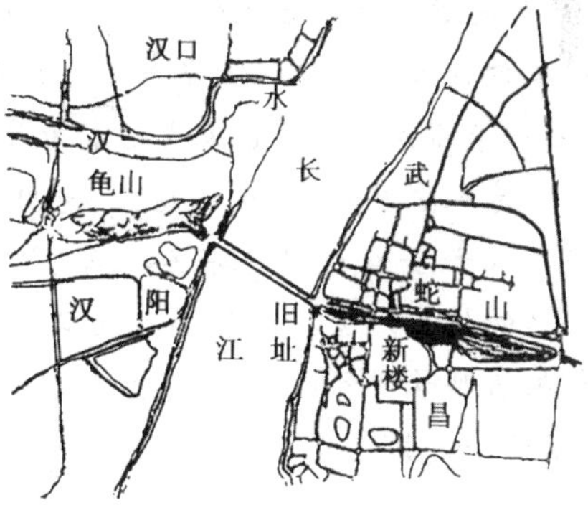

图 5-5 新旧黄鹤楼位置对比

新黄鹤楼的总设计师向欣然，以清朝的同治楼为蓝本，在传承明清黄鹤楼建筑风格的基础上，对黄鹤楼的外观和内部设计做了大胆创新。主体建筑占地 1 200 km^2，建筑面积近 4 000 km^2，楼高 51.4 m，坐东朝西。建筑为钢筋混凝土框架仿木结构，运用现代建筑技术施工。整座楼于雄浑之中不失精巧，富于变化的韵味和美感。从形态上看，新黄鹤楼与清代黄鹤楼既有联系又有区别(图 5-6，图 5-7)：新楼的平面形式与同治楼相仿，为正方形四面各附加一抱厦，即四边套八边形，谓之“四面八方”，这些数字透露出古建筑文化中数目的象征和伦理表意功能。新楼外观保持“下隆上锐，其状如笋”的形体特征和地方风格细部；改三层为五层，比清楼高出两层，使楼体更加高大；将上下一样粗的清朝黄鹤楼，改为底层大、顶层小，中间三层一样粗，具体处理为底层层高最大，并将抱厦拓宽构成“基座”；顶层抱厦取消以产生“颈缩”，并与屋顶一起构成建筑的“收头”；中部各层直通向上，保持清楼独特的形体特征；其中二楼的平座挑出，构成“腰束”，使楼层的节奏更富于变化。为了便于凭栏远眺，每层都设有外廊。各层飞檐出挑深远，起翘陡峻，翼角昂然向上，与清楼完全相同。在建筑细部处理上也尽可能地仿照清楼的做法：如葫芦形的宝顶，高 4 m，底径 4.4 m，基座为荷叶卷边，宝顶尖端装有直径 80 cm 的红色球形航空障碍灯。翼角上的脊饰为倒悬的鳌鱼，清楼檐下有撑栱，但有无斗栱及斗栱什么形式已经无法查明，因此是按地方晚清建筑的传统做法，在补间用斗栱，角科与柱头科一律以撑栱代之。

图 5-6　新黄鹤楼形态

图 5-7　新黄鹤楼与城市的空间环境联系

柯岩风景区是绍兴久负盛名的传统旅游胜地，历代誉柯岩为绝胜之地。曾经的采石场经历代匠人不断采石，鬼斧神工般地造就了姿态各异的石宕、石洞、石潭、石壁等石景。此处在宋代已成为著名的旅游胜地，著名诗人陆游曾有《柯山道上》等咏柯岩的诗作；明代文人雅士在这里建有别业亭园；到了清代，形成著名的柯岩八景。可惜由于历代战火和人为的浩劫，柯岩胜景遭到严重破坏，直至近代就主要剩下柯岩石佛和云骨造像两块造型奇特的巨石矗立在稻田中央。石佛开凿于隋开皇年间，当初原是露天的佛龛，内刻高约 10 m 的弥勒佛一尊，是宗教文化的象征。明代创建普照寺依岩峰将佛龛覆盖。云骨峰上大下小，婷婷袅袅，如云出岫，俊秀挺拔，似石中傲骨。峰壁有清光绪年间镌刻的隶书“云骨”二字，使石峰的形象与意义得到升华，成为石文化的精神象征。清代寺毁之后，石佛峰与云骨相呼应，成为柯岩著名的石景。

绍兴柯岩景区中的名胜石刻天工大佛开凿于隋开皇年间(公元 581—600 年)，据记载：“有石工发愿为此，未成而逝，以禅之子，子复禅孙，三世讫成”。从佛面的丰满圆润与佛身的庞大雄浑来看，为典型的隋唐风格。明万历年间曾于大佛前建有寺庙名曰普照寺，可惜毁于战火。

绍兴柯岩风景区的规划由东南大学建筑系杜顺宝教授主持设计。景区总规划面积 6.78 km^2，以古越文化为内涵，古采石遗景为特色。设计者根据史料、通过实地考察和比较研究，依托原有的景点，将云骨、石佛作为柯岩景区的文化意象予以表现，并使其成为景区最精华部分。云骨和石佛的四周原是采石宕口，后来被土填没，成为平地，盖了寺庙；寺庙毁后，又变成农田。绍兴是水乡，一般废弃的采石宕口均会积水成潭，形成动人景观，因此，最终将石佛和云骨的周围辟为大水面，用水来烘托主题。辽阔的水面营造出以云骨和石佛为中心的主空间形态，开朗而有序，又为观赏石峰以及水池四周的峭壁、山林和建筑增加动人倒影，符合新的时代精神和审美要求。

景区的景观设计蕴含了中国传统的园林意象，引人入胜(图 5-8)。整个景区以云骨、石佛为核心的水体空间，经过轴线的转折形成有序而开朗的空间形态。强烈的主轴线将人们的视线引向云骨，不仅入口广场的道路、石桥和大门的轴线正对云骨，景区内起始于“一柱烛天”照壁的主轴线也对着云骨，突出表现了石文化的精神象征。主轴线经过圆形的莲花广场转而导向石佛，才过渡到宗教文化意象的表现。石佛和云骨以孤石形态存在已历上百年历史，其空间效果和审美形象远胜于将佛龛置于殿宇覆盖之下。因此，将重建的普照寺迁到石佛背面的山崖之下，且使山门与石佛仍保持在同一轴线上。由于地形制约，寺庙其他殿宇的轴线折而向东，沿柯山东麓依山势展开，层层抬升，颇有气势。

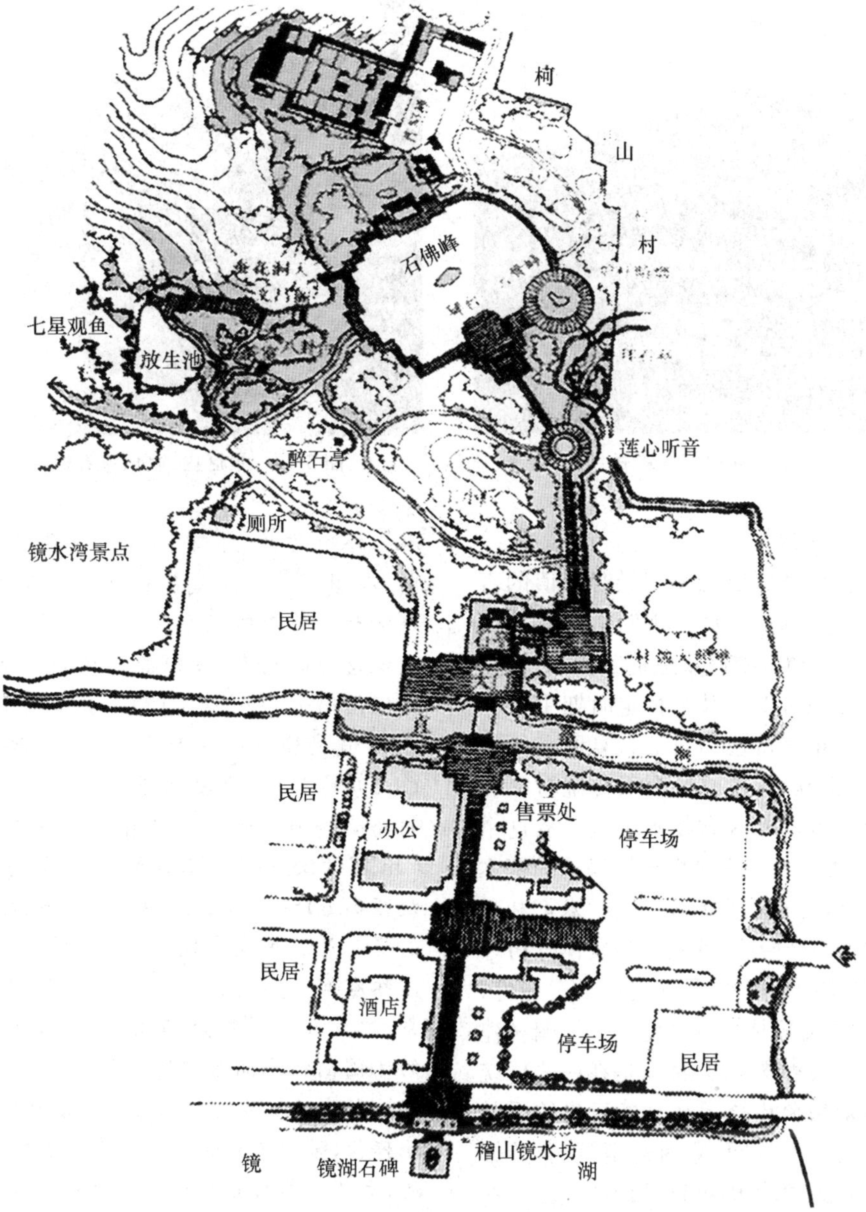

图 5-8　柯岩景区总平面图

明万历年间曾于大佛前建有寺庙名曰普照寺，后来毁于战火。在 20 世纪 90 年代建设风景区时，普照寺作为重要景点要求重建。原有的普照禅寺，外部环境较为单调。考虑到如按明代布局恢复，寺庙将遮盖大佛，整个景区将可能无法呈现出如今开阔大气的面貌，也使柯岩市文化的主题无法得到充分展示。经过综合考虑，设计师杜顺宝先生将重建的寺院建筑群置于石佛和云骨之后的柯山东麓，成为大佛峰的背景，凸显柯岩的主景。建筑群选用唐代风格与石刻大佛相呼应。重建后的普照寺，曲折延伸，山门、钟楼、天王殿、大雄宝殿、观音阁渐次升起，并由罗汉廊连接，占地 10 000 m^2，建筑面积 3 300 m^2，其中大雄宝殿占地 1 000 m^2，高 25 m，并独创唐式重檐结构，屋檐挑出 4.9 m 铺作，像展翅欲飞的雄鹰，翘首在柯山麓中。寺院规模宏大，但体量分散，隐于山中，既是大佛、云骨优美的背景，自身又具备复杂丰富的韵味(图 5-9，图 5-10)。

图 5-9　隐逸于山林中的普照寺

图 5-10　景区内的桥、亭等保持小巧的尺度

2. 复原的原则与方法

复原主要针对有特殊历史意义和景观价值的古典园林建筑，对其加以复原予以“重现”，力求保存历史的原真性。此方法是通过维修或建造手段，以恢复或重现历史建筑曾经在历史上某个特定时期中存在过的面貌的完整性和审美价值为目的。复原必须根据确切的历史图片、文献等，在原址上以传统材料和手法准确再现历史建筑的外观和技术手法。从这个意义上，复原是涉及历史建筑或文物建筑保护的基本原则问题。相比重建，复原要求更多的是学术上和科学上的严谨。复原工程开始前，首先应当具体分析环境状况，及现有资料、技术、材料，有无复原的可能性，另一方面，还应当考察复原是否有价值。传统园林建筑样式在现代园林中仍然被采用，特别是在一些传统园林的复原项目以及仿照传统园林风格新建的园林中。这类园林建筑的平面柱网、立面造型、色彩装饰完全按照传统建筑的法式、规则进行设计和施工。在历史依据较为充分的、严格的复原项目仍采用木结构，以达到神形兼备的效果。园林建筑的复原，必须要有科学的依据和其他必要的条件，经过对考古发掘成果和文献资料的细致、严密的分析后，参照当时的建筑特征才能科学地复原园林建筑的式样。

知识链接

瘦西湖“双峰云线”历史景观修复

扬州瘦西湖的“双峰云栈”曾经是一处著名的景点。清人编选的《芸香诗钞》中收录了一首扬州江都人张鏐所作的《下万松岭到双峰云栈》：“梅花香不断，人影下春烟。岚气林阴合。湖光树杪连。过桥谋野酌。倚石听风泉。欲结云霞侣，何如此地偏。”透过诗句的文字，我们能体味到一个活灵活现的园林空间（图 5-11，图 5-12）。如今这里已经成了一条 12 m 宽的城市沥青干道，当年的“松风水月桥”位置已无踪影，取而代之的是城市公路桥梁。山涧之间的岛屿和山丘地形已经看不到影子，现场是积淤达 6 m 深的淤泥塘。南北视线距离约 125 m，东西视线距离 60～80 m。在这块 10 余亩的现有空间中，怎样充足应用现有地貌，力求复原原有的传统精品园林空间。通过合理的建筑布局，堆叠山石、梳理水系、配置植物等要素，呈现一个“山水云间桃花源”般的休闲园林空间给游览者。

如今的场地已经与历史上发生了很大的变化：场地狭长，深达 6 m 的淤泥塘清运给景观的恢复带来难题；西侧山体的支护桩围护是亟待解决的技术问题。复原设计首先根据历史图片，确定了景点的山水脉络。在江南地区的造园过程中，丰富的理水手法中有着丰富的内涵和独特的构思。任何一个园林空间中，水的地位不容忽视。自唐代起，园林水景借景山水画，而山水画中亦渗透着理水造园的真理，两者互为借用。双峰云栈历史上有一处瀑布；此瀑布的形成是在北侧水域中架设大型水车向池内输水，仅仅是在皇帝驾临之时才会运行。如今，通过现代工程技术，解决了瀑布水源问题，通过上游自然水源排泄，塑造瀑布景象。兼具了上游水系的泄洪任务。

图 5-11 双峰云栈周围历史景观分布

图 5-12 双峰云栈历史档案资料

园林中造山，俗称“假山”，即叠石。在有限的空间中，艺术地再现真山的气势和境界，是艺术与技术的结合，假山源于自然但高于自然，是立体的画。其实，园林中表现的“海”、“瀑布”等各种水面，都是通过艺术的再现，模拟大自然的景致。在模拟大自然的江南园林中，人造山以它丰富的艺术表现力，在园林中占很重要的位置，山体的意境表现得尤为突出。山有“峰峦、崖谷、隧洞”等形式，自清晚期以来的园林作品中，土山都增置叠石，除了起到固土保护作用，更多的是为了再现山林的艺术效果。

在园林建筑方面，扬州地区的园林建筑的木结构梁柱用料较之苏州地区的用料稍粗壮，较之北方地区的用料又较为纤细。其他木装饰构件，如门窗、栏杆、椽子等用料同样有此特点。另外，在建筑物的屋脊、勾头滴水、戗角、柱础、门洞、花窗、垛头、马头墙等建筑细节上扬州苏州两地亦有很多不同点，但万变不离其宗，都遵循江南园林建筑营造典范《营造法源》的传统技艺要求(图 5-13，图 5-14)。

图 5-13 双峰云栈水景修复中效果

图 5-14 双峰云栈水景修复后效果

5.2.3 搬迁保护

搬迁是由于重大工程项目的建设、水利设施的兴建，或是原址已遭受地震、台风等不可抗拒的破坏，将历史遗迹搬离到新的地方的保护方式。《威尼斯宪章》第七条指出：“一座文物建筑不可以从它所见证的历史和它所从产生的环境中分离出来。不得整个地或局部地搬迁文物建筑，除非为保护它而非迁不可，或者因为国家的或国际的十分重大的利益有此要求”。我国的《文物保护法》也指出：“无法实施原址保护，必须迁移异地保护或者拆除的，应当报省、自治区、直辖市人民政府批准；迁移或者拆除省级文物保护单位的，批准前须征得国务院文物行政部门同意。全国重点文物保护单位不得拆除；需要迁移的，须由省、自治区、直辖市人民政府报国务院批准”。

搬迁对历史古迹价值的损害是必然的，但是在城市建设高速发展的过程中，搬迁又是不可避免的。尤其是周围的环境已经改变，古迹即使在原址也显得不太真实。20 世纪 50 年代埃及决定建造阿斯旺水坝，这将意味着尼罗河谷水位的大幅上涨，位于河谷中心的古埃及文明的瑰宝——阿布辛拜勒庙宇将会完全淹没在尼罗河水中。经过埃及和苏丹两国的呼吁，联合国教科文组织于 1959 年发起一场保护阿布辛拜勒庙宇的国际性运动，历时 18 年之久，得到 50 个国家的捐献，达 8 000 万美元，终于将 4 万多块每块重达 0.5～12 t 的巨石块的庙宇迁移到附近的阿纪基亚岛上。拯救阿布辛拜勒运动使人们进一步意识到世界上还有很多具有突出、普遍价值的遗产，它们是大自然的杰作（自然遗产）和人类祖先的杰作（文化遗产），是极其宝贵而不可再生的；它们又是超越国界为人类所共有的；同时显示了世界各国在保护世界遗产时共同承担的责任和团结一致的重要性。这还导致了 1972 年 11 月 16 日联合国教科文组织在巴黎召开的第十七届年会上，通过了《保护世界文化和自然遗产公约》。我国也在 1956 年，因建造三门峡水库的需要，将处于水库淹没区的元代木构建筑永乐宫搬迁了几十千米到芮城县新址。

三峡水库的建设，使得中国正在进行一次历史上规模最大的古迹搬迁活动。根据 2000 年 6 月国务院三峡建设委员会审批通过的《长江三峡工程淹没及迁建区文物古迹保护规划报告》，在 364 处地面文物中，搬迁保护的占 133 项，原地保护 87 项，留取资料 144 项。规模较大的搬迁如大昌古镇，它原来坐落在巫山县长江支流大宁河和洋溪河的交汇处，整体上呈明清风格。三峡成库后，古镇将被长江水全部淹没，必须搬迁复建。搬迁地距原镇址有 5 km，地形、地势与原址相差无几。搬迁过程中将用重点建筑定位，确保搬迁后的古镇仍保持原有的街道布局和空间视角。对于省级重点文物——云阳张桓侯庙的搬迁保护工程则进行了搬迁选址、规划设计和保护方案的反复比较和论证，这个过程促使人们更加深入地思考了历史胜迹与环境之间的关系。张桓侯庙是为纪念三国名将张飞而修建的祠宇，位于重庆市云阳县飞凤山麓，紧靠长江，与云阳县城隔江相对，处于三峡库区淹没范围。对此，提出了两种可供选择的保护方式：一种是随云阳县城搬迁，异地保护；另一种是就地靠后，提升标高。异地保护，古迹与原所处自然环境的关系就会彻底破坏；就地靠后则能使它的景观特征变化最小，但这样做虽然最大限度地保持了张桓侯庙与原有自然环境之间的关系，“却割断了它与云阳社会生活之间的联系，终止了它目前仍然保持着活力的社会功能，使它相对更为重要的文化价值受到损害”。最终，张桓侯庙选择了随云阳县城搬迁的保护方式。《威尼斯宪章》所指文物古迹“不可以从它所见证的历史和它所从产生的环境中分离出来”，这个“环境”应当包含人文环境和自然环境两方面的含义（图 5-15，图 5-16）。

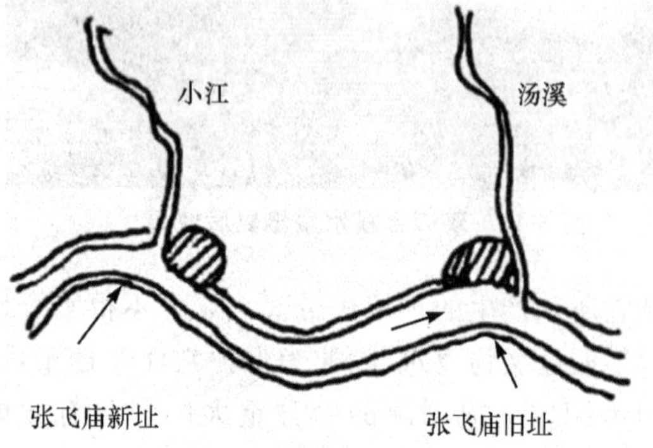

图 5-15　张飞庙地址的搬迁

图 5-16　张飞庙的复原

案例分析

上海松江方塔园搬迁保护

在我国关于历史园林的搬迁保护中较为典型的是上海市松江方塔园，它将古迹搬迁后集中的在公园中展示，创造了集锦式保护的方法。方塔园位于上海市松江城区，园址既是古代文人的会聚地，又是松江遗址的缩影。1974年，按照“修旧如旧”的要求对毁坏严重的方塔进行了动工大修，1977年竣工。同年，上海市革命委员会公布方塔为市文物保护单位。方塔园是20世纪70年代末由著名建筑学家、建筑师和建筑教育家冯纪忠先生规划设计的园林作品。全园面积11.52 hm^2，是一个以方塔为主体的文物公园，其规划设计背景是为了保护基地内遗存的北宋方塔及明代砖雕照壁、宋代石桥和古树等文物古迹，规划后迁入明代楠木厅、清代天后宫等文物建筑，并保留原有大片竹林，适当改造地形，设置构筑物及小品等，为松江城区市民增添了一片休闲游乐的公园绿地。

全园以方塔为主体，景观布置以松江一带“地势平坦、河湖柳荡交织，局部地带冈峦起伏”的特点为蓝本，蕴涵了浓厚的地方特征。其周围虽建有墙垣，却打破了习已采用的以墙围合的内向型塔院的传统做法，而用了隔而不围、顺势引导的手法，并将保留的古树、密植的松林、大片的草地、彩色的花坛、宽阔的水体等自然景色引入，共同组成丰富的景象。于园内，可以从不同的角度来观赏方塔，并随其远近高低，或隔水而望，或登高而眺，时隐时现，构成多姿的景色画面，以获得深刻的印象。整体营造氛围是在安静的环境中以动态的体验式的游历过程来达到观赏文物的目的，反映出了自然、空旷、幽静的特色。设计者通过对园林传统模式的理性思考，采用了中国独特的“园”的文化形式，并且把它发展为一种新的文化格局。这种新的文化格局使得方塔园包容性更大、表现更为丰富多彩、寓意更深广，给人更多的途径和层次去感受、体验、领悟。在这里，传统的造园手法和基本框架依然存在，水面为全园的中心，绕池筑路，建筑也多依水体而展开(图5-17)。

园中古迹除方塔是在其原址，其他均搬迁而来，方塔前的照壁原是明代松江府城隍庙的照壁，抗战期间庙宇遭毁，照壁搬入园中保存。方塔园北面有一座宏伟的殿宇，原是上海河南路桥北境的天后宫大殿，建于清光绪九年(公元1883年)，是该天后宫仅存的一座建筑物。该建筑在搬迁前，所处用地逼仄，被一校舍包围，为保存古迹，迁建在方塔园中以恢复古建风貌。另外散置在松江区中山西路的明代建筑“兰瑞堂”，原为清初江西巡抚朱春的住宅，该厅建筑风格简洁明快、素雅脱俗，梁枋全系素面，斗拱均用于梁枋之间，前廊柱用八角形截面木料，较为少见。今亦拆建于方塔园内，用作“明朱舜水纪念堂”。兰瑞堂门前的大小美女峰石，原是明代画家孙克弘别墅中物；长廊向北有一座小花厅，厅外白粉墙内的五座石蜂，人称“五老峰”，是明代画家顾正谊的濯锦园废址遗物，今均被取来点缀方塔文物公园园景。这些来历各不相同的建筑被组合成群落之后也显得十分协调，与略有起伏的自然地形和树木绿化极其吻合，丝毫不露匠气。

方塔园历史的古建筑则用现代的园林空间加以展示：新的茶厅、入口门架、亭榭等，则以现代结构系统的符号来表现一种新的意境，反映出一种传统与现代的糅合，既符合时代的精神，又表现了传统的内涵。园中新建筑以及围墙多以江南民居的粉墙黛瓦为基调，将传统民居的外表和现代钢结构并置在一起，是对传统形式的转化而非模仿。围墙相对于江南园林较为低矮，将传统漏窗转化成带状框洞，使园内外隔而不绝、围中有透。其次，方塔园在空间的规划上，强调空间的旷与奥、开与合、收与放的对比。如在平面及空间上高低错落的台坛，与较宽阔的广场和方整的塔院形成繁简疏密的对比，从入口空间到中心广场所经历的“石板甬道”或“堑道”的对比处理手法等。甬道是指从北门往南进入塔院广场的步行园路，采用不断转换的直线下沉步道，其左侧有曲线形花坛，强调曲折对比，设计目的在于引导游人的视线进入塔院广时只注重脚下，当抵达广场时，豁然开朗，再抬头仰视方塔，方塔的巍峨感油然而生。堑道位于方塔园北部，是自东门经垂花门往北，再往西进入塔院广场，以花岗岩砌筑两壁的步道(图5-18)。设计意图是为了遮挡原基地北侧五层高的工房，同时堑道也有高差变化，空间也有收放。马先生在《方塔园规划》文中解释为“这是尝试运用我国园林幽旷开合的处理手法”。这类似于古典园林中的“廊”，它层层递进、曲折有致、高低错落，与凹凸有致的花岗岩矮墙、石阶、花台共司围合成空间，并向游人暗示其延伸方向会有所发现，从而把游人引导至方塔广场(图 5-19)。沿途人们体会的是幽闭压抑，直到方塔的出现眼前才顿时豁然开朗。

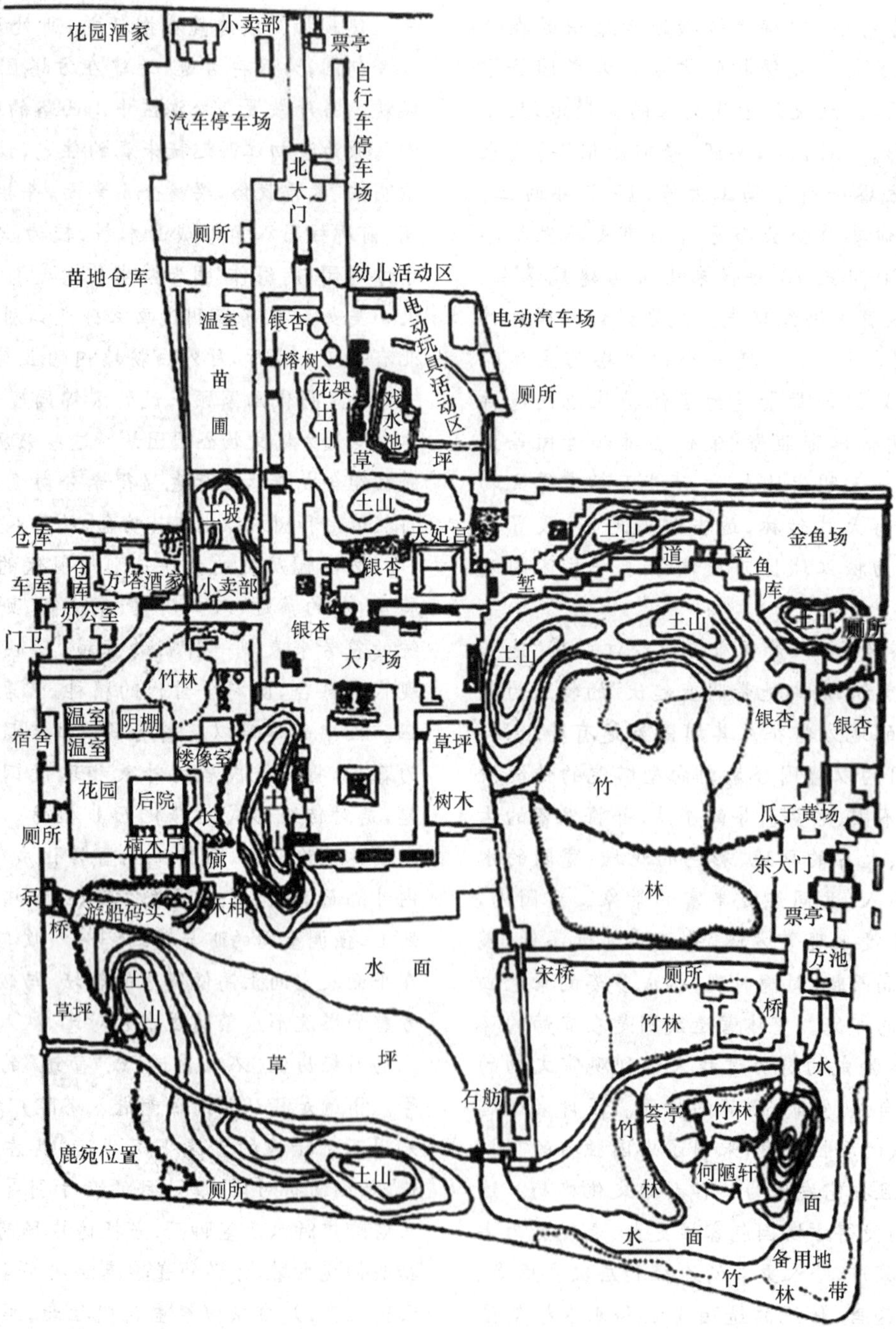

图 5-17　方塔园总平面

图 5-18　方塔园堑道

图 5-19　方塔广场

方塔园主景区布局不同于传统园林主景区所常采用的自由、灵活的布局形式，而是采用简洁且理性的、由直线或矩形组合的较为规整的平面及空间构图形式。从北、东两入口到方塔所在广场，无论在平面上还是空间上都富有几何感。全园道路硬地地坪也均采用方形或长方形制石板或石块铺设。这种平面及空间构图与方塔的形制相呼应，可以称为方塔园的几何表情，具东方文化的清淡静谧的精髓和含蓄内敛的气质。

建筑设计方面，方塔园在建园经费不足的情况下，创新地设计了“经济、适用、美观”的钢构架园门及竹构的何陋轩等建筑。它们都是从现代理性的思想和审美出发，追求东方文化的神韵，在材料、结构及形式的表现上，实现了现代理性与中国浪漫精神的融揉。北大门采用钢构架形式，体现出现代解构美感和力量，以不等坡屋顶和花岗岩组的“似是而非”的传统建筑形象给观者更多的思考和联想：洗练而又复杂，典雅又不乏淳朴。何陋轩位于园东南角的小岛上，是一座竹构草顶的茶室建筑（图 5-20）。设计灵感来自冯先生对松江到嘉兴一带民居样式的记忆，也来自于对宋代“自由、开放”精神的深刻解读。它的落成标志着冯老完成了对现代建筑的全新超越，也表达出建筑的“意动空间”及“时空转换”。何陋轩坐在角度相差 30°围绕轴心旋转的三层台基之上，建筑周围以不同圆心的弧形墙自由环绕，目的在于表达自由的意志，同时产生出光影的时空变换，使轴线的“定向”意义表现得更为精彩，在运动变化中，从无序走向有序。

茶室处于竹林之中，临水而设，整座建筑几乎全部采用传统材料建造，仿佛是用竹竿支起来。以竹子作为骨架，竹子之间用钢丝绑扎，它的结构和构造方式顺应了毛竹的力学性。整个屋架形成了一个空间结构，错综复杂、传力均匀，这和传统的大屋顶概念一致，又与钢结构有异曲同工之妙。用作柱子的毛竹，不管它是支撑高耸的屋脊还是低垂的屋檐，都粗细相仿，以表现均匀受力的效果。竹结构杆件涂白，节点抹黑，一方面强调建筑虽然采用的是传统材料，却传达了现代结构技术理念，表现了结构的全部意义，突出了传统材料的现代意义；另一方是为了让建筑有飘浮感，使得大屋顶下的内部空间不显得太压抑。这样的处理体现了结构本身的美，最终取得传统与现代潜在的默契。

方塔园用现代的设计手法营造了一种古典的韵味，用质朴与简洁构筑了一种恒久的生命力与历史感。观者置身方塔园自然产生“思古之幽情”，又能感受到文物公园的肃穆、静谧的纪念性气氛。该园还体现出传统与现代的交织和对话，诠释出古今融合的氛围（图 5-21）。

图 5-20　塔园中的何陋轩

图 5-21　质朴简洁的设计处理

5.2.4　风貌设计

风貌设计遵守的原则有如下几方面。

1. 保持文化的延续性

保持文化的延续性，首先要从文化地理的视野中观察场地的来龙去脉，把握并延续场地所根植的文化。常青教授主持的无锡“文渊坊”保护规划中，保护对象是江南民居、祠堂、易地移建的文庙戟门、学宫等等，这个规划也采取了同样的方式：“具有风土特征的老建筑已有一定的规模，只要控制住新建筑的体量，就能保住老建筑的主导地位和环境气氛。因此，东西两侧的新建筑在一定的控制下，拟采取现代风格，与老建筑‘相反相成’，拉开时间距离，使二者在对比冲突中取得和谐。”“在直接发生冲突的部位以玻璃连廊作过渡空间，使二者既分割又联系，……”常青教授提出这种做法是新老建筑的“对比性”和谐和“冲突性”和谐，就图面而言，只能看出新建筑为玻璃和钢制品，旧建筑是典型的江南传统木结构。因为笔者尚未见到过按这种方法建成的实物，不便评说，而且笔者也很赞同常青教授提出的“修旧如旧、补新以新”的观点，但同样的形式与石库门里弄相加是成功的，和江南传统木结构相加就未必能达到“和谐”。

2. 保持场所特征的延续性

保持场所特征的延续性，意味着在风貌保护中应当尽可能保留场所的标志性特征。这个标志性特征可以是形象上的，如夫子庙的奎星阁、聚星亭、天下文枢坊等沿河景观中的特征最鲜明的部分，即通常所谓的“地标”(landmark)；地标通常是占据空间中重要位置或能与背景形成对比的景物，它是人们确认场所的重要参考，风貌保护中保留标志物已是一种共识。如村镇景观保护中首先保护风水塔、村口大树等。

3. 保持生活的延续性

延续生活既是设计的目标也是检验设计成败的标志，“因为只有在生活中继承了真正的文化，才使人感到历史的存在。”风貌保护的目的就是为维系和加强居民之间以及与他们生活的城市环境的情感纽带。日本学者早川和南认为“保存、保护历史环境就是保存、保护从古至今的人的关系”。关于夫子庙，人们总是回忆起大成殿前广场上聚集的游戏杂技者，河上则是“桨声灯影连十里，歌女花船戏浊波”，可见与场地有关的记忆总是联系着某种活动。而设计的目的则是为这些活动提供机会。通过调查，夫子庙的设计者认为：活动具有维持风貌的能力。因此既要通过设计引导活动又要让活动启发设计。最后的场地空间规划是来源于传统的交易方式和“逛”

这一活动的特征。空间是有等级的：街、巷、广场；有静态的也动态的；有收有放。今天夫子庙始终洋溢着的浓郁的生活气息就是设计成功的最佳证明。

案例分析

武侯祠公园与锦里民俗商业街风貌设计

成都武侯祠，位于四川省成都市南门武侯祠大街，是中国唯一的君臣合祀祠庙，由武侯祠、汉昭烈庙及惠陵组成。成都武侯祠始建于公元 223 年修建惠陵之时，其中，武侯祠建于唐以前，初与祭祀刘备的汉昭烈庙相邻，明朝初年重建时将武侯祠并入，形成了君臣合祀，祠堂与陵园合一的格局。除惠陵以外现存祠庙主体建筑为 1672 年清康熙年间复建。1961 年成都武侯祠被国务院公布为第一批全国重点文物保护单位。1984 年成立博物馆，2008 年被评为首批国家一级博物馆，享有“三国圣地”之美誉。锦里民俗商业街是依托于武侯祠历史公园而设置的集民宿体验、购物观光、非物质遗产展示为一体的风貌区，和武侯祠三国历史遗迹区、南郊公园一起构成面积 15 万 m^2 的全世界影响最大的三国遗迹博物馆(图 5-22，图 5-23)。

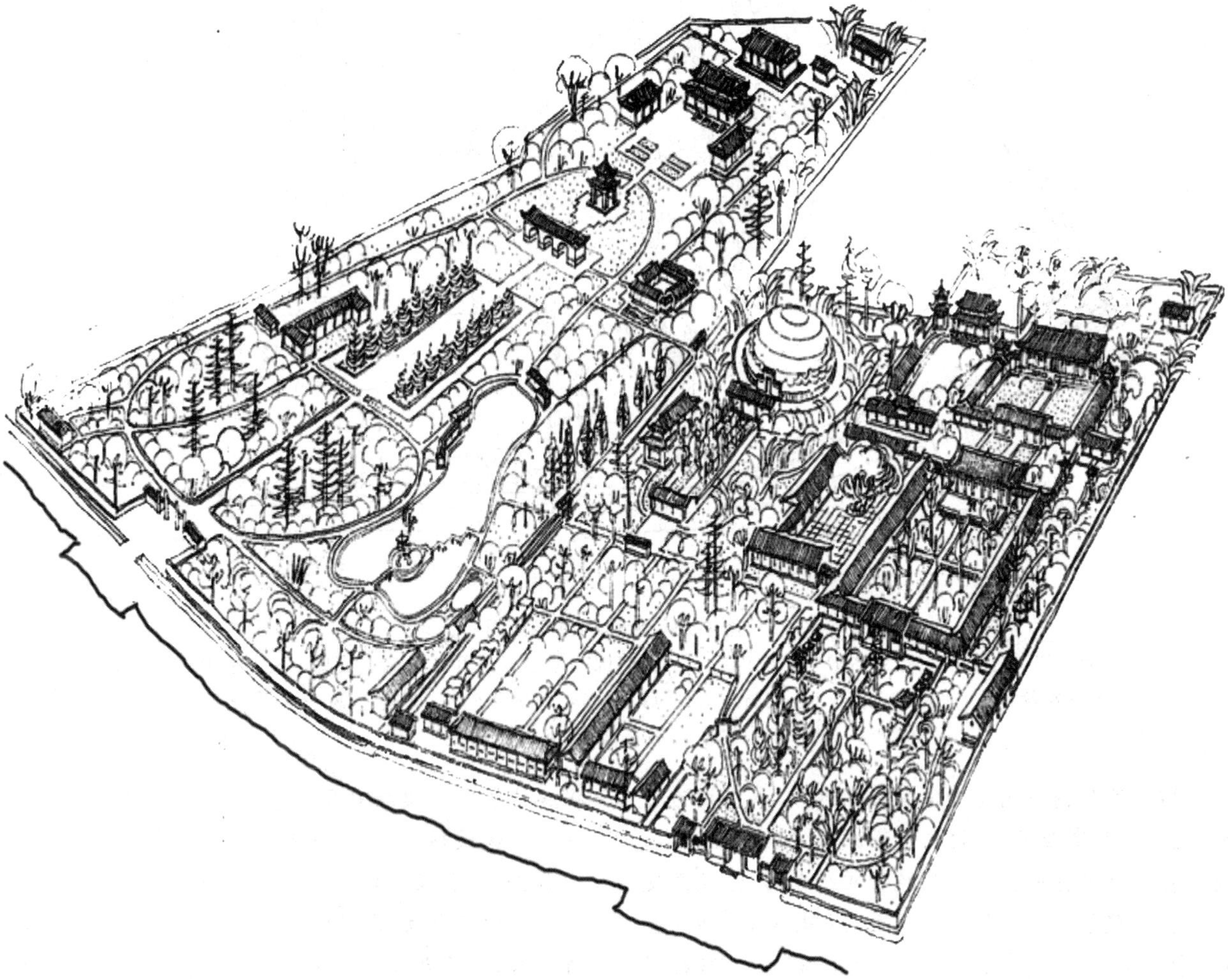

图 5-22　西蜀名园成都武侯祠

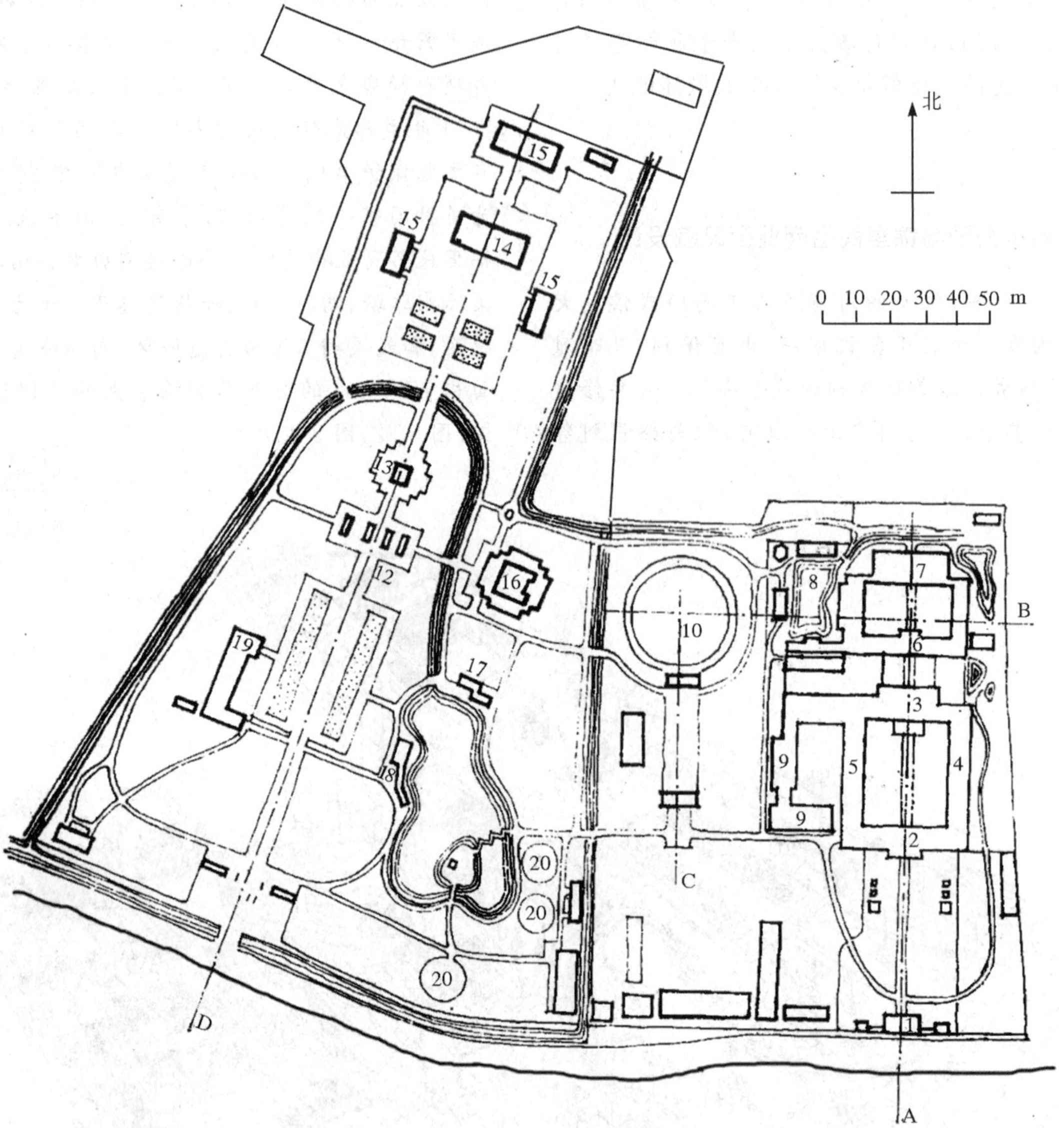

图 5-23　武侯祠总平面图

1.武侯祠大门　2.二门　3.刘备殿　4.文臣廊　5.武将郎　6.楹联过厅　7.诸葛亮殿　8.桂荷楼　9.茶园小卖　10.惠陵刘备墓　11.公园大门　12.三洞门　13.碑亭　14.荐馨堂　15.展室　16.办公管理　17.游船码头　18.廊榭　19.茶园　20.儿童设施

锦里民俗商业街与武侯祠公园结合，以保护为目的，适当进行商业开发，把文化资源转化为文化资本，将历史文化遗存保护与产业经营相结合，是保护开发最核心的思想。把武侯祠和锦里结合起来，互动式发展，带来了更多积极的意义。在保护模式上，依托武侯祠三国文化修建的锦里，将文化与旅游结合，很好地探索了文博事业如何既做文物保护又做产业经营，摆脱传统保护模式中存在的弊端，实现积极意义上的保护。武侯祠与锦里，一静一动，相得益彰(图 5-24，图 5-25)。在经济发展层面上，休闲街能为博物馆带来固定的门票收入，博物馆也可为休闲街带来一定的流动人群，两者可以形成良性循环。这部分收入为武侯祠自身的翻新、修复提供了可观而持续的经济支持，从而走出了单纯依靠政府拨款和门票收入来维护自己的尴尬境地。在文化展示上,"锦里"一条街的修建与营运,不仅盘活了武侯祠博物馆的固定资本,同时成为三国文化的一次意味深长的延伸和放大。在这条长350 m的仿古新街上,川西民居的建筑风格、传统小尺度的街巷空间、蜀锦蜀绣蜀笺蜀酒等特色店铺,无不体现出川蜀地域文化的特色。在功能布局上:武侯祠是国家级文保单位,从文物保护角度看,只能向游客作静态的展示。锦里一条街将旅游的"吃住行游购娱"这六大要素充分融合,游客在参观游玩当中还能体验到特色名小吃、川菜、民间手工艺术等四川民俗的精华,全方位的满足现代游客体验式、休闲式、娱乐式、互动式的旅游需求。

图 5-24 武侯祠

图 5-25 红墙绿竹的院内景色

(1)突出文化特色的风貌设计主旨。在"三国文化"中,成都武侯祠具有独特性和不可替代性,它是全国最大的三国遗迹博物馆,具有千年的历史。"三国文化"成为"武侯祠—锦里"这一新老综合体的文化之源。锦里虽是一条新建的仿古步行街,却以"三国文化"为依托,以蜀锦为主线,以川西民居为特点,梳理出千年文脉,传承古蜀智慧,为新街注入了"古蜀文化"的精华,成为蜀地民俗文化的"博物馆",为古老的武侯祠博物馆带来了新的活力和内容的补充,是新与旧的碰撞,历史与现代的融合。

(2)保护非物质形态文化为目的的功能布局。对于历史文化遗产的保护不但在于它有形的历史遗存而且还在于无形的民间艺术、民俗精华等无形的文化内容。"锦里",这个不到400 m长的小巷古街,在注重保护有形物质文化的同时,还开发式地"抢救"一些日渐消失的民俗文化遗产,展示了巴蜀大地久远长存的川西民俗文化。其饮食文化、府第客栈文化、蜀锦蜀绣文化和民间艺术文化四大展示区异彩纷呈,集中推广四川特色小吃、工艺品、川菜、川茶等,再现了四川民风民俗的独特魅力,以一种积极的方式保护了常常被人们忽视的非物质形态文化。

(3)再造传统街巷格局的平面布局。锦里是一条仿古步行街,采取"新建如旧"的原则,与相邻的武侯祠建筑群相呼应。在统一的文化主题下,对建筑的风格、尺度、材质等都进行了精心的设计和安排,传统符号元素的运用有效传达民族文化个性,营造出三国风情浓郁、建筑尺度宜人、地方特色强烈的购物游憩空间。其建筑风格以明清四川古镇建筑风格为主,建筑色彩总体上以青黑、灰白、木黄为基调。商业空间组织上,采用基本的哑铃式布局。同时,在街、广场、庭院等面状元素中点缀牌坊、诸葛井、碑碣等点状景观要素,使得整个商业空间丰富而有变化。锦里的平均宽度为3～4 m,最宽处也不过6 m,小尺度空间创造不仅有利于传统街巷空间感的形成(图5-26)。

图 5-26 锦里恢复了传统街巷格局

5.3 历史园林特色植物的保护

5.3.1 植物在历史园林的作用

在中国古典园林中，通过合理、恰当、巧妙地配植植物，园中的山、水、建筑才有灵韵。植物作为唯一具有生命的造园要素，其自身以及所营造的植物景观在历史园林中发挥着重要的作用。

1. 体现风水

在历史园林中，植物的配置、布置与风水学有着密不可分的联系。主要表现在几个方面。第一是阴阳论。“阴阳”萌发于古代先民观察天文地理的经验理知，只作为太阳日光向背的意义而出现，向日的为阳，背日的为阴。阴阳一词典出《诗经・公刘》中“即景乃冈，相其阴阳”，描绘周民辩证方位，规划营宅。随着人们认识的不断提高，阴阳论逐渐演化为一种哲学概念，最早见于《易经・系辞》：“一阴一阳之谓道！”。而后“阴阳合则生，阴阳离则灭。阴阳错则变，阴阳平则恒”。这两句解释了自然界和人类社会是两种互相对立消长，矛盾而又统一着的动态平衡势力，包括宇宙万物。如日月、昼夜、明暗、动静、内外、男女、刚柔、迟速等等。古典园林中的植物景观并非是随意安排的，而是处处体现着一种阴阳平衡的和谐之美。清代高见南《相宅经纂》：“东种桃柳，西种栀榆，南种梅枣，北种奈杏”。还有“青松郁郁竹漪漪，色光容容好住基”，“白兰屋前种，美花香气送”，“向阳石榴红似火，背阴李子酸透心”等说法，虽然这些要求貌似只符合风水理论，事实上却具有科学道理，完全符合所栽植物的生态习性。园林植物阳生树是“阳”，阴生树是“阴”，那么将阴生树置于北面，阳生树置于南面或阴生树置于阳生树下，这样互相搭配，正是体现“阴阳合则生”的规律。陈从周的《续说园》中：“牡丹香花向阳斯盛，须植于主厅之南。”开朗旷达之地，早晨受初升之旭日，傍晚又可得到晚霞的光照，宜栽喜阳之花木。《花镜》：“松柏骨苍，宜峭壁奇峰”，完全符合松柏类耐旱不喜湿的习性。

因此，在古典园林里牡丹向阳作台，衬以文石阑干；墙阴植如女贞、竹类等耐寒植物；背阴且能略受阳光之地栽植桂花、山茶之类；阶下石隙中，植如沿阶草等常绿的阴性草；池沼低洼处则点缀垂柳等等（图 5-27）。

此外，植物间、植物与人以及植物与环境的关系，形成了相生相克关系的经验总结性口碑文载，见于许多民谚和诗文中，如宅后有榆，百鬼不进；曼陀罗花开，蛇蝎虫遭灭；葡萄栽在松树旁不结果，栽在榆树旁结酸果；葡萄架下不宜睡卧，其气场对人体不利；松树、柏树能够分泌出强烈芳香的挥发性物质，具有较强的杀菌消毒能力。有关资料认为，每公顷松树或桧柏林一昼夜能分泌出 30～60 kg 的杀菌素，这些杀菌素甚至可以杀死飘浮在空气中 2 km 以外的细菌和病毒，保护人的身体健康。但孕妇宅旁则不宜植柏树，其气味促呕。另外，根据植物的五行来布场，不仅力求景观美，而且更注意发挥植物的功能，以创造出良好的可居环境。如五行属火、五色属红系列的植物，如石榴、红枫、象牙红、红千层、红背桂等有助于心脏和神经的调节；五行属金、五色属白系列的植物，如白千层、柠檬桉、九里香、白玉兰、白睡莲、冰水花等有助于肺部的调节；五行属木、五色属绿系列的植物，如绿牡丹、绿月季及绿色林木等有助于肝部的调节；五行属土、五色属黄系列的植物，如黄素馨、金桂、金菊、黄钟花、黄玫瑰等有助于脾胃的调节。

图 5-27　常见于古典园林中的牡丹园

2. 均衡布局

中国古典园林向来以含蓄为美，尤其是占地通常较小的江南古典园林，其植物景观形成的空间是运用植物本身以及同其他造园要素结合所创造出的一个天地。运用欲扬先抑、藏露相融、以少胜多、小中见大、虚实衬托、动静结合等模式，采用借景、对景、点景、补景、障景等手法，增加空间层次感，从小空间创造出大空间，使室内外相通、相透、相补，整个空间布局在同一中有变化地营造出和谐美。

历史园林中的动态性通过植物的季相变化充分展现出来。传统园林设计中一般春季可赏玉兰、海棠、桃花，夏季可赏荷花、芭蕉，秋季可赏菊花、石榴、桂花，冬季可赏松柏、梅花等。在植物配置上要求春夏景物疏朗明快，从而表现出冬夏有别的季节变化。如拙政园中春季“雪香云蔚亭”的梅花凌寒绽放、“海棠春坞”的海棠繁花似锦，夏季“嘉实亭”的枇杷树结成累累金丸，秋季“秫香馆”墙外稻花飘香，冬季“松风水阁”的松竹凌寒不凋(图 5-28)。

3. 画龙点睛

植物在历史园林中还经常起到画龙点睛的作用。造园者用较少的笔墨，略施小筑，可使园林注入灵气，顿时移情生辉，俨然构成一幅优美的天然画卷，而其中的题诗作词更是成为景中的点睛之笔。如拙政园中部景区的“荷风四面亭”，亭中观赏荷叶、垂柳，清风徐来，荷香沁人，无比贴切；留园“闻木樨香轩”，位于假山之上，遍植桂花，中秋时节，月桂香飘四方；网师园“看松读画轩”，轩南远山近水，树坛中植圆柏、罗汉松，姿态奇特；狮子林“暗香疏影楼”(图 5-29)，四周栽植梅花，是赏月闻香的夜游园。

图 5-28　拙政园冬季“松风水阁”

图 5-29　狮子林暗香疏影楼

4. 拓展空间

在一些情况下，植物在园林中还起到拓展空间的作用。植物运用藏露结合，以植物的自然体态装饰砖、瓦构筑的建筑背景，以达到“围墙隐约于间”的自然之趣(图 5-30)。如拙政园的枇杷园西墙、沧浪亭中沿墙而上的爬山虎；网师园东墙的木香。此外，在围墙前稍做地形，使植物高低错落，墙面若隐若现，产生远近层次延伸的视觉空间，不仅自然气氛倍增，且高低掩映的植物更可造成景深幻觉，扩大景观空间感。如留园“揖峰轩”北天井中，用竹石作墙隅配植，通过空窗形成一幅幅画面；耦园一角，几块湖石坐底，寿星竹作背景，石笋耸于其前，边植罗汉松，简洁明朗；网师园“殿春簃”的北天井，对着漏窗，用蜡梅与湖石组合成窗画，坐在室内，北面观画，南面赏景，前瞻后顾，南北逢源(图 5-31)。

图 5-30　植物的藏露结合

图 5-31　网师园东墙的木香

5. 丰富构图

造园理论中不乏“水必曲，园必隔”，“不妨偏经，顿置婉转”等经验总结。“曲”早已经是中国古典园林最重要的一个特点。为与自然风景的“曲”相协调，造园者们常常将要素以曲代直。对于园中植物，则主张“取其自然，顺其自然”，保持它们本来的姿态，在姿美、色美、味香和品位的选择标准中，首要的是姿美，即树冠的形态、树枝的疏密曲直、树叶的形状等都追求自然的优美曲线。如怡园湖岸，树干弯曲、斜临水面，呈临水式的白皮松；耦园假山高处，树干弯曲，倒挂于峭壁之边，呈悬崖式的瓜子黄杨；网师园“看松读画轩”花台，树干横卧于地面，呈卧干式的黑松；狮子林“指柏轩”前假山，树干屈曲，树枝下垂，苍劲古朴，呈曲干式的古柏。

6. 象征意义

象征，形著于此，而义表于彼，以具体的事物或符号表达特定的含义，具有约定俗成的民族性特点。中国古典园林在造园之初，即被深谙传统文化思想的园主或造园家们在作为意识形态外在体现的园林植物景观中，不仅仅停留在植物色彩、姿态、香味等引起的感观愉悦上，而是更注重植物文化的象征内涵。同样，在流传下来的习俗文化当中，风水学也充分应用了植物特定的象征寓意。

植物与吉祥语的谐音寓意。如橘(吉)、芙蓉(富荣)、桂(贵)、枣(早)、桐(同)、榉(举)、槐(怀)、竹(祝)、荷(合、和)、莲(连)、柏(百)等。另外，还有槐树来代表“禄”，后人常于庭院植槐；自古视“灵芝”为祥兆，吉祥图可见鹿口或鹤嘴衔灵芝，常用作祝寿礼品；梅花因有五瓣被认为是有五个吉祥神，常有“梅开五福”图；无患子受到尊崇，果实俗名鬼见愁，佛教称为菩提子，可串联作念珠，有它“无患”；月季因四季常开而视为祥瑞，有“四季平安”意蕴，与天竹组合为“四季常春”；松柏因四季常青、树龄较长而寓意长寿；牡丹被视为“富贵花”，常与玉兰、海棠、桂花搭配在一起，寓意“金玉满堂”。如网师园万卷堂前植玉兰、女厅前植桂花，春观兰、秋赏桂，饱含祥瑞富贵之意。民俗中“家有梧桐树，何愁凤不至”。《庄子·秋水》：“夫宛鸟鵷发于南海而飞于北海，非梧桐不止，非练实不食，非醴泉不饮。”都有梧桐树招引凤凰栖息之意。如耦园东园西墙边种植梧桐，园主沈氏把夫人比喻为凤凰，将其招引来东花园栖息，与自己共度时光（图 5-32）。

图 5-32　网师园看松读画轩前花

此外，历史园林立意还根据植物的象征性赋予不同的品格。如松、竹、梅、菊因傲霜、高风亮节被誉为“四君子”；其中松、竹、梅又因其耐寒习性而被誉为“岁寒三友”，怡园拜石轩厅南院，遍植松柏、冬青、梅、山茶、翠竹等，经冬不凋，四季常青，且以松、竹、梅为特色，故又名“岁寒草庐”；兰因有王者香而被赋予高士的品格；此外，丁香、桂、含笑、茉莉等往往因其特殊的芬芳而被比作丽姝佳人。

植物的象征寓意也存在一些人们忌讳的方面。造园主常常避讳在院子门前种桑树，谓之桑（丧），有“出门见丧（桑）”之不详寓意；门前种桃，谓之桃（逃），“兆”为“富贵”，即有“富贵逃散”之意；古时，柳木常作“丧杖”和“招魂幡”，栽柳于后门，则有“子孙散尽”之意；植苦楝树，有“主人食苦果”的意思；在主院内种植大树，“大树通轩，疾病连绵”，俗谓之“阳气不通，阴气升腾，吉利不至也”；桉树则被视为“凶兆”之树。

5.3.2　园林植物的保护方法

历史园林特色植物是园林的重要组成部分，在丰富园林景观、增加景深层次、局部生态环境构成等方面发挥重要作用，是衔接园林建筑、叠山、理水三者间的过渡环节，也是园林构成诸要素中唯一具有生命的元素，同时也是园林景观中极易发生变化的要素。由于花木本身的特性也包含了地区特有的民俗习惯及中国文人士大夫的情感，这又赋予了花木丰富多彩的文化寓意。大风、雷击等自然灾害都可能危及花木景观，甚至导致死亡。随着时间的推移，花木高度、冠幅发生变化，也直接影响园林景观效果。因此，加强对历史园林特色植物的保护尤为重要。在历史园林保护中如果植物配置不到位、艺术性较差以及植物虫害，就很难反映出历史园林完整的艺术价值。

苏州耦园的植物保护，与历史景点相结合，在严格考证的基础上进行修复与保护。

1.“诗酒联欢”门楼庭院

位于住宅第三进楼厅的“诗酒联欢”庭院，原来的植物配置存在常绿落叶搭配不合理、密度过大、空间闭塞、采光较差、艺术性偏低等问题，并且地坪较低，雨水排水不畅，导致地面潮湿阴暗。景观效果、文化内涵与古典园林的意境不符，也不利于古建筑的保护。整个庭院的植物调整与地面改造相结合，充分利用庭院东西两侧的青石花坛。花坛内植物种植方面，遵循传统，体现苏州园林的特色。参照苏州园林大多在庭院内堆叠花坛种植牡丹的传统。西侧花坛内也种植牡丹，东侧花坛种植传统玫瑰品种。同时，利用地坪改造时预留的 4 只树穴。北部靠近楼厅处保留原庭院的 2 棵白玉兰。南部靠近砖雕门楼处 2 只树穴分别种植木瓜，寓意吉祥，象征多子多福。调整后的整个庭院空间开朗，采光较好。植物配置高低搭配．线条轮廓柔美流畅，艺术品位也有较大提高(图 5-33，图 5-34)。

图 5-33　诗酒联欢调整前

图 5-34　诗酒联欢调整后

2.“无俗韵轩”南北庭院

“无俗韵轩”为中部住宅与东花园过渡的小型庭院。根据考证，南侧区域为菜圃，是园主欣赏田园风光之地。北侧区域为太湖石峰、湖石花坛与植物结合的小型庭院，其中湖石花坛假山堆叠艺术水平较高。

南侧庭院的植物配置品种单一、密度过高．主要品种为蜡梅、桂花。为了展现田园风光，调整时移出部分桂花和蜡梅，增加花木品种，适当补种红梅、绿梅、果梅、枇杷、木瓜等，并对花木进行修剪。北侧庭院三层湖石花坛内植物配置主要为桂花，品种单一、密度较高，由于疏于修剪，桂花冠幅增大，影响其他花木的生长。另外，由于日常管理不到位，花坛内水土流失严重，层次不明显，比较模糊。此次整修对庭院内的植物配置进行适当调整。原有桂花 2 棵，分布于花坛第三层次东西两侧，过于密集。现移出东侧桂花 1 棵，将西侧靠墙的 1 棵桂花重新植于东侧花坛第二层，为将来桂花的生长预留空间。同时，在西侧靠墙花坛第三层原桂花位置种植白玉兰 1 棵，第二层花坛白玉兰前种植二乔玉兰 1 棵。调整结束后，整个庭院植物的色彩、季相景观十分明显，较之整修前有了很大的提高。

3. 东花园黄石假山区域

东花园黄石假山为耦园前身清初涉园遗迹，假山堆叠技艺十分高超。假山东部区域原有黄杨、女贞、朴树、国槐等树木，山林景观十分明显。2001 年的一次强对流天气将一棵 100 多年的朴树刮断．并压坏国槐、女贞以及东部悬崖临水处古老树木黄杨，导致假山区域主要植物景观完全消失。黄杨由于主干损坏，长势较差，于 2008 年 4～5 月间死亡(图 5-35)。经过多次论证和听取专家意见，整修时决定黄石假山区域必须以保护假山为主，兼顾植物造景需求，营造山林景观。为了确保树木补种后与周围建筑等景观协调，形成逼真的山林景观，工作人员反复多次至新郊区寻找合适的苗木，对种类、高度、造型等方面进行严格挑选。最后，在东部悬崖临池处原黄杨位置补种 1 棵造型与黄杨相似的黑松。由于女贞、国槐根系发达，逢大风雷雨天气极易倾倒，对假山有一定的破坏作用。考虑保护假山的需求，在原女贞位置补种 1 棵二乔玉兰，国槐位置补种 1 棵青枫。树木补种后，山林景观十分突出，与周围景观协调。耦园植物的调整借鉴了多年来园林管理的经验，选用乡土树种营造植物景观，具有明显的地域特色(图 5-36)。

图 5-35　东花园黄石假山植物复原前

图 5-36　东花园黄石假山植物复原后

5.3.3　古树名木的保护措施

(一)术语

(1)古树:树龄在 100 年以上的树木。

(2)名木:珍贵、稀有的树木和具有历史价值、纪念意义的树木。

(3)古树名木分级:古树名木分为一级和二级。树龄在 300 年以上,或者特别珍贵、稀有,具有重要历史价值、纪念意义和景观作用的古树名木,为一级古树名木;其余为二级古树名木。

(4)古树名木复壮:对生长衰弱或濒危的古树名木所进行的改善生长环境条件,以达到恢复树势目的的措施。

(5)根际环境:古树根系区域土壤的综合环境。

(6)土壤矿质营养元素平衡:根系分布区域的土壤中,各种矿质元素含量的平衡关系,使土壤中不发生元素缺失或元素过量。

(二)古树名木的土肥水管理技术措施

1. 根际环境

符合树种特性要求的良好的根际环境是古树根系正常生长的最基本环境要求和条件,主要表现在根系环境土壤要具有较好的颗粒结构和良好的疏松性、透气性、滤水性,具有齐全而平衡的营养支持等。古树根际环境日常管理的主要技术或措施有以下几项。

(1)古树名木生长的土壤应疏松、透气性好,有效孔隙度在 10%以上,容重在 1.35 g/cm^3 以下,pH 为 6.5~7.5,含盐量在 0.3%以下。土壤立地条件发生改变,不适合古树名木生长的,应采取土壤改良措施。

(2)距树干 5 m 范围内不得采用硬铺装,如确需铺装,应采用适当透气的铺装材料。

(3)在根际环境许可的条件下,古树名木根系区域应适时进行中耕锄草,并保护其周围的有益植被。

2. 浇水与排水

符合古树树种特性和季节性要求的水分环境是古树正常生长的重要条件之一。古树根际环境水分日常管理的主要技术或措施有以下几项。

(1)每年必须浇足返青水和冻水。干旱的年份,春、夏两季旱时也要补水。无铺装情况下,浇水面积应不小于树冠垂直投影面积,浇水要浇足浇透。

(2)古树名木生长的土壤含水量应在 7% 左右。如果含水量过高,应做排理;如果含水量过低,应适量灌溉。

3. 施肥及营养元素平衡

古树经多年生长,会亏缺某些元素,若不进行施肥补缺,会影响树木的生长。古树根际环境施肥与营养日常管理的主要技术或措施有以下几项。

(1)施肥应以有机肥为主,无机肥为辅,有机肥必须充分腐熟,也可根据土壤检测结果配制古树专用肥。

(2)施肥应在吸收根密集分布区域内进行。

(3)古树名木可每年施肥一次,施肥位置应轮换。施用有机肥以土壤解冻后的早春或落叶后的晚秋为宜。

(4)施肥必须根据树木的需要,及时施肥。施肥量应根据树种、树木生长势、土壤状况而定。施肥时应注意树木的物候期,依照肥料的种类,不施大肥、浓肥,应勤施淡肥。当土壤干旱时应及时补水,若有积水应及时排涝。

4. 古树名木的复壮管理技术措施

在古树的保护和管理中,由于古树树龄较长,生理机能下降,会有一些古树的树体严重衰弱或濒危。对生长衰弱、濒临死亡的树木应加强复壮管理。对于树冠生长不良的应寻找原因,对于土壤环境恶化的,应设法保护和促进根系生长,使地上和地下各部分生动平衡。采取的措施包括打孔、换土或加土、施肥等,改善根际土壤环境,以防止土壤过度紧实、营养不足或营养失衡。古树复壮管理的主要技术或措施有以下几种。

(1)松土、覆土、覆沙。有些古树出现较为明显的生长不良,可能是因为根际土壤板结或根际土壤的覆土厚度不够。对这类古树根际环境,可采用松土、覆沙、覆土等措施来改善树根的通气透水状况。另外,可采用培土、砌石台等措施来增加其根部的营养吸收面积,采用根部打孔与换土的方法来彻底改变其根系的生长环境,促使根系萌发新根,增加吸收根与土壤间的有效面积,从而提高营养吸收能力和效率。

(2)增加客土。有些古树名木,因保护不力,水土流失严重,根部裸露在外;或原根际土壤板结、营养失衡等,已不具有古树根系生长所需要的土壤理化结构和性能,使古树根系生长受限。对这类古树根际环境,应在原根际土壤环境中增加部分客土,覆盖根际,改善根际土壤环境理化结构和性能,满足古树根系生长的需要。

(3)换土。有些古树出现较为严重的生长势衰弱,这是由于根际范围内的大部分土壤长期处于板结、营养贫瘠或失衡状态,抑制了根系的生长。对这类古树根际环境,必须进行换土。换土的主要技术或措施是:在树冠投影范围内,对大的侧根周围进行换土。换土时深挖并注意随时将暴露出来的根用浸湿的草袋盖上,把原来的土与沙土、腐殖土、腐熟的牲畜干粪和锯末、少量化肥和3%呋喃丹混合之后重新填埋,随后充分灌水。

(4)扩大树池。有些古树由于根际范围的地面铺装面积过大、过于密封,树干基部树池又过小,根系环境长期不易透水透气,使古树生长不良。对这类古树根际环境,可扩大树池。树池可设置成方形、圆形或其他形状,树池大小可根据树木立地条件而定,尽量留大。在立地条件较好、人流较大的地方,树穴安装铁箅(与地面成一水平面),穴内放置鹅卵石,以增加通透性及涵养水分。

对阔叶类古树、古油松、古侧柏这类古树的复壮基质宜采用松树、栎树、槲树、杨树等的自然落叶,将60%的腐熟落叶和40%的半腐熟落叶混合,并加入适量的菜园土和必要的营养元素配制而成。

5. 已损古树名木树干保护的修复技术措施

古树树干空心现象较普遍,多数是由于古树的木质部腐烂,造成大小不等的空洞,而木质腐烂的空洞又容易引起更严重的树干腐烂和病虫侵害,对古树的生长影响较大。因此,古树名木树体出现空洞,应及时采取修补、填充等处理技术或措施。

据调查分析,古树名木树干中空的主要原因是枝干遭各种因素毁损。创口小者可愈合,很少影响其生长和外观,而创口大者则无法愈合。残留枝干枯死后遭雨水侵蚀而腐朽,形成空洞,其甚者可丧失大部分树冠和枝干,危及古树生命。引起枝干毁损的主要原因是风、雨、雷电、病虫等自然灾害的危害和人为砍截、剥皮等。其次,各种原因导致生境恶化,如遮阴、铺地闷根、蓄水、污染等,也会致使古树生长衰竭而间接引起枝干枯死,进而腐蚀、腐烂,形成洞穴。

(1)古树名木树干腐朽中空的预防。要预防古树名木树干腐朽中空,首先要防止其枝干毁损,其次是避免雨水侵入,创造条件使之尽快愈合。对于树干上由各种原因形成的小洞穴要及时处理。对于已形成的大洞穴要根据洞穴和树体的具体情况尽早处理。防止洞穴形成和扩大的关键是避免雨水侵入,已经形成空洞的,要合理避水堵洞。对于根系和大部分树冠完好的古树，只要处理好受损树干的避水防腐问题，经过长期的管理保护，树干一般能够生长修复或部分生长修复。

(2)树干防腐技术常用试剂或材料有以如下几类。

树干防腐消毒剂：常用的树干防腐消毒剂为3%～5%(质量分数)的硫酸铜水溶液，也可用1%的福尔马林液，还可用1%的波尔多液。

树干防腐保护剂：保护剂应选用容易涂抹、黏着性好、受热不融化、不透雨水、不腐蚀树体组织、具有防腐消毒作用的溶剂。常用的树干防腐保护剂有水柏油(木焦油)、松香清油合剂种类的油漆等。

树干洞穴补洞、填充材料：修补树洞穴的填充物应具有弹性好、质量较轻、对树干不产生污染和侵蚀等特性。常用的树干洞穴修补、填充材料有聚氨酯密封剂、聚硫密封剂等，也可用铁丝网加泥沙浆材料。树干洞口密封或封实或小洞穴修补材料：常用的树干洞口密封或封实或小洞穴修补材料有水泥加107胶、三合土、青灰、木屑加桐油、木屑加乳胶等。

6. 树干防腐技术流程

(1)洞穴内部、内壁清理。清理树洞，扒除尘土，刮除腐朽部分，可用小铲刀、钢丝刷或毛刷进行清理，直至露出新鲜木质部。

(2)洞穴内部、内壁消毒。选用适宜的消毒剂喷洒树洞内壁2次，间隔30 min。若洞壁有虫孔可用50倍氧化乐果溶液注射。

(3)空洞内壁涂保护剂。对空洞内壁均匀涂抹适宜的防腐保护剂，如水柏油(木焦油)、松香清油合剂等。

(4)洞穴补洞与填充。根据树干洞穴的大小及形状，选择合适的材料对树干洞穴进行修补或填充。

(5)洞口处理。根据洞穴口的大小和形态，选用合适的树干洞口密封或封实材料对洞穴口进行抹死抹实，最好再用密封剂将结合部的缝隙严密封死。洞口密封或封实材料应低于周皮层(即树皮)。

(6)外表修饰。为提高古树的观赏价值，按照随坡就势、因树赋形的原则，可采用粘树或局部造型等方法，对修补完的树洞进行修饰处理，恢复原有的形貌。

7. 不同类型树干洞穴防腐技术

(1)因自然灾害、病虫害或人为损坏造成的小型洞穴。对于这类小型洞穴，应先对树洞进行清理，然后用消毒剂消毒，再涂防腐保护剂，最后用合适的材料对洞穴进行封实。

(2)经多年腐蚀、腐烂而形成的大型洞穴。对于这类洞穴，常用的防腐处理技术或措施有以下几种。

①不宜用树干洞口密封或封实材料处理的洞口，应在洞口加防雨水进入的遮盖等。

②洞穴的处理应根据具体洞穴的实际情况，采用合适的洞穴处理技术。对于两端开口的洞穴，宜用聚氨酯密封剂或聚硫密封剂修补、填充；对于敞开式且树干粗壮的洞穴，宜对洞穴内壁进行消毒、涂抹防腐保护剂处理；对于半敞开式且树干瘦弱的洞穴，宜对洞穴内侧消毒、涂抹防腐保护剂后，用铁丝网加泥沙浆修补，最后做外表修饰和洞口密封、封实处理。

③对于树干的树皮已脱落、裸露木质部腐蚀或腐烂的古树，宜对树干清除腐蚀、腐烂木质部分，用消毒剂消毒，再进行涂抹防腐保护剂处理。填补树洞这项工作，最好在树液停止流动的时期进行，即秋季落叶后到翌年早春前进行为宜。

8. 古树名木树冠管理技术措施

(1)复壮古树树冠的修剪。对生长衰弱、濒临死亡的古树，应加强复壮工作。当树冠外围枝条衰老枯梢时，可采用回缩修剪，截去枯枝进行更新。修剪后加强肥水管理，勤施淡肥，促发新枝，组成茂盛的树冠。

(2)古树树冠的一般修剪。合理修剪有利于古树对营养的有效吸收，促使古树萌发新枝，促进古树生长。古树树冠的一般修剪首先要去除干枯枝、病虫枝，并在剪口处立即涂抹剪口处理，防止水分流失、雨水侵蚀和病虫侵害；修去过密枝条，可利通风，增强同化作用，且能保持良好树形。根据树势，合理删除弱枝和庇荫枝，避免折断枝、枯死枝形成空洞。删枝必须适度，要尽量保留其上部树冠，创造迅速愈合的条件。对生长势特别弱的古树要控制树势，减轻重量。

(3)已形成断枝的古树树冠修剪和整形。已形成断枝的古树应及时修整。修整原则是一要使其能尽快愈合,二要避免雨水滞留侵入。具体做法是锯掉残留断枝,尽量使锯断面接近树液流动面(即残枝与主枝干的交接面),并尽量与地面垂直。锯口要刨平滑,使雨水无法滞留,保持干燥不朽。遇锯断面朝向上方,无法避免雨水侵入滞留的,须用接蜡或无害涂料等封闭伤口,防止木质腐朽,且要逐年补封,直到愈合。还可采取加柱、拉靠等办法防止枝干折断、开裂。

(4)修剪适宜的时间及剪口处理。修剪宜在休眠期进行。修剪后应对剪口及时进行消毒和防腐处理。常用的剪口处理剂为油漆或封蜡(配制比例为动物脂肪3份、石蜡2份、松香1份)。

9. 古树名木的树体保护与支撑

(1)古树名木应设围栏,保护树体和根系分布区的土壤。

(2)生长在高处、空旷地或树体高大的古树名木必须安设避雷装置。

(3)树体不稳或树体倾斜的古树名木,必须采取加固或支撑措施。对树干空朽、树冠长不均衡、有偏重现象的树木,应在树木一定部位设立防风支架。支撑部位要垫衬耐腐蚕蚀性缓冲物,不得损伤树皮。

(4)古树名木枝干悬索牵拉、腐朽树干的防腐固化、树体修饰与支撑应以保护为前提。

10. 其他

(1)垒石护根。客土覆盖后,根据地形在根际周围垒石砌墙护根。

(2)打孔注药。对于树体高大的古树名木和喷雾药液难以到达的古树名木,常采用打孔注药、涂抹药夜、施颗粒剂等方法进行病虫害防治。打孔注药是一种用人工或机械的方法在树上钻孔,然后往钻孔内注入一定量的农药原液,通过树干的输导组织,使药液遍布树体,从而防治害虫的方法,此种防治方法主要对蛀干类害虫和刺吸类害虫防治效果好。由于古树一般较高大,防治方式主要采用打吊针的方法,该方法在实践中效果较好。

(3)树干涂白剂。氨水1.5～2.0 kg,生石灰5.0～7.5 kg,食盐500 g,黏土1.0 kg,石硫合剂原液1.0 kg(或硫黄粉250 g)的比例,先将生石灰和食盐溶解混匀,再倒入石硫合剂(或硫黄粉)和黏土拌匀,涂抹在树上以不流下为宜。以此方法防治越冬害虫及病原体,效果明显。

(4)挖沟施肥。在离树干2.5 m处,挖一条宽0.4 m、深0.6 m的半弧沟,按1 m长沟撒尿素250 g,磷酸二钾125 g,每年春秋各施一次,在春季时施肥效果更好。沟施既能补充土壤肥力又能改良壤,是目前古树名木施肥的一种常用方法。

习题

1. 历史(纪念)园林保护的基本原则是什么?
2. 简述重建与复原的原则与方法。
3. 举例说明植物在历史园林中的作用。

第6章 其他类型风景园林遗产保护利用

6.1 文化景观

6.1.1 文化景观的保护要素

“文化景观”自20世纪90年代作为园林遗产专有名词开始成为研究热点。2010年4月10日在无锡举办的第五届中国文化遗产保护无锡论坛以“文化景观遗产的保护”为主题，使文化景观保护理念再次受到各界关注。2010年7月开展的第三次全国文物普查工作已经将“文化景观”作为一个重要的文化遗产类别，纳入国家资源的普查范围。当前，文化景观遗产保护面临四大挑战：来自保护理念方面的差距；来自开发建设方面的破坏；来自社会变迁方面的挑战；来自生存环境方面的威胁。因此，积极倡导文化景观遗产保护更有紧迫的现实意义。

文化景观遗产保护作为一项可持续的历史性事业，不能局限在保护现有的文化景观遗产上，而应该以更加开放的思维、长远的眼光，将具备潜力的文化创造成果培育为未来的文化景观遗产。同时，不能一味地照搬国外文化景观遗产保护理论，应根据我国文化景观遗产的特点进行创造性实践，走出有中国特色的文化景观遗产保护新路。

第一，确立文化景观遗产保护的科学理念。充分认识文化传统和景观是文化遗产、文化景观中不可分割的组成部分；应当在原有文化遗产保护法律法规的基础上，完善文化景观保护的法规；认定文化景观的内涵，评估文化景观的价值，制定有效的保护规划，对文化景观遗产实施有力的保护。与其他单一要素的遗产相比，更加强调人与自然环境之间的相互影响。随着文化遗产保护理念的进步和视野的扩大，从“静态遗产”到“动态遗产”和“活态遗产”的保护，是世界文化遗产保护的必然趋势。这将直接影响到对文化景观遗产价值的理解和评估，也就必然影响对其保护理念与方法的深化。

第二，文化景观保护管理应当以真实、全面地保存并延续遗产历史信息及全部价值为目的。坚持保护为主、抢救第一、合理利用、加强管理的方针，按照世界遗产保护的相关规定，遵循《奈良真实性文件》和《中国文物古迹保护准则》要求，确保遗产的真实性和完整性。遗产的旅游吸引力，归根结底在于它的原真性。进一步加强对历史文化名城、名镇、名村的保护，不损害历史文化遗产的真实性和完整性，不对其传统格局和历史风貌构成破坏性改造，有利于保持和延续传统格局和历史风貌，维护历史文化遗产的真实性和完整性。

第三，采取分别划定景观整体和重点保护要素的保护区划，制定相应的保护与管理的专项措施；同时，可以根据实际提出更加明确具体的要求，限定城市发展对遗产的负面影响，严格限定建设规模。如加强城市建筑立面的建设控制包括高度、色彩和体量，确保与山川水色间在天际轮廓线上的协调过渡，确定文化景观遗产区内合理的环境容量，控制游览接待规模，严格限定土地利用强度和建设规模，合理调整和改善域内交通组织，规定城市利用功能等。在有效保护遗产真实性、完整性的前提下，处理好遗产保护与城市发展的和谐关系。

6.1.2 西湖文化景观保护实例

2011 年 6 月 20 日至 29 日，在联合国教科文组织巴黎总部举行的第三十五届世界遗产大会上，杭州西湖文化景观作为世界文化景观遗产被列入《世界遗产名录》。世界遗产委员会这样评价：杭州西湖文化景观是文化景观的一个杰出典范，它极为清晰地展现了中国景观的美学思想，对中国乃至世界的园林设计影响深远，时至今日，其核心要素仍然能够激发人们“寄情山水”的情怀。

杭州西湖文化景观肇始于 9 世纪，成形于 13 世纪，兴盛于 18 世纪，并传承发展，包括了 6 大类景观组成要素：秀美的自然山水、独特的“两堤三岛”、“三面云山一面城”的景观整体格局、著名的系列题名景观“西湖十景”、内涵丰富的 10 处相关重要文化遗存、历史悠久的西湖龙井茶园。它们具有丰富的历史文化内涵、独特的审美特征以及突出的精神价值，蕴含中国历代文化精英所秉承的“天人合一”哲理，它们是在深厚的中国古典文学、绘画美学、造园艺术和传统技巧背景下，持续性创造的“中国山水美学”景观设计经典作品，展现了东方景观设计自南宋(13 世纪)以来讲求“诗情画意”的艺术风格，在 9—20 世纪世界景观设计史和东方文化交流史上拥有杰出、重要的地位和持久、广泛的影响。它在 10 余世纪的持续演变中日臻完善，并真实、完整地保存至今，未有大的变换，成为景观元素相当丰富、设计手法极为独特、历史发展特别悠久、文化含量非常厚重的“东方文化名湖”。

1. 杭州西湖文化景观的空间特征

西湖的湖、山、城整体的景观空间所表现出的人与自然的和谐特征，高度契合了中国文人士大夫的理想山水模式，而被历代推崇为反映中国山水美学思想的典型景观和山水人居的典范，维系和传承千年。作为文化景观的一个杰出典范，主要表现以下几个方面。

西湖具有“天人合一”的景观格局。低缓的群山呈马蹄形环布在西湖的南、西、北三面，层叠而舒展，天际线柔和而委婉，群山环抱中的湖水盈满平静。全湖被孤山、白堤、苏堤划分为 5 个水面，形成“湖中有湖”的格局。建筑景点环湖一周点染，形成犹如长卷展开的大幅烟水迷离的风景画面。景点建筑自由自在、随宜地半藏半露于疏柳淡烟之中，显示人工巧匠与天成自然之浑然一体。

西湖的“两堤三岛”，是由白堤、苏堤和小瀛洲、湖心亭、阮公墩以及它们所构成的西湖水域共同组成。白堤是唐代诗人白居易在担任杭州刺史时所建的东西向的长堤，全长 987 m。苏堤是北宋政治家、文学家苏轼所建，南起南屏山北麓，北至北山，纵贯整个西湖，全长 2 797 m，堤上有 6 座始建于北宋的单孔半圆拱石桥。这种以堤岛分隔和组织空间的方式，是中国景观设计中营造适度的景观空间尺度的重要手法，并融合了中国江南特有的湖堤景观风貌，形成了西湖代表性的景观格局特征。该手法也被我国皇家园林中的颐和园昆明湖水面分隔所借鉴(表 6-1)。

2. 杭州文化景观面临的问题

1 000 多年以来，人们在西湖创造了优美的风景和丰富的历史遗迹，以及一个广为流传的传说，还有很多的诗歌和其他文化遗迹。西湖一直是中国传统景观，甚至是其他亚洲国家景观的理想模式，被称为“人间天堂”。到了 20 世纪末，迅速增长的游客数量以及城市化进程，一些问题也随之产生：首先是迫切需要保护的景观资源。由于上游水系严重污染，西湖已被污染。由于湖水没有强大的自净能力，水质较差。一些计划外的建设破坏了自然景观的和谐。其次是文化资源，一些著名的旅游景点非常拥挤和不堪重负，缺乏修理和维护，文化遗产面临着消失的危险。从 20 世纪 50 年代到 90 年代，随着旅游业的快速发展，西湖现有条件严重阻碍了旅游业和城市其他重要产业的发展。西湖公园是杭州最大和最重要的城市绿地。1990—2000 年，城市人口从 134 万增加至 180 万。然而，在这段时间内，西湖区和内城增加的绿地却不多。城市绿地的不足给人们的休闲和旅游带来了矛盾。由于西湖周边的一些地方已被湖滨饭店，疗养院，当地政府机构，军事机构，市政设施，湖边公园分别占领，导致没有一个完整的绿地系统。此外，由于大部分公园不是免费向公众开放，沿湖岸设置的行人系统也无法连接。西湖原本是城外一个风景优美的地方。到了 20 世纪末，城市扩大，虽然湖区与毗邻的城市区域紧密的连在一起，但并没有与城市有机结合。在风景区，基本只能享受简单的漫步功能，整个湖滨公园缺乏活力，无法满足现代城市开放空间的多种需求。

表 6-1　西湖十景

断桥残雪

“断桥残雪”以冬天观赏西湖雪景为胜，每当瑞雪初霁，举目四望，但见残雪似银，冻湖如墨，黑白分归，格外动人心魄。因民间爱情故事《白蛇传》的主人公相识于此，因此断桥亦拥有爱情象征意义

苏堤春晓

“苏堤春晓”以苏堤的长堤六桥、桃红柳绿为主题的跨湖古堤景观。当春日的拂晓晨光初启，苏堤上垂柳轻拂、桃花绽放，满堤红绿间错、景色如画

曲院风荷

“曲院风荷”则以夏日西子湖边小院观赏荷花为主要特色，荷花盛开时乌叶红花、悠远香气与湖光山色相互映衬，体现出中国文化中特有的香远益清的审美情趣

花港观鱼

“花港观鱼”以在私家宅院的山池环境中观赏花、鱼等特色动植物景观，体验自然的勃勃生机为主题

柳浪闻莺

"柳浪闻莺"以观赏滨湖的柳林中的莺鸟歌鸣为主题，是一处听觉欣赏景观。地处西湖东南隅湖岸，占地约 21 hm^2。园林布局开朗、清新、雅丽、朴实。是欣赏西子浓妆淡抹的观景佳地，临水眺望，视野开阔，空气清新，令人心旷神怡

三潭印月

"三潭印月"以月夜在小瀛洲赏月，引发禅境思考和感悟为主题。"三潭"原指北宋时西湖中为限定水域所立的三个标志石塔，月明之时，三塔与湖水、明月共同构成相互映衬的景观，构成湖中有岛、岛中有湖的独一无二的水景特色

双峰插云

"双峰插云"以观赏南高峰、北高峰云雾缭绕的景观为主题，将视觉景观引入远山天际之中，将西湖景区带入更大的自然景境之中

南屏晚钟

"南屏晚钟"以南屏山北麓净慈寺钟声响彻湖上的审美意境为特点，让人难免心生阐意，感悟人生

平湖秋月

"平湖秋月"以观赏诗情画意的西湖秋月之夜为主题，当秋高月明之时，高阁凌波，置身于月光笼罩之中，极易产生身处月宫之上的幻境。

雷峰夕照

"雷峰夕照"以日落时位于山巅的雷峰塔剪影为观赏特点。山上种植了大量香樟、枫香、榆树等观赏树木，夕阳斜照，宝塔生辉，景色富丽堂皇

3. 西湖人文景观的保护与利用

西湖申报世界遗产促使人们从世界遗产的高度全面地审视和回顾西湖在中国历史和文化坐标上的意义。因此，有必要对西湖文化遗产价值进行具有说服力的创造性诠释，并阐述其独一无二的文化价值观和突出的价值理念。

从自然层面上来说，西湖开创于唐代白居易时期，在宋代苏轼时期得到了传承与发扬，并逐渐发展成“两堤三岛”景观格局；同时西湖水域与环湖的南山与北山自然山脉、西湖东侧的城市沿湖景观共同构成了“山-水-城”空间关系，即“三面环山一面城”景观格局，它们共同构成了西湖文化景观的自然物质形态架构。

从文化层面来说，西湖文化的形成主要归功于中国历史上白居易、苏轼、杨孟瑛等著名官吏以及历代广大杭州普通百姓对西湖景观在物质和精神上的双重贡献；此外，杭州在历史上的两次建都活动为西湖积累了丰厚的历史文化遗产；清初三代帝王出于对西湖的偏爱，使西湖文化达到了一个全盛时期。西湖文化突出体现了“天人合一”的哲学思想，融合了中国儒、道、释三大传统文化与信仰，并发展出了一整套中国传统农耕文明时期文人士大夫在自然、文化价值观上的创造性精神，包括崇佛文化、隐逸文化、茶文化、忠孝文化和藏书文化等。正是经历了这样一个漫长岁月的兴衰、演变，才使西湖从一种自然物质形态转向一种具有人文属性的文化景观。

西湖文化景观的形成经历了一个漫长的“自然的人化”过程，它是由一千多年来真实而完整地保存至今的自然山水、人文景观以及人类的生存经验和智慧等组成，充分体现为一种原始泻湖的自然沼泽化与人工浚治的反沼泽化之间人与自然的和谐关系。它不仅反映了湖泊治理与城市发展之间持续互动的土地利用关系，并且作为城市的风景名胜用地延续至今。凭借其大尺度的景观和有机的生态系统，大大增进了人与自然、城之间的和谐。它在当今与传统生活方式相联系的社会中，保持一种积极的社会作用，是利用古泻湖显著改善人居环境的杰出范例。

西湖依杭州而得名，杭州也因西湖而兴盛。虽然今天杭州人的生活用水和农业灌溉并不来源于西湖，但西湖对杭州的民生与发展自始至终都有着莫大的重要性。这种通过西湖的治理带动区域与城市发展的理念延续并发展了历史上将西湖与杭州视为唇齿相依的关系，各种自然形态的山水、林木以及人类活动成果的文物建筑、景点等，全都紧密联系成为一个错综复杂的有机综合体。今天西湖与杭州城市唇齿相依的关系已深入人心，正是因为西湖毗邻杭州这样一个繁华的城市，才使其成为一个与人们生活息息相关的重要湖泊而保留至今；也正是因为有了风景秀丽的西湖才使得杭州能够成为闻名中外的旅游城市。杭州西湖在经历了一千多年的淤积、干涸、人工疏浚等演化与变迁，由原来只是地理位置的毗连的“西湖—杭州”逐渐演化成了一种自然山水与人类文明完美融合的“文化景观遗产”。

西湖文化景观保护规划的编制中，对每个规划区的每一部分的不同位置的不同的问题，设计师提出了相应的，不同的解决方案(表 6-2)。

经过 6 年的保护实施，西湖文化景观得到了多方面的改善，取得了诸多的效益：项目的实施大大提高了这一地区生态环境。污染治理和湿地的建设已使得进入西湖的水源清澈。人工引水和排水系统已建成，大大改善西湖水质。在整个地区的植被也大大增加，良好的环境还提供了各种各样的动物的栖息地。该项目已大大改善该地区的景观质量。美丽的环境和舒适的设施吸引了大量的游客和城市居民，5 年内游客人数增加了 1 500 万，旅游业收入增加了 1 倍。改善条件和优惠的政策，使当地村民在和谐环境中开始发展。该项目还创造了这个美丽的城市所需要的一切大型景观设施，同时为居民和游客提供正常的开放空间。通过这一项目，全市环境大大改善，吸引了各类人才，大公司和资本大量到达。尽管前期进行了巨大的投资，但使得城市经济加速增长，并持续到现在。环境优美，社会和谐，充满活力的经济，杭州城市再次成为一个理想的“天堂”。该项目已成为城市可持续发展的典范。

表 6-2 西湖地区景观保护规划

地区	存在问题	保护与整治措施
西部地区	缺乏排水系统，农村的生活污水直接排放到西湖里，此外，农业活动也在污染着地表水。这个地区遭受了严重的环境污染，那些肮脏的河流流入进西湖，是导致西湖水质卜降的主要原因	①建立污水处理系统；②转化大多数农田，鱼塘为湿地，林地，荒地。为保护西湖水源，净化水质；③保留本地茶叶生产，恢复村庄的核心经济；④提供经济补偿和辅助设计手段，鼓励村民从事第三产业，恢复一些老建筑来做成家庭茶馆，家庭旅馆或乡村餐馆；⑤增加在西部地区部分风景名胜。一些文物和历史遗迹进行整修
东部地区	原先由一系列湖岸线性公园组成，平均宽度只有 30 m。在旅游旺季无法满足人们通行	将原来的街道进行扩建并使城市和西湖的结合更为整体。政府及一些行政机关从湖岸旁边搬离，空出来的过渡地带提供很多景观设施。新建包括恢宏的音乐喷泉，广场，水景，花架，凉亭，照明，长椅和墙壁，雕塑，户外露台咖啡和茶馆等，使地区成为一个充满活力的“城市生活空间”
东南部地区	本来有 4 个城市湖边公园，以及一些封闭的机关用地。相互隔离难以融入城市空间	①通过一些机构的搬迁，将用地改造成绿地，把四个公园改成一个；②建立一个持续的湖滨走廊；③扩大和开放湖泊的视觉通道，加紧城市和湖泊之间的联系；④就地重建一些著名的历史建筑，增加新的文化和商业建筑，如博物馆，画廊，茶馆，咖啡，餐厅等，展现城市生活
北部地区	北部背山面水。湖泊和城市间有一条狭窄的路充当着联系的通道，需要转变成一个更舒适的城市湖滨区开放空间	重新排列植被，打开视觉范围，修一些滨水平台，拓宽人行道和路面，加强休息设施。在山脚下，保存和修复历史建筑，拆除非法或低质量的楼宇，建立视觉通道-山-湖泊-行人通道，从而改善整个区域的旅游体系

知识链接

江洋畈生态公园景观地保护

江洋畈生态公园建设工程是 2009 年西湖综合整治工程的重点项目，目的是建设一个人工次生湿地生态示范区，成为杭州西湖公园的新典范。该工程在一定意义上是杭州市对现有城市未开发地块的一种新的尝试，对西湖风景名胜区的景观功能互补性的完善起到了重要的作用，同时也成为一处集休闲、教育和展示等功能于一体的生态人文景观，也为杭州市民提供了一个理想的休闲、娱乐和体验独特的次生、湿生林生境的场所。

江洋畈生态公园位于杭州市西湖区与上城区的交界处，凤凰山景区的西部，规划地块位于玉皇山南麓，西、北、东三面环山，南眺钱塘江，中间地势平坦，周边有八卦田、吴越国钱王墓遗址、南宋官窑等众多历史遗迹。江洋畈原本是江海（洋）退去后留下的一片田地，随着时间的推移，区域慢慢缩小，最终成为山间谷地。1999—2003 年，西湖疏浚的淤泥逐渐在这里堆积，形成了容积约 100 万 t 的淤泥库，经过近十年的表面自然干化，江洋畈库区已经形成了与周边山林植被具有明显差异的典型次生、湿生林生境。场地地貌的变化和淤泥的流动、沉积过程为设计提供了灵感。因为江洋畈生态公园是西湖疏浚历史长河中的一个节点，是西湖疏浚文化的重要体现之一。延续植被的自然演替进程，收集并合理利用山体汇水，营建新的植物群落，是西湖疏浚文化在当今时代背景下现代生态文明的具体体现，是对西湖疏浚文化的维护与传承。

在规划布局上，设计者从江洋畈的历史演化入手，确定了以传承西湖疏浚文化为主旨的设计策略：第一，保护、还原和展示植被的自然演替过程，保留场地原有植被的差异性和植物群落的基本特征，保持生态结构的特殊性，延续场地原有的自然演替进程。第二，维护场地中独特的江洋畈历史地理变迁所蕴含的深厚文化，以及西湖淤泥疏浚对江洋畈产生的影响，并展现其地形地貌变迁的历程。第三，通过创造开阔的空间，合理的设置服务设施，满足公园的休闲、娱乐、游览及科普教育等功能需求。设计流动的线性与淤泥的流动性相契合，突出场地地貌和次生、湿生植被的特征，创造流动悬浮的花园。第四，通过人工控制，将周围山体的汇水重新引入园内，可以补充土壤水分，改善场地的环境条件，使生境更多样，景观层次更丰富，创造动态的多样生境。原有次生、湿生植被的保留、雨水有意识的收集、新的草本植物群落的营建，可以使公园的景观环境更优美，使植物群落结构更丰富，提高生物多样性，公园更适合人的活动。创造一个具有独特的次生、湿生林生境，人与自然互动的富有野趣的如画空间。

设计深入思考了场地中的自然文化解读与展示。江洋畈淤泥库的产生，与历史上其他时期西湖淤泥疏浚一样，是上千年西湖文化历史进程中的一个节点。江洋畈淤泥库区中自然物质形态蕴含着多样的文化内涵，包括江洋畈历史地理的变迁、西湖疏浚文化、江洋畈植物群落自然演替进程、与自然和谐的动物栖息地生态系统的营建等。在许多人看来，江洋畈淤泥上一片自然形成的植被，在设计当中根本不值得一提，往往被人们忽视，甚至被铲除。然而，如果从一种新的人文价值理念来重新审视这个场地，正是由于人类对西湖的疏浚活动才促使江洋畈从自然山谷变成如今的淤泥库，淤泥上植被的产生人类活动息息相关，这是一个蕴含文化特征的自然过程，是上千年来西湖历史和疏浚文化的一部分。

2003年，西湖淤泥停止往这里输送，场地中良好的湿生环境为植物的萌发、生长提供了条件，这些植被受淤泥地表含水量的变化表现出丰富而有趣的自然演替进程（图6-1）。最开始是水生植物、湿生草本植物，后来逐渐开始生长出耐水湿的灌木和乔木。然而，这些看似平常的植物却有着极为不平常的来历，它们来源于西湖水底淤泥，随着淤泥疏浚一起被带到了这里。因此而形成了与原有山谷周围植物截然不同的植被特征。事实上，今天我们所看到的这个淤泥库所形成的柳树成林的谷地沼泽植物景观，主要来源于原西湖一带的植物种子。我们不仅维护了江洋畈植物群落自然演替进程，并展现出当代社会生态文化价值观。

西湖作为自然物质形态的泻湖，正是依靠一千多年经过人们不断疏浚、治理才形成了今日的西湖美景和具有悠久历史的西湖文化。与江洋畈不同的是，历史上人工疏浚的淤泥大都就近堆积在湖中或湖的周围，白堤、苏堤、杨公堤和湖中三岛等都是历史上淤泥堆积而形成的著名景点。近几十年西湖淤泥疏浚量的增多和西湖周边用地的紧张使得淤泥堆放地离西湖较远，但与历史上的淤泥疏浚其事件的本质是一样的，都体现了西湖疏浚的历史和文化。这包括20世纪80年代建设的太子湾公园，2000年的西湖西进区域和2009年的江洋畈生态公园，它们都与历史上结合西湖疏浚建设景点的事件一样，都是西湖自然景观的人文演进历程中的一个节点。我们认为，对场地自然形态（包括植被和地貌）的尊重以及自然演替进程的维护不只是一个生态公园的本质内涵，更是延续了场地独特的文化，也展现了当代西湖特有的文化价值观。

基于以上对文化的解读，设计者们在江洋畈生态公园的设计实践中一直试图挖掘、维护、延续并展现场地中特有的文化景观。从植被、交通、文、地形、地貌、淤泥深度等方面进行了诸多深入的研究，使其在保护场地原有生境特征的基础上，对公园进行科学合理的规划设计（图6-2）。

江洋畈淤泥库区为了使淤泥自然干化，人为设置了截水沟，截断了来自谷底的雨水汇集。规划通过采取适宜的工程措施，并根据降雨量、公园补水的需要，水质情况和水循环要求等控制进入公园的雨水径流量，使公园内的水系保持动态的稳定，水位的变化也为生态公园创造了丰富的、变化的自然生态环境。水的引入使淤泥库区的水因子部分恢复到了堆泥前的状况，为场地带来了局部微气候、温度、湿度的改变，丰富了生态公园的生境类型，创造了具有高度生物多样性的季节性池塘湿地景观。

生态公园内水体完全来源于天然降水，是一种生态的、合理的、因地制宜的水资源利用方式。

在动物栖息地的营造方面，设计师通过将部分雨水重新引入生态公园，形成季节性池塘湿地生境，为鱼类、水禽、两栖类等水生动物提供觅食、栖息的环境。在植被生境的构建方面，我们局部保留了次生、湿生林和长势好的乔木，适当增加浆果类的乡土乔灌木，形成丰富的林地生境，为鸟类、小型哺乳类动物创造栖居、觅食、庇护的环境；并通过梳理场地原有植被，引入乡土草本植物，形成丰富的百花草地生境，吸引蜜蜂、蝴蝶等昆虫和鸟类，创造生机勃勃的动植物栖息地。

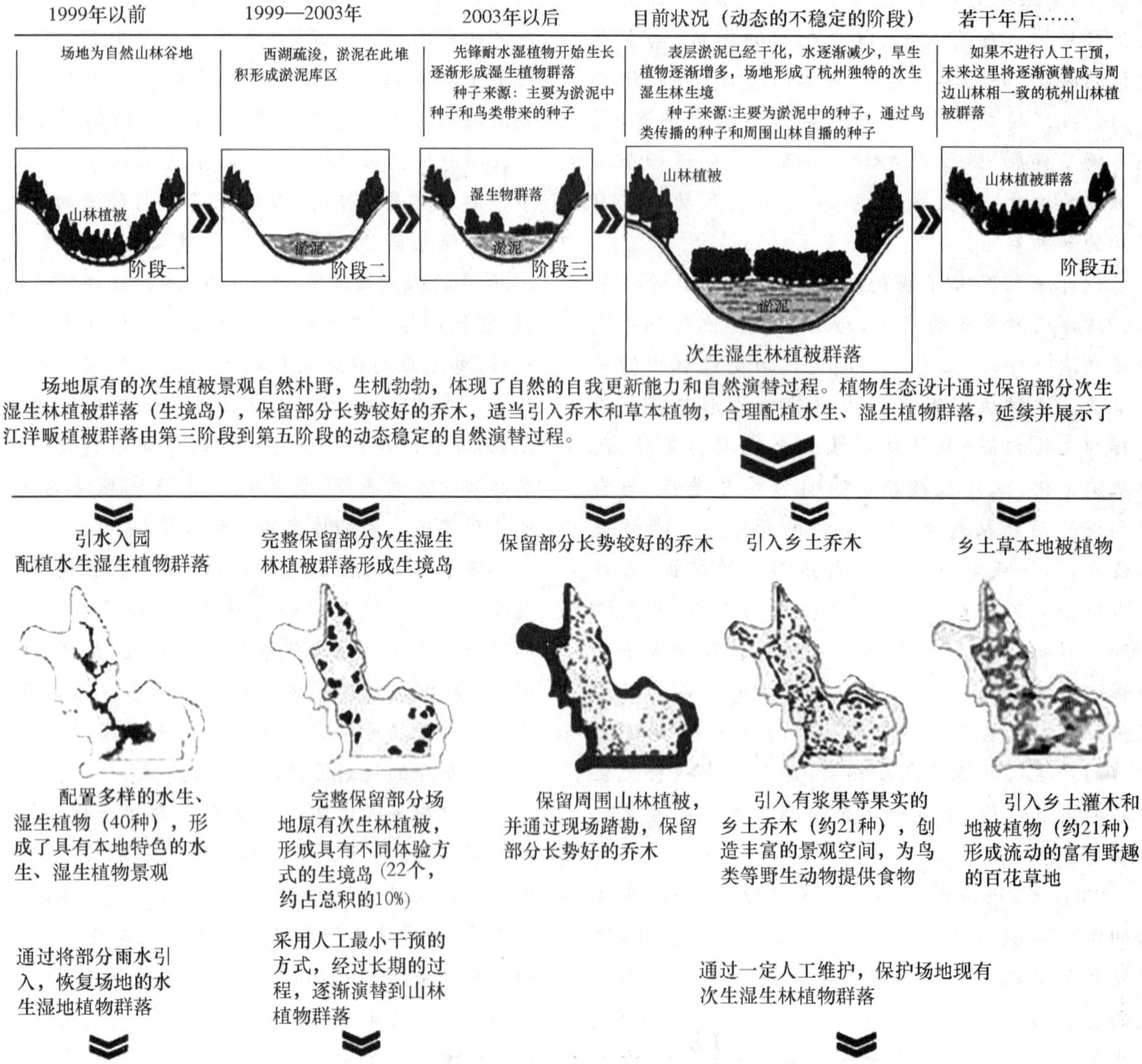

图 6-1　江洋畈湿地的自然演变过程和设计思路

王向荣. 杭州江洋畈湿地生态公园规划设计. 北京多义景观规划设计有限公司. 2012.3.

图 6-2　江洋畈湿地公园布局

王向荣. 杭州江洋畈湿地生态公园规划设计. 北京多义景观规划设计有限公司. 2012.3.

在植物设计方面，设计师根据场地原有的野生植被分布状况，保留了些次生植物群落斑块，设立了“生境岛”(habitat islands)，延续了场地中自然的自我更新能力，并展现了自然生态系统的演替过程，使人们体验到场地上自然和文化景观演变的独特魅力(图 6-3)。在“生境岛”之外的区域，保留了原有的山林植被，局部保留了次生林片区和长势较好的乔木，引入乡土灌木和地被植物，将人的活动引入其中。试图营造出一种淤泥输送之后，从淤泥湿地野生植物到乡土草本植物和耐湿的乔灌木，最终与周边山林融为一体的自然生态演进的整个过程(图 6-4)。

通过一系列的措施，江洋畈生态公园展现的是景观的基本自然状态和文化特征，通过人类对自然的有效介入，顺应自然的发展规律，并激发自然演化的能动性，使场地中真实的文化呈现出持续的生命力。

图 6-3　体验自然演变的景观步道

图 6-4　次生植物群落斑块

6.2　遗址公园

6.2.1　遗址公园的保护方法

遗址公园是城市文化历史遗产的一部分,它的保护和开发要遵从对待历史遗产的原则。《威尼斯宪章》中关于古迹保护与修复的部分就曾经有针对性地讨论这一问题。“世世代代人民的历史古迹,饱含着过去岁月的信息留存至今,成为人们古老的活的见证。”遗址本身都贮存着大量的历史信息,是其真实价值所在。而遗址公园同时作为历史遗址和与人接触的场所存在,应承担起各类相关的活动,并表现出自身独特的价值和意义。

遗址公园同时具备普通公园的特性。国标《公园设计规范》的解释认为,公园是供公众游览、观赏、休憩、开展科学文化及锻炼身体等活动,有较完善的设施和良好的绿化环境的公共绿地,并规定有最小绿化用地率。遗址公园理应承载以上的功能,并继承公共开发的特性。因此,遗址公园需处理好遗址保护和公园建设的关系,结合活动的多样性,深入挖掘遗址多方面的价值。

近年来各地经济的高速发展和政府的高度重视,使得城市有能力支撑一定规模和市民活动相结合的遗址保护和开发,并通过创造城市文化景观,提升城市品位,打造城市特色品牌活动。据不完全统计,近两年各地新建和筹建的遗址公园已接近 50 座。通过对现有案例的分析归类,笔者认为目前国内遗址公园建设可大致分为城市遗址类、自然遗迹类、历史事件类、文化遗址类等。

1. 城市遗址类

城市遗址公园以城市的整体或局部遗址为主体,包括古代城市中遗存下来有代表性或特殊纪念价值的城市组成部分,如城垣、城隍、园林、宫室、陵寝、道路等。其中城垣遗址主要指遗留的古代城墙,也包括城门、城楼、角楼、马面、水关、涵闸和瓮城等相关设施,在现存城市型遗址中数量大,保护情况较好,并具有一定历史价值,适宜以公园的形式进行保护和开发。

以北京元大都土城遗址公园为例。元大都在我国城建史上具有里程碑式的地位,是按照整体规划平地建造起的一座都城。城址南半部逐渐发展为明清两代的北京城,因而城墙土城北垣段形成了遗址公园的主体。从初期定位上力求体现尊重历史、保护遗址,同时也满足了现实文化生活的需要,并激发人们的爱国热情和民族自豪感。公园在缺损的土城地段设计了带状巨型雕塑群,增大了观赏面,容纳了更多游人。通过具象的雕塑、壁画等直接的语言,形成了遗址和人更好地交流。在功能设计上则合理地融入了游客的日常活动,做到了历史遗迹和现代文化生活的统一。

建筑物型遗址公园往往主要以古代著名建筑的遗址为核心,并融入大量文物保护以及周边环境协调的内容,设计应遵从传统建筑遗产保护的基本原则。大报恩寺琉璃塔暨遗址公园、寒窑遗址公园等皆可归于此类型。还有一些城市遗址基本保留了城市的整体结构,形成的公园可以单独归为一类,如淹城遗址公园。一般占地较大,城垣、道路、房屋废墟及城市地下设施等各部分较为齐全。但也存在年代久远，遗留物较少，布点分散，保护状况欠佳等问题。因此公园的设计就要求适当选择传递文化信息的载体，对珍贵遗址进行抢救式保护，并合理疏解人的活动。赵王城遗址公园就可归于此类，其中四赵(赵王城、赵王陵、赵苑和赵丛台)的保护和开发是重点，以弘扬传承古赵文化为主题，设计上体现了大气、疏朗、古朴、沧桑。公园将游人的活动进行分区，减少了对遗址本身的影响。

城市遗址类的公园通常由人工建筑残留作为历史和文化的物质载体，因此需要考虑遗址本身所在年代和整体环境的文化特性。正如早在1848年法国制定的鉴定民族建筑的纲领中所提出的“文化连续感是非常重要的，并且需要使得过去的景物或多或少地保持原样，使人感觉到历史延续的表露。”因此，对于城市遗址类公园，首先不能破坏性地开发，不能造假古董，混淆历史信息；也不宜将遗址与其他活动完全隔离起来，只保护不开发。应以遗址为核心景观，保证公园承载和传递文化的功能。此外，还应考虑在遗址基础上通过合理设计，弥补重要信息的传达缺失，并创造代表遗址自身文化内涵的空间。

知识链接

隋唐洛阳遗址公园保护

隋唐洛阳城大遗址景观规划中的应天门保护规划中，设计者针对应天门遗址的保护展示要求，对应天门场所的文化意义进行历史价值和社会精神价值的解析，分析了现有的物质实存和环境背景，通过格局分析和遗址保护方法的借鉴，确立了“古今对话”“时空交叠”的构思。

隋炀帝于大业元年始建东都洛阳，其中应天门为东都宫城的城门。据考证，应天门与明清故宫午门的位置和形制类似，采取门阙合一的形制。应天门在历史记载上多次出现，显庆五年，高宗于此受苏定方献百济俘，开元二十三年正月，玄宗在此接见遣唐使。据考证，应天门的阙台为少见的双向三出阙，是史料中记载的第一座“五凤楼”形制。洛阳大遗址规划使人们更深入地了解隋唐的历史文化，追忆大唐盛世，唤起民族意识，增进民族自豪感，增强城市居民对洛阳这一历史古都的自我认同感与归属感。遗址公园能够丰富城市生活，增添城市活力。

考古界对应天门进行了复原，据史料记载，《元河南志》卷三《隋唐阙古迹》载：“(宫城)正门曰则天门，门有两重观，上曰紫薇观，左右连阙，阙高一百二十尺”这给应天门的复原提供了形象的尺度(图6-5)。现状来说，应天门位置已经是城市的主干道，而东边则是周公庙，中州渠和文革纪念碑。在方圆13 km^2 范围内存在了各个时期的历史遗存。设计者考察了历史上隋唐洛阳的城市格局，发现隋唐时的城市轴线和先进城市的交通轴线恰好相交于应天门遗址南部，因此，一个代表隋唐城市主轴和现代城市轴线交点的广场应运而生。不同时代不同空间关系叠加，体现历史的融合、传承与延续。广场采用较为宽广的尺度，采用220 m见方，成为唐风城市尺度的延续与传承，恢复唐风恢宏气势。广场北部以应天门西阙遗址凸显历史空间节点，并原真性地保留了历史遗址(图6-6，图6-7)。

广场分为三部分，前区采用原石阵列勾勒出现代城市的中轴线，并作为车挡划分了人车流线，保留了发掘的散水、龟背石，中区广场成为东阙最佳的视觉观赏点，将东阙加以改造成集展示、观景和地标为一体的城市公共空间。后区广场，考虑了未来深入的挖掘工作，预留地下空间联系东西阙，并考虑未来发展为应天门历史文物陈列空间的可能性(图6-8)。

对于遗迹本身的设计，确保对文化遗产真实性的保存，确保措施的可逆性，新建筑与历史的设计和工艺协调，并可以与古迹区分(图6-9)；新建筑在技术上可逆且对未来可能的干预不影响；场地化处理，不影响以后进一步的考古发掘。西阙观景高台呈现遗址全貌，明晰城墙格局。内部墙体唐代外交雕塑的展示，再现历史场景丰富展示手段。小品表现城墙夯筑的相关技术。设计还采取多样化的展示途径。虚拟展示采用虚拟技术，将曾经发生在应天门的历史事件还原，让观览者在应天门的历史事件还原，更广泛的层面体会遗址所传达的历史信息。夜景灯光用激光技术，提示遗址古城墙高度、门道位置等历史信息。

应天门的复原手绘图

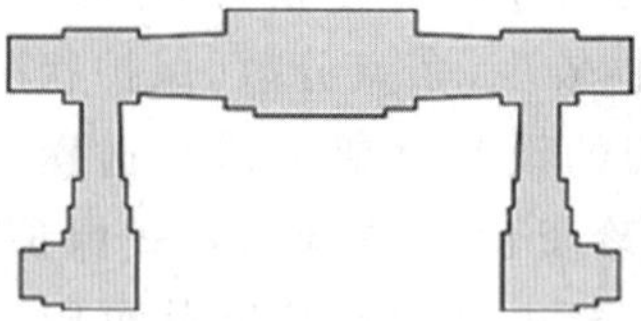

应天门的复原平面图

应天门的复原模型

《元河南志》卷三《隋唐阙古迹》载："（宫城）正门曰则天门，门有两重观，上曰紫薇观，左右连阙，阙高一百二十尺。"

图 6-5　隋唐洛阳城遗址对应天门的复原

来源：张兴国，郭璇．洛阳应天门遗址公园保护规划．重庆大学建筑与城市规划学院．2008.7

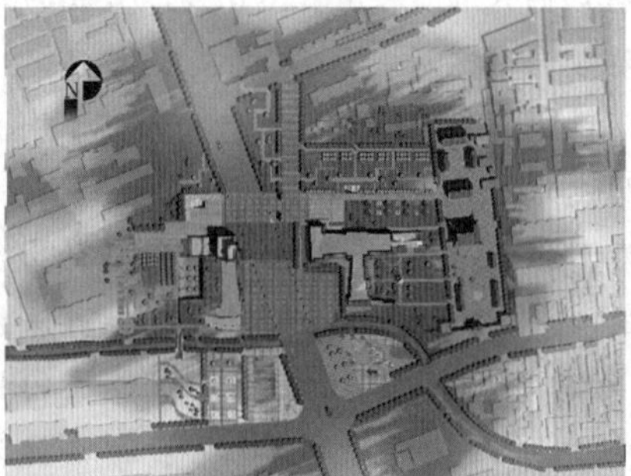

图 6-6　总平面规划图

来源：张兴国，郭璇．洛阳应天门遗址公园保护规划．重庆大学建筑与城市规划学院．2008.7

图 6-7　应天门总体鸟瞰图

来源：张兴国，郭璇．洛阳应天门遗址公园保护规划．重庆大学建筑与城市规划学院．2008.7

图 6-8　东阙保护与利用

来源：张兴国，郭璇．洛阳应天门遗址公园保护规划．重庆大学建筑与城市规划学院．2008.7

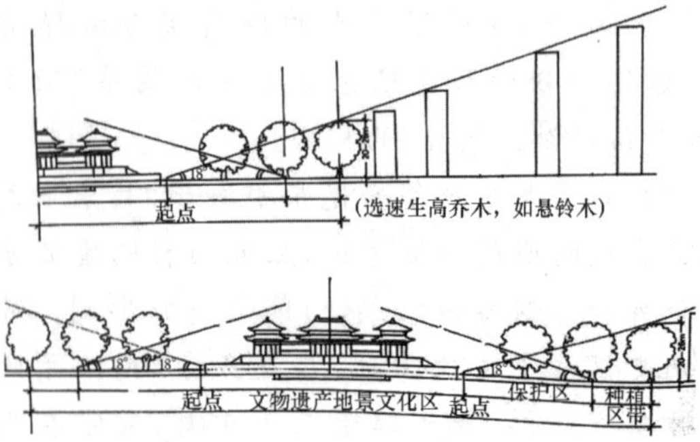

图 6-9　采用植物与现代城市空间有效分隔

来源：张兴国，郭璇．洛阳应天门遗址公园保护规划．重庆大学建筑与城市规划学院．2008.7

2. 自然遗迹类

该类公园通常围绕自然科学界中具有重要价值的遗迹，功能上集科普认知、休闲游憩等综合活动为一体。如规划中的广东河源恐龙遗址公园，以恐龙蛋化石和恐龙足迹化石驰名中外。公园在功能定位上集旅游休闲、科普教育、文物保护为一体，拟设立恐龙研究中心、恐龙博物馆、影视中心、恐龙世界漫游区，高度仿真恐龙活动区等。这些相关活动的融入，将有利于活动多样化、充分挖掘遗址潜能。自然遗址在全国各地分布较广，开发潜力较大。建设应体现鲜明的主题，以此为中心挖掘相关功能，形成多样化活动的场所。

3. 历史事件类

这一类型遗址公园主要表现某一具体的历史文化事件，并依托一定的物质遗存而形成的空间场所。其价值重在发掘和探寻历史事件本身的构成要素，包括时代背景、实践主体、历史意义等，而遗址只起到载体功能。如在建的光华门碉堡遗址公园，为纪念南京保卫战而修建。事件本身是非物质性的，而作为事件见证者的遗址是物质性的，对其进行的保留和修复需要联系历史事件中的特殊意象，以提炼内在的精神含义。

此外，要注意发挥原有遗址特殊活动的场所功能。如唐山市地震遗址公园为纪念一次具体灾难性事件而建，设计上以“自然的敬畏、对生命的关爱、对科学的探寻、对历史的追忆”为主题。地震遗址为国家级文物，在原貌保护的原则下，需要对环境进行整体设计。其中如“7·28 公祭”等特色纪念活动，也可成为不可缺少的景观。此类公园切忌生硬地加入与历史事件主题相悖的元素，削弱遗址的精神内涵。

4. 文化遗址类

该类公园往往是在主体遗址纪念物在整个公园中不属于主体地位或并不现实存在，因此需要更多地突出遗址本身的文化价值。如黄山西溪南村金瓶梅遗址公园，遗址本身存在比较牵强，但形成了一系列相关的游览活动，还是为城市文化做出了一定贡献。此类开发一方面应对遗址的文化内涵进行深入挖掘，另一方面应忠实于原有文化，不可因商业利益对文化本体进行扭曲或夸大。

知识链接

BP 石油遗址公园

BP 石油遗址公园(Former BP Site Park)位于北悉尼威弗敦(Waverton)半岛，占地 2.5 hm^2。这是北悉尼的滨水地区中第一个被改造成公园的工业遗址。该区域早在 19 世纪 30 年代被用于悉尼农作物的储存和运输港口，在 19 世纪 70 年代到 19 世纪 90 年代期间被当作军工业港口，自 20 世纪初被改用于油库。英国 BP 石油公司在 1923 年将此场地买下并当作油库使用，配备近 60 座储油罐以储存过往船只运输的原油。为了防止原油泄露污染海港，石油公司在场地的低洼处建立巨大的弧形砂岩墙，以及由砖石、混凝土和砂岩构成的保护墙体。

由于 BP 石油公司在 20 世纪 80 年代不再使用这些储油罐，该场地逐渐被废弃。悉尼当地政府和北悉尼议会决定再利用这块废弃的工业用地。在 1997 年，新南威尔士州政府决定将威弗敦一带的三处滨水区再利用为公园，其中也包括 BP 石油遗址公园。景观建筑设计师 Adrian McGregor 和 Phil Coxall 将该场地设计为遗址公园，保留油库的场地特征并重塑工业景观，增加金属步道以增加滨水可达性，并采用可持续设计手法来优化生态环境。此场地经改造后，现已成为对公共免费开放的遗址公园(图 6-10)。

1. 保留海港工业遗迹，增加新旧对话

BP 石油遗址公园的改造保留海港工业遗迹的特征，并增加新景观元素形成对比。在场地的复原方面，遗址公园再利用场地的工业遗存，包括油库的布局、主要储油罐的位置平面形状、防止原油泄漏的半弧形砂岩墙、油库的砂岩和混凝土保护墙、原排水管道以及其他基础设施遗存等，从而反映出原先作为油库的使用用途(图 6-11)。

其次，设计保留了场地的海港特征，顺应东面临海西靠悬崖的地理特征。新的设计在半圆形砂岩悬切面上设置观景平台，可俯瞰曾经矗立于此的储油罐位置。混凝土和金属步道将从悬崖至海港的各个空间连接起来，并在步道中设置大小不一的观景平台和休息座椅，方便行人驻足欣赏。整条新观景步道设置于原先场地之上，而不是紧贴场地的表面。设计师将增加的景观元素和以架空的方式来与工业旧场地分离，最大程度的彰显场地遗迹的环境构架。此处理手法通过新旧景观元素的对比来为场地增加"关系"(relationship approach)，即将工业构筑物与新的材料构造形成对比以塑造特有的工业景观和告知人们场地往昔的工业功能。

2. 应用可持续设计，优化生态环境

该场地自1920年至1980年被当作油库使用，长达60多年的工业使用导致场地的土地受到严重污染。设计师采用一系列环境可持续的设计手法将已被污染的场地再利用为公园。首先，在土壤降污方面，保留场地被污染的土壤和砂岩，并与降污有机物相混合再重新加以使用。在材料的选择和再利用方面，场地保留原先由混凝土、砖石和砂岩构成的墙体，并增加了镀锌钢材的平台和扶手、混凝土台阶和步道以及木质座椅。这些新旧材料具有低成本、低损耗和易维护的特点，适合室外公园的长期使用。

其次，在场地的生态环境方面，通过增加植物种类和采用雨水循环方法来改善场地的生态系统。一方面，为了恢复场地的自然植被，设计师从威弗敦区的自然保护区(Balls Head Reserve)选择并收集植物原种并将其使用为场地的绿化；另一方面，公园增加雨水循环系统，将场地径流先收集到水生植物的滞流池，再经过滤和净化步骤后排入港口。这些措施改善场地两栖类动物的湿地栖息地，在丰富生态系统的同时并有效解决土壤的污染问题。

图6-10 BP遗址公园入口

图6-11 保留的储油罐和油库半弧形砂岩墙

从以上对遗址公园的保护开发实例的分类和探析看，不同类型的遗址公园具体情况各异，应采取的策略也不尽相同。总体看来，我们归纳了以下可供参考的一般性原则。

(1)价值的挖掘利用与古物遗存的拯救相结合。遗址价值的存在是公园的灵魂，体现在自然、历史、人文等各个方面。这种价值的发掘不能以破坏遗址或遗迹本身为代价。如在各类遗址公园中，毁建，改造，迁建等与历史遗产保护原则相抵触的工程项目都应被严格禁止；造成不利于对遗址修缮和维护的商业开发，也应进行必要的控制。换言之，以牺牲遗址的完整性换取的价值索取，是建设过程中应警惕和防范的。

(2)开发保护的互动与历史文脉的延续相结合。在开发和保护中采取适合的商业性运作，可使得遗址在不损伤自身的前提下获得大量用于维护的资金。这种运作应考虑与历史文脉的延续相辅相成。如洛阳市即将建成的系列遗址公园，深入挖掘并展现了城市作为"千年帝都"的多处历史记忆，对城市历史文脉延续做出的贡献是不可低估的。像西安大明宫国家遗址公园这样将城市品牌营造和遗址公园开发结合的，也是类似项目可以借鉴的。

(3)特色活动的重生与逝去文化的重现相结合。不同于对城市历史遗产的其他开发形式，遗址公园融入了人的活动及其产生的文化。如在汉长安五陵遗址区对守陵、祭奠等一些传统活动的保护，立体地再现了这一区域特殊的历史文化。可以说，对特色活动的深入挖掘，有时远比对遗址本身开发更具价值；对原有文化的再现，也会赋予公园全新的生机和活力。因此，有利于扩充遗址公园历史价值和文化内涵的事件与活动，是规划阶段应着重考虑的。

总之，遗址公园的保护开发需要根据不同类别采取针对性的方法。在历史遗产可持续利用活动趋于频繁和多样化的今天，通过实例进行遗址公园类型的探讨，可以明确一些框架性的概念和原则，为类似项目提供有益的借鉴。

6.2.2 圆明园遗址保护案例

圆明园位于北京西北部，由圆明、长春、绮春三园组成，三园紧相毗邻承品字形，后统称为圆明园。共占地 5 200 余亩（350 hm^2），有优美景群百余处，建筑面积近 20 万 m^2。清代康熙四十六年起，这座皇家园林由康熙、雍正、乾隆、嘉庆、道光、咸丰六帝几百年间，役使无数能工巧匠，费银亿万建造经营而成，是清代除紫禁城之外的另一个政治中心。它曾以其宏大的地域规模，杰出的造园艺术、精美的建筑景群、丰富的文化收藏和突出的政治名誉著称于世，被誉为“一切造园艺术的典范”和“万园之园”，在清代政治史和世界园林史上占有重要的地位。然而不幸的是，这座绝世宫苑于 1860 年被英法联军野蛮洗劫并焚毁，在中国历史上留下极为惨痛的一页，成为人类文明的一场劫难。

新中国成立后，党和政府十分重视发挥圆明园遗址的多元价值和多种功能。经过多年的努力，圆明园遗址保护基础上建设的遗址公园初具规模，大部分山形水系得以恢复，再现了山水相依、山水迷离的迷人景致。数十万株树木青翠欲滴，季节性花卉如霞如锦，复建的少数园林建筑重现昔日光辉，一些重要的一直得到保护整修，形成了以西洋楼为代表的宏大遗址群落（图 6-12）。圆明园遗址保护是我国规模最大的遗址公园保护类项目，在风景园林遗产保护实践史上具有重要的地位。

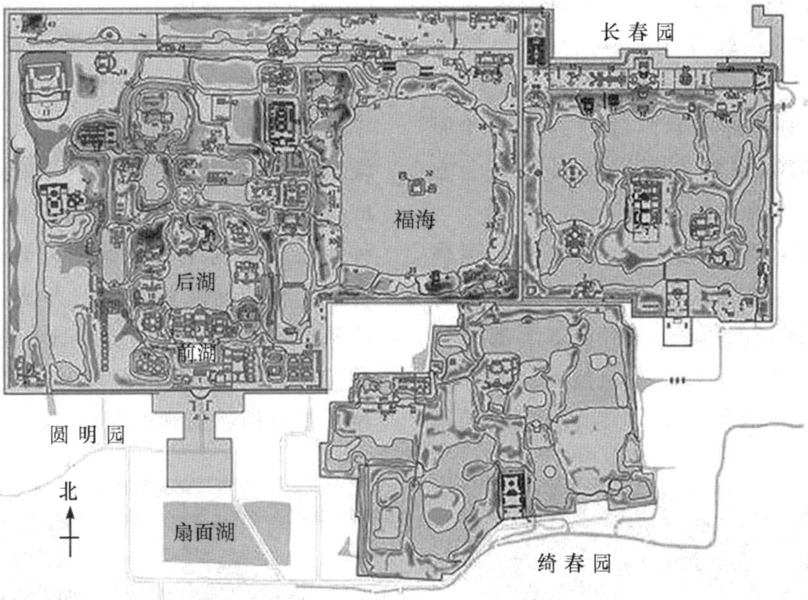

图 6-12 圆明园遗址公园（图片来源网络）

圆明园作为清代皇家园林的重要作品，曾是中国园林史上的一颗璀璨明珠，但经过长达一百多年的破坏，圆明园早已不复往昔，沦为一片荒野废墟。1983 年颁布的《北京市城市建设总体规划方案》和 2000 年颁布的《圆明园遗址公园规划方案》，明确了圆明园的保护方式为遗址公园，同时规定了圆明园中原有建筑的复建比例，不能超过 10%。即使有了上述规定，但圆明园已经被赋予了太多文化和政治上的含义,圆明园是否应该修复,应该如何修复争议一直不绝于耳。从20世纪80年代开始的圆明园修复保护工作也就在这些争议声中持续到了今天。

对于圆明园原真性的问题,国内学者一直存在争议,主要有“遗址派”与“重建派”两种观点。“遗址派”主张遗址即使已成废墟,在废墟上的任何变动都是对历史的亵渎与背叛,且废墟也是一种美。近年来,遗址派对原真性的认识也存在分歧,一种观点认为,不应做任何修整,严格遵循《威尼斯宪章》,同时保护已经形成的新生态系统;另一种观点认为,至少要清理园内垃圾和非法建筑,梳理出原有的山形水系。但这两种观点都明确认为不应在园内恢复任何历史建筑。“重建派”主张遵循保护、整修与利用方针的既定规划,恢复园内原有的山形水系及植物配置,且至少恢复1/10的原有建筑。对圆明园进行一定程度的修复,一是可以保护好仅存的遗迹,二是修复程中的研究将对园林发展大有裨益,三是能更好地展现圆明园的历史风貌。清理非法建筑,重整原有山形水系,逐步恢复原有植物配置,才是体现原真性的最好方式,也符合《奈良原真性文件》的要求。

鉴于对中国古典园林原真性原则的探讨和原真性保护的实践经验,保护专家们从以下六个方面,进行对圆明园的原真性保护。

(1)完整度的原真性。完整度的原真性是园林中其他内容保持原真性的基础。近年来经过政府对原本侵占圆明园区域的单位、民房基本上都进行了拆迁清理,恢复了圆明三园原有的范围。园址周边现有中共中央党校、清华大学、北京大学、颐和园等单位,建筑高度天际线控制较好,没有出现影响景观视线的建筑。可以说圆明园的完整度基本符合历史原貌,做到了完整度的原真性。

(2)建筑的原真性。在对待建筑原真性的问题上,圆明三园分别采取了三种不同的方式。绮春园的建筑复原比例最大,其中正觉寺区域做到了完全的修复,鉴碧亭、仙人承露台等景点也得到了不同程度的修复。长春园多为对建筑遗址的清理和展示,未做复建,西洋楼是现今圆明园内最著名的景点,对其采取的措施是保存现状、不做改动;含经堂景区则将建筑基础清理出来,仅展示出原有建筑的规模、位置、格局,而不做复建。圆明园基本已没有任何建筑遗存,也未作重建,仅是在原有建筑处设立标牌、石碑以示游人。从正觉寺建筑的重修情况来看,修复做到了原材料与原工艺,基本符合园林的原真性要求,长春园与圆明园的建筑保护状况也符合建筑遗址原真性的国际共识。

(3)植物的原真性。有关圆明园的植物配置情况,近代有很多明确的文献记载,还有《圆明园四十景图》和《西洋楼铜版画》等绘画作品作为直观的参考资料。恢复其植物配置原真性本非难事,但近百年的自然演进,已使圆明园自发形成了新的生态系统,有了天然的植物配置。如果贸然恢复,就会变成为了保护一种生态而破坏且是彻底地破坏另一种业已存在的生态。圆明园现在采取的办法也是古典园林植物恢复常用的办法,即逐年替换法。现已基本恢复长春园和绮春园的植物配置,圆明园的曲院风荷、杏花春馆区域植物也已经得到复原,重现了昔日植物景观的原貌(图6-13)。

图6-13 张宝成绘制的圆明园盛期复原图

(4)山水的原真性。常年缺乏保护使得圆明园的山水骨架受损严重,从 20 世纪 80 年代有计划地开始修复圆明园以来,山形水系的修复就一直没有中断。现已对福海进行了清淤开挖,再现了圆明园最大的水体,近年来,九州清晏景区的水系也在不断梳理恢复中,但园西北区域的山形依旧破损严重。总的来说,园内山形水系已大体得到了恢复,在一定程度上重现了全盛时期的历史风貌,符合园林原真性的要求(图 6-14,图 6-15)。

图 6-14　方壶胜境水系的梳理

图 6-15　平湖秋月景点遗址保护

(5)游览路线的原真性。不同于多数西方古典园林固定视点的静观方式,中国古典园林大多采用动观或动静结合的方式,传统古典园林有其独特的空间序列,园林景色按照起始、发展、转折、高潮、收尾的方式逐渐展开,唯有按照其原有的游览路线走,才能真正感受到园林的趣味,所以游览路线的原真性也是古典园林原真性不可缺少的一部分。但由于圆明园各部分修复程度不同,再加上外部环境的变迁,现今的主入口和主要游览路线均不符合历史原貌。这一点对圆明园的原真性是有所损害的。

(6)文化意境的原真性。中国古典园林讲究游览过程中的意境与文化体验,是园林最富有特点的部分,是世界其他园林所不及的,所以文化意境的原真性也应当成为园林原真性的一部分。中国古典园林常用的营造意境的手法有象征和点题等,在圆明园中,由于建筑的损毁,原本用于点明意境的匾额、楹联等也不复存在,仅遗留景点名称,使文化意境的原真性大打折扣。为弥补缺失,在原景点遗址加设石碑铭牌(图 6-16,图 6-17),镌刻铜版画、诗咏、历史文献辑录等,在一定程度上体现了文化的原真性。

图 6-16　大水法遗址

图 6-17　海晏堂遗址

从圆明园近年来的实际修复工作来看，一定程度的修缮与恢复是非常必要的，有助于真正有效维护园林的原真性。孟兆祯院士曾经说过这样的话，保护中国古代园林的重要意义就在于“研今必习古，无古不成今”。对中国古典园林的保护与研究，不仅仅是在保存与研究历史，更重要的是它能够帮助现在的园林设计者解决现在和将来可能会遇到的问题(图 6-18，图 6-19)。虽然对于原真性的定义还存在一些争议，但将原真性确立为园林保护工作的一项准则，却是不容置疑的。原真性的意义就在于它反映了时间和空间特征，将当时真实的场景以及中国古典园林历史的发展规律反映了出来(图 6-20)。

图 6-18　万方安历史资料

图 6-19　万方安基地保护

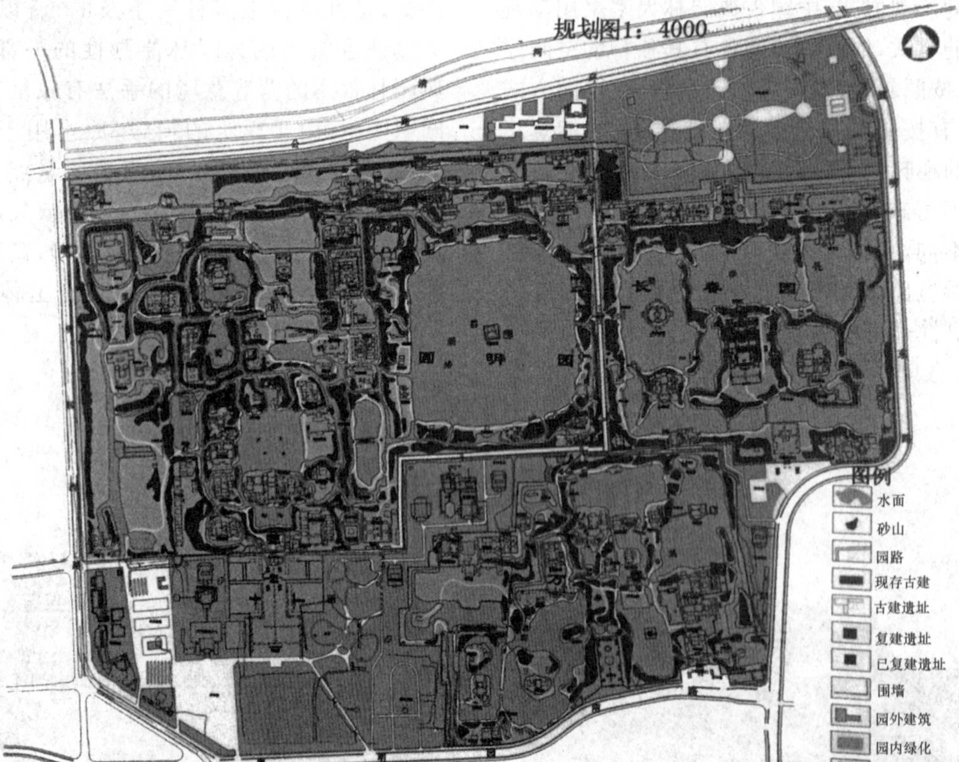

图 6-20　圆明园遗址公园规划图

6.3　寺庙胜迹

寺庙胜迹在我国风景园林遗产中占有重要的一席之地。寺庙园林起源于东汉、魏晋南北朝这一中国园林发展中一个承前启后的转折时期。佛教、道教的出现，诸家思想的活跃促进了艺术领域的开拓，对这一时期的中国园林产生了较大的影响。寺庙园林成为并列于皇家、私家同等地位的园林体系。

受儒释道社会思潮的影响，寄情山水、崇尚隐逸成为社会风尚。人们对大自然风景的审美观念趋于成熟，山水文学、山水绘画等艺术得到大的发展，与造园相关的建筑、理水等技术更为进步，观赏植物普遍引种。随着佛道的盛行和佛寺道观的大量出现，寺观园林作为一个新的类型迅速发展，表现为三种形式：一是园林作为寺观的附园；二是寺观庭院的园林化；三是寺观外围自然环境的园林化。寺观园林的兴盛对风景名胜的发展起到了推动作用。

由于寺观园林与自然山水融为一体，寺观本身具有很强的开放性，加之寺观园林既有宗教活动的功能，又有风景游览的功能，因此至今仍是我国风景名胜区和世界遗产地的重要历史依据。对寺庙园林遗产的保护和利用，一是要重视其所在地域自然环境、山水的保护。因为它们很大程度上来说对园林空间意境的创造起着决定性的作用；二是深入研究宗教文化影响下寺观园林所具有的景象简远、布局疏朗和天然雅致的特征，体现人与自然的和谐以及浓厚的禅意气氛。

6.3.1　地域环境的保护展现

全国重点文物保护单位重庆潼南大佛寺，是川东地区摩崖式寺庙建筑的代表。大佛寺位于重庆潼南县定明山脚，涪江江畔。现存有大佛阁、观音殿、玉皇殿、鉴亭四座木结构古建筑，依岩面江一字展开，沿着 700 m 长的天然红砂崖壁而建。其中主体建筑大佛阁是一座七重檐歇山顶建筑。它背倚 40 m 高的独云峰崖壁而建，七重檐层层跌落与山崖融为一体面向涪江，彰显出磅礴的气势。阁内的一尊高 18 m 多的释迦牟尼佛坐像完全依崖而建。崖壁上留有隋唐至今的佛家、道家二家龛窟、造像等，还有历朝历代文人墨客、朝廷重臣的题记、诗咏、碑碣历史遗迹，以及 7 个年代的洪水标记线和题记。寺庙与崖壁相互映衬，形成了恢宏的摩崖佛寺景观。

潼南大佛寺可以说是因崖而生，借崖而兴。盛唐后随着佛教的日益世俗化，人们在天然崖面上雕刻浅龛或摩崖造像的活动日趋盛行并一直繁荣至两宋。为了保护摩崖造像并提供宗教活动空间，形成了以摩崖佛殿为主体的摩崖佛寺建筑。因此，在潼南大佛寺的保护与环境整治中，设计者确立了以大佛寺赖以生存的摩崖为主的环境保护策略。通过对崖壁环境的保护和整治，强化人们对大佛寺赖以依存崖壁环境的视觉体验，从而深刻理解摩崖建筑的地域文化内涵(图 6-21)。

现存的大佛寺建筑群主要集中在山崖东部，而西部的山崖因为历史上的采石作业遗留了多处断崖、石坑等遗迹；其断崖处还形成一个废弃的水塘；崖壁已为农户占用，因荒置而杂草丛生。在环境整治过程中，设计者勘探了既有的崖壁的自然形态，顺应山崖走势，清理了泥土杂草，将雄伟的天然崖壁展现出来，并同崖壁东部连为整体，既打通了人们从景区西部观赏大佛阁的视觉通廊，又强化了整个大佛寺的历史环境氛围(图 6-22)。

对于因采石作业而废弃的水塘，设计者因地制宜地加以利用，以当地石材沿水塘加固堤坝，并铺设管道使水塘变成可循环的景观用水，并结合佛教主题于塘内种植莲花、放养锦鲤，形成“七宝莲池”景观以增强宗教氛围(图 6-23)。设计通过路径设计将历史采石作业的多处以及分为不同标高的平台，之间利用原石开凿石梯和步道，岩层直接凿平而不用铺装，达到浑然天成的景观效果。多层次的标高平面也形成了人们从不同角度，不同视域观察大佛寺的空间场所，更能体会到大佛寺建筑群如何利用崖壁与涪江的空间关系和自然地形，通过视线转折和交错进行建筑的叠合布置，形成“远近高低各不同”的空间感受(图 6-24)。曾经采石留下的基坑，也精心的保留下来转化为树坑或凹地，引发人们对历史记忆的联想。环境整治工程完成后，游客们从入口拾级而下，经过充满历史记忆的七宝莲池，以潺潺水声为线索而前行，经过天然开凿的石梯和步道后，一面雄浑的崖壁豁然开朗，沿线性的崖壁望去，雄伟的大佛寺临崖而立，先抑后扬的流线使得游客获得震撼的感受，大大加强了摩崖佛寺相依相生的空间感受(图 6-25)。

图 6-21　潼南大佛寺的历史与现状

图 6-22　景区西部崖壁的保护与整治

图 6-23　采石场改造成为七宝莲池

图 6-24　采石作业场地改造为景观台

图 6-25　景区西部整治效果

6.3.2　禅意环境的意向表达

全国重点文物保护单位重庆梁平双桂堂始建于清顺治十年，是占地 7.2 hm^2，建筑面积约 12 000 m^2 的建筑群。双桂堂由清代禅宗大师破山海明创建，这里培养的弟子遍布云贵川，禅宗文化传播和影响深远，被誉为“西南禅宗祖庭”。双桂堂所处于的良田万顷、竹林炊烟的乡土环境，民俗节气与佛事活动有机融合，形成了双桂堂的地域文化环境特色。与巴蜀地区一般佛教寺庙依山傍水的选址不同，双桂堂周围是川东低谷地带广袤的平坝农田。五进院落环绕于万顷良田之中，周围遍布农家竹院，田间作物四季变换，庙内晨钟暮鼓与庙外农家炊烟共同构成了生机勃勃的田园佛寺风光。据记载，破山禅师着力倡导农、禅并重的思想，率众参加垦田开荒，在明末持续战乱后的不毛之地上开发土地，恢复生产。破山带领信众一边耕作，一边修禅，其农禅并重的原则既解决了僧侣的生活生产问题，又使禅的精神渗透到生活劳动与日常行事之中，形成了双桂堂独具特色的历史文化内涵(图 6-26)。

保护双桂堂的自然和文化生态环境，是双桂堂文化遗产保护的重要组成部分。“文化遗产的物理形态是自然要素与社会经济、生活和生产方式共同作用，长期发展演化的结果。”保护双桂堂周围的农耕环境，不仅是保护彰显地域特色的自然环境，也是保护相关的社会生活系统，有助于体现文化遗产的文化内涵。设计者运用场所理论，通过景观设计使得人们被农耕意向高度强烈的感知。

图 6-26　梁平双桂堂"农禅一体"的环境保护

来源：张兴国．重庆市梁平双桂堂保护规划．重庆大学建筑设计研究有限公司．2011.1

首先是双桂堂风水环境的保护，景观规划保留了寺庙周围近 40 亩耕田形成广阔而无遮挡的视野，通过成排的树木形成垂直界面形成庇护场地。观景场所选择在能看到深景的弯曲河流和逶迤山丘的豁口处，使人更能体会到双桂堂的选址环境。

其次，为了契合其质朴的乡村环境，景观设计没有增添"人为"的环境小品。保留历史上留下来的水渠、池塘、农业用具，并直接将犁田留下的车辙因稍加整理作为道路，保留原生态的环境的同时唤起人们对农业环境的记忆（图 6-27）。这种"日常的生活世界"构成了真实的现象。人们通过它得以抛弃各种"知识"和"成见"的束缚去把握事物的本质。这里的"真实场所"，即原生态农耕环境。

景观设计对于农业灌溉用水的主要来源——水渠来说，设计更是采取了"无为而治"的设计策略。历史上的水渠与村民的互动关系是非常紧密的，农妇在河里洗衣洗菜，农夫放些水鸭，儿童赶着水牛在河滩玩耍。在规划设计中没有赋予河道过多的功能负担，而是用最简单的手段，找回人与河的亲切关系。设计采用河滩的鹅卵石铺砌水渠渠道，旁边设计了小路供行人行走（图 6-28）；设计将一些农户遗弃的水塘加以利用，用农村常见的石磨、瓦罐组合成跌水小景；一些废弃的生土瓦房，被精心的保护修缮用作人们田间休憩的场所（图 6-29，图 6-30）。设计还设置可以休憩纳凉的瓜棚架，晾晒板栗或其他山中特产的晾晒架，加入可以让人们参与互动的石磨、石碾等农用设施，再现村庄生动的生活场景，街边保留的柴房、牲畜房舍也将会赋予其新的景观功能和实用功能设身感受到农耕氛围。这些措施都是在既有的农村环境中谨慎地加以改造，形成平静闲适的农村景观。人们在此更能体现到双桂堂历史上生产劳动与修禅相互结合的空间氛围。

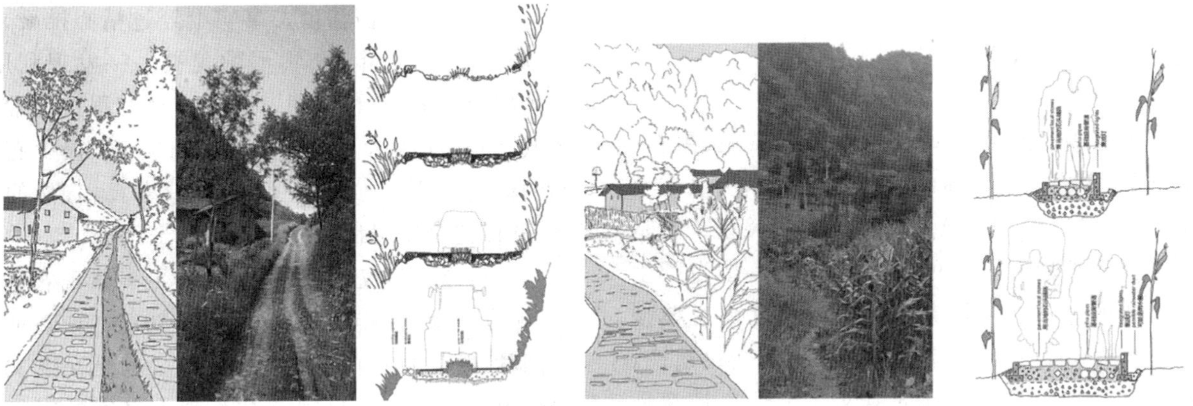

图 6-27　农耕生产环境的保留

图 6-28　农耕水渠的修缮

图 6-29　废弃水塘转化为景观水池

图 6-30　生土瓦房改造为休憩场所

6.4 乡土景观

乡土景观是包含土地及土地上的城镇、聚落、民居、寺庙等在内的地域综合体。这种乡土景观反映了人与自然、人与人及人与神之间的关系。它是适应于当地自然和土地的，是当地人的，是为了生存和生活的遗产。从风景园林遗产角度来说典型的乡土景观包括了乡土园林与传统村落文化遗产。解读乡土景观对景观设计的意义在于理解景观是乡土经验的一种历史记载，帮助设计师用一种新的、非自我的视角，设计内在生活的景观

6.4.1 乡土园林的特征与价值

乡土园林在古典园林文献中很少提及，但它是当地乡土文化与乡村生活环境的体现。乡村园林与皇家园林、私家园林寺观园林相比有很大的不同。它承载了当地文人对园林文化的向往，结合当地的形胜，关注宗族的生存环境，具有浓厚的乡土文化氛围，增加集聚力。弥补了自然村落的缺陷，达到人丁兴旺、科举兴盛。乡村园林是开放的公共空间，也是当地最实用的公共资源。具体说来，乡土园林有以下几个特点：

1. 历史悠远

乡土园林的建造历史非常悠久，例如楠溪江乡村园林可追溯到晋、宋时期世家大族两次南渡迁移至楠溪江时。如苍坡村的公共园林，建于宋代，据康熙五十一年《苍坡村李氏宗谱》记载拦蓄湖水的寨墙建于宋孝宗戊戌年(1178 年)。岩头村丽水街，是明嘉靖三十五年(1556 年)筑寨墙蓄水成。蓬溪村李时靖故居的状元街，是南宋李时靖中状元时所建，留有许多园林的痕迹。

2. 拙朴自然

乡村园林的选址，都纳入自然山水。一些乡村园林纯粹是自然山水，不过在其间点缀了人行桥(图 6-31)，公共场所保留了一些古木，四周满植茅竹。乡村园林中的建筑大都取材于当地，所用的是未经斧凿的原木和卵石，随弯就曲，天生自然，与山川草木一切生命相和谐。事实上经过精心推敲，原木、卵石的本色、本性、本形的美被一一发现利用，巧妙配合起来，互相映衬。乡土园林的程式化程度较低，随着自然山水的走向而稍加点缀，很少有规则的痕迹。这更加显示了其拙朴、率真、自然的本性，并保留早期园林的痕迹。

乡村园林不仅仅起审美作用，更多体现农事活动，耕读活动、宗族活动，具有多种功能。如苍坡村的园林，既是农村的公共活动中心，也是在乡文人寄情山水的地方。皇家园林表现出皇家的霸气和富贵奢华，而乡土园林取材简单实用，无非是当地的卵石和原木，朴素自然。

3. 功能实用

乡土园林造园的目的不仅满足审美需要，同时还具有较强的功能和实用性。一些江南水乡的乡村园林，通常从山涧引水，活水穿村，水绕街走，通至每家每户，为村民的饮用用水、洗涤提供了方便，在村口汇聚成长河，为村外的大片田野提供充足水源。村落外蓄水用的寨墙具有多种功能，既可抵御洪水袭扰，也可蓄水抗旱。村头的寨门、古井等构筑物，造成村民很强的心理归属感和领域感，使宗族团结，人丁兴旺。

乡土园林往往是一个村落的公共中心，许多公共设施往往集中于此，是村民祭祀祖先，尊奉神仙，人伦教化，感情寄托的中心。村民平时空闲时，都汇聚此处，叙事说情，也有在乡文人讲解许多外面的世界，被当地人称为“山里人讲朝廷”，起着邻里团结、宗族和睦的作用(图 6-32)。

乡村园林是开放的，是全村的公共活动中心，每个人都可以在这里找到自己的位置，发挥自己的想象，是评理的场所、祭祀中心、敦宗睦族的场所，村民休闲场所，是农事活动的中心。乡村园林可以给村民提供一个平台，不管贫富、强弱，在此都能找到自己的位置。而城市私家园林，更多体现了私密性，四周高墙一拦，自成一个天地，园林主一般都是归隐山林的隐士，他们逃避现实，从一方水土水中求得精神上的解脱和心灵上的慰藉。

图 6-31　村落小桥

图 6-32　楠溪江乡村村口

4. 文化熏陶

乡土园林是一个宗族团结的象征，在古代农业社会、单凭个人的力量无法完成这些颇为复杂的工程。古代宗族社会一些大宗族都有宗田和宗山，有严格的宗族组织力量，这些都为乡村园林的建成奠定了基础。乡村园林集中表现了耕读文化。乡村园林的布局，看似无拘无束，实则是在乡文人对自然的迷恋。当年的乡土文人很着意于生活环境的营造，亲自擘画，从而把自己的文化素养和胸襟怀抱渗进乡林，乡村园林不是单单工匠设计建造的。

乡土园林是一个整体，表现为整个村落与自然山水联系。天人合一的传统环境观念，反映在造园活动中，即表现为园林中人与自然的协调共生，园林是村落的有机组成部分，两者相互融洽，相得益彰。村落从选址到建设，比较讲究风水或注重周边自然环境的喻义，以示村民对未来生活的美好祝福。

乡土园林遗产的价值主要有 4 个方面。

1. 科研价值：古典园林孑遗的标本

现存中国古典园林大都为明清时代所建，唐宋园林仅存于一些文献中。如诗画大家王维的“辋川别业”。而我国的一些典型乡村园林由于僻居一隅，环境变化缓慢；人们世世代代在此营造家园，因此留存了众多古典园林历史上的造园手法，具有很高的研究价值。

从现存的一些乡村园林中，都可以看出其自然质朴的造园手法，是“虽由人作，宛如天开”造园艺术核心理念的先声；其蕴含的乡土情结又是“外师造化，中得心源”造园理念的思想源泉。乡村园林数千年的艺术实践和独有的造园理念丰富了中国古典园林的文明创造，为我们留下了丰厚的文化遗产。

2. 社会价值：为建立和谐人居环境提供思路

乡土园林在古村落中起着公共中心的作用，供村民休息、娱乐、敬天、奉祖，也供在乡文人吟唱、抒情。乡村环境优美，为村民活动提供了广阔空间，使整个村民能团结一致、和睦。而现行城市住宅小区，较多关注私人活动空间，很少营造出公共空间，邻里交往日渐减少，人的心理归属感逐渐减弱，回家时没有家的感觉，今天搬到这里，明天搬到那里，是现代许多城市人的生活内容。现行农村缺少对传统农村格局和规划的研究，比较功利，大家千篇一律建造通天房，导致了许多新建村落平庸无味，千村一面。故因将乡土园林在现代人居环境建设中继承和发扬，为建设公共活动空间，现代居住小区提供理论支持。

3. 审美价值为现代园林建设提供了借鉴

乡土园林注重整体和谐，强调“天人合一”和“因势就成”，追求自然朴素，万物可以入景的思维方式。对当今风景园林设计中追求“大园林”、“生态园林”、“绿色园林”的设计观念都有重要的借鉴作用，对近代空间理论中时间与空间理论不可分割的整体观念，也有指导作用。这对近年来风景园林规划设计领域兴起的区域生态环境规划、风景规划有一定的借鉴作用。

乡土园林不拘泥于四合空间，奔放的自然天地间，突破了传统古典园林内向围合的概念。乡村园林服务的对象不只是一个阶层，包括士、农、工、商各阶层，满足各类居民的生活需求和精神寄托。这些和现代园林关注人的场所理念是相似的。

4. 文化价值：宗族文化和耕读文化的结晶

乡村园林大都建有宗祠和教化建筑。乡村园林内建了许多书院，如美蓉书院、苍坡水月堂、森秀轩等。为了有利于科举，先贤们都将远处的文笔峰引入村中，凿砚池将文笔峰侧映其中，意为“文笔蘸墨”。如苍坡村将笔架山引入村中。如没有文笔峰，也会在东南的“巽山”上建造文峰塔，如岩头汤山上就建有文峰塔。这些文教建筑为乡村园林增加不少景致。同时乡村园林的幽静和谐，为楠溪江耕读文化的传承提供了长期舞台。虽然受“耕读”思想影响，乡土园林还是反映了当地村民的野性思维，轻巧、灵活、古朴、粗野的园林形式也与这些思想有一定关系。这也表现了乡村居民对自然力的理解和当地物质技术条件的限制，让乡村园林自由自在地形成于天地间，是诗意栖居的真实含义。

6.4.2 传统村落遗产保护案例

2000年11月27日至12月2日，在澳大利亚凯恩斯举行的联合国教科文组织世界遗产委员会第二十四届会议上，皖南古村落——西递、宏村作为世界文化遗产被列入《世界遗产名录》。世界遗产委员会评价：西递、宏村这两个传统的古村落在很大程度上仍然保持着那些在20世纪已经消失或改变了的乡村的面貌。其街道的风格、古建筑和装饰物，以及供水系统完备的民居都是非常独特的文化遗存。

西递村始建于北宋，迄今已有950年的历史，为胡姓人家聚居之地。整个村落呈船形，四面环山，两条溪流串村而过，村中街巷沿溪而设，均用青石铺地，整个村落空间自然流畅，动静相宜。街巷两旁的古建筑淡雅朴素、错落有致，又被称为“桃花源里人家”。西递村现明、清古民居124幢，祠堂3幢，包括凌云阁、刺史牌楼、瑞玉庭、桃李园、东园、西园、、敬爱堂、履福堂、青云轩、膺福堂等，都堪称徽派古民居建筑艺术之典范。宏村始建于南宋绍熙年间（公元1190—1194年），原为汪姓聚居之地，绵延至今已有800余年。它背倚黄山余脉羊栈岭、雷岗山等，地势较高，经常云蒸霞蔚，有时如浓墨重彩，时似泼墨写意，好似一幅徐徐展开的山水长卷，因此被誉为“中国画里的乡村”。西递、宏村古民居群是徽派建筑的典型代表，现存完好的明清民居440多幢，其布局之工、结构之巧、装饰之美、营造之精为世所罕见。

西递、宏村古村落的遗产价值有以下几个方面。

1. 蕴含风水思想的村落选址与环境

徽州地处皖南低山丘陵地带，总体地貌特征为群山环绕，川谷崎岖，峰峦掩映。西递古村落的中央处建有胡氏族祠“敬爱堂”，这是一座建于明代的砖木徽派古建筑。整个村落以敬爱堂为中心布局设计，前后两条溪流，成弧形围绕敬爱堂而过，曲折萦回、有条不紊地衬托着上村下村，缓缓地流经家家户户的门前，彰显了浓厚的风水思想。

宏村在明清时期还是一个简陋的小山村。它背倚黄山余脉羊栈岭、雷岗山等，羊栈河与西溪汇合，环村西向南人奇墅湖，雷岗山前地势广阔。宏村依山傍水、随坡就势，紫气青霞、云雾静流，是一处难得的山清水秀、安静祥和的中国皖南山区古村落。

2. 民居建筑及其装饰与园林

西递的古民居建筑，大多是以内向方形，围绕以长方形天井的合院为基本单元的木构架封闭式砖墙围护的建筑。其内部布局以及装饰则各具匠心，石雕、砖雕、木雕艺术更是巧夺天工、琳琅满目。门场、门罩、漏窗的砖雕、石雕各具神态，无一雷同；窗槛、裙板、阳裙、栏板、窗扇、网格、梁垫、斜撑以至木柱和栏杆的木雕，无不精雕细刻，形态各异，尤以浮雕、透雕技巧更为精湛。大门置以浑厚、稳重的青石门坊，左右两侧壁墙用水磨青砖砌成，白灰压缝，线条明快清晰。讲究的宦官富商人家，侧壁也由青石筑成，显得庄重、富丽。门楼上层是砖砌瓦覆的雨檐，层层挑出，两角翘起。顶端为特制的雕花瓦当和滴水，形成一排整齐的雁齿。此处是徽派砖雕大显身手之处，八字门墙上端所置的砖雕，多为山水花卉、鸟兽人物、戏文传说等图案，与门楼上的各式图案相互映衬，美轮美奂。大门一般漆成黑色，上配以黄铜或铁制的门环。远远望去，白墙之间的青砖青瓦，加之以宽的石门坊和黑色的大门，形成一个完美的徽派建筑整体。从色调、形体看，均极为端庄稳重。西递古民居的正门至天井的空间部位称为"门厅"，它是整套住宅的主体部分，也是民居平面布局上给人以第一印象的建筑艺术空间。

明清时代的西递古村落，民宅装饰豪华，又多建有精美的园林，把民宅与园林结合在一起。几乎家家都布设有庭园，在充满诗情画意、即步可吟的庭园胜景中，园墙景洞、花窗透、厅堂连廊等相辅相成，彼此依托，形成"门外青山如屋里，东家流水人西邻"的"天人合一"的格局。各家的庭园有的虽是两户，却以院墙相连，有的虽有一巷之隔，却以漏窗相望；用"邻借"的手法，引庭外风光于庭中，形成"桃花似火喷墙外，翠绿竹荫借东家"的互生景观。除了采用"邻借"外，还采取"远借"、"仰借"、"因时而借"等手法，在有限的空间中展示无穷的景致。

3. 独特的供水系统

西递是利用天然水系的典范。走近西递，远远地就可以看见参天古林掩映下的庙宇烟火，沿着石板铺就的小路蜿蜒穿行，可见路旁流淌着的潺潺西溪，这里是西递的水口。西递的水口处，曾建有文昌阁、魁星楼、水口亭、凝瑞堂及多径石拱桥，成为西递古村落的第一道风景线。西递的水口如同古村落的一面照壁，将村内、村外分隔成两大既互为照应、又彼此分开的空间和地域单元。西递有三条溪水环村而过，缓缓地流过许多人家的门前。村民利用这个天然水系，在溪上架设了许多石板桥，以接通大街小巷和民居宅院。

宏村更是是建造人工水系的典型。明万历丁未年(1607 年)，由族人汪奎元主倡，汪氏大小族长 16 人集资，在村南征集秧田数百亩，开辟出一个硕大的池塘，面积达 18 000 m^2，四周砌石立岸。因位于村南，故取名为"南"。在修建南湖这项浩大的工程时，宏村的设计者们十分注重村落的整体营造，使民宅、书院、祠堂、路桥等建筑群，与水圳、月沼、南湖等水系统一为一大整体。在呈半环形的南湖南畔，分上下两级石岸，每隔 5 丈各植红杨、垂柳一株，形成一片绿，与村后雷岗山的榛树林遥对成趣。弓弦部湖之北岸，倚村顺势，平铺有整齐划一的青石板路，临岸建有起伏错落、风格相近的徽派建筑群，使粉墙黛瓦与隔岸的花红柳绿相映生辉，景色宜人。湖中筑有阡堤连通两岸，又将南湖一分为二，使湖水相通，舟楫穿行。湖面广植菡萏，每值盛夏，荷叶田田，菡萏争艳，加之荡舟其间的采莲少女，好一幅诗情画意的"采莲画卷"。

宏村初建时，虽有溪水绕村而过，但村中仍然缺水。永乐年间，经多次勘查，制订了一个卧牛形的村落扩建计划和人工水系的修建方案，先将村中的一口泉眼挖深，修建了一个半形池塘——月沼，并开凿 400 m 长的水圳，引西溪水注入月沼。水圳九曲十弯，绕至各家门前，供灌溉与生活用水之需。过了 150 年，随着人口的增加，月沼之水只能满足生活用水的需要，已无法供给灌溉之用。于是在万历年间，又在村南修建了 18 000 m^2 以上的南湖，引水圳之水注入湖中，再经湖边暗道出水孔，流至堤下灌溉万亩良田，多余之水则泻入西溪。这样，由月沼、南湖和九曲十弯的水圳构成一个完整的人工水系，既解决了生活、灌溉和防火用水，又改善了居住环境，美化了村庄，深刻地体现了人类利用自然、改造自然的卓越智慧(图 6-33)。

西递、宏村传统村落是宝贵的文化遗产，但近年来随着旅游的开发也逐渐存在一些问题：目前古村上的一些老建筑破损、构件糟朽及内部改造情况较多，急待抢修。由于交通不便，村居民大量减少，缺乏生气，也加强了管理的难度。村内卫生环境较差，排水系统不完全，公共卫生设施很少。现村落中的老建筑内大多仍使用旧式茅厕，老街上没有公厕。村内自来水已通到各家各户，但排污系统却不健全。污水一直是自然排放，近些年有些人家修起冲水厕所，但没有建化粪池，就将粪便直接排到河中，严重污染河道。古村落火灾隐患较严重，消防用水难以保证。古村的老建筑多为木结构，木板壁、木隔扇、木窗门。近十几年街上有条件的家庭多在县城内建新房，古街上一部分老住宅出租给外地人居住。另外古村老建筑常有电珠直接钉在木构件上，电线老化，是很大的火灾隐患。

图 6-33　西递周围的水系(图片来源网络)

对古村落的保护，保护原则主要有以下几方面。

(1)古村的保护要遵循整体保护，有机更新的原则，贯彻《中华人民共和国文物保护法》第四条"保护为主，抢救第一，合理利用，加强管理"的方针，并坚持务必保护古村的真实性和完整性的原则。

(2)保护古村应有利于保护居民利益，要力争使居民因保护了古村而受益。一切保护措施不应无偿侵害居民的利益，在保护古街的历史遗物不受破坏的前提下，合理地利用古建筑，增加村民收入。

(3)保护古村的历史格局，街巷尺度、传统风貌和原居民生活方式，严格控制新建建筑高度、材质和色彩；采取小规模、渐进式方式，引导和发展文化、休闲等公共活动功能，不得大拆大建；因地制宜的加强防灾体系建设，确保消防安全。

(4)除对实体物质的保护外，还应加强传统文化和非物质文化遗产的保护，对承载非物质文化遗产的文化空间提出相应的保护和利用要求和措施，并纳入历史文化名镇名村保护规划中。

古村落的保护措施主要有以下 3 个方面。

1. 山水环境保护

(1)山水格局的保护，包括山水与聚落间的相对位置关系与选址定位基准，村落与周围山水间的视线通廊，与山水结合形成的防御体系、防灾体系。

（2）强化山体的自然景观特征，保护原始状态的自然区域，如有需要建设的，必须编制环评报告，严格控制功能、规模及强度，强调局部人工开发区域与自然环境保护的协调。

（3）控制开山采石行为，对于已经毁坏的山体山脉应采取山体修补、梯级过渡等方式强化绿化种植，通过生态修复来恢复其原有的山形山势和林木景观。

（4）保护河道的自然走向，避免因建设而人工侵占改变河道，治理水污染改善水环境，保护滩、坝、岛、碛石等独特自然景观，以及因为集会等历史事件或民间传说而具有文化内涵的地形地貌，如丘陵、洞穴、坡地、空场等。

2. 空间轮廓线保护

（1）加强建筑轮廓线的保护和控制，包括山际线、水际线和建筑轮廓线，加强对山体轮廓线的保护和控制，加强江河水际线的保护和利用，保持层次分明、起伏有致的沿河展开面轮廓线，控制好整体建筑轮廓景观。

（2）对山际线的保护，应严格保护具有文化内涵的重要山体轮廓线、制高点、严格保护山体之间、山与村落之间的互视走廊。

（3）对建筑轮廓线的保护，主要保护建筑群的制高点、重要建筑在群体中的空间位置、山地建筑群中具有观景作用的平台、屋顶等空间。

3. 平面传统格局保护

（1）古村中丰富多样的街巷空间是构成古村传统特色的重要部分；传统街巷的走向与周边山体水体之间存在着紧密的对应关系，形成特有的文化景观。对街巷的保护重点是其街巷结构、走势、宽度以及形成街巷的建筑物尺度。

（2）古村中宗教建筑以及晒场、旱桥等公共建筑，其位置和空间反映了村镇的历史发展脉络，具有丰富的文化内容。对其保护的重点是保护重要建筑的相对位置和空间领域，梳理村中通达这些重要建筑的路径等。

随着人们对遗产内涵认识的加深和外延的拓展，风景园林遗产体系也不断地壮大，类型多样化并各具特色。文化景观强调了一种“有机进化”的景观；遗址公园将遗址的拯救发掘与价值展示利用相结合；寺庙胜迹是通过自然环境的保护来展现其意蕴价值；乡土景观重在基于农业生产的人地关系和质朴实用的价值发掘……各类风景园林遗产应根据不同的特点予以相应的保护与利用。

习题

1. 文化景观的保护要素有哪些方面？

2. 遗址公园的主要类型有哪些？

3. 为什么说乡村园林是我国古典园林的前身？

第7章 遗产管理体系与活动控制

7.1 遗产保护工作流程

风景园林遗产保护工作的研究目前主要集中在概念、原则、内容、方法上，针对工作流程和技术路线的探讨相对较少。事实上，遗产保护的管理体系与技术流程往往对最终成果有决定性影响。由于国家还未出台风景园林遗产专门的保护规划规范，导致现有保护规划编制工作的内容、深度不一，成果良莠不齐。科学合理的保护工作流程是保障风景园林遗产健康发展的重要影响因素。本书参考相对成熟的风景区规划、历史文化名城保护等成功项目的工作流程，梳理出风景园林遗产保护工作的一般程序。

7.1.1 现状调研及问题研究

风景园林遗产保护的首要工作便是细致的现状调研和问题研究，包括以下几个方面：

1. 前期研讨

在开展保护规划的前期，应对有关遗产保护工作的法规、条例进行阅读和理解，查阅相关的文献资料，制定详细的调研计划书，列出调研清单、获取途径以及相应的规划意图，做到胸有成竹，以便在现场有的放矢。在现场踏勘时应注重与当地的居民、保护工作人员的交流，采用开放式和封闭式相结合的问卷访谈，对收集的资料需辨别其中科学合理成分和夸大虚构成分。

2. 基础分析

大量的现场调研工作为下阶段的规划分析打下基础。风景园林遗产保护的基础分析除了常规的自然地理、水文气象、产业经济、社会结构、人居环境的分析以外，还包括对当地的历史文化的分析和梳理。应分析遗产的历史沿革、人文环境，找出基地肌理、空间形态形成的规律，对风景园林遗产的价值，包括历史价值、艺术价值、科学价值和社会价值进行评估。此外，还要对土地资源、综合环境、公用设施等人居环境方面以及产业结构、人口结构等社会经济方面进行分析，明确保护内容、重点及其存在的主要矛盾。

3. 对象确定

确立遗产保护对象是保护工作的重点。一般来说风景园林遗产保护对象包括几个方面：①环境整体风貌，包括建筑（群）的山水环境，建筑群整体格局、街巷肌理，场地空间格局等；②具有地域性特征的景观环境，如周边古树、绿化、堡坎、溪流、生产生活设施等；③传统建筑（构筑物）的历史风貌，包括建筑形制，平面布局、造型、营造方式和艺术风格，建筑结构及建筑材料等。

4. 评价认定

保护对象的评价与认定应按照《中华人民共和国文物保护法》、《中华人民共和国文物保护法实施条例》、《文物保护工程管理办法》、《风景区规划管理规定》等文件执行。保护对象的审定，应包括以下内容。

(1)历史沿革：即历史景观特定领域或特定地

方的历史发展过程的材料，如建造时间、所有者、物权变更情况等。

(2)历次维修情况：包括建筑、构筑物因保养、改扩建、维修等发生的建筑形态或结构的变更情况，古树名木的栽植、移栽情况。

(3)价值评估：应包括内容保护对象的历史价值、艺术价值、科学价值、社会价值等。

(4)现状描述：应包含保护对象损伤和病害的成因分析和安全评估结论。

知识链接

圆明园遗址公园的现状调研

1. 圆明园遗址的历史沿革

圆明园先后经历了康熙、雍正、乾隆、嘉庆、道光、咸丰六朝，经过150余年的营建，形成圆明、长春、绮春三园，合称为圆明园。其占地约350 hm^2，总平面呈倒“品”字形。后分别于1860年、1900年遭英法联军、八国联军大肆劫掠焚毁，沦为一片废墟，随后又长期遭到破坏和盗窃。新中国成立后，圆明三园的保护得到政府的重视。1956年起，在园内植树造林，初步改变了其荒凉景象，但后来，遗址又遭受很大破坏，许多土地被侵占他用，其影响至今犹存。

圆明三园是北方地区皇家园林的典范和集大成者。它因借自然低洼地势，挖湖堆山，创造了变化丰富、风格多样、往复无穷而又整体统一的山水空间。园内山的高度虽一般在10 m以下，但连绵不绝气势逼真，并成为划分园林景观空间的重要介质。园中以水最为主题，水面占总面积的1/3以上，艺术地再现了烟水迷离、萦回变幻的江南风光。圆明三园体现出中国园林显著而典型的空间的流动美感，对这种空间的流动美感，哲学大师宗白华站在对中华哲学考察的高度上，给予了最为精当的分析，认为它是“是饮吸无穷于自我之中，是个充满音乐情趣的宇宙”。

据史料记载，圆明三园中搜罗了天下奇花异卉，植物景观丰富多彩，秀石奇葩，莫可名状。乾隆的圆明园景诗及序中就有许多对于园中植物景观的描述。这些与山水相映的植物景观，与动物景观结合，是具有天然之态的植物园和生态园林。

圆明三园中建筑物数量多、类型复杂。布局上把建筑物集中为许多小群组，分散配置于全园之内，以院落的格局为基调。建筑物的个体形象千姿百态，尺度比同类型的建筑要小一些，而且能突破官式规范的束缚，采纳北方和江南民居的形式，出现许多罕见的平面形式，如眉月形、万字形、工字形、书卷形、口字形，乃至套环、方胜等。圆明三园的园林建筑在建筑技术和艺术上都具有很高的价值。

圆明三园以山水为骨，画意入园，巧妙布局园居建筑、景点建筑和观景建筑，精心配置树木花卉，创造出一系列丰富多彩、性格各异的园林空间，形成了众多的园中园和景点，而整体又非常统一、连贯，一气呵成如行云流水般，空间体验往复无穷，意境相当丰富（图7-1）。

图7-1　历史档案中的圆明园九州景区

2. 圆明三园现状调查分析

圆明园曾经珍宝集萃，风光无限，是英法联军、八国联军掠夺的重点，因此成为三园中破坏最为严重的地方。在后来的岁月中，圆明园更是破坏最为严重的，还被大量居民和驻园单位占据。整个园明三园至今只有圆明园东部的福海景区与绮春园、长春园一起开放成为游客游览的区域，九州景区近两年经过修复，在奥运前夕开放，其他部分仍处于荒芜和缺乏维护与保护的状态。圆明园的大宫门未开放，宫门入口处的植物被保护，往南被西静园公墓占据，再往南是杂乱的简易民房和早市。

根据白日新先生所绘的道光咸丰时期圆明园总体布局，文物保护者调查将其主要分为宫殿九州景区、福海景区、西部及北部景区。现状调查共124处，其中圆明园58处，长春园31处，绮春园35处。可分为两类，一类为原有景点的现状调研，共109处，仍存留有遗址的共38处，完全被毁、已看不出原有遗迹的有37处，在原址上重新修复的有7处，新建建筑用作服务管理或他用的有19处，新建并被其他单位占用的有8处，还有在非原有景点处新建的建筑，共15处。从原有景点现状研究中可以看出，相比而言，三园中圆明园景点最多，但根据对圆明三园现状调研的统计，圆明园完全被毁已看不出原迹的景点最多，占46%，亟待清理和保护。长春、春二园向游人开放而开发利用度较高，新建或改建的服务或管理使用的建筑比例较大。长春园47%的景点由于毁坏过于严重，现只存有不够完整的零星建筑遗址。绮春园有23%的景点被其他单位占用，约占全园景点的1/4，另有32%的景点完全被毁，看不出原有痕迹。这些区域至今仍无法得到有效的保护。同时因为绮春园在三园中利用程度最高，所以新建的小卖部、饭馆等服务建筑较多，占现有景点的26%。

总体而言，圆明三园山形水系变化最大的地方处即为绮春园西部101中学占用地块(即含晖楼、延寿寺、涪夏斋、喜雨山房、知乐轩、流杯亭等景点)，现原貌已完全缺失，相邻景点山形水系也车在不同程度的破坏，此外，万春园别墅区占用区山形水系变化也非常大。长春园山形水系保留较为完整，只有茜园、如园内水系被填埋的变化。圆明园新修园路占用原有水系的走向铺设，西部北部水系均处于干涸状态，前后湖、万方安和等处芦苇丛生，形成野趣风光。地形大概面貌仍在，但西部和北部众多水面淤塞，许多地方灌木丛生，难以进入。植树造林新种的树木有的直接种到原有的水面处，山形水系难以确切辨认；局部景点因为长期的居住生产而造成不同程度的破坏。圆明园西部和北部山形水系亟待修复和保护(图7-2)。

圆明三园的现状道路基本贯穿所有开放景点。绮春园的主要园路为从南部宫门入，沿宫门区西水域边往北通向长春园。长春园的主要园路也为临水修建，位于海岳楼所存水面的两岸，直通向西洋楼，再通向公园东门。其余路基本为周边式布置，环绕各个岛屿。圆明园福海景区道路为环绕福海周，串联起沿岸各个景点。

圆明园遗址公园的主要管理处位于绮春园。此外，在绮春园南门东侧及长春园东门外分别设有游客服务中心。绮春园南门西侧设有青史书店。鉴碧亭经过重建用作工艺文化用品销售(图7-3)。

圆明三园植物种类较多，据统计，圆明园有高等植物327种，其中栽培植物约40种。草本植物占绝对优势，计243种，占85%，木本植物有44种，其中乔木只有13种，多数为中生植物(58种)。湿生植物有33种，水生植物41种。整体而言，圆明三园因经历不断破坏，现状景点的植物与诗句中的记载已相去甚远，之前以植物造景取名的景点如今也大多不复景象。植物以侧柏、油松、加杨、柳树、洋槐、国槐等乔木为主，结合北京园林中常用的花灌木及草本地被。植树造林时期新种的树木有的直接种到了原有水系中。游览开放区缺乏系统的规划，植物景观除了风荷楼茶室的水面为荷花观赏特色区外，且较多地采用一般公园常用的花坛和草坪，形成全园大同小异的植物景观，缺乏特色。此外还出现与圆明三园风格不统一的植物，例如在长春园宫门区及长春桥水面附近种植了很多毛白杨，树体过于高大，并有部分沿岸种植，遮挡了观景视线，改变了原有的景观空间，此外如加杨、洋槐等外来树种，与圆明三园整体环境不符。公园管理一度对野生植物进行了过多的干预，每年割除了许多野生草本和灌木。在未开放的西部九州景区，近年来对环湖九岛的景观修复中植物的选择详细参考了史料记载，如天然图画中以竹类作主景，杏花春馆以杏为特色等。

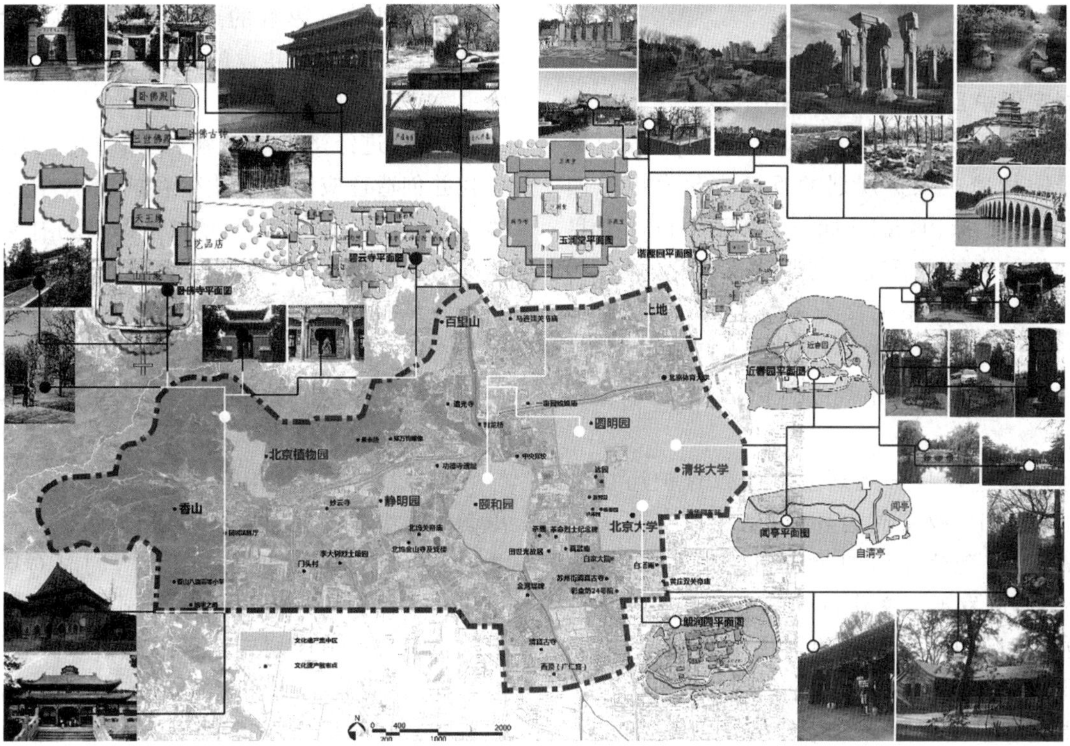

图 7-2　圆明园遗址公园的现状调查

来源：王向荣，林箐．三山五园历史文化绿道规划设计．北京林业大学园林学院．2015.5

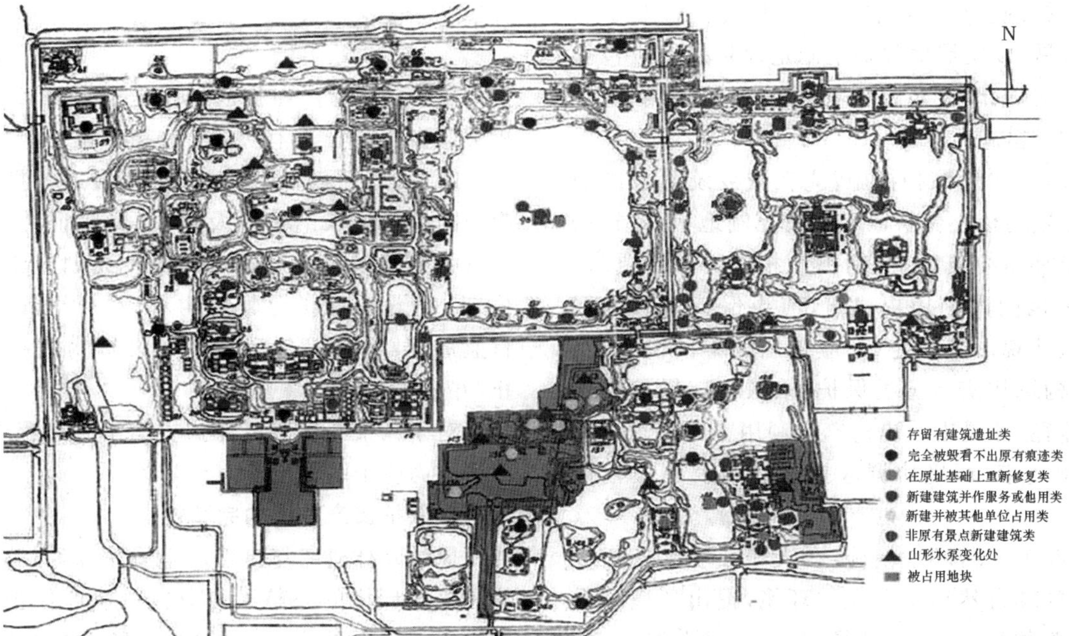

图 7-3　圆明三园现状变化分布图

来源：王向荣，林箐．三山五园历史文化绿道规划设计．北京林业大学园林学院．2015.5

7.1.2 保护及整治方案设计

1. 制定保护目标、原则

根据保护重点和主要矛盾，制定规划目标、原则。风景园林遗产保护规划的目标应包含以下四大目标：文化目标、环境目标、经济目标和社会目标。编制保护规划时要建立传承优秀文化、保持传统格局、挖掘文化价值的文化目标，要以集约土地资源、优化综合环境、改善公用设施为环境目标，同时对经济和社会也要提出规划目标，以便制定相应的措施。

风景园林遗产保护规划应在有效保护历史文化遗产的基础上，改善周边环境，延续原有居民的生活方式，适应现代生活的物质和精神需求，促进经济、社会协调发展。文化目标的实现是实现环境目标、经济目标和社会目标的前提和基础，后三者反过来促进了文化目标的实现。

2. 制定保护措施

风景园林遗产保护应在全面和深入调查文化遗产的历史及现状条件下，分析研究其文化内涵、价值和特色，确定保护的总体目标和原则，制定相应的保护措施。风景园林遗产保护的关键在于以保护促发展，以发展助保护。制定保护措施应包括保护历史文化、改善人居环境、促进经济发展、稳定社会结构的措施。

(1)历史文化保护措施：应在城乡统筹考虑的基础上划定为核心保护区和建设控制地带，并根据需要设定环境协调区，分别提出相应的保护要求。核心保护范围内的历史建筑，应当保持原有的高度、体量、外观形象及色彩，应当区分不同情况，对建筑物、构筑物实行分类保护，采取相应保护措施与利用途径，并提出历史建筑的利用方式要求。对建设控制地带、环境协调区提出整治及建设控制要求。

(2)改善人居环境措施：在人居环境学的指导下，结合区域自然环境和人文环境，提出环境综合整治的"整体环境"目标。具体可通过"普遍联系"的开发强度的控制、综合环境的整治、公共设施的完善来实现。对风景园林遗产环境进行整治，对与历史环境风貌有影响的地方，包括绿化环境、卫生环境、道路交通、公共设施进行规范的调整完善，消除卫生、安全隐患。

(3)促进经济发展措施：运用文化生态学理念，寻找并创造适应历史文化生存的环境，避免文化环境的"趋同"。在理顺历史文化保护与社会经济发展的关系的前提下，以延续生活原真性为原则，制定产业结构调整和具有差异性的旅游发展规划。采用有益于原居民的经营管理模式，促进经济发展，对保护规划进行投资估算，提出规划实施措施以及融资建议。

(4)稳定社会结构措施：在保护规划的调研和编制过程中应多次与居民沟通交流，了解居民保护意愿，并鼓励居民积极参与保护，同时对居民进行历史文化保护的宣传和教育，提高居民保护意识和参与意识。保护规划应注重控制人口容量，稳定社会结构，在明确土地和建筑的产权情况下，对私有产权和公有产权分别制定相应的保护措施，明确保护人的责任、权利和义务，同时制定合理的拆迁安置办法和分期分步骤的实施方案，减少社会矛盾，便于规划顺利实施。

7.1.3 方案实施与反馈调整

风景园林遗产保护规划报送审批前，组织编制机关应当广泛征求有关部门、专家和公众的意见，必要时可以举行听证。保护规划报送审批文件中应当附具意见采纳情况及理由，经听证的，还应当附具听证笔录。通过评审的保护规划应予以法定公布。应设定保护监督机构对保护规划的实施进行监督，对违反保护规划的建设行为进行及时制止，并依法处置。

对于风景园林遗产保护方案实施过程中，以下几个方面应予以重视：

1. 保护遗产整体的完整性

风景园林遗产与自然环境紧密联系，其遗产价值和自然环境的完整不可分割。遗产保护首先要注重山水体系的完整性。如大型山水园林为代表的风景遗产其最大价值莫过于山水空间的格局，故而不能因为任何原因，破坏山水格局。山形水系的完整性是保证风景园林遗产的完整性的最核心问题。山形水系的整理和修复应根据史料、图档以及考古研究详细考证水体湖岸线位置、湖岸的标高、水面的标高以及山体的高度、山体形状和走向。在保护实施中，应尽可能地恢复历史水系，恢复被填埋或被道路占用的河道、湖泊等。恢复的护坡、湖岸应体现自然的意趣和艺术的处理。新建道路应以不损害原有山形水系为原则。

2. 辩证地对待遗产真实性

风景园林遗产有着自身的特殊性，在方案保护过程中应该因地制宜地加以分析，辩证地对待遗产的真实性问题。对一些重要的实物遗存，应加快保护和清理，逐步进行充分的考古发掘和研究。并应增加标识和解说系统，让人们领会到当时景点的艺术创造和意境。遗址允许必要的修缮加固，但应尽可能地少，不改变原貌为前提，且修复和增添的部分应具有可识别性，而修复的效果应保证整体的协调性。风景园林遗产中涉及大量的植物的保护。清整修复的同时，树木花草的配置，应依据史料的考证种植，使其符合历史和意境的真实性。《佛罗伦萨宪章》第十条指出，“对历史园林不断进行维护至为重要”，“植物既要求根据需要予以及时更换，也要求一个长远的定期更换计划”。在原有景点处根据史料选择种植适当的植物，谨慎地逐步地进行植物的配置，而其他无明确记载的地方许多可以利用现有的野生植被，尊重生态过程，不应过多人工干预甚至割除，保持一定的野趣和天然状态对遗产的景观和生态来说是十分重要的，也是科学的尝试。

遗产保护中，还应重视自然生态的作用。圆明三园是一个以水景见长的园林，2005 年投巨资对园内几大湖实施防渗工程，用 2 层白色的防渗膜将湖底封起。作为遗址公园，水景不仅是园林艺术的实证，同时起到了较大的生态作用，对于维护附近水系正常循环和周围环境的改善十分重要。由于北京地下水位严重降低，圆明三园已经失去其原有的湿地环境，水体防渗也是必需的，但用防渗膜进行防渗，对生态过程和生态环境显然有负面影响。对于缺水和防渗的问题，应多专业结合进行深入研究，采用适宜的生态工程进行水的补给和防渗，保住这片难得的湿地，使之对园内园外的生态环境起到良好的作用。

3. 利用与开发建设的合理性

没有合理的利用，谈不上对遗产的有效和积极的保护。但只有符合文化意义的真实性的利用才是真正的合理的利用。对一些规模较大的遗址公园，遗址大量复建是不必要的，也难以实施，并且无法达到实际使用的效果，可选择极少数局部的、典型的、具有代表性的景点，在考古发掘和史料考证的翔实基础上，可适当复建，作为展览和文化活动之用，将对理解、认识以及利用起到积极的作用。可选择一处恰当的景点复建作为集中展馆，让游客能充分领略到历史园林的历史、价值和美。一些建筑还可以改造为文物的展示中心和艺术的展示中心，这将对遗产的保护起到非常重要的促进作用。例如圆明园遗址公园中，现在绮春园宫门外开设了清史书店，对于想了解历史的游客来说无疑是必要的，对于研究者来说也是个有益的去处。园中有些服务建筑并未在原有景点的位置，提供的服务亦较为重复，形式亦未遵循原有的特点。服务建筑宜在未有遗迹的原有景点的位置修复或修建，使得服务与赏景结合起来更为恰当，同时择址应谨慎且数量尽可能少。在原有的得全阁的位置新建的风荷观鱼茶室，荷风清薰，锦鲤千尾，成为游人驻足、品茗、观景、流连之处。但在这类新建建筑旁应有解说牌，让游客了解到景点的原有历史。

7.1.4 日常维护与后续监测

文化遗产的保护，需要的不仅是修缮和维护，更需要的是对其风险进行深入研究，通过监测来控制文化遗产日常维护、修缮、利用等全过程，对文化遗产进行有效风险防范。采取行之有效的遗产监测，建立完善的预警机制，是我们能否对文化遗产进行科学保护的关键和基础。

目前，我国的世界文化遗产监测工作取得了一些进展，但与西方发达国家文化遗产地的监测相比，还有很大差距，还存在种种问题：没有独立的监测机构，人员技术水平低；监测手段单一，缺乏多样化和科学化；信息管理和信息反馈机制不健全；没有建立系统、规范、完善的监测预警体系等。这就需要建立一套完整的遗产管理动态信息与预警系统，实现对文化遗产自然环境信息、自然灾害信息、人为破坏信息和保护管理信息的动态监测，建立文化遗产的信息动态管理和危机预警机制。主要内容包括以下方面。

（1）遗产管理动态信息数据库建设。文化遗产地监测信息系统，是文化遗产地日常管理和监督的基础。信息采集应该包括历史文献收集、所在环境相关信息的采集、管理相关信息采集、遗产相关法律及法规信息采集、遗产现状信息资料、遗产监测的各类数据采集。其形式包括二维影像、三维影像、文档资源、图纸资源、视音频资源。实现遗产信息采集、传输、存储、管理和服务的网络化智能化，提供世界文化遗产动态信息系统、预警系统的记录档案和系统支撑的数据基础。

（2）遗产预警体系建设。按照遗产类型分类对遗产地影响因素、保护管理行为、安全保障监测，统一设定监测指标和监测频度，监测频度包括 1 日、1 月、1 年、记录性监测和实时监测 5 种。建立包含预警机制和反馈机制两方面在内的综合预警体系。

（3）世界文化遗产信息服务体系建设。在文化遗产管理动态信息数据库基础上，加强文化遗产信息服务体系建设。全面提供面向国家宏观管理的决策信息服务、面向研究人员的科研信息服务、面向大众的旅游与教育信息服务。

知识链接

承德避暑山庄遗产地监测

1. 承德避暑山庄及周围寺庙遗产监测发展历程

承德避暑山庄及周围寺庙 1994 年被列入世界文化遗产名录。自列入之日起，便严格按照《世界遗产公约》，履行保护世界文化遗产的职责。避暑山庄及周围寺庙的遗产监测工作从 2005 年 1 月启动。在避暑山庄、外八庙、博物馆设立专职监测员，监测内容包括保护机构监测、古建筑监测、古树监测、石质文物及壁画监测、保护范围及建设控制地带监测五个方面。

2007 年 3 月承德市文物局下发了《承德市文物局关于进一步加强世界文化遗产监测巡视工作的通知》，成立由局主要领导、各单位主管领导参加的文化遗产监测领导小组，设立各单位监测员，明确监测责任，建立奖惩制度。并重新修改监测内容，除原有的古建筑、古树、石质文物、保护范围及建设控制地带的监测外，又增加了展线文物、水系、宫墙及游客承载量日常监测内容，此外还增加了一项应急反应监测，对威胁到遗产保护的异常情况或存在安全隐患的危险因素进行监测，及时填写《反应监测表》并上报。这样一来，遗产的监测工作从组织、制度、内容得到进一步完善。

2008 年 2 月，完成《避暑山庄及周围寺庙监测实施方案》，整合承德市气象局、环保局、水务局、地震局等相关单位的资源，对避暑山庄及外八庙内水文、气象、酸雨等项作为监测的重点，而监测数据与遗产地共享。

2012 年 2 月出台《关于加强和完善文化遗产日常监测管理、保护修缮工作机制的意见》，建立岁修项目日常监测、安排、检查、管理、验收、审核等制度，规范管理流程的档案记录；明确监测对象、监测范围、监测人员，建立监测台账；落实相关责任，把文物遗产的日常监测管理工作纳入绩效考核；探索研究更加科学的监测管理手段，逐步提高文物遗产的监测水平。

“十二五”期间，中央财政将陆续投入专项资金 6 亿元，实施避暑山庄及周围寺庙文化遗产保护工程，确定文物本体保护、安防消防、科技保护、遗址保护、文物保护基础工作、山庄水环境综合整治等 6 大类 89 个项目。避暑山庄及周围寺庙数据库建设和遗产监测体系两个项目也被列入其中。

2. 避暑山庄及周围寺庙遗产监测的改进方向

（1）成立遗产监测中心，加强专业人员配置。避暑山庄及周围寺庙的遗产监测应像故宫、颐和园等遗产地那样，成立世界文化遗产监测中心，专门负责制订世界文化遗产监测管理工作制度、监测技术规范及预警标准，与其他专业性或政府机构，如森林、水资源、环境保护、建设管理单位及旅游企业等建立密切联系或建立信息系统，统筹安排、协调和指导世界文化遗产监测管理各项工作。

目前，遗产没有专门的机构，监测员大都是由各部门文保工作人员兼任。没有经过专门的培训，专业水平不高。只有拥有足够且受过专门训练的人员时，文化遗产才能得以保存和恰当维护。监测人员必须来自于不同专业，如建筑、考古、档案、工程、植物、计算机等。监测人员必须固定，使其熟悉监测设备操作、监测数据处理等，定期对监测设备、监测过程、监测人员等进行检查考核，不断完善监测系统。

(2)监测手段要多样化，实施科学的监测。避暑山庄及周围寺庙的日常监测，主要是人工监测，由监测员定期巡视，靠目测、人工测量、拍照等简单的手段实现，这些技术手段很大程度上影响了监测数据的准确性、连续性、全面性和可用性，不能及时准确反应遗产本体的病害现状及发展趋势。

因此，监测手段和方法要多样化，要将人工与科技手段相结合。文化遗产本体监测，除人工方法外，还得借助仪器来进行监测。如激光探测仪可以精确测量歪斜部位的倾斜角度和倾斜变化；声波探测仪可扫描成像，帮助判断山石风化、碎裂的状况和部位。结构位移传感仪则精确探测结构移动部位的移动情况和移动的方向。水质、环境的监测，要设立自动水文监测站、自动气象监测站、大气质量监测站来进行监测，同时利用卫星遥感监测技术，对遗产地范围内的环境动态情况进行监测分析。对文化遗产地缓冲地带建设情况、生态环境、地形风貌监测，借助人工巡视及全球卫星定位系统(GPS)及地理信息系统(GIS)、遥感技术等科技手段早日实现文化遗产的科学监测。

7.2 遗产保护法律体系

目前，风景园林遗产保护的立法工作刚刚起步，遗产保护还存在一些问题：一是景观保护内容的界定模糊。主要表现为风景园林遗产与文物保护单位区别不清，遗产的法律保护不够；二是管理混乱。一方面是主管部门交叉，风景园林遗产兼具文化遗产和风景名胜的双重特点，部分文化遗产可能与建设主管部门(风景名胜区主管部门)或者其他行政部门的保护对象重合或者交叉，由于园林遗产的行政主管部门尚不明确，适用现行法律可能会发生法律冲突；另一方面是遗产利用低效，尽管对风景园林遗产的研究与保护取得了很大成绩，但各地文化景观遗产保护在保护理念、开发建设、社会变迁、生态环境等方面仍面临诸多问题。

7.2.1 遗产保护立法现状

我国虽已成为世界第二遗产大国，但由于我国的立法体系尚在完善之中，目前还没有针对世界文化和自然遗产保护的专门立法，不过，已有相关的法律、法规对其进行依法保护、管理。我国已有的相关法律和法规有：1982年公布的《中华人民共和国文物保护法》、1989年公布的《中华人民共和国环境保护法》、1994年公布的《中华人民共和国自然保护区条例》、2006年公布的《风景名胜区管理条例》、2006年公布的《世界文化遗产保护管理办法》、2008年公布的《城乡规划法》。

随着我国申报和被列入《世界遗产名录》的世界文化和自然遗产数量逐渐增多，一些遗产属地政府也开始探索对世界遗产进行立法保护，尝试对世界遗产进行依法管理：我国第一部关于世界遗产保护的地方法规《四川省世界遗产保护条例》于2002年4月1日正式实施，这是以世界遗产为专门主题的立法先声；福建省制定了《福建省武夷山世界文化遗产与自然遗产保护条例》，于2002年9月1日正式实施，使作为文化与自然双重遗产的武夷山得到了应有的法律保护；云南省于1994年6月颁布了《云南省丽江历史文化名城保护管理条例》；2006年3月，《云南省丽江古城保护条例》正式施行。

以世界遗产为例，目前我国遗产保护立法与管理的基础存在以下几个主要问题。

1. 世界遗产管理体制的归属有待理顺

一种观点认为，我国应实行世界遗产国家统一管理体制，主张建立国家遗产管理局，直接管理国家级自然遗产、文化遗产及自然文化双重遗产，以克服目前政出多门、条块分割的局面，实现真正有效的保护。国内外的实践经验表明，如没有中央政府的统一管辖，世界遗产和国家公园难以实现有效的保护。处于转型期的我国，体制尚未理顺，法制不够健全，经济发展速度又快，这一问题显得尤其迫切，如不尽快解决，世界遗产或其他自然文化遗产一旦被破坏，即不可再生，难以复原。

另一种观点认为，世界遗产管理体制应以地方政府为主，完善现行的属地管理体制。这种观点还认为，由国家遗产管理局直接管理世界遗产的模式对于世界遗产地的地方政府利益会有明显的冲击，在中国的现有国情下，实际运行中的困难较多。比如，一个突出问题，世界遗产地范围内的居民，中央政府是否能够实施有效的管理和服务？如果要搬迁居民，是否能够在资金方面支持得起？后续的社会问题如何解决？再者，实施垂直的封闭管理，实际上是要设立许多独立的地域单元，在行政区划等方面会有许多问题。

2. 政府管理与引用市场机制管理的选择

关于遗产资源管理的争论实际上是一个问题的两个方面，即公共资源的管理是由政府强权参与经营管理，还是明晰产权由市场来经营。一种观点主张世界遗产应该由政府管理。这种观点认为：世界遗产是一种特殊的公共资源，它具有全球或全国唯一性及不可重现（造）性，由政府管理遗产资源只能是唯一选择，这是政府的责任。遗产资源的特殊性决定了经营权与所有权是天然一体的，管理权与经营权的分离必然导致遗产区管理转入以营利为首要目的业性旅游经营轨道，其经营举措往往是与遗产保护背道而驰的。

另一种观点主张在现行管理体制下探索出一种合适的制度安排。这种观点认为：政府或者市场都不是“唯一”的方式，二者都有其合理存在的可能性，关键是找到一种合适的制度安排。实际上，世界各地的国家公园，既有中央集权式管理模式、地方自治管理模式，也有产权私有化式的管理模式。我国的遗产资源治理模式也不可能是单一的，而是需要根据各自的具体情况来选择各自的制度安排。所以，二者实际上并不是非此即彼的关系，而是解决问题的两种不同的思路，其关键是寻找合适的制度安排，制定恰当的管理规则。

3. 经济效益与社会效益的矛盾

世界遗产的品牌效应及其特殊资源凸显出的垄断经营的价值内涵，还会为地方带来巨大的社会与经济效益。经济效益与社会效益到底孰轻孰重？一种观点认为：世界遗产不是经济开发区，不能片面地定位于第三产业的旅游资源。《世界遗产公约》指出，可对世界遗产进行展示，但不允许擅自进行改造，必须保护遗产的真实性与完整性。保护是宗旨，是利用的前提。不应将保护性遗产、社会公益性遗产变成少数企业的经济开发资源。《世界遗产公约》是“保护公约”，不是“开发公约”、“建设公约”。应该强调，世界遗产是祖先和大自然馈赠给全人类的共同遗产，是不可再生的珍稀资源，让其代代相传，是人类的共任。

另一种观点认为：利用遗产资源优势，发展旅游业，是实现世界遗产地经济良性增长、与环境资源冲突最小、环境代价最小的途径。我国旅游业发展的事实证明，贫困和落后是保护不了资源的，只能造成生态环境的日益恶化。只讲保护，不讲发展，地方经济长期陷入贫困的窘境中，连基本的生存条件都难以保证，资源保护的经费没有来源，遗产资源的市场化开发是经济发展中环境代价最小的一种现实选择。

7.2.2 遗产保护立法展望

风景园林遗产保护工作目前刚刚起步，我们应当采取如下建设行动：第一、建设使命与价值观高度一致，充满活力和生机的风景园林遗产保护体系；第二、确立风景权的法律地位，研究《中华人民共和国风景权法》的可行性；第三、尽快推进执业制度的出台，并配套相应的监督评估和认定；第四、积极推动全民尤其是中小学风景教育和环境教育活动；第五、加强对全球变化和国家大政方针的敏感度，倡导、参与和制定风景园林全球战略和国家战略；第六、积累和宣传优秀的保护、规划、设计、建设、管理以及教育实践范例，引导人们正确的风景园林遗产价值观的形成；第七，加强基础理论研究，鼓励理论争鸣，最终促进风景园林遗产保护成为一个现代意义上的成熟理论，成为生态文明领导性学科之一。

同时应重点解决我国世界遗产保护面临的问题，第一是建立法律法规、依法保护。综合考察世界遗产的保护情况，我国亟须的法律体系构成模式应当是国家法律加地方法规。建立完善的法律保护机制非常迫切。建议制定《中华人民共和国世界遗产保护法》。有了这个母法，各级地方人民代表大会的立法和政府的行政立法就能层层跟上，条例、实施细则、办法也才会有连贯性。第二是理顺体制、有效管理。结合我国的具体国情来看，以地方政府为主的遗产地管理体制具备相对合理性，也有许多积极的因素，因此有可能得到进一步完善和强化。今后需要在坚持法规和世界遗产资源保护准则的前提下，逐步完善以地方管理为主的遗产资源管理体制，在国家法律允许的范围内，给予地方、企业更多的自主权，减少中央部门对各个地方的行政性干预。第三是走良性循环发展之路。保护是开发利用的前提，开发利用是为了更好地进行保护，因此，应该将资源保护的公生与资源本身所具有的经济利用价值有机结合。应坚决避免被动保护；要在实践中探求实施有效保护的具体措施，促进资源的科学利用，“保护—开发利用—发展—保护”的良性循环发展之路，并辐射带动周边区域发展，共同构筑遗产的保护屏障。

知识链接

美国国家公园制度

(一)美国遗产保护管理机构构成

1. 联邦及地方政府参与遗产地保护的机构及其作用

美国以区域为基础的遗产地保护必然涉及社会各个层面和各级地方政府，国家公园管理局在文化遗产地管理中的作用在某些方面类似我国的文物局。美国的地方政府具有高度的独立性，他们又是许多保护项目所在地的直接管理者，还有众多机构出于不同的兴趣和要求参与遗产保护。

2. 公共机构及私人保护组织

这类组织中最重要的是各类邻里组织。其他还有参与历史建筑保护的美国建筑师协会(AIA)、参与宗教场所保护的圣地场所伙伴(Partners For Scared Place)等。此外在一个多元的社会中，不同的群体都努力将自己的要求和理解引入遗产保护，因此也就有了诸如要求保护独立战争遗迹的组织——美国革命女儿(National Society Daughters of the American Revolution)、要求保护波士顿黑人遗产的组织——黑人遗迹之径(Black Heritage Trail)等。这些组织在参与保护运动的同时，也创造了一个对过去新的、更广泛的理解。

(二)美国国家公园的自然与文化遗产保护区管理框架

美国国家公园体系是美国遗产保护体系中规模最大、制度最先建立、最完善的系统，而且其内容既包含自然资源也包含文化资源，既负责管理保护又负责研究整理。在百余年的发展过程中，美国国家公园体系形成了完善的管理制度和法规体系，许多有益的经验值得我们借鉴。

1. 国家公园体系的内容

美国国家公园体系包括了美国国家公园管理局管理的陆地和水域，主要包括国家公园、国家古迹、国家保留地、国家历史场所、国家历史公园、国家纪念地、国家战场、国家公墓、国家休闲地、国家海岸、国家湖滨、国家河流、国家公园路、国家风景小径、附加区域及其他指定区等 20 个类别。共有 388 个单位，总面积超过 34 万 km^2 土地，覆盖 49 个州，占国土总面积的 3.6%。

在建立国家公园体系的同时，各州还建立一批州立公园。对于不同价值的资源，通过国家公园和州立公园两套体系，实现了根据资源的公益性不同进行的分级管理，国家公园以保护国家自然和文化遗产为主，在严格保护的前提下，开展适当旅游观光活动，满足国民的游憩需求。州立公园主要为当地居民提供休闲度假场所，允许建设较多的旅游服务设施。州立公园的建设既缓解了美国国家公园面临的旅游压力，又满足了地方政府发展旅游的需要。

自 1872 年第一个国家公园建立以来，至今已有近 400 个不同区域加入到这个系统中，而且作为一个开放的系统，公园体系不断因为历史的进步、对自然界新的理解，和变化着的休闲方式的运用而增添新的成员。增添新成员的建议可能来自公众、州或地方官员、印第安部落、议员和国家公园管理局，这就要求有判别不同类型区域标准，这个标准是必须具备国家代表性(national significance)、适宜性(suitability)和可行性(feasibility)。国家代表性包含四个方面的内容：

(1)作为某种特殊类型资源的杰出范例。

(2)说明和表达国家文化与自然遗产的特征方面有突出的价值和品质。

(3)可作为游览目的地、公众使用和欣赏或科学研究的场所。

(4)作为真实、准确、相对未受损坏的资源的范例保持了高度的完整性。

某区域是否有国家代表性还必须接受适宜性和可行性的评估。适宜性即一个区域必须代表一种自然或文化的主题，或是一种休闲资源类型，而国家公园系统中尚未有合适的代表，也还未被其他类似的土地管理实体保护用于公众娱乐。代表的适宜性采用逐案比较的方式，比较该区域和国家公园系统中其他单位在特征、质量、数量、资源组合，以及公共娱乐机会中的相似与差异。可行性指必须有合适现模、和恰当的资源配置以保证长期的保护要求和公众的使用。它必须有高效率的管理和充足的经费，重要可行性因素包括土地所有权、承购费用、对资源的威胁，职员管理和开发要求。

2. 国家公园的管理体系

美国内政部国家公园管理局成立于1916年，负责对全美国家公园系统实施垂直管理。实行国家公园管理局、地区国家公园管理分局、国家公园三级管理体制。国家对公园在管理人员任命和经费安排、保护措施的实施等方面具备强有力的调控职能，同时具有一定的协调职能，与所在地的地方政府和有关部门配合，共同进行国家公园的资源保护，在国家公园内，其管理机构从管理到执法，机构健全，人员匹配，设有自己的警察队伍，具有对其所管辖地域统一管理的职能和权威。

除了管理属于国家公园系统的水域和陆地，国家公园管理局还负责公园系统以外的一些保护和娱乐项目，它们同样是国家公园保护自然与文化遗产使命的重要组成部分。这些项目是：国家历史场所登录、国家历史地标项目、国家自然地标项目、土地和水域保护资助项目、历史建筑勘查、历史工程记录、美国战场保护项目、国家海洋遗产项目、河流、小径保护协助项目、部落遗产保护资助项目。

公园管理局以综合性的方式进行管理，即从为访客服务，科学研究到组织遗产教育，公众参与，协调州、地方和私人保护组织的工作，以及与公众分享遗产的知识和信息、向社会竖立高标准的环境管理模式。公园管理局为此雇用了拥有不同领域知识和经验的职员，包括守林人、自然的资源管理人员、考古学家、历史学家、解说员、景观建筑师，工程师和规划师。其机构由设在华盛顿特区的总部、7个地区办公室、10个助理办公室、11个国家项目中心、2个经营项目中心和公园服务单位组成(表7-1，表7-2)。

表7-1　美国国家公园管理机构示意

<table>
<tr><td colspan="20">总部 headquarters organization
在国家层面上提供政策规章方向、项目指导、财政立法支持。确定国家公园体系的战略方向</td></tr>
<tr><td colspan="4">分管行政管理方面的助理办公室</td><td colspan="4">分管专业方面的助理办公室</td><td colspan="4">分管公园运行及教育方面的助理办公室</td><td colspan="4">分管自然资源及科学方面的助理办公室</td><td colspan="4">分管文化资源及合作方面的助理办公室</td></tr>
<tr><td colspan="20">管理区域组织 Field Organization</td></tr>
<tr><td colspan="5">地方办公室
regional offices</td><td colspan="5">助理办公室
support offices</td><td colspan="5">公园单位
park units</td><td colspan="5">国家项目中心
national program centers</td></tr>
</table>

公园单位是国家的公园系统的基本管理实体，主要职能是依法并按照总局和地区局的指令负责日常管理工作。每一个公园单位负责管理本系统内所有公园的程序目标，以及与外界合作者合作开发和保护公园资源。其工作包括：解释和教育、来宾服务、资源管理和保护与维护，以及其它的行政的功能，例如经费投入，签订合同，人员以及资金的管理。它的组成是按照公园类型来划分的，如表7-2所示。

表7-2 美国国家公园管理机构国家项目中心的构成

编号	国家项目中心
1	财务操作中心(accounting operation center)
2	协调项目中心(concessions program center)
3	丹佛管理项目中心(denver administrative program center)
4	区域操作技术支持中心(field operation technical support center)
5	火灾管理项目中心(fire management program center，national interagency fire center)
6	哈帕斯技术中心 (harpers ferry center)
7	信息和技术中心(information and telecommunication center)
8	历史保护国家中心(national center for preservation technology and training)
9	国家休闲中心(national center for recreation and conservation)
10	自然资源项目中心(national resources program center)

3.国家公园的规划体系

1919年国家公园管理局成立了景观工程处，制定了指导未来国家公园规划的总体规划(master plan)，其内容包括以下几方面。

(1)场地资源分析。

(2)这一场地对国家和人民的意义。

(3)它可以告诉参观者什么有意义的故事。

(4)确定场地中可以和不可以建造人工构筑物的地点。

(5)对公园场地提供保护和保存的方式。

自1919年以来，公园管理局一直雇佣着数量稳定增长的景观建筑师，通过自然资源规划、设计和建造来实施总体规划。国家公园早期的规划更注重发掘公园的经济价值和美学价值，多为以旅游设施建设为主的物质规划。近百年来，环境和遗产保护运动的思想所发生的巨大变化都对国家公园的规划体系产生了深刻影响。1969年通过的《联邦环境政策法案》对国家公园的规划体系的发展完善产生了转折性的影响，要有以下两方面。

(1)《法案》将“环境影响评价”赋予法律地位，要求对主要的联邦行动进行系统分析，以便选择的合理的干涉手段，避免无法挽回的影响。国家公园因此也就要求对总体管理规划和执行规划进行多方案比较，选择对自然、人文和社会经济环境影响最小的方案，体现了资源保护优先的价值取向。

(2)《法案》还明确规定了联邦政府所制定的规划要引入公众参与机制，因此这也成为国家公园规划必须考虑的环节。

公园规划也由20世纪早期的以物质建设为主要内容、以保护自然的美学特征和提供游憩机会为目标的规划转变成为20世纪后期的以保护生态系统和提供游憩机会为内容、以保护自然的生态特征为目标、以注重多学科多领域考察、引入公众参与机制和重视外部威胁的综合决策为手段的体系规划。美国国家公园的规划体系主要包括了以下四个层次：

(1)总体管理规划(general management plan)(无限期，一般超过10～15年)：主要是解决国家公园发展目标确定的问题。总体管理规划是针对每一个公园单独制定，以《大峡谷国家公园总体规划》(General Management Plan for Grand Canyon National Park,1995)为例，它的主要内容包括：①土地保护；②文化资源管理；③自然资源管理；④解说的主题；⑤公园无障碍化；⑥访客体验；⑦公园的未来环境分析；⑧公园的可持续发展。

规划是所有其他专项规划的法律依据，这些规划内容围绕着公园两大发展目标展开：①公园资源保护和提供游憩机会；②鼓励兼并公园毗邻土地以便使外界对公园的不利影响减到最小程度。

(2)战略发展规划(strategic plan)(期限是5年)：主要解决项目的优先发展次序问题。这个规划是针对所有国家公园而制定的总的发展战略，内容包括目标体系和实施战略。

(3)执行规划(implementation plan)：规划项目一般由国家公园管理机构提出申请，国家公园管理局同意立项后，拨专款委托专业机构负责编制。规划编制过程中，国家公园管理局的有关人员和专家要参与编制工作的主要环节，还要征求当地居民的意见，规划编制完成后，报国家公园管理局，最后经国会讨论通过。执行规划主要解决资金落实情况下，组织项目实施问题，如河流保护、野生动物保护、生物多样性保护、湿地保护等执行规划。这种规划的期限根据项目而定，如加利福尼亚州的非点源污染控制规划(plan for california's nonpoint source pollution control program)它的期限为1998—2013年。其主要内容(以约塞米蒂公园的执行规划为例)包括项目管理人员和机构设置及预算，公园未来发展建议的设施和主要项目的估算。

(4)年度操作规划(annual performance plan)(期限是1年)：主要是每个公园在战略规划总目标指导下，根据自身情况制定的年度应当的完成计划，并在具体操作层次上提供一种逻辑性强的、有据可循的、理性的决策模式。其主要内容由使命陈述和完成目标的具体策略组成，充分体现了国家公园的规划面向管理，以管理目标引导规划的特征。

国家公园管理局下设丹佛国家公园规划设计中心，接受国家公园的委托，专门承担规划设计任务，按比例提取设计费。丹佛规划设计中心的技术人员包括风景园林、生态、生物、地质、水文、气象等各方面的专家学者，还有经济学、社会学、人文学家。美国国家公园的设计、监理，均由该中心全权负责，以确保规划实施的整体质量。规划设计在上报以前，首先向地方及州的当地居民广泛征求意见，然后经参议院讨论通过，再由公园管理部门组织实施，确保规划设计的科学性与公开性。

美国国家公园规划的特征就是它是一个确定系列目标，然后在规定时间内达成目标的目标管理体系，时间层次清晰、目标手段明确，既具备很强的可持作性，又具备明确的检验标准，值得我国借鉴(表7-3)。

表7-3 美国国家公园管理机构公园单位的构成

编号	类型	编号	类型
1	国际历史地(international historic site)	10	国家保留地(national reserve)
2	国家公园(national park)	11	国家历史公园(national historical park)
3	国家战场(national battlefield)	12	国家河流(national river)
4	国家公园路(national parkway)	13	国家湖滨(national lakeshore)
5	国家战争公园(national battlefield park)	14	国家风景小径(national scenic trail)
6	国家保护地(national preserve)	15	国家纪念地(national memorial)
7	国家战争地(national battlefield site)	16	国家海岸(national seashore)
8	国家休闲地(national recreation area)	17	国家军事公园(national military park)
9	国家历史场所(national historic site)	18	国家自然和风景公园(national wild and scenic park)

7.2.3 保护资金获得渠道

文化遗产保护管理的重点是用于保护的资金与管理运行制度的推行。一般来说，遗产保护的资金可以从以下几种方式获得。

(1)国家拨款。

(2)地方政府积极自主筹集保护资金。

(3)地方政府制定“文化经济政策”，以吸引项目投资以及居民参与。

(4)政府组织，寻求国际合作及保护资金援助。

(5)民间成立遗产保护基金会。

保护资金获得后需要专门的资金管理部门进行监管，定期实施遗产保护基金战略，并严格监控保护资金的使用。这一方面美国的国家公园管理体系积累了较为成熟的经验。美国国家公园保护和管理资金的主要来源是联邦经常性财政支出的财政拨款，这个占到了国家公园体系全部运营经费的约3/4。其他资金来源有公园门票收入、公园特许经营管理费，以及其他收入，包括有关国家公园非营利组织的经营收入和社会捐款。

在资金使用方面，20世纪90年代之后，美国的国家公园局开始使用一种称为“资金增值模式”(money generation model，MGM)的经济模式。这种模式是以由人们参观公园造成的经济影响来表现公园的经济价值。它表达了两种类型的花费所产生的经济影响，即由联邦政府为国家公园管理局开支的薪金、公园的建造计划及其他与公园相关的活动；和另一部分来自公园的外部的花费，即建造抵达公园的道路、为访客服务的小游艇船坞、汽车旅馆、餐馆及其他与公园相关的基本建设项目。同时MGM也评估了公园访客在购买力、收入和提供工作机会等方面对地方经济的影响。它建立了一个可以用在规划、协调管理、预算说明、政策分析和营销计划等方面的公园经济利益计量模型。

MGM的工作方式是由公园计算非本地游客参观的天数，这等于游客数乘以停留天数。每天消费额用多种技术方法估计。游客天数乘以消费额，得出直接消费的估计数。MGM的建立推动了社区领导人与公园管理者之间关于经济因素的讨论与对话，也使社区认识到为了从游客获取最多的利益，在利用与保护公园之间必须保持平衡。MGM的应用引起对基本的经济利益与资源属性及许多相关因素之间关系的注意。编制MGM的程序需要考虑后勤、地理位置、交通、娱乐、季节、声誉、市场、需求与营业额之类的条件因子。

对于遗产地保护资金的获取、使用及其与遗产地管理效果之间的关系，“资金增值模式”作出了全面、客观的评价，相比较我国遗产地保护只能向门票要资金的状况，“资金增值模式”评价了遗产地经营给所在地方社会、经济发展带来的影响，公园与周边社区分享公园资源的利益，促进了地方社区对遗产地保护的兴趣，共同承担保护公园资源的责任。这一模式的目标是在经济利益上协调开发与保护，加强遗产地管理成效与保护资金的获取之间的关联，提高了管理者的积极性，拓展了保护资金的来源。

7.2.4 保护管理制度体系

在文化遗产地、国家公园、风景区保护的管理制度上，世界各国都根据自己的国情、人员组织情况制定相应的监督机制、登录制度、审查制度等。这一方面西方国家的制度体系相对成熟，对我国在遗产保护管理制度体系的完善有较强的借鉴作用。

1. 美国国家公园的管理监督机制

美国国家公园的管理监督机制的主要特点是依法监督和社会监督。美国的自然和文化遗产保护建立在完善的法律体系之上，每一个国家公园又都有独立的立法，国家公园管理局的各项政策也都以联邦法律为依据。国家公园的规划由公园管理局下设丹佛国家公园规划设计中心全权负责，独家设计。规划编制完成后，报国家公园管理局，最后经参议院讨论通过，这种规划也是公园管理的法律依据。国家公园管理局有松散的、非官方的委员会，专门监督国家公园规划的实施。同时，公园管理部门的重大举措必须向公众征询意见乃至进行一定范围的全民公决，公园规划在上报以前，也必须首先向地方及州的当地居民广泛征求意见，经过环境影响评估、居民听证、专家论证等严格程序，否则参议院不予讨论。规划通过之后，专家、居民、新闻媒体还会监督规划的实施。

美国国家公园管理制度还具有以下特点。

(1)行政管理制度方面,国家公园具有一支高素质的管理人员。国家公园的管理人员,除原有的专业技术基础合格以外,必须通过公开招考合格方可进入,在工作之前和工作之中,都要参加专门的业务培训,分别进行行政管理、资源保护、历史保护、信息管理、讲解及教育、执法、规划设计及施工、安全与健康等16个方面的内容学习,以提高公园工作人员的管理水平。美国国家公园管理局2000年度有20亿美元预算,长期的雇员有1 900人,另有6 000位临时雇员,还有专门的制度接纳各种类别的义工,即“公园志愿者”。雇员工资占预算的68%—70%,预算中包括公共行政费、购买土地费、紧急救护费用等项目的支出。虽然国家公园也收门票,但是国家公园的门票价格是由国会决定的,有上下限,各公园的定价不能超过国会规定的价格。国家公园门票的收入不能用于工资,但可以用做公园的修复。美国国家公园的管理采取了垂直管理模式,其管理人员均为国家公务员。他们是公园的看管人,但不是业主,无权将公共资源用于牟取私利,他们的收入只能来源于他们的工资。

(2)经营管理制度方面,1965年美国国会通过了《国家公园管理局特许事业决议法案》,要求在国家公园体系内全面实行特许经营制度。具体的操作方式是由管理机构通过招标方式与经营者签订合同,合作期限不超过20年,管理机构从特许经营项目利润中提取7%或从经营收入中提取2.5%~3%,作为对国家公园的补偿。目前美国国家公园系统共有600个特许经营者,总量并不大。还有一些不宜特许经营的项目,采用了经营许可的办法,如旅行社。由于利用了国家公园的自然资源和文化景观获利,这些项目需要管理机构的经营许可,并从经营利润中提取一定比例的费用上缴国家公园管理机构。美国国家公园管理制度中倍受我国专家推崇的是管理权和经营权严格区分,公园内的所有经营服务项目都必须按照特许经营的规定,通过招标的形式委托企业经营,国家公园对其项目内容、价格、财务、服务水平实施行政管理。这一方式规范了国家公园内不宜由政府直接提供的服务和经营行为,明确将遗产资源经营权限定在提供与遗产核心资源无关的后勤服务及旅游纪念品的范围内,同时经营者在经营规模、经营质量、价格水平等方面必须接受管理者的监管。

2. 欧洲国家文化遗产的管理监督机制

欧洲国家在面对众多的文化遗产,在行政管理制度上面有着健全的体系。总的说来,在整个管理结构体系方面,一般分为“中央及地方两级管理体系”(英国)(图7-4)和“国家直接集中管理体系”(法国)两种模式(图7-5)。但是,无论哪种管理方式都实行了单一行政管理,从而保证了遗产管理的顺畅高效。

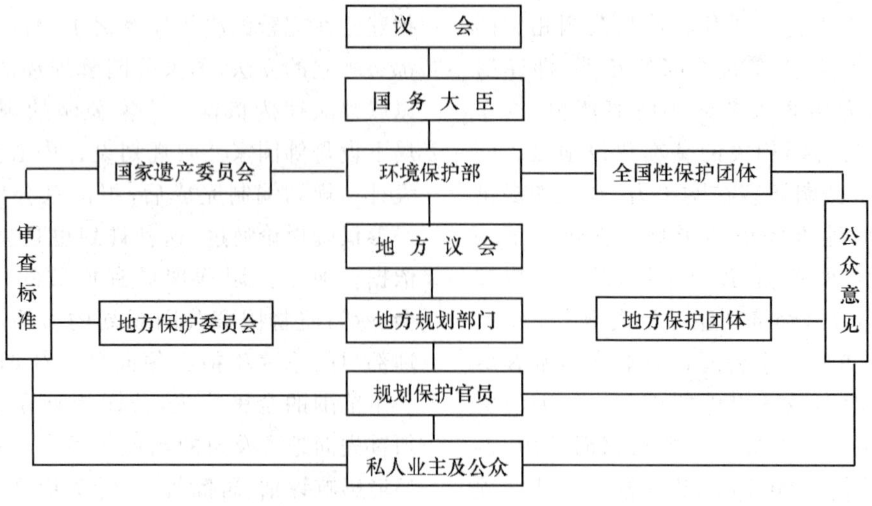

图7-4 英国历史文化遗产保护行政管理机构组织程序及其与各方面关系示意图

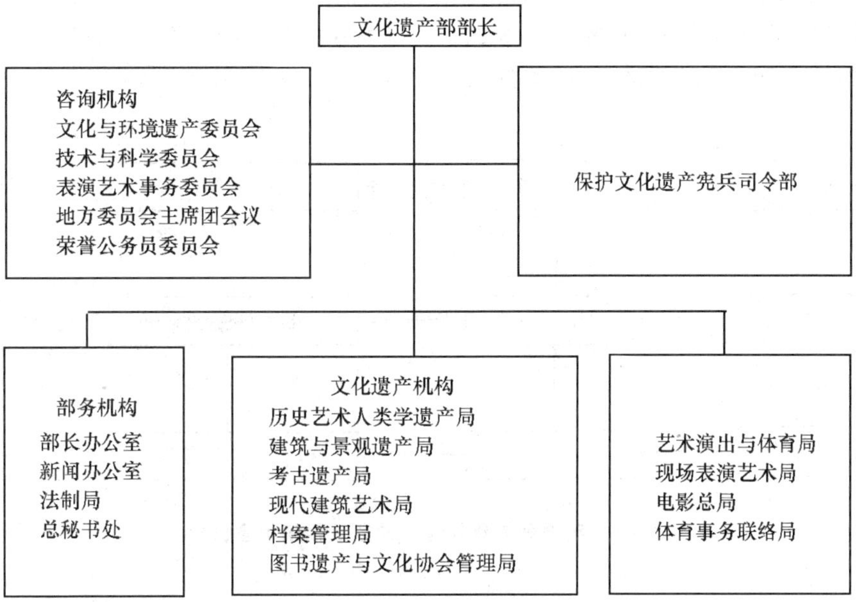

图 7-5　法国文化遗产部组织结构图

目前，欧洲国家对文化遗产的管理方式分为：指定制度(designate)；文物登录制度(recording)；指定制度加登录制度这三种形式。登录制度的主要特点和优势有数量大、范围广、管理手段灵活等方面。

登录建筑的选定和保护管理包括：第一，制订登录建筑的选定标准和对象范围。第二，进行登录建筑的筛选工作。第三，制订登录建筑的管理方法和奖罚政策。在这一点上以英国遗产的选定程序最为成熟(图 7-6，图 7-7)。除此之外，英国还建立了完备的保护监督及咨询制度，政府建立英国"保护官员"制度。政府向专业机构和民间社团寻求决策咨询，通过民间保护组织和公众的直接参与，以提高遗产管理和监督手段的科技含量。

3. 日本国家公园保护管理制度

日本国家公园制度的正式创立是以 1931 年日本政府出台的《国家公园法》为标志。该法律制定的目的，虽观点不一，但是保护自然风景区并满足国民使用的主旨是坚定不变的。日本政府于 1950 年导入了"准国家公园制度"，即"国定公园制度"，希望以此振兴与发展旅游业。1957 年在《国家公园法》的基础上颁布了《自然公园法》，补充了对都道府县立自然公园的相关规定，从那时起确立了由"国家公园"、"国定公园"及"都道府县立自然公园"构成的自然公园体系。

除了《自然公园法》这一专门适用于国家公园建设管理的立法之外，《文化财产保护法》、《自然保护法》、《濒危物种野生动植物保存法》、《规范遗传基因重组方面的生物多样性保护法》以及《鸟兽保护及狩猎合理化法》等法规对国立公园中相关遗产资源保护和管理问题也有所涉及。总的来说，包括《景观保护条例》与《自然环境保护条例》以及上述相关法律条例在内，共同构成了日本国家公园自然保护和管理的法律制度系统，以便于相关从业人员与社会民众的遵守与执行。

按照日本《自然公园法》，日本的国家公园事务由环境大臣进行监督管理。并通过环境省自然环境局国立公园科，以及环境省在各个地方设置的自然保护事务所对法律的实施细则进行落实。设计自然公园需要包含候选地申报、审议、指定、管理等执行程序。事实上日本所有知名的自然风景地的申报与审议工作已经在自然公园发展初期完成。审议认定这些地区足以代表日本自然风景及特殊自然区域，结果提交给厚生大臣，并由他公布这些国立公园地区及范围。随着公众对自然公园的需求度逐年上升，通过审议会的审定，有些次一级的地区会被指定为国定公园。除此以外的那些知名度不是很高的自然风景地，则依照《自然公园法》由其所在的都道府县相关机构审议和指定。

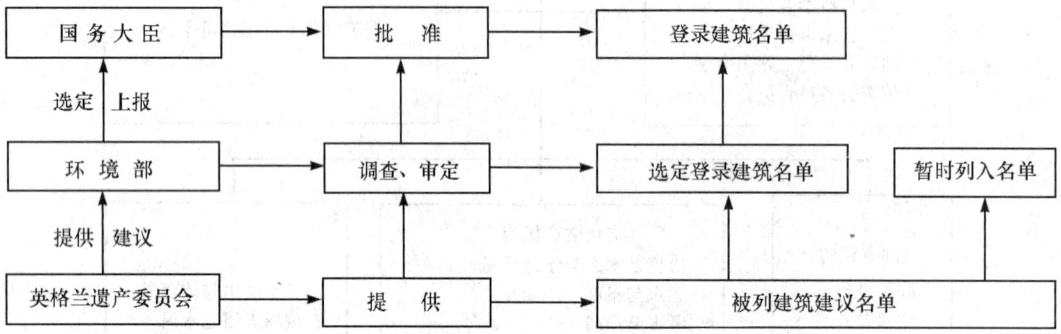

图 7-6　英国登录建筑遗产的选定程序示意(1)

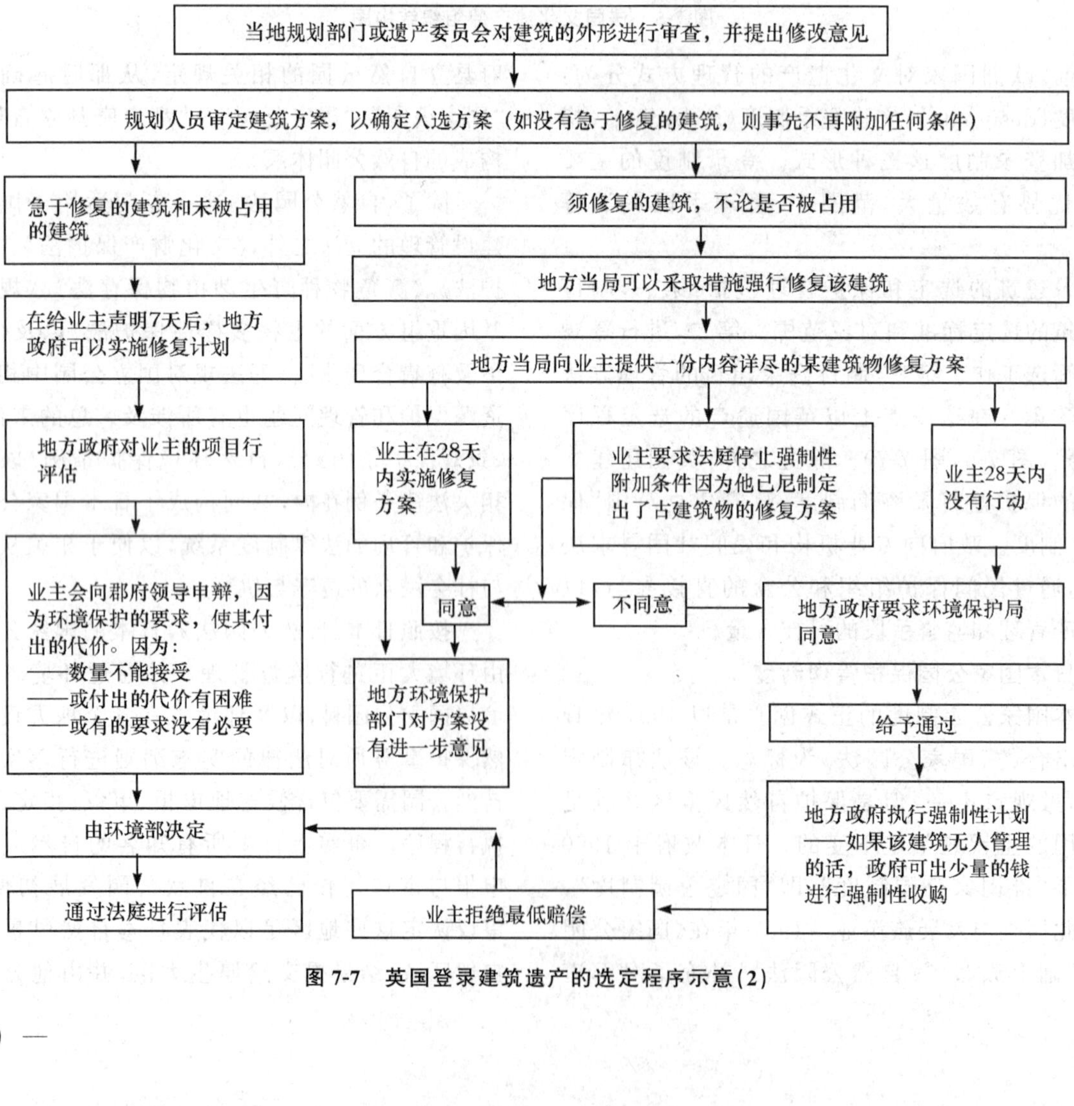

图 7-7　英国登录建筑遗产的选定程序示意(2)

管控体制与经营方式按照“生态系统完整度”、“风光秀丽等级”、“人类对自然环境的影响程度”和“旅游游客使用的重要性”等指标将所有国家公园的土地划分为特别区域和普通区域。特别区域又细划为特别保护区、一级特别区、二级特别区、三级特别区四种类型，对不同的区域采取不同的管理办法，每种级别的区域可进行何种活动都有严格的限定，对环境或者资源产生有害的行为要依法处置。特别保护地区有着非常严格的保护措施，是国家公园特别重要的核心区域，要求维护自然风景不遭受人为破坏。因此在特别保护地区，甚至连栽植行为也必须有相当严格的审批手续，而在其他区域进行栽植则不会受到限制。特别保护区允许设置步行道，游人可以一定程度地进入游览。一级特别区是位于特别保护区外，要求尽可能维持风景不受破坏，有步行道。二级特别区允许建设不影响到本身自然风貌的基础设施，除步行道外，可设置机动车道。三级特别区是指对风景资源基本无影响的区域，只要不会严重地影响原有的自然风景，则可集中建设休憩接待设施，前提是建设风格要与本土文化统一。普通区域中除非发生超过一定规模的设施建设或采矿等行为，一定要向国家提出申请之外，管理比较宽松。

相比于美国，日本国家公园的土地国有率较低，而且有些土地即便都属于国有，但也分属于不同的部门，可以说日本国家公园的权属问题比较复杂，因此不利于统一管理。针对此种情形，国家公园通过一定程度上规范化的管理，对自然公园内的旅游活动的内容与范围做出非常严格的规定，并对公园的交通系统、基础设施与各种户外活动制定明确详细的规划和具体要求。在发挥国家环境省主导作用的同时，充分调动地方政府、特许承租人、科学家、当地群众的积极性，促进不同单位、部门以及人群共同监督与管理。日本禁止公园管理部门制定经济创收计划。因此，国家公园中除部分世界文化遗产和历史文化古迹等景点实行收费制以外，其余皆不收门票。运营公园的经营费用主要来源于国家拨款和地方政府筹款。

日本在公众参与上是通过民间团体和市民的积极参与来推进公园管理，并创设“公园管理团体”的制度。将每年8月的第一个星期日定为“自然公园清扫日”，届时号召各地方团体对自然公园进行义务清扫，通过此种方式来保证自然公园地区的美化与清扫工作。此外，从1959年至今，每年的7月21日—8月20日，全国各地都会举办以“亲近自然”为主题的自然公园大会，把国定公园和国立公园作为举办场地，并由相应的自然公园管理与国立协会主办。国家通过每年举办这类活动号召公众积极参与到自然公园的美化工作，不仅有助于自然公园的管理，同时促进提升公众保护自然、认识自然的意识。

4. 其他国家保护管理制度对中国的启示

中国国家公园建设方兴未艾，虽然已经被提上建设的日程，但其所有权并不明确，管理主体也十分混乱，造成了目前无法统筹建设。自上而下，应改善多头管理的现实，确保国家公园的管理工作可以有序而高效地进行。参考日本国家公园的管理理念，我国可以尝试中央与地方相结合，并由国家部门牵头的管理模式，整合地方政府职能比较相近的部门，尽快设立单一的国家公园管理。

加大政府的资金投入，使国家公园经营逐步回归国家主导。日本国家公园基本免费，这是因为政府的大力资金投入。由于我国对于国家公园建设资金投入有限，公园管理在经营过程中制定了较高的经济创收计划，从而出现了高门票、高服务费的经营现象，这也难免导致资源浪费和破坏。未来我国应该从政府层面加大对公有设施构建方面的财力支持和公共游憩产品的投入，使国家公园经营逐步回到由国家主导管理的正轨上来。

我国应尽快在全社会推广国家公园理念。在日本，国立公园、国定公园的概念早已深入人心，成为全日本人民认同国家自然资源保护的载体。反观我国的国家公园建设，因发展体制尚不成熟，大多数民众对于国家公园理念及内涵的认知不够明确，易把它与国家森林公园、风景名胜区等概念混淆。未来应通过政府、媒体、网络等渠道向社会推广国家公园的理念，提升民众的认知度。一方面有助于彰显国家公园的真正价值，另一方面有助于在民众中自觉自发地形成对资源的保护意识，从社会公民的角度上保证国家公园资源和环境的可持续利用。

7.2.5 保护教育科研体系

风景园林遗产承载着丰富的历史，是历史流传下来的财富。通过分析这些文化遗产可以了解到特定历史时期的生产力发展水平，社会组织结构和生产方式，人与人之间的相互关系。可以认识特殊时代的时代精神，审美时尚和趋向，和所处时代的审美观念，因此风景园林遗产具有重要的教育科研价值。

针对遗产的教育科研价值，遗产保护的研究机构有国际上遗产保护领域的研究机构与组织，以及各国遗产保护修复技术中心及研究所。同时，遗产保护组织还担负着制定遗产保护教育体制与培训体系的责任，不仅负责文化遗产保护普及性宣传教育，还通过遗产保护专门教育体制和培训体系，发挥遗产教育的巨大功能。

在一些遗产保护项目中，建筑师们通过恰当的方式，通过景观设计，以突显遗产的教育功能。西班牙自由教育学院(Free Educational Institute)于1876年，由弗朗西斯科·希内尔·德·洛斯·里奥斯创立。他秉承理性、自由、尊重个体的教育思想，即教育并非单纯的传授书本知识，而是用多种教育方式来塑造学生独立的人格。希内尔希望帮助学生寻找可以独立生存于世的新方式(图7-8)。希内尔的学生阿尔伯托·弗劳德延续了他的教育理念，在1916年创立了“学生宿舍”——西班牙现代思想激荡的文化中心，曾吸引了包括爱因斯坦、斯特拉文斯基、凯恩斯、达利、柯布西耶、格罗皮乌斯等诸多大师。

1936年，西班牙内战爆发，随即弗朗哥政府当

图7-8 自由教育学院教学活动

权，由于自由教育学院的理念过于激进与保守派的政策格格不入，因而被弗朗哥当局强行关闭。学院的所有财产都被没收充公，它的支持者也被流放。许多学院的珍贵的资料在过程中遗失，校址也几近荒废，仅存两栋破败建筑和野草蔓生的花园(图7-9)。68年后，2004年弗朗西斯科·希内尔·德·洛斯·里奥斯基金会发起了建筑竞赛，在原址上建造新建筑用于基金会办公并继续学院的活动(图7-10，图7-11)。amid. cero 9建筑事务所的主持建筑师克里斯蒂娜和埃弗伦夫妇在竞赛中脱颖而出。面对这片荒废的花园，amid. cero 9敏锐地发现希内尔教育理念中与自然最紧密的部分：景观是一种教育的工具，是我们文化的一部分。对于一个人的学习成长来说，郊游、散步、同自然亲密接触和学习书本知识同等重要。建筑师由此认为，户外和室内在项目中应获得同等甚至更加重要的位置。如此一来，景观(自然环境)便成为设计的主体。

图7-9 自由教育学院遗址，2008年

图 7-10　自由教育学院,2014

图 7-11　自由教育学院的户外教学活动

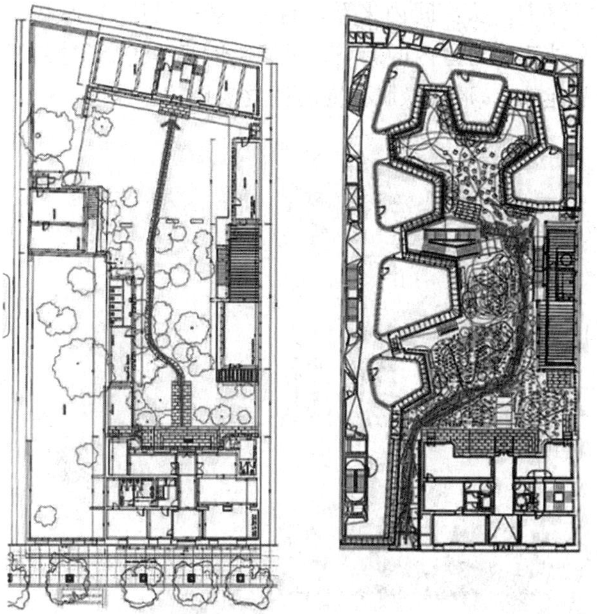

图 7-12　花园中的路径原状(左)改造后(右)

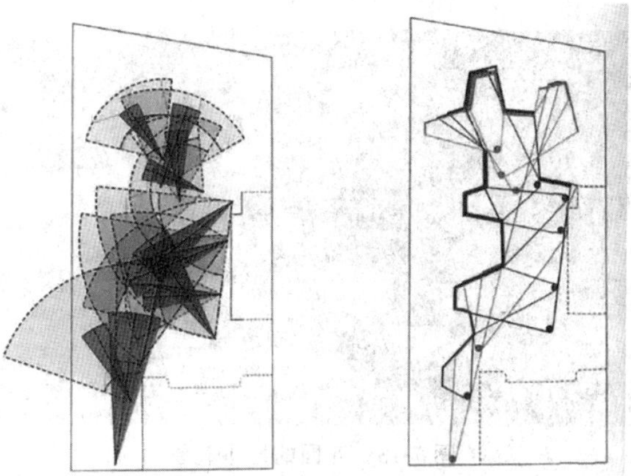

图 7-13　路径上的视锥(visual cone)研究

建筑与景观的关系被反转了。建筑成为塑造景观的手段,成为景观的“副产品”。在保留两栋原始建筑的基础上,amid. cero 9 建筑事务所重新设计了花园中原有的花岗岩步道,形成了一条蜿蜒的“路径”(图 7-12)。花园的设计以这条“路径”为基点,精确的研究了人在路径的不同点上的视锥(visual cone),力求每个关键点都能享有最大的视觉范围,视锥投出的扇形限定了房间的边界,房间的外轮廓在不同的地方伸出或缩进来有选择的遮挡花园的某部分在视觉上延伸花园的尺寸在有尽的空间内却达到无穷的效果(图 7-13)。

amid. cero 9 建筑事务所又依照“路径”决定了园中植物的高矮疏密,让观者在不同位置观赏到不同的景致。他们认为这个花园是一个需要经年累月经营的系统而非一幅凝固的图像。种类繁多的草皮、灌木、树在不同季节里呈现出不同的颜色(图 7-14)。花园的地下是一座礼堂(图 7-15)。被花园外轮廓所定义的房间并没有确定的功能,建筑事务所在花园和房间之间设计了一层“封套”。“封套”由三层细钢圆条叠合在一起。随着时间的增长,上边爬满藤蔓成为花园与室内的过渡,它是一个“双向的立面”:隔而不隔,透而不漏,是希内尔曾提到的环绕以绿带。从房间内来看,“封套”像一层窗格,减少了室外活动对室内的影响。过滤直射光,提高了建筑的节能效率,形成朦胧多变的视觉效果。

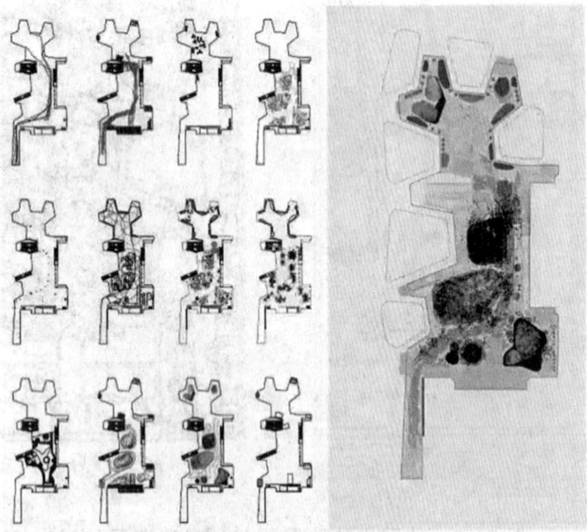

图 7-14　花园的路径

图 7-15　花园的地下礼堂

从花园来看,层叠的钢条和疏密有致的植物,使人无法确切感知花园实际轮廓和尺寸。将设计放置于不断变换的时空之中,步道的安排、体量的进退、植物的配置、立面的推敲……无一不考虑到人在不同时间和不同空间中对周遭环境变动的感知(图 7-16)。确实如建筑师所说,这个设计不是“一幅凝固的图像”,而是一个与人互动的有机体,一个混杂了自然与文化的第三自然。

新建的自由教育学院更像是一座在时空中变幻无穷的苏州园林。而这一切都源于建筑师对自由教育学院曾经教育理念的提炼和转化:不是将“先锋”简化为使人惊叹的奇观,反而用低调的形式

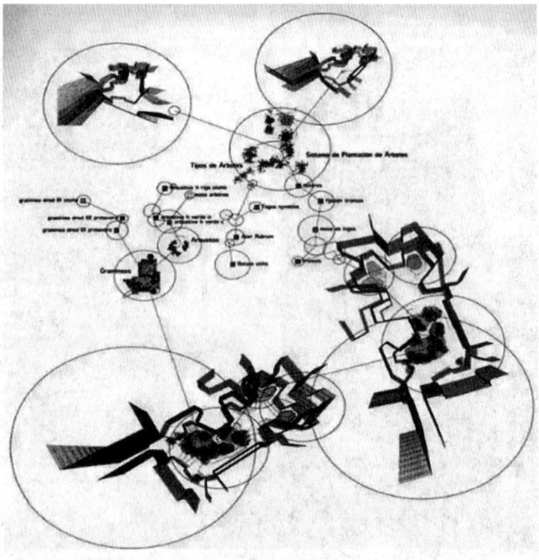

图 7-16　学院花园平面布局研究

让建筑与自由教育学院的精神遗产的紧密相连,为这座花园的每一处景色注入文化意义。正如中国的明清文人园林一样,对园子的观赏超越了景物本身。“观”的动作杂糅了景物背后的文化,同观者此时此地的情感产生共鸣。就像这座新建的“自由教育学院”,只有了解了它与希内尔和那段历史的联系,才能品得个中滋味。amid. cero 9 建筑事务所的方案得以被选中并最终建成,固然有建筑师对文脉的深入挖掘和使用了恰当设计方法的因素,但这后面更重要的是从建筑师到决策者,对于与当代生活密切相关的近代历史的尊重。

7.3　人类活动的控制与管理

作为国家标准的《风景名胜区规划规范》对“风景名胜区”的定义如下:

“风景名胜区指风景资源集中、环境优美、具有一定规模和游览条件,可供人们游览欣赏、休憩娱乐或进行科学文化活动的地域。”

这个定义强调了“风景名胜区”的休闲娱乐和开展各类活动的功能。在实际操作中,以观光游览业经营需求作为风景名胜资源的保护与管理导向的情况也比比皆是,给风景名胜资源造成很大破坏。因此需要辩证地看待风景园林遗产与人类活

动的关系，既要对游客进行一定的控制管理，同时也要恰当地进行人文活动的引导和组织，使得风景园林遗产得到更好的保护，并为大众所服务。

7.3.1　游客控制管理

位于诺曼底和布列塔尼大区间海面上的圣米歇尔山不仅是天主教圣地，更因其是“建在岩石上的奇迹”而闻名于世（图 7-17）。1862 年，圣米歇尔山修道院被列入法国第一批文物建筑名单。圣米歇尔山及其海湾是法国列级保护景观地，1979 年被列入《世界遗产名录》。如今，圣米歇尔山已成为法国最重要的旅游胜地，每年超过 320 万游客从世界各地来到这里。但 19 世纪末开始建造的连接圣米歇尔山和大陆的堤路给海湾景观特质和生态环境带来了根本性的改变，使得人们不得不重新寻求遗产保护和旅游发展之间更好的平衡。

图 7-17　圣米歇尔山的历史风貌

1. 圣米歇尔山及海湾的历史演进

早在古罗马时期，圣米希尔山是大西洋岸边一片渺无人烟的山崖，在公元 5 世纪由于海岸的一部分下沉没入海水，使得山崖变成一座距离陆地 6 km 的小岛。公元 708 年，圣奥贝主教在这里为圣米歇尔大天使建立了一个小礼拜堂；公元 10 世纪，圣汪德利尔主教在岩石山上建造本笃会修道院，岩石山顶部建成了罗马风格的大教堂和供修士们居住的多层建筑。1204 年法兰西吞并诺曼底，圣米歇尔山被纵火焚烧，老修道院被完全翻修为现今闻名遐迩的拉美维耶尔（La Merveille，意为“奇观”）修道院，至今被公认为中世纪哥特式建筑的典范。由于圣米歇尔山既不易被船攻，也不易步行到达，因此历经百年战争始终未被英军占领，之后的宗教战争也没有被新教徒占领。战争结束后，圣米歇尔山名声远扬，山上的教堂、修道院和附属建筑浑然一体，北山脚下的城墙紧紧簇拥在岩石山顶端。同时山脚下城墙内形成了小镇蒙杜瓦。

圣米歇尔山修道院除了因作为宗教圣地而闻名于世，还因其神奇的海湾景观而为人称道。所处的地理位置要等低潮位时候才能步行踩着泥沙来到圣米歇尔山。圣米歇尔山的历史价值不仅因其悠久的宗教历史研究价值，代表中世纪哥特式建筑整体和谐的建筑群体风貌，泥沙中朝圣者的身影及长长的脚印也成为一道魅力的人文景观。

2. 旅游堤路对生态与景观的破坏

随着圣米歇尔山朝圣和旅游的人数越来越多，为了让游客不受潮汐影响随时登上山，并方便旅游车辆的通行，1879 年修建了连接大陆和孤岛的堤路。虽然堤路极大地促进了当地旅游业的兴盛，但也因为堤路的修建吞噬了圣米歇尔山及其海湾的景观，根本性的改变了海湾的生态环境。首先，堤路挡住了海水的去路，导致了海岸泥沙的淤积（图 7-18），其次淤积的泥沙因为繁殖了大量海草，使得圣米歇尔山逐渐被草皮所包围，和大陆连为一体，失去了历史上的环境景观特征（图 7-19）。第三，堤

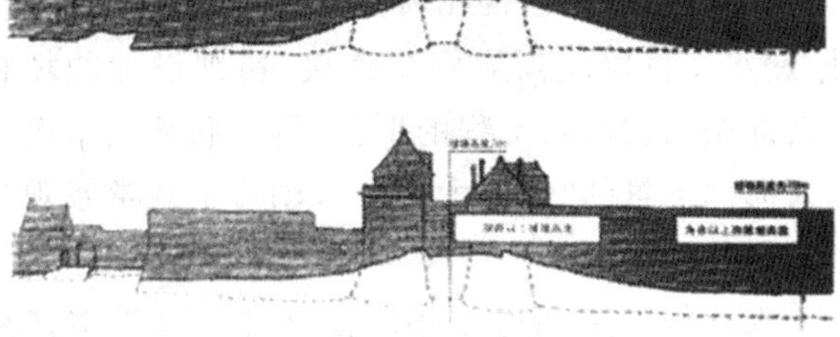

图 7-18　泥沙堆积对城堡的破坏

路成了大型停车场，旅游高峰期整个山体被停车场所包围，对旅游环境造成了极大的破坏。更为严重的是，由于泥沙的堆积，使得以前山脚完整露出海平面的城墙被覆盖，建筑群与历史相比降低了 1/3。如果再不采取措施降低海湾的海床，历史上的“岩石上的奇迹”将不复存在。

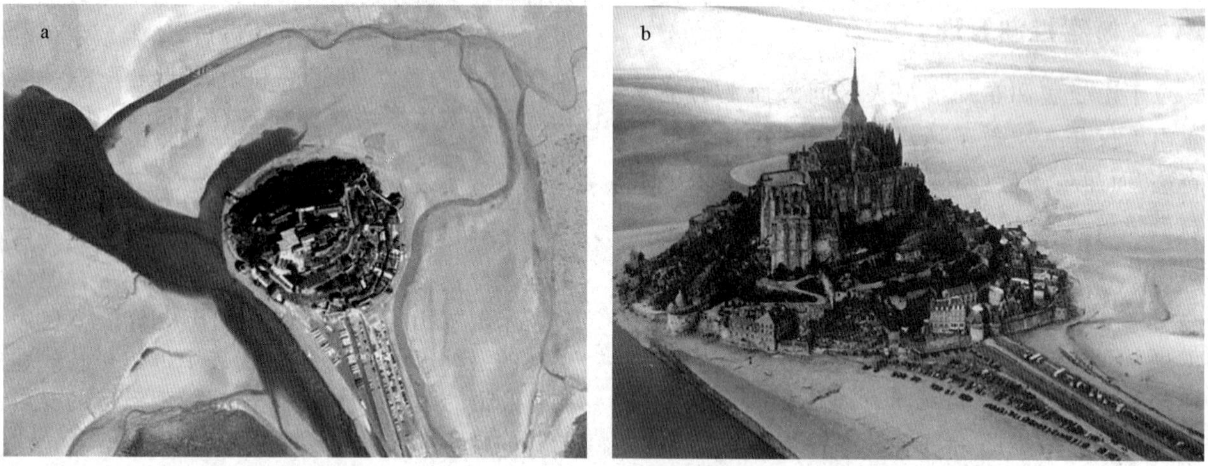

图 7-19 旅游堤路使得圣米歇尔山与大陆连为一个整体

3. 大海归来计划

1995 年，为了重新找到圣米歇尔山海湾的景观特征，保护好这一独一无二的文化景观遗产，法国举行方案竞赛，寻求与海湾自然文化遗产相称的可持续发展路径，最后制定了以下措施。

通过库埃斯农河的水利整治工程减轻圣米歇尔山周边的泥沙淤积。这条河流是靠近圣米歇尔山并流入海湾的一条河流，当地计划在河上建设一个新水坝，增加河流储水量，以冲刷 500 万 m^3 的河口沉积淤泥。新水坝的设计是建筑、景观、工程、水利等多方面倾力合作的工程，水坝利用 8 个闸门的开启程度来控制进入河道的水量：当夹带泥沙的潮水来临时，闸门关闭以防止泥沙进入河道，之后闸门逐步下降，使海水进入河道，从而充盈整个河床。当潮水涨到最高水位时，闸门关闭蓄水，退潮时逐步打开闸门，将泥沙冲出海湾。除了满足水利功能外，新水坝将库埃斯农河岸连接，精细设计的坝顶平台即是欣赏水利工程的平台，更是欣赏圣米歇尔山及海湾美景的“观海大阳台”，创造了观赏景观遗产的最佳环境。

现存的堤路和停车场不仅破坏了世界遗产地的景观品质，更使得朝圣地的神秘感荡然无存。政府制定了可持续旅游的策略，将旅游设施和景观特征更好地融合，旅游体验更加尊重遗产资源本身。首先取消了圣米歇尔山城墙下的停车场和一部分堤路，其次，在距离岛 2.5 km 处建设了多功能的停车场。停车场西侧用小灌木进行分割，东侧车位完全在一片乔木中，与周边田野融为一体。停车场的附属建筑采用了地方特征的建筑形式：花岗岩墙体、双坡顶。第三，在外移停车场的同时，设计了一条造型简单，精致朴实的水平向步行桥。人们到达圣米歇尔山只能步行或乘坐接驳车。步行游客将像以前朝圣者一样，一边走路一边欣赏周边的风景。视野中只有自然和伟大的建筑。

圣米歇尔海湾具有非常丰富的生态系统。为了保证环境整治工程不对脆弱的生态系统产生破坏，有关水质、植物、鱼类、鸟类和景观方面的专家们进行了精心的评估，对海湾、岩石和建筑群体的景观遗产特征进行再认识，辅以水利、环境、经济和旅游方面的研究共同寻求最优方案。

7.3.2 人文活动延续

法国卢瓦河(Loire River)曾经是法国水上运输的大动脉，在人类长期活动过程中形成了丰富景观。无论自然还是人工景观，河流本身及其流域共同构成了非常重要而独特的遗产。人们将整个河谷流域看作一个整体，并对其遗产进行评估、保护，进行保证其可持续发展的管理。卢瓦河谷在2000年11月30日作为“文化景观”被列入联合国教科文组织的《世界遗产名录》。世界遗产的申报成功标志着国际社会对卢瓦河谷所具有普遍价值的肯定，另一方面也提出了保护和价值重现的要求。如何在城市规划和城市发展过程中体现卢瓦河谷的景观价值？该流域应怎样可持续发展？法国中央政府与世界遗产地相关的大区、省、市镇政府及私人机构进行了大量探讨和实践，提出了基于整个流域视野的宏伟文化策略，从流域整体共同谋求景观遗产的保护和区域发展的平衡。

国际社会对卢瓦河谷普遍价值的评判包括以下几个方面。

(1)活着的文化景观。卢瓦河盆地在法国中西部，从中央高地南缘出发直到大西洋岸，全长约1 020 km。河谷中，村庄、小镇和城市或近或远傍山依水而建，土地使用从密集的城市区域到高度园艺化区域，再到葡萄园区，狩猎森林，构成了卢瓦河谷的景观特色(图7-20)。卢瓦河在法国历史上有重要的地位，在保障洪水淹没区的安全外，还重在改善水资源，改善河谷中自然文化遗产。

图7-20 法国卢瓦河谷沿岸的城镇风光

(2)人类和环境互动的杰出见证。卢瓦河谷是重要的文化景观，沿着一条重要的河流，见证了2 000多年来人类和环境相互作用和谐发展的过程。卢瓦河谷的景观，尤其是许多文物建筑显示了文艺复兴时期和启蒙时代西欧在思想和设计上达到的杰出高度。自然景观和人文景观共同构成了卢瓦河谷的景观特色。卢瓦河谷枯水期金黄色的沙洲显露出来，岛屿、河塘、河岔、沼泽、芦苇地和支流，展现出对河流泛滥期的记忆。随季节变化的卢瓦河水流方向决定了动植物的生存空间，改变着人类的活动形成了特殊的景观。河谷边界为山丘，谷底为牧草地与河流，形成特别的景观(图7-21)。在洪水未及的地方建有村庄和乡镇、葡萄园和森林。当地用山中的页岩和石灰石作为建筑材料。人类对卢瓦河谷的干预形成了人文景观。从中世纪到19世纪末人们对卢瓦河的整治一直没有停止过，目的是形成重要的交通性河道，留下了大量的整治活动痕迹，如水门、驳岸、运河等等。人类的种植活动也造就了独特的沿河景观，冲积平原上的大片农田、山丘地区的葡萄园、蔬菜园等展现出生物多样性。人们沿着曾经的经济走廊卢瓦河谷建造了大量的城市、乡镇和村庄。城市面向卢瓦河而建，形成了清晰的滨水界面，河边山冈上大量精致的城堡(图7-22)。对卢瓦河的评估报告认为：该区域体现了法兰西乃至欧洲的景观文化，其中产生了很多完美的现代景观典范。具有2 000多年历史的卢瓦河谷流域景观之间的动态关系非常显著，人类生活不仅反映在了河流不同区段的物质特征上，也反映在河谷的演变中。

因为遗产本身的特征，卢瓦河谷作为跨区域文化景观而被列入《世界遗产名录》，但跨区域遗产地的保护与发展管理却对法国是一个新的挑战。首先，法国战后“光辉30年”时期的政策所带来的后果非常严重：60年代中期因建设需要，在卢瓦河床上大量挖沙，导致河床高度急速下降，枯水期水位更低，除了在河道中增加了很多岛屿，河道两侧原来的湿地区域变得干涸，还使堤坝底部、桥梁底部因河水冲刷变得非常脆弱。另外，河滩、岛屿与河岸因干涸滋生出很多野生草木，如小灌木。河道上逐渐有荆棘，植物快速滋生非常严重，通透的河谷视廊被自然生长的树木阻隔，田园牧歌式的景观逐渐丧失：几年中，原来非常有限的农田集约经营规模的扩大使小块土地被归并，田园风光消失。因为树篱消失了，动植物也失去了其庇护所。今天因植物的自然生长甚至有些较偏远的地方几乎是荒芜的，而这些所谓自然或野生的状况带来的却是生物多样性的减弱。30 年来水环境的改变，对卢瓦河谷的景观特征具有深刻的影响。这种改变甚至比在卢瓦河边建造两个核电站所造成的影响还要大。

图 7-21　卢瓦河谷周边的城堡

图 7-22　河谷地带保留的传统畜牧业

其次，大量河道设施缺乏必要维护，尤其是河坝、船坞及河岸护坡，如果这些设施消失了，那么保护这条河道通航活动及所有证明人类顽强不懈征服卢瓦河的印迹也都将消失。

最后，近十年来的城市化模式也严重改变着两岸景观。以前的卢瓦河两岸，城市面对着河道，河道、岛屿和泄洪区上的植物成为城市、乡镇和农村的外围屏障。现在，城市化进程加快，居民开始在泄洪区进行建设，不仅大大增加了洪水灾害，而且破坏了城市和自然空间的和谐关系，景观节奏完全被打乱。

造成这种现象的根本原因是卢瓦河谷所面临的非常严重的地产开发压力。卢瓦河谷虽处于法兰西岛大区外缘，但距巴黎只有 1 h 车程，所以和这个大区有着紧密联系。良好的交通区位条件和优美的景观不仅吸引着想要度假的人们，也吸引着想要定居的人们。世界遗产地范围相关市镇的面积差不多是相关 4 个省的 20%，但这 4 个省 65%多的人口居住在这里。在这些市镇中，人口平均密度为 280 人/km^2，而 4 个省的人口平均密度为 50～102 人/km^2。据预测，2030 年在这有限的面积内还将再增长 15 万人口，也就是说人口平均密度将达 332 人/km^2，这意味着空间占用越来越严重。从 20 世纪 70 年代至今，人口增长了 1.5 倍，而城市化空间扩大了 3 倍。1991 年，当时的环境部长顾问斯蒙(Gillert Simon)曾这样描述卢瓦河谷让人担忧的状况："该区域到巴黎只需 1 小时，而其环境无论对第三产业，还是对高科技产业都很有吸引力。和巴黎郊区相比，居住也并不是特别贵，因此在这里建设了很多独立式住宅，而农田没得到保护。结果在一二十年中变化非常惊人，一个不断绵延铺展的城市，没有结构、毫无组织、缺乏风格。人们没有很好地控制城市化。随着无序的城市化现象蔓延，也随着水环境的改变，卢瓦河谷逐渐失去了特有的景观特征。"

卢瓦河谷因为多样的景观特征和整体性而被评为世界遗产，但也由于庞杂的、种类繁多的要素而缺乏针对跨区域遗产地的管理手段。卢瓦河谷全长 280 km，总面积 800 km^2，居民 120 万；包括 2 个大区、4 个省和 7 个城市密集区，161 个市镇，1 个大区自然公园，在文物登录记录中有 227 个指定文物建筑，648 个登录文物建筑，5 个保护区，61 个建筑、城市和景观遗产保护区。可以看出卢瓦河谷世界遗产地涉及范围在法律和行政边界方面非常复杂，它们之间也不可能排出主次关系。其次，国家主导的各项保护措施从单个意义上讲非常有效但缺乏整体协调。因为，一方面这些保护措施并未覆盖所有构成景观特征的区域包括很多乡镇和村庄，特别是大部分农田和森林，而农田在面积上占据了遗产地的相当大比重，正在遭受蔓延的严重威胁。一方面，不同的保护措施之间缺乏良好衔接，由地方政府主导的城市发展计划则更表现出不协调性，忽视了长远的区域整体利益。

基于对卢瓦河整体景观价值的再认识。针对跨区域以"活着的文化景观"列入联合国组织的世界遗产名录的卢瓦河谷，以"活着的文化景观"是"由人类和自然共同作用的产物"，在现代社会中具有积极的社会意义，和传统生活模式有紧密联系。在保护的同时如何合理发展以适合该区域特征。正如城市规划师菲利普·拉斯尼(Phlippe Lasrk)所说："景观是一种读本，是我们对某片土地的解释，因此保护景观就是使这片土地的演变保持明智的方式，也就是说使这个演变继续能制造风景。"因此，对卢瓦河谷的保护不能仅仅只是看作对文物建筑或自然景观地的保护，它需要有新的保护方法，需要有保证理性发展的管理机制。

1. 理解、管理和建设高品质景观环境的《卢瓦河谷景观计划》

世界遗产地卢瓦河谷目前最大的问题是原有水环境的破坏及高强度的地产开发压力对景观的影响。1991 年的《自然大卢瓦河计划》对卢瓦河床的修复和维护具有非常积极的作用，但必须有一个强有力的公共政策来控制土地变化、阻止沿河景观破坏。因此，2000 年《卢瓦河谷景观计划》的编制将国家、世界遗产地相关地方政府各层面的利益体集中在一起，考虑并解答以下几个关键问题：怎样控制分散式的城市化模式，并保护绿色边界？怎样将遗产的价值纳入发展中？怎样再定位卢瓦河的功能，以前卢瓦河曾是一条交通、物品交易的线路，如今是否能成为一条文化和休闲的文化线路？怎样发展有控制的旅游，可持续的，具有多种目的的？怎样保证市镇简单的协调合作？

《卢瓦河谷景观计划》最终确定了 3 个目标：首先改善生活环境品质，避免城市开发模式的标准化，促进城市新空间的创造。其次，促进具有吸引力的旅游，将世界遗产的景观价值转化为社会经济价值。随着休闲活动场所成为居民生活环境的一部分，最后保证长久的可持续发展，就必须将景观品质和社会、经济环境需求密切联系起来(图 7-23)。为此《卢瓦河谷景观计划》确定了相关区域管理的共同准则。

(1)重新找到"河流的文化"。重点对河谷生态系统进行管理，保证卢瓦河谷景观的原真性。具体包括管理湿地，维护河岸，修缮石砌护坡，维护河床，维持可达性，控制在岛上及河岸边自由生长的杂草和种植模式。

(2)针对河谷的大景观主要控制区域性的变化。具体包括控制城市边缘，高压线和风动设施，以保护廊道视野，防止山冈和山顶上的城市化蔓延，维持农田和森林的基本规模单元，控制城市化区域扩散，综合考虑大型基础设施市局。

(3)针对城市和乡村景观最关键的问题是保护和延续滨河特征。包括修复和维护水门，船坞和河堤等的遗产特征，注意城市公共空间(街道、广场和公园等)和城市郊区空间处理，应从材料、色彩和种植等方面体现滨水特征，防止住宅平庸化，城镇发展采用紧凑型发展模式，禁止采用沿路标准建造模式。

2. 建立基于跨区域合作的管理机构

在世界遗产地卢瓦河谷这样一个复杂的行政区域，实施和管理《卢瓦河谷景观计划》成为一个关键性问题：这个世界遗产地宽度很窄但很长，在这样一个跨区域的非典型遗产地进行管理是对现有管理体系的挑战。如何解决管理权限重叠问题，从而保证管理措施有效协调？如何使国家和分权地方政府共担政治、技术和经济责任？如何在这样一个范围内，鼓励相关社团、专业人士及公众参与其居住环境的景观保护和高品质创造？这些问题最后落到机构问题上。该机构必须适应这么大范围、超越现有的行政管理界限，尊重分权体制下不同部门的合作精神，并应该是一个能和公众良好互动的机构。

2002 年，在参议员希农市市长伊夫·道治

(Yves Dauge)的推动下,由两个大区共同建立了一个基于跨区域合作的管理机构,主要由三部分构成:第一部分是一个政治性机构地区大会,大会主席是桑特尔(Centre)大区区长,他同时也是《自然大卢瓦河计划》的协调者。地区大会每年开2次,确定大政方针和制定年度行动计划。两个大区议会的主席、四个省议会的主席,城镇联合体的主席及大区自然公园的主席等都是地区大会代表。第二部分是一个协商性机构发展委员会。发展委员会具有建设性作用给地区大会提供建议,每年举行。卢瓦阿谷论坛(Rendez－vous du Val de Loir)进行理论方面的探索。第三部分是一个操作性机构卢瓦河谷事务处(Mission du Val de Loire)。这是一个跨区域组织,遗产地所在两个大区共同资助其日常费用,国家资助其遗产保护研究。该组织协调、促进并参与实施和跟踪地区大会所决定的行动计划。其工作量非常大,涉及遗产地管理、宣传和促进等工作,需组织大量会议,让不同合作者、不同的愿望、不同的经验进行充分交流,努力营造对话气氛和必要的信任,使遗产地内各利益相关者能为共同目标而努力。

3.国家的适度干预,保证区域景观品质和城市发展管理的有效性和协调性

2002年成立的基于地方合作的管理机构在遗产宣传、管理方面非常有效,但由于地方利益关系庞杂,对卢瓦河谷这样一个具有全球性,景观价值的遗产地的管理还缺乏效用。因此,国家层面的适度干预保护,保证区域景观品质和城市发展管理的有效性和协调性。目前,两个国家层面的指令性工具正在研究中,这两个工具都适用于大范围及跨行政界限,但同时又充分尊重分权体制,并起到公众宣传教育的作用。其一是《景观保护和价值重现指令》。1993年1月8日的景观法明确通过该指令保护和体现景观的价值,该指令可由国家或地方政府拟定,目的是在一个景观价值非常突出的区域内保护并体现构成景观的特征要素价值。《景观保护和价值重现指令》明确了基本原则及目标,最后要通过公共调查,由国家行政法院审核颁布。《景观保护和价值重现指令》的法律地位高于地方城市规划,要求地方城市规划和它协调。因此,国家通过这样的景观指令对已下放到地方的城市规划权力进行干预,要求卢瓦河谷相关领域内的市镇在景观保护和价值重现方面协调工作。其二是《城市规划区域指令》。根据城市规划法典L.Ⅲ－Ⅰ－Ⅰ条规定,《城市规划区域指令》,是国家在地方发展和区域保护之间平衡的大政方针,《城市规划区域指令》往往应用于矛盾集中的地方,这些地方在经济发展中,某些城市问题已不是常规工具所能解决,如塞纳河口和卢瓦河口,马赛,里昂等国际性大都市圈等等。

同样,卢瓦河谷也是一个矛盾集中的地区,大景观的保护要求和日益膨胀的城市化威胁之间的矛盾日益尖锐。如果不从问题动因上找到解决途径,景观保护和价值重现的目标将只能是空中楼阁。针对卢瓦河谷的《城市规划区域指令》充分考虑了景观保护和地方发展两方面因素,明确提出以下三点原则。

(1)在城市发展方面,要求进行有控制的城市发展,保证城乡和谐。一方面是保护适于农业和林业发展的空间,保护自然和景观,另一方面要符合可持续发展的目标。

(2)要求城市功能的多样化,促进城市和乡村的社会混合。满足人们现在和未来的居住需求,经济活动特别是商业、体育或文化等活动需求,关注就业机会的平衡和社会混合。

(3)节约与合理使用城市郊区和乡村空间,控制机动交通,保护空气、水、土地、地下生态系统,绿色空间景观地,自然和城市景观的质量。减少噪声,保护具有突出价值的城市整体或建成遗产,预防自然灾害,预防技术危害,预防各种性质的污染和损害。

4.采取区域协调策略,对河谷的景观保护和必要的城市发展进行有效控制

城市整治区域指令的最大优势在于,它不将原因人类的活动和必要的发展和结果与区域景观的改变,两者分离,并试图寻找保护与发展的平衡。它不像保护区、景观地等制度,仅关注那些最迷人的风景,而是将整个河谷统一考虑。卢瓦河谷作为活着的文化景观被列入UNESCO的世界遗产名录，是对在卢瓦河谷活动的人类聪明才智的肯定，但也因为人的活动导致对景观的严重影响。战后30年重建时期，河流被认为是取之不竭的，导致水资源和景观的严重破坏，跨区域遗产地的保护因地方利益和复杂的行政边界而非常困难。城市空间的扩张对景观威胁，法国中央和地方政府采取了地区协商，国家干预的策略，从而将卢瓦河的治理放在了区域层面上以期待较好的协调管理措施，保护卢瓦河谷活着的文化景观特征图(7-23)。

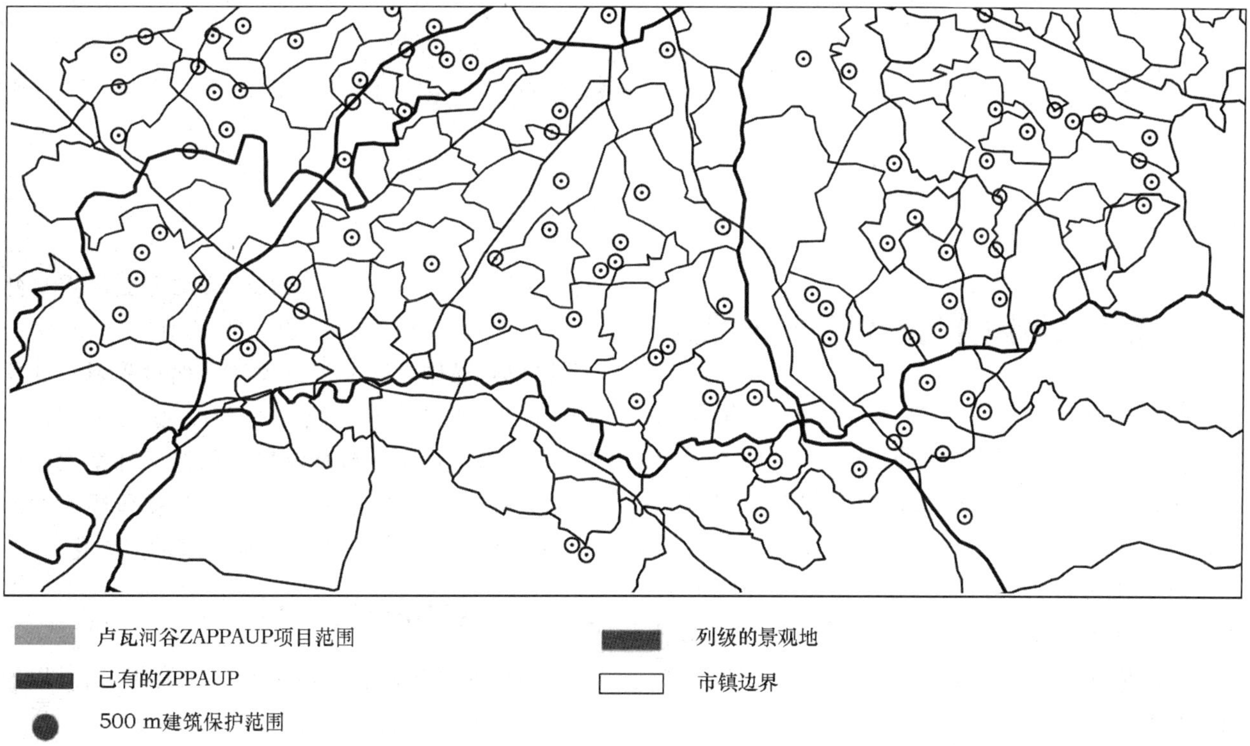

图 7-23　法国卢瓦河谷景观地复兴计划

本章通过对文化遗产保护工作流程、法律保护体系，人类活动的控制与管理等方面，分析了风景园林遗产保护的完整性、真实性及合理性要求。风景园林遗产保护应从管理体制、法制建设方面，逐步完各项规章制度，如审批制度、责任追究制度等有关行政规章制度，并积极健全价值评估等各项技术规范，使遗产保护有法可依。规划管理上适应新形势的要求，增强现实性和可操作性，加强自然要素和风景环境的认识和把握，和对人文环境与自然环境的整体把握。

习题

1. 风景园林遗产保护的工作流程是什么？
2. 怎样理解遗产保护的教育科研功能？
3. 怎样处理遗产保护中游客控制与景观地利用的关系？

第8章 走向未来的风景园林遗产保护

8.1 当代风景园林遗产保护发展趋势

风景园林遗产作为一种自然与人文“生态基因”的载体，是人类游憩生活环境、人类文明和文化多样性的生动见证。风景园林遗产的发展源自于建成遗产保护运动的完善，在发展中不断丰富了遗产保护的理论和实践内涵。在注重生态环境和关注文化价值的今天，风景园林遗产保护也在文化遗产保护理论的拓展中不断丰富，学者们为此做出了很多的理论与实践贡献。

风景园林遗产保护是对具有遗产价值和重要生态服务功能的风景园林境域保护和管理的学科。随着遗产保护理论的发展和实践的不断丰富，其保护对象不仅包括传统园林、自然遗产、自然及文化混合遗产、文化景观、乡土景观、风景名胜区、地质公园、遗址公园等遗产地区，还拓展到了自然保护区、森林公园、河流廊道、动植物栖息地、荒野等具有重要生态服务功能的地区。它从最初的对传统园林保护和修复、遗产地价值识别和保护管理、拓展到了保护地景观资源勘察和保护管理、遗产地和保护地网络化保护管理、生态服务功能区的保护管理、旅游区游客行为管理等。风景园林遗产理论与实践的发展历程，以及其自身的特色和实践方法，对其遗产保护的理论和实践有着重要的作用。

从传统方法上讲，风景园林遗产保护则是基于图底关系中“底绘”出发的设计；方法上更注重自然过程对方案设计的影响，以追求土地伦理、科学合理的目标；操作手段上则更关注自然过程引致的低技术运用，通过最自然质朴的方式，适宜生态的保护技术，以延续原有精神意境或保持与环境之间的文化关联。但是随着社会经济的发展和环境的改变，风景园林遗产保护开始越来越多的多元化。

8.1.1 城市功能空间的融合

遗产保护愈来愈与城市空间功能相融合，以服务于当代城市功能为导向的保护与利用。

愚园曾是南京城南历史上一座规模最大的私家园林。宋朝时这里属于凤台山，明代建园即名“凤台园”。愚园前身和瞻园都是中山王徐达后人的产业。瞻园因位于明南京南门聚宝门（现中华门）内以东称为“东园”；愚园位处南京聚宝门之西则被称为“西园”。东、西二园大致建于同时期，但西园地势高亢，在南唐城墙建设以前为郊外，有李白唐诗为证：“凤凰台上凤凰游，凤去台空江自流。吴宫花草埋幽径，晋代衣冠成古丘。”抗战期间愚园被毁，加上后来山石变化和水系萎缩，又搭建棚户，如今已成为一片废墟。

为了复兴南京城南片区的城市活力，将古老的园林融入现代城市空间，为当地市民提供游赏休憩的城市公园，东南大学建筑学院的陈薇教授带领团队承接了愚园的重建工作。园林遗产的保护和修缮不同于普通的建筑遗产，这不仅是世界遗产保护运动中共性的问题，也是重视意境观念的中国文化背景下的必然性的问题。设计团队以史料分析为基础，在新的形势下进行了有益的尝试，将愚园的真实性、完整性和延续性以一种新的形式解读出来。

设计者做了大量的文献整理，分析了清光绪二十年《白下愚园集》中的“愚园全图”（图 8-1）和 20 世纪 30 年代建筑家童寯教授的测绘图。由此，设计者发挥想象，并参考了东园的山水格局，得出了愚园山形水系的大致脉络：凤台山从郊外到城内；愚园的南区长期沿袭自然地貌，风格质朴；北区因叠加建设而景致丰富。从而成为规划设计的立意基础为格局大疏大密，衔接开阖有度。

图 8-1　《白下愚园集》中的“愚园全图”复原图

设计者深入现场进行山形水系的调研。由于 20 世纪 60—70 年代开挖防空洞，山体的高度和形态已经发生了变化。尽管童寯先生在 20 世纪 30 年代步测过愚园，留有平面图作为重要蓝本，但是建筑规模和现存的园址尺度不完全吻合，而且北侧和东侧因为开路改变较多，水体亦被挖出的土埋没。设计者慎重地整理山体与花露岗高地的脉络关系，根据山水互依的原则，判断出由西而南的水体驳岸走势（图 8-2）。

由于愚园所依存的城市环境、社会和历史环境已经发生了巨大的变化，设计者在新的时代背景下对愚园如何传承古典园林的精神精髓并更加融入现代城市空间做了有益的探索。

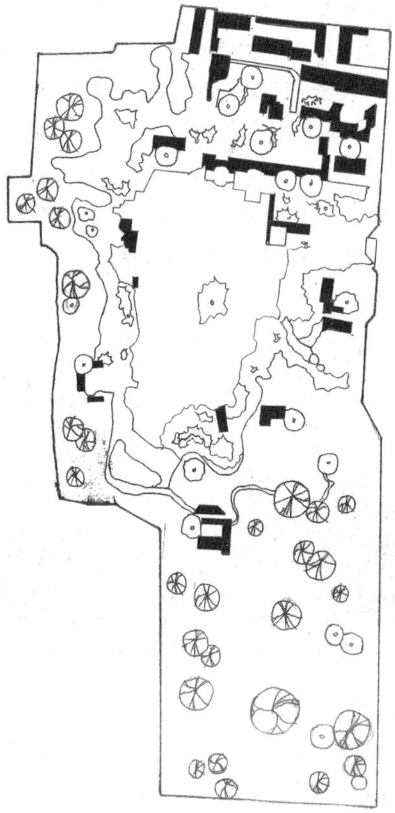

图 8-2　愚园规划设计总平面图

首先是功能调整。原来愚园作为私家园林，服务人口少，建筑用于或起居生活或迎宾待客。但是重建后的愚园除了让游客能够感受到原有的生活内容，还要满足现在的使用需求。设计者将代表性的、重要的建筑保持原来功能；而一些附属的、建筑本身搬迁开放后在服务需求节点上的进行功能置换。如“清远堂”和“春晖堂”这样的重要建筑，全部家具和陈设甚至匾额对联，尽量再现原有风貌；但“双桂轩”改作了客服、“无隐精舍”布置了展陈。

其次是流线调整。原来愚园临鸣羊街的入口在现修缮的宅区东侧、现入口北侧；另一门在园之西侧，和花露岗高地衔接。由于现在私园成为开放的园林，游客量大，所以在原东门南侧加建了大门；东入口内原来是菜地，此次重建时正是利用了这块空地作为了较开敞的空间，以保证游客进园不至于感觉过于促狭，“秋水蒹葭之馆”也较原来位置更近水面、建筑面积改大，以对应入口的改变。

愚园景观水系格局的营造表现了南京私家园林独有的高阜广水的特点;在分区上体现大、中、小层次分明和大疏大密的景区特色;在建筑风格上以门西硬山建筑为主,局部用歇山,素朴明朗;在景点上,三十六景一一再现,既有村野特色也有市井氛围,将位于城南城墙脚下的园林特色发挥尽致,这也是历史上环境变化与文化积淀的必然反映(图 8-3)。

图 8-3　愚园重建后的全景鸟瞰

总之,整个愚园的重建工程,将仅存“一鳞一爪”的园林旧迹,焕发出“真龙宛在”的新貌,不仅需要兼具“造园”和“修缮”两者的用心,更需有考古的严谨及复原的洞察力和想象力。设计团队依据仅存的园林旧照,采用问访及对旧迹遗址进行挖掘考证的方法,结合尚存文人画作与墨客描述将愚园呈现。此外,依据变化了的城市环境,根据现代城市的空间结构,和人们休憩游赏的需求在不违背文物保护原则的情况下进行适当的调整,最终为现代城市提供了一处古今融合的园林景观空间。

8.1.2　当代技术的结合应用

应用现代技术进行风景园林遗产保护中,不仅从保护原则上符合可识别性、可逆性的要求,还能在当满足遗产保护的功能、消防要求,给古老的文化遗产以时代的特色。

1924 年 9 月 25 日下午,西湖南岸颓败不堪的雷峰塔轰然倒塌,号称西湖十景的“雷峰夕照”从此名存实亡。鲁迅先生随后发表影射时局的杂文“论雷峰塔的倒掉”,让雷峰塔就此扬名天下。此后,虽然屡有提议重建雷峰塔,但由于种种原因,重建一事一直被耽搁了下来,然而杭州人对于重建雷峰塔一直情有独钟,它已经形成了承载着集体记忆的精神象征。

雷峰塔倒塌前已非原貌,最后人们看到的雷峰塔是经过了明代倭寇的焚烧后残破的形态。根据南宋画家李嵩的《西湖图》对于雷峰塔的唯一记载,雷峰塔最初的原貌就是楼阁式的塔(图 8-4)。雷峰塔的重建项目确定了按照宋代原貌重建。修复设计小组用氢气球做了多次模拟试验,力求与周围的环境取得协调。在雷峰塔的基址选择和结构形式上确立了以下原则:一是对遗址的保护,一是注意保护西湖整体的文化环境与自然环境。若偏离原址重建新塔,仍须建防护罩来保护遗址,原本就不大的夕照山的部分植被及原始环境就会被破坏。因此采取原址重建,并将遗址用大跨结构覆盖,成为新塔塔基(大部分由自然土坡、堆石覆盖)。新塔体量庞大,而基地是傍湖小山冈,属丘陵地貌。且林木茂盛,平坦地少,选择原址而建,对地形地貌破坏最少,此为其一;小巧的夕照亭点缀在夕照山上,高大的雷峰塔坐落在东面平坦台地上,成为雷峰塔景观的主体形象,让人心生怀旧之感,此为其二(图 8-5)。

图 8-4　雷峰夕照的历史印象

图 8-5　重建雷峰塔与西湖的关系

新建的雷峰塔不是旧物复原，当以时代风貌呈现，而挖掘整理后的古塔残迹保留在新塔下面，尊重历史与现状。这也是先进国家常采用的方法。旧塔基下可能埋藏的碑记、金龙等文物亦可在这种大跨屋顶覆盖下开挖研究，待挖掘完工后再作整理、布置。因此塔采用轻钢结构体系，用玻璃、金属瓦等轻质材料作围护体，保持古塔外形、尺度、比例。如此，雷峰塔与遗址重叠，体现对历史的尊重，对环境的爱护。以新结构、新材料作技术上的保证，新塔的时代信息和残塔的历史信息在同一个空间中对比、辉映，也符合遗产保护可识别性的原则。塔的重量由覆盖遗址的大跨双向钢桁架来支撑。大跨钢桁架共 6 榀，双向相交，传力点共 12 个，承受上部荷载，结构承力由组合钢梁上下翼缘和腹杆承担。这种采取先进的结构技术不仅最大限度地保留了文物的体——雷峰塔基，创造了人们参观历史古迹的空间；而且现代的材料与结构也符合文物保护“可识别性”、“可逆性”的原则。古老的文物古迹在现代的环境下熠熠生辉(图 8-6，图 8-7)。

图 8-6　雷峰塔无障碍楼梯

图 8-7　一楼展厅用钢架保护了雷峰塔塔基遗址

8.1.3　生态修复的应用实践

随着人们对生态环境的关注，风景园林遗产保护开始从较为单一的审美价值取向转变为生态和文化综合价值取向。风景园林遗产作为一种自然与人文“生态基因”的载体，提供了过去人类游憩生活环境的生动见证，人类文明和生活方式的多样化。在今天，风景园林遗产保护注重当代人类的文明成果，思索生态环境，表现在棕地修复、生态恢复、矿产地、垃圾填埋场的再开发利用、铁路景观开发等等。

欧洲的实践典型代表为西班牙的约翰谷垃圾填埋场景观恢复(图 8-8)。约翰谷位于西班牙郡贝格斯和加瓦自治区的加拉夫自然公园内。起初这里是蜿蜒曲折而又人迹罕至的山谷，它构成了加拉夫断层的丘陵地带。1974 年起约翰谷用作垃圾填埋场成为巴塞罗那及其都市区域主要的城市垃圾排放点。到关闭改造之时：这里已经被填埋了近 85 hm^2 的范围，填埋高度达到了原山谷的 2/3。在恢复改造之前，垃圾填埋场全是陡坡，垃圾上面只覆盖了一层 20 cm 的土。山谷上面的垃圾填埋场与其所在的自然公园的地貌以及植被景观形成鲜明的对照，显得格格不入。垃圾填埋场恢复项目既在于解决复杂的垃圾渗漏技术问题，又创建一个新的公共空间，建造一处新景观。实施恢复改造项目的技术团队来自于多个学科，包括环境工程学，地质学、景观设计学、农艺学，目的只为了集多学科技术力量，让这个地方重现生机。

图 8-8　垃圾填埋场改造而成的公园

封闭垃圾填埋场涉及复杂的技术问题。起稳定作用的梯田、挡土的路堤以及进进出的路径划分出整个区域的几何图形并规划出管道铺设布局(图 8-9)。铺设管道一是用来收集沼气并引到转换设备中,使其转化成电能,二是排放和储存垃圾沥出液。垃圾填埋场的加盖技术处理的布局如同耕种的梯田一样,像意大利台地式园林,高低不一,错落有致(图 8-10)。

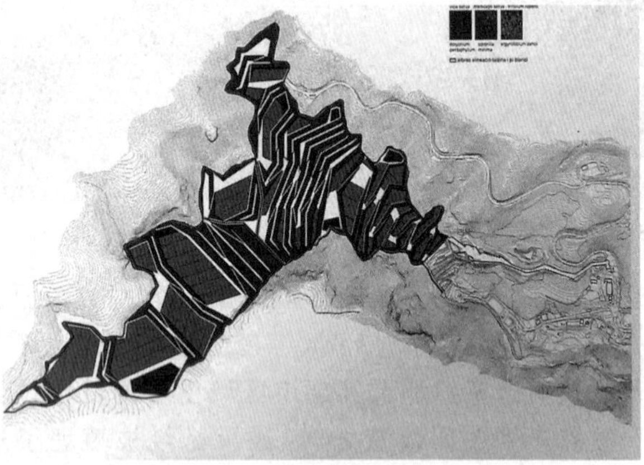

图 8-9　加拉夫公园平面布局

垃圾填埋场转化为一处新景观是为了把垃圾填埋场与临近的加拉夫自然公园连为一个整体。在加拉夫的其他地方,大部分是一些可用于耕种的山谷,经过农业技术改造,拥有了梯田系统、排水系统和耕作系统,与地理环境相适应。因此景观设计也延续了这一农业系统,形成修复受损景观最有效也最合理的方式。农业系统可以为景观的组织、维护和持续提供很好的指导。

景观恢复区建造了公众入口通道。这里修建了一个信息中心,在这里,公众可以了解已经完成的修复工作和正在进行的工程,入口通道构成了通往新景观的一道大门,一直通向各个有利于观景的位置,游客可以看到修复工作和蜿蜒于梯田间的小路,通往这个地方的道路两边有一些用垃圾和土方修建的墙,提醒着人们这个地方的过去、几十年来它所扮演的角色以及最近又是如何得到修复以供公众使用的演化过程,起到了教育的目的(图 8-11)。

后工业时代,欧美国家开始对工业遗留地实施景观再造,实现工业文化的再次辉煌。随着人们对工业遗产的关注,铁路景观也成为人们对工业文明遗产的记忆保存方式。英国伯明翰中心铁路公园即是利用铁路进行景观再造和空间整合。

伯明翰中心铁路公园位于美国亚拉巴马州伯明翰市中心两部分的结合处,占地约 7.6 hm^2 公顷。这里一条高达 4.57 m 的铁路高架桥把市中心一分为二。公园所在地曾经是用作铁路专用地,是铁路侧线和仓库区,有 11 条轨道的铁路走廊。此处邻近铁路高架桥,故而得名“铁路公园”。公园曾是城市最低的地方,最初是一块沼泽地,后来被填充,修建了仓库和铁路侧线。本市居民热爱铁路,把它看作是积极向上的象征并且引以为荣。一列列长长的火车车厢在高架月台上缓速驶过,隆隆作响 24 h 不间断,时而宛如层层波浪,时而好似潺潺流水。周末,横跨铁路走廊的天桥上会站满到此观看火车的人。因此,项目设计的一个重要目标就是拥抱铁路,作为公园游客的一次亲身体验。

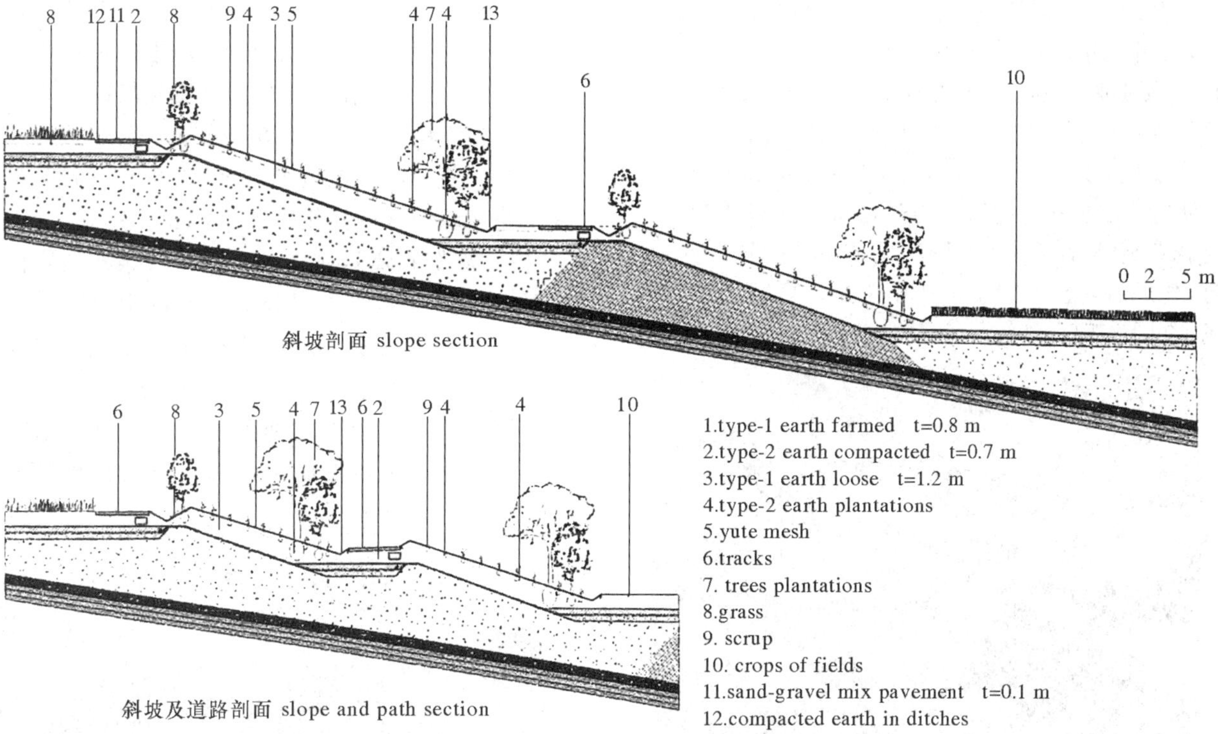

图 8-10 梯田对场地高差的处理与管道铺设

图 8-11 垃圾与土方修筑的“记忆之墙”

公园设计为了唤起人们对原始地形地貌的追忆，重新修建了湖泊和小溪，用于城市的防汛防渗和生物过滤。在公园的北面修了一系列的小山丘，整体向南倾斜。公园的地势较低，周边流域的水都汇集于此，成了一个防洪防汛之所。湖成为一个大蓄水池，湖边是大片的生物过滤湿地。夏季可以满足花草树木灌溉之需，同时人们可在湖上划独木舟，建成后，公园成为市中心区的一个清凉的娱乐场所(图 8-12)。

图 8-12　铁路公园整体鸟瞰

公园一系列小山丘为游客提供了亲自观看火车穿行的最佳场所。用挖出的土石材料建造了一系列紧邻铁路的山丘，长度贯穿整个公园，游客可以在此体验火车穿行、观看音乐盛会并饱览整个市中心的风光。一条铁路线通过一系列连桥把各种各样的山丘连为一体，形成连续不断的观看火车的高架平台(图 8-13)。整条铁路沿线有许多入口坡道和台阶。

图 8-13　观看铁路驶过的“看台”

伯明翰是一座热爱音乐的城市，山丘状的地形设计也为人们提供了举行节日庆祝活动和各种演出活动的空间，其中包括一个有大雨篷和后勤保障设施的圆形露天剧场，它可以容纳 5 000 名观众。如果说一些公园为城市提供了一个“起居室”的话，那么这个公园就为城市提供了一个“娱乐室”，里面充满了音乐、聚会和隆隆作响的火车。一条东西走向的主要人行漫步道把公园分为南北两部分。这条人行漫步道也给主要公用设施和铁路便利设施提供了保障。道路两边是绿荫树“岛”和展示园林，这些岛利用清理场地和修建湖泊溪流时挖掘出来的土方修成。这条东西走向的走廊一直延伸到公园外面(图 8-14)。

图 8-14　公园中的漫步道

8.1.4　区域整合的保护思维

风景园林遗产保护在从尺度方面，从庭院、单体、建筑园林群走向区域、甚至流域。2016 年的北京三山五园历史文化绿廊规划设计研究就是从更为宏观的尺度来对三山五园历史文化资源进行保护的。

三山五园位于北京市海淀区，由于区域得天独厚的自然条件，坐拥西山群和京城水源地，逐渐成为西郊皇家行宫苑囿的主要聚集区域。三山五园中的“三山”指万寿山、香山和玉泉山，是京郊重要的生态风景山林；“五园”指清漪园、静宜园、静明园、畅春园和圆明园，是京城重要的皇家历史文化名园。优美的自然生态资源和悠久的历史文化遗产使该地区逐渐成为京郊具有重要价值的历史风景名胜地(图 8-15)。

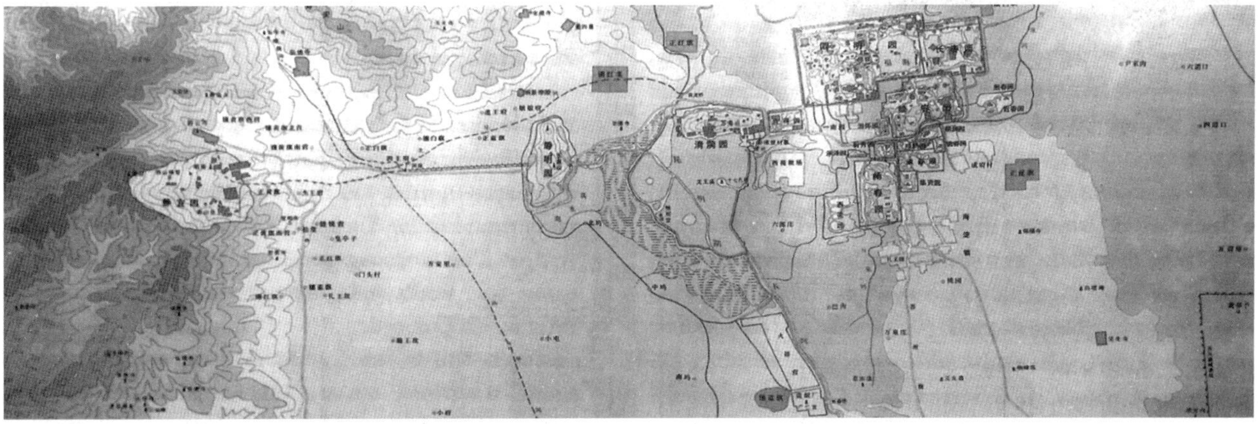

图 8-15　北京海淀区三山五园的历史分布格局

海淀一词起源于湖泊“丹棱泮”。万泉河与巴沟河汇于此地。清康熙帝在元代清华园遗址修建了御园“畅春园”，且晚年薨于此。明初从南方来的移民在这片肥沃的冲积扇上开辟稻田，还在青龙桥、六郎庄、功德寺附近设置多种植物。明清时期，“三山五园”地区形成了东起海淀，西抵玉泉山，南达长春桥，北抵青龙桥的万亩稻作景观区域。到乾隆年间，巴沟、清河、静明园与清漪园周围形成了大片田野。

三山五园是北京西郊一带皇家行宫苑囿的总称，是从康熙朝至乾隆朝陆续修建起来的。自辽、金以来，北京西郊即为风景名胜之区，西山以东层峦叠嶂，湖泊罗列，泉水充沛，山水衬映，具有江南水乡的山水自然景观。因此，历代王朝皆在此地营建行宫别苑。乾隆时为增加玉河水量以满足京城用水需要，同时为防洪及发展西郊水稻生产，而大规模整治西山水系。河湖水系的改善为进一步开拓西郊风景园林建设打下基础。三山五园始建于清康熙时期，兴盛于乾隆时期，大多在 1860 年第二次鸦片战争中被焚毁。

近年来，随着北京城市用地的不断扩张，三山五园地区从原来的城市远郊逐渐成为城乡结合地带，在快速城市化的侵蚀下，由于不尽合理的土地利用和缺乏有效的价值研究保护，使该地区逐渐呈现一系列城市化问题，其生态、历史、文化、社会等价值也正在面临巨大破坏的危机。

研究以三山五园区域绿道网络构建为目标，依托详细的历史资料研究和现状场地调研，对区域历史演变和现状综合条件进行了系统的深入分析，并以此为基础，结合现有用地情况，寻找潜在发展机遇，探索在三山五园地区实现历史文化保护、自然生态再生、休闲游憩强化与城市再生发展等多目标相融合的生态网络构建途径，并对其中的重要节点进行了多解的设计研究。

(1)区域交通与绿脉的融合。三山五园局部地区一些城市的重要交通节点，由于单纯考虑机动车的快速通行能力，已经成为割裂城市空间的天堑，对周边区域也产生了严重的影响。

根据现状调查成果，规划依托线性绿地的形成，完善周边地段绿地格局，通过慢行绿道的规划来拓展城市慢行空间，合理调整用地功能，努力促进和谐、丰富、有活力的社会生活，培育地域文化，从而实现城市生态、经济、社会、文化等多方面效应的综合提升(图 8-16)。

图 8-16　区域交通与绿脉的融合

来源：五向荣，林箐．三山五园历史文化绿道规划设计．北京林业大学园林学院．2014.5

（2）生态涵养与产业发展的统合。北京的西部、北部是山区（包括浅山区）．拥有大量的历史文化遗产，该地区还是北京的绿色生态屏障，以及主要的水源保护地，对于北京的生态环境和可持续发展意义重大。西部区域是城市未来的重要发展区域，在维护生态环境的前提下，积极引导高新技术研发与服务、旅游休闲、商业物流、教育等生态友好型的产业向该地区聚集。以优化、整合、完善现有的发展空间为主，改善生态环境，引导高品质、组团式集约发展，防止高密度连片开发。山区区域是城市重要的生态屏障，以生态维护、水源保护、适度旅游和生态农业开发为主。严格控制浅山区开发建设，加强绿化建设和生态恢复（图 8-17）。

图 8-17　生态涵养与产业研发的统合

来源：五向荣，林箐．三山五园历史文化绿道规划设计．北京林业大学园林学院．2014.5

（3）历史园林与休闲功能的整合。三山五园地区规模最大的圆明园的外围历史上是名园围绕，如今被大量杂乱的居民区和商业建筑包围，环境极为拥挤混乱。规划在远期，重塑圆明三园的周边环境，通过塑造现代的公园，为圆明三园提供个缓冲地带，还圆明三园一个和谐的周边环境，给市民提供一个休闲的空间，使这块地域成为北京的生态宝地，集遗产、生态、休闲、教育、历史、科普、文化、艺术为一体的绿岛。

将历史园林与现代人居休闲功能加以结合。挖掘圆明园历史资料，在节庆举办若干活动，如新春游园会、踏青节、荷花节、睡莲节、歌咏会、菊花节、灯会、艺术节、义务植树、爱国教育等，以符合圆明三园文化意义的活动，有助于人们了解圆明三园的历史、价值和特色，欣赏圆明三园的风景，既提供了游憩和休闲的空间，丰富了人们的文化生活，又对圆明三园的保护、持续传承和发展无疑起到了积极的促进作用。此类活动可以更多地发展传统，亦可融进现代内容。如生态、环保、摄影、音乐、文学、绘画、戏剧、网络等，并充分挖掘民俗活动、艺术创作、宫廷生活以及爱国教育的内涵，使得圆明三园成为一个艺术和文化的滋养场所，让这座珍贵的有形的园林遗产促进无形遗产的发展（图 8-18）。

图 8-18　历史园林与休闲功能的整合

来源：五向荣，林箐．三山五园历史文化绿道规划设计．北京林业大学园林学院．2014.5

8.2　遗产保护与景观设计方法

现代一些文化遗产保护中早已经活跃着景观设计师(或称风景园林师)的身影,如许多风景名胜区的规划有很大一部分涉及文化遗产保护,历史园林向来就是景观设计学研究的重要对象,历史街区、历史文化名城、文物建筑群的外部环境设计也都需要景观设计学和相关专业人士的参与。这些都属于景观设计学在文化遗产保护中的实践。文化遗产保护在以下三个方面存在的问题,决定了其必需景观设计学的介入。

(1)对文化遗产的概念内涵和价值认识方面。尽管中华人民共和国文物保护法、ICOMOS中国文物古迹保护准则等重要文件深入地阐明了中国文化遗产的范畴以及其价值所在,但在现实中,一些重要的文化景观仍然得不到与其价值相对应的适当保护,京杭大运河便是明显的实例。一些重要的地方性的线形文化景观,如护城河、铁路等,也没有得到恰当的基于其价值认识的保护。

(2)文化遗产保护理论方面。中国文化遗产保护经过几十年来的研究,已经形成了一整套独具特色的保护理论,包括基于"修旧如旧"、"不改变文物原状"等保护原则的具体文物保护理论,和以风貌保护为核心、兼顾保护与利用、物质和非物质文化遗产的历史文化名城及历史街区保护理论。但是,囿于特有的体制和国情,中国文化遗产保护一直处于被动的"保",而非主动的"保"、"用"并重,甚至以"用"促"保"。文化遗产在当代生活中的角色和地位,一直未能得到很好的解决。

遗产是生活的内容和元素,也是生活的参与者和塑造者;保护遗产不应仅仅局限在"风貌",而应使遗产在其价值不受损害的情况下,在当代生活中发挥积极作用,特别是应使遗产保护成为人地关系和民族文化认同危机背景下解决区域与城市可持续发展问题的钥匙。这就需要从区域、城市、社区等多个景观尺度上综合考虑其保护规划与设计,而在多个尺度上展开工作正是景观设计学的强项。

(3)保护规划方面。相比较而言,中国文化遗产保护在近20年来的对外学术交流开展最充分、实践最深入的领域是在具体的保护技术和微观性的保护原则方面,因此在一定程度上,可以认为在具体的微观层面上的单体遗产保护原则问题已经或正在一定程度上得到解决,甚至已经为世界文化遗产保护作出了重要贡献。而问题最多也最难的恰恰在相对尺度较大的规划领域。对应于当下中国人地关系和民族文化认同危机的保护规划原则,首先需要解决的是遗产保护与生态保护的结合,一言蔽之,遗产保护规划设计必须以生态规划、以景观设计学为基础。

文化遗产保护的发展表明,遗产保护正在日益走向区域化、网络化。在国内,捆绑式申遗使得跨城市、跨地区的遗产保护正在日益兴起,具有高度价值的大运河、丝绸之路、长城等跨区域文化遗产保护所面临的种种挑战,也使得遗产保护的区域化、网络化趋势在中国蓬勃发展。与此形成明显对比的是,中国现有的历史文化名城-历史街区-文物保护单位三层次保护体系缺乏在区域层面上的保护架构,这一保护体系上的缺陷所带来的问题已经影响了许多重要文化遗产的保护。

8.2.1　园林建筑语汇的诠释与演绎

在遗产保护过程中,或是设计一些园林建筑以提供人们欣赏遗产特征、衬托历史风貌,渲染空间氛围的小品建筑;或是依据遗产的功能需要加建、改建或是提供保存保护的空间场所。具体说来,现代景观设计中对园林建筑语汇的诠释与演绎方法有以下几种。

(1)提取与拼贴。这是通过对传统建筑构件的解构、镶拼和重新组合来完成的转换,将传统建筑的典型符号运用到现代园林建筑中,以此来强调民族传统、地方特色和乡土风格。当一个地区中的大量传统建筑共同反映出某种特色时,该地区的特性才得以突显。这样的符号,或者说从传统建筑中提取出来的有代表性的"视觉模式",正是反映地区大量传统建筑共性特征的要素。当它们被拼贴于新园林建筑中，就使新建筑与传统建筑之间建立起了视觉上和情感上的联系，符合人们约定俗成的习惯。当然，要避免随意滥用符号的做法。

(2)简化和提炼。这是在对传统园林建筑形式进行深入理解和研究的基础上，对传统建筑的结构、屋顶形式、整体形象、细部处理等进行简化、抽象，从而提炼出新的形式，但注重保持适宜的比例、尺度，从而获得传统的气质和现代的表现。如张锦秋院士设计的黄帝陵祭祀大殿(图 8-19)，创造出建筑与山水形胜一脉相承的关系，建筑风格庄严、古朴中又具有浓郁的新时代气息；重庆鹅岭公园揽胜楼则抛弃了繁琐的装饰，用现代的结构形式和材料塑造出了简洁的现代园林建筑形象，由于保持了传统楼阁的比例尺度，使古典的神韵犹存(图 8-20)。

图 8-19　黄帝陵轩辕大殿

图 8-20　重庆鹅岭公园揽胜楼

知识链接

银川宁园广场设计

银川作为宁夏回族自治区的首府，西北地区重要的区域中心城市，历史悠久，是著名的“西夏古都”，也是我国回族的重要聚居地，孕育了丰富多彩的地域文化。1986 年，银川被国务院公布为第二批国家级历史文化名城。位于银川东部的钟鼓楼与玉皇阁是两座具有悠久历史，对城市空间轴线有重要地位的古建筑。全国重点文物保护单位玉皇阁位于银川市兴庆区解放东街玉皇阁北街的交汇处。始建于明，清代重修。玉皇阁得名于其中供奉的玉帝铜像，是一座重楼叠阁、飞檐相啄、结构紧凑、玲珑别致的传统木结构大屋顶建筑。造型甚为美观别致，是研究明初建筑艺术和工艺技巧的原始资料。银川鼓楼坐落在银川市解放东西街和鼓楼南北街十字路交叉处，又称“十字鼓楼”、“四鼓楼”，俗称“鼓楼”。玉皇阁同鼓楼遥相辉映，成为银川古城最重要的历史文化资源。

为了彰显银川市“塞上江南、西夏古都、回乡风貌”的城市形象，钟鼓楼与玉皇阁在银川市历史文化名城保护规划中被整体划定为历史文化街区，并强化了两座建筑对整个城市空间轴线的统帅作用。由于钟鼓楼与玉皇阁并不在同一条城市空间轴线上，玉皇阁还担负了一条城市南北向发展的轴线统领作用，怎样使两者形成一个统一的整体，是塑造古都风貌的首要问题。

规划两栋建筑之间，解放东街南部于 1987 年建造有“宁园”。宁园东部入口与钟鼓楼相衔接，西北部入口连接玉皇阁，院内大量的绿化从空间上将两座古建筑连为一整体，为古建筑创造了恬静古朴的空间环境。园内主要由“兴庆殿”、“沁茗阁”、碑、廊等仿古建筑及一座以水池为中心的传统园林组成。

园中最高大的殿宇“兴庆殿”内壁画“西夏风云”艺术地再现了我国历史上西夏国时期的政治、经济、文化、军事及风土人情。“兴庆殿”前的方形水池中置汉白玉石雕“哪吒闹海”。一个六角亭连接的曲折碑廊，廊壁刻有毛泽东、董必武及区内外书法家的作品，为整个宁园增添了历史文化气息。

宁园西部又建设“世纪广场”，与玉皇阁的空间轴线遥相呼应，强化了由玉皇阁所引领的城市南北向轴线（图 8-21）。世纪广场没有拘泥于传统，而是创造了一处符合现代城市空间的市民广场。尤其是广场中心的“世纪亭”。大理石砌筑，尺度轻巧，手法洗练，构件提取了斗拱、月梁等传统元素并加以简化，用现代的建造技术手法予以表现（图 8-22，图 8-23）。

图 8-21　通过世纪广场来联系城市的两条空间轴线

图 8-22　宁园世纪广场世纪亭

图 8-23　银川宁园世纪广场的世纪亭

(3)变形与转化。这是运用现代的材料和建造手段重新诠释和演绎园林建筑的传统要素,而不是复兴园林建筑的传统形式和材料,使园林建筑既含有传统建筑的某些特征,又要保持与传统建筑的距离,表现出创造性。这牵涉到对传统形式的概括、变形、解构、重构等方式,完成形式上的"差异性转变"。这个过程,就是"变形与转化"。典型的案例有马达思班设计的青浦曲水园、都市实践设计的深圳翠竹文化广场等。又如冯纪忠先生在20世纪初设计的上海松江方塔园是以方塔为主题的历史文物园林,景观布置以松江一带"地势平坦、河湖柳荡交织,局部地带冈峦起伏"的特点为蓝本,蕴含了浓厚的地方特征(图8-24);其中的何陋轩茶室以当地民居屋顶和弧脊为设计主题,整座建筑几乎全部采用传统材料建造,以竹子作为骨架,它的结构和构造方式顺应了毛竹这种材料的力学性能,这和传统的大屋顶概念一致,又与钢结构有异曲同工之妙,最终取得传统与现代潜在的默契图(8-25)。

图8-24　方塔园和陋轩与周边环境

图8-25　方塔园和陋轩

知识链接

山西广仁王庙历史环境更新与改造

芮城广仁王庙又名五龙庙,位于县城以北3 km的龙泉村北高坡上,永乐宫北1 km,唐代建筑。广仁王庙现存一座唐代正殿,一座清代戏台,唐代正殿建于唐大和六年(832年),单檐九脊顶,面阔五间,进深四椽,无普拍方,无补间铺作,无令栱,柱头铺作五铺作双抄偷心。国家文物部门对五龙庙及戏台进行重新修复之后,四围红墙和一道门锁,把五龙庙与周遭环境决绝地切割开来。以此来保护所谓的物质"真实性"尽可能少地受到时代变化因素的干扰,从而能近乎恒定地留存下去(图8-26)。

建筑师巧妙而娴熟地把庙宇主体建筑组织进一条博物馆参观流线,位处展陈"中国古代建筑史时间轴"的东侧"序庭"与西侧的"晋南古建展廊"之间,从而令文物本体化身为巨大的实物展品。而入口"序庭"地面上雕刻的五龙庙足尺纵剖面图及附录其上的文字信息,把五龙庙实体反衬得更像是一个三维空间的知识投影。从坎下到台顶的6 m高程被拆解为两段绕树而行的台阶,并且充分调动东侧空间的横跨与纵深,尽最大可能延展参观五龙庙的前序路径的长度。从坎下的村民广场入口出发,直到第一眼看到庙宇主体的山墙面,前后共需要经历5次空间的转折。这5次空间转折,正是通过不知不觉的、强制性和重复性身体转向,来达到烘托空间的目的(图8-27,图8-28)。

由于五龙庙主体建筑的规制不高,其"耐看"程度,远低于佛光寺、南禅寺这样堂皇而精美的唐构,因此建筑师不得不运用空间手段,让人更愿滞留在精选视角的远观区域,设计师设置了多出墙体洞口,提供驻足观赏文物的场地。另外,在一些墙体上雕刻出古代建筑演变的时间轴,地面上则是五龙庙剖面,使得游人能够切身感受到文物建筑的古老历史(图8-29,图8-30)。

图 8-26　广仁王庙环境整治后鸟瞰

1.村民广场
2.龙泉遗址
3.窑洞
4.序庭
5.斗执座
6.观景台
7.大殓
8.大殿广场
9.戏台
10.思庭
11.晋南古建展廊
12.消防水泡
13.发电机房
14.售票处
15.监控室
16.卫生间
8.大殿广场

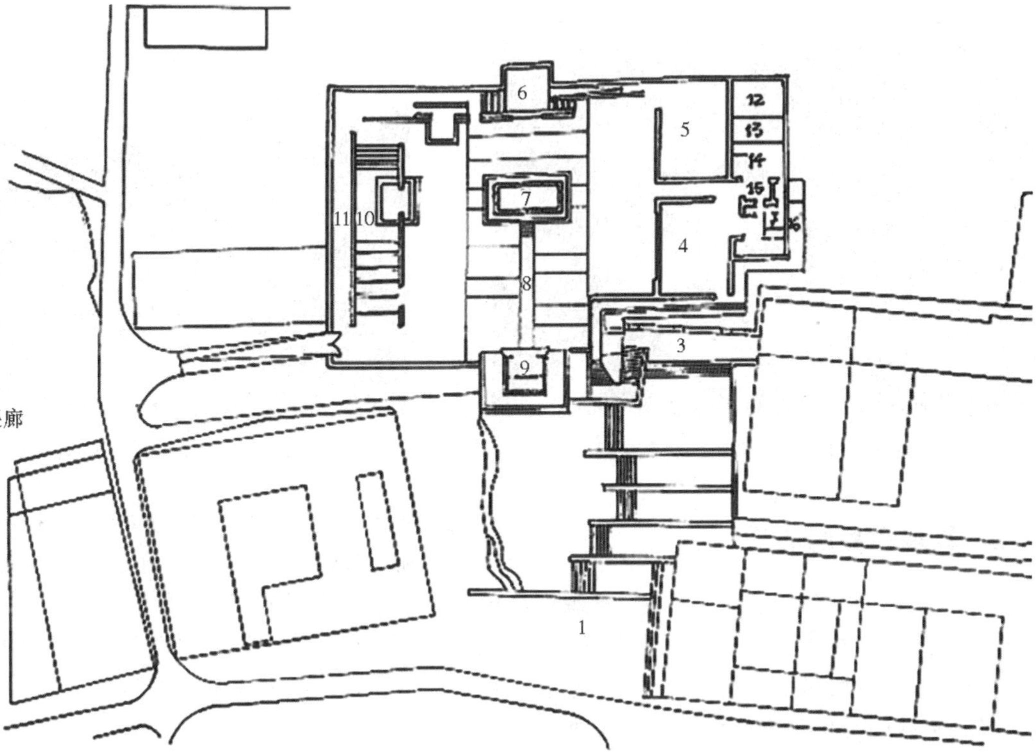

图 8-27　通过路径设计的空间转换增强主体地位

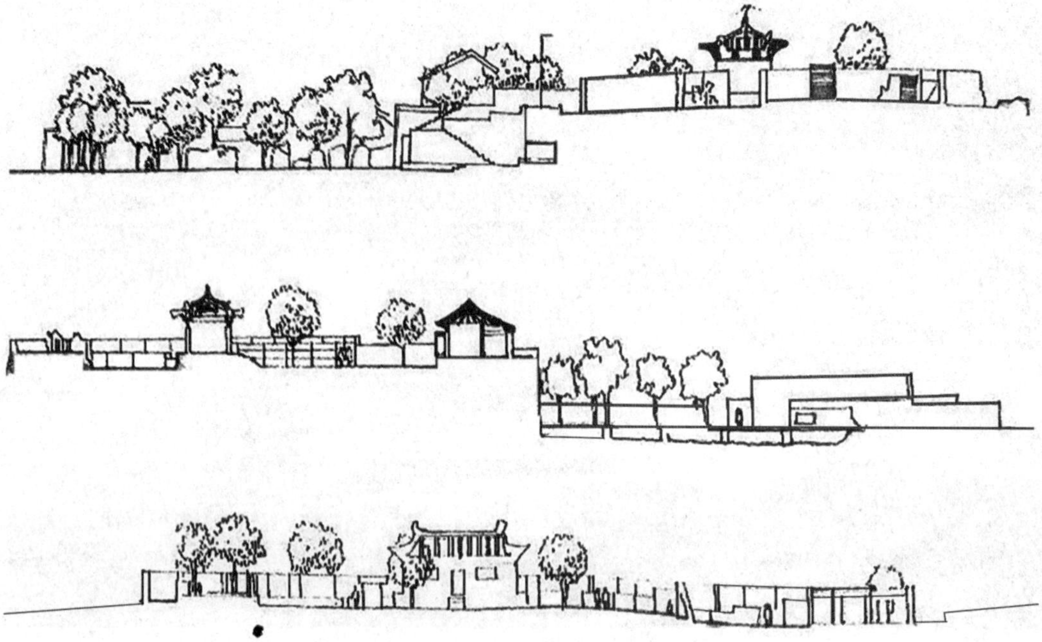

图 8-28　广仁王庙空间序列

图 8-29　驻足观赏文物的框景空间

图 8-30　建筑演变的时间轴和五龙庙剖面

8.2.2　景观小品的渲染

在一些历史街区环境整治设计中，景观小品的设置对场所的贡献很大。历史街区中的一些店幌、招牌、货摊等构筑物，虽然已有的功能、形象已经不存在，但其承载的历史意义已内化为环境的认知图示深深地印刻在了市民的记忆中。这些景观小品和历史街区中的场地空间一起为人们提供了从事休憩、交往、商贸的场所。场所与其中人们的行为共同构成了整体的行为场景(behavior setting)。它犹如社会生活的舞台，在其中活动的人犹如扮演相应角色的演员，尽管演员不断地更换，但固定的行为模式在一段时期内不断重复，演员及其表演与场所的特征在生态上构成相互依存的整体，形成了一幕幕生动的场景。

重庆湖广会馆是全国城市中心区最大的古会馆建筑群，是清代重庆作为繁华商埠移民文化、商业文化的重要标志。如今湖广会馆建筑群已得到有效的保护和利用，但周边的历史街区物质逐渐衰败，社会变迁的趋势加剧，已经开始危及街区内文物古迹的保存及传统风貌特色的延续（图 8-31）。为了进一步保护以湖广会馆街区传统风貌特色，恢复街区的活力，协调保护与发展的关系，2002 年重庆市人民政府将其列为历史文化传统街区并进行历史街区的保护规划，以体现明清到民国初期湖广会馆周边的历史风貌，重塑会馆建筑所依托的市井氛围（图 8-32）。保护区划按照文保单位、历史建筑进行分级分类保护，除了涵盖国家级文保单位湖广会馆古建筑群，还将具有鲜明传统风貌的明清民居、优秀近现代历史建筑，以及体现码头文化的望龙门缆车遗址一同涵盖其中。

在历史街区中随着时代的发展街区的建筑实体要素不断发生变化，但整体空间环境特征形成了相对稳定的形态，是三维空间的物化形态及社会、经济文化、心理的多维运转的结果，是集体记忆的情感归宿。经过长期的演化组合，由路径、区域、空间等元素建立的彼此稳定的有序结构，是传统街区形成、延续、发展的缘由和生命力所在。因此，历史街区保护更多的是场所精神的再现和保留。具体表现在以下几个方面。

图 8-31　重庆市湖广会馆旧貌

图 8-32　湖广会馆改造效果

街巷空间格局的保护：保留龙门巷、芭蕉园巷等山城步道；保留现有的街巷格局不变，以延续街区传统空间肌理。保护并修复道路到原有宽度和铺装，对城墙、堡坎、古树进行保护和修缮。这些场景的设置使得人们唤起旧时记忆，体会到时空的悠远感和历史的沧桑感。

设计分析了场所的环境特征，通过小品的设置营造出这种空间氛围。有了这些景观小品形成的空间场所，一些已搬离的老街坊、老邻居又相聚于此，寻找昔日遗留的痕迹。虽然建筑发生了很大的改变，但是场地内宜人的居住氛围没有发生改变（图 8-33，图 8-34）。

图 8-33　生活化的街道家具小品

图 8-34　反映历史市井生活的街头雕塑

8.3 结语

21世纪到目前为止世界人口已高达70亿而且仍在增长。人类正以恒定的速度耗尽许多赖以生存的自然资源。世界各地的利益相关团体都在努力寻求推进自然保护和可持续发展的各种途径，希望能借此阻止人类生态占用的进一步扩大。21世纪，尽管保护理论不断完善，但人类对自然的掠夺并没有停止。尽管如此，在风起云涌的20世纪，自然保护运动中所形成的生态观、可持续发展观、建立遗产地体系观、国家协作保护观等都成为当代遗产地保护的主流思想。

未来50年，我们必须要在全球范围内协调举措，对抗气候变化、帮助社区适应变化的世界、为每一个社区带来艺术性和可持续发展的公园、保护文化景观遗产以及维护地球上所有的生物。未来50年风景园林遗产保护的核心思想是建立一种人与自然相互和谐的生态体系，促进生态和社会的可持续性。在管理上，我们应该着眼于提高保护地管理的规划、合作和教育水平。关于土著居民与保护地问题：与会者强调了社区参与，利益共享，透明度和责任，管理方式多样性，建立合作关系，授予居民权利，适应各种变化等问题的重要性。关于保护地管理与监控问题，提出管理目标是实现保护生物多样性和产生超越区界的效益，将管理效能评估整合到各级保护地管理和规划当中，以及将传统知识与社会和文化因素融入评估中去。与此同时，风景园林遗产保护也与文化遗产保护运动一样从美学上的欣赏走向科学的评价，并且携手建立了文化景观的保护概念，作为一种基于特定地域文化特征的人类行为与自然环境相互作用的遗产类型。

本教材以全面的视角展示了风景园林遗产保护与利用的形成、发展、方法论等问题。风景园林遗产保护起源于文化遗产保护思想，不同时代的哲学、历史学、美学和科学的发展给文化遗产保护带来了丰富的思想。人们对遗产的处置态度源自于对现实的批判，进而深思于历史，表现于艺术，又折射回现实。教材以大量的事例对遗产保护与利用进行分析，解释观念与实践的互动关系，在不同情形下和观念下的处置方式。最后，探讨了在现今情形下风景园林遗产保护的发展以及中国风景园林遗产本土语境中的特殊性、理论反馈以及发展前景。

风景园林遗产是人类与自然相互作用中长期积累的产物，是历史文化遗产的重要组成部分。风景园林遗产的存在，因其作为时代更替、社会变迁、城市转型等方面的物证，从而拥有历史价值；因其记录时间流逝过程中自然、人为因素作用下的种种痕迹，从而拥有岁月价值；因其蕴涵源于过去的物质能、信息能，且与人和自然之间长期建立起的平衡关系，从而拥有生态价值。风景园林遗产拥有的多种复合资源价值，使其有充分的理由在其生命周期内、在任何一个"当前""现在"持续存在下去，也使其不容置疑地事实上成为潜在的可再生空间资源。因此，我们不能无视它的存在，无视历史存在的价值，对其进行随意拆毁或推倒重建。

其一，相对于风景园林遗产留存过程中物质形态所具有的持续性、长期性、稳定性的存在状态而言，其包括功能在内的非物质形态构成要素，历来不可避免地具有短暂性、流变性的特性，因此两者间失衡状态的出现在所难免。通过对历史遗产进行适宜性改建和再利用，使其暂时的不适应状态得到调整和缓解，从而达到与新的需求相适应的新的平衡状态，这一观念已成为世界范围内对待历史遗产留存问题的普遍共识。

其二，风景园林遗产资源的再利用，必然涉及历史遗产携带的种种原真性信息与后续新介入设计之间的关系协调和平衡问题。一方面，所有历史遗产的新旧关联问题，都不可避免地要面对历史遗产原真性信息的处理问题，因此从某种意义上说，原真性关联是新旧关联必须遵循的总原则；另一方面，解释性关联是借助于解释学的思想方法，对历史遗产建构而成的历史性文本进行解凑，进而在历史遗产再利用过程中赋予某些新的价值和意义的关联方法，是在原真性关联的基础上发展和衍生出来的。风景园林遗产中的历史要素再利用的过程，是风景园林设计师、建筑师师解读、诠释、参与续写历史的过程，这一设计实践活动本身即构成城市历史的有机组成部分。本文通过对世界范围内各种类型的保护与再利用实例、关联理念和策略的剖析和研究，目的是向人们提供一种对待历史遗产的多元的思路。

其三，正如“文无定法”，风景园林遗产拥有的复合资源价值、迥异的历时性存在背景、后续多样性的改建和再利用需求，以及设计师基于个人的知识背景对多种差异性因素给予的不同的解读，都从根本上决定了在历史遗产保护与利用上不可能存在着单一的、一成不变的模式，也即这一领域难有“定法”可言。然而，既然现实世界中已有大量纷繁多样的遗产保护和再利用的理论探讨和实践作品问世，我们仍然可以从对已有案例的分析、判断和归纳中，得出文中多种关联理论和模式。

风景园林遗产是有生命的。对风景园林遗产的保护性再利用，既实现了其经济价值的转移，又体现了其文化价值的延续。其深远意义集中于对人类历史的尊重，并且从价值观念、社会性、美学和文化的角度体现出来。最近，在城市化、市场机制等转型期背景下，风景园林遗产的保护与利用等方面的研究也越来越受到人们关注。历史遗产在社会、经济、环保等各方面的潜力也已经彰显出来。西方国家对历史遗产保护和利用的范围也已经从对文物的冻结式保护，发展到对大量普通的遗产资源的保护性再利用。人们对于历史遗产的价值取向，也已经超越了单纯的美学和历史，而是把它们视为城市经济发展和更新的一个契机，是现代吐会经济体系中不可或缺的一环。

但是由于我国长期以来形成的保护理念、保护手段、管理体制以及现阶段经济技术水平的落后，风景园林遗产保护与利用在动力机制、技术手段、观念及政策等具体方面与发达国家相比都存在相当大的区别和差距。许多宝贵的历史遗产资源得不到有效保护与利用而迅速衰败。随着我国经济发展不断深入，建筑市场将在未来的数十年内趋向成熟与饱和，一个所谓的重建时代将会逐渐取代目前的建设年代。在此情况下积极宣传历史资源保护与利用的价值，制定有利于其发展的法规政策，引进国外先进的设计理和手段，形成一个良好的历史资源再利用运行环境，将使我们在重建大潮来临之际，不会感到手足无措。“他山之石，可以攻玉”，特别是向那些在文化遗产保护与利用方面先进的国家学习。与此同时，从政府到民众、从业主到设计师都需要建立起深刻的历史文化观和可持续发展观，制定有效的保护条例和经济政策，加强从业者的职业教育和职业技能，从而寻找切合我国国情的遗产保护的可持续发展之路。

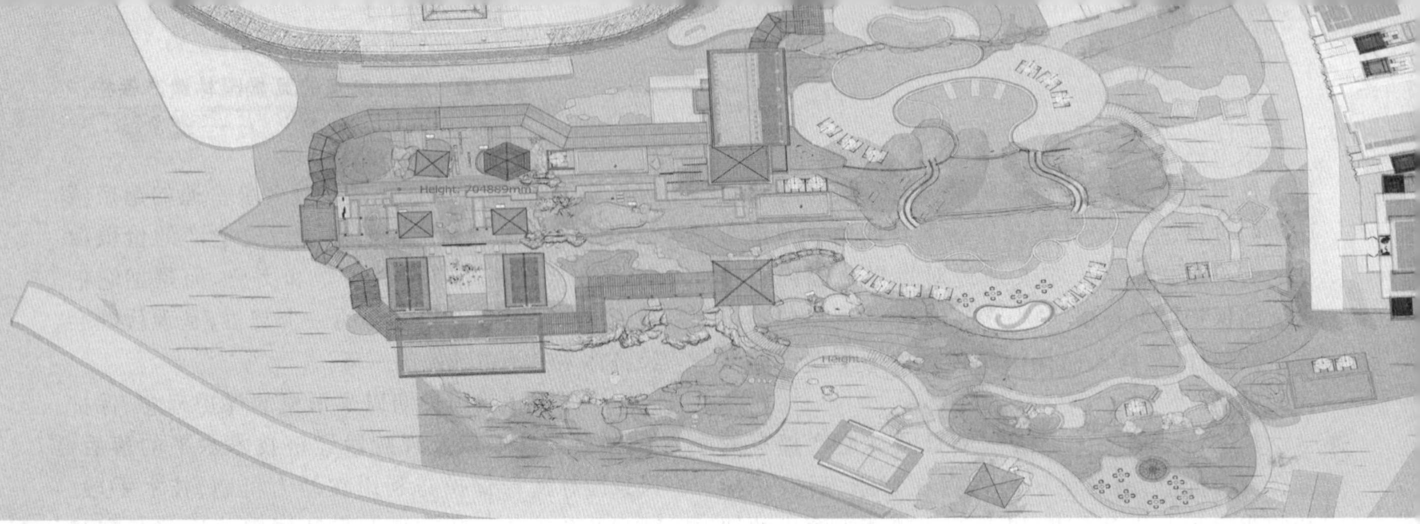

附　　录

附录 1 《佛罗伦萨宪章》

第一条 “历史园林指从历史或艺术角度而言民众所感兴趣的建筑和园艺构造”。鉴此，它应被看作是一古迹。

第二条 “历史园林是一主要由植物组成的建筑构造，因此它是具有生命力的，即指有死有生”。因此，其面貌反映着季节循环、自然变迁与园林艺术，希望将其保持水衡不变的愿望之间的永久平衡。

第三条 作为古迹，历史园林必须根据威尼斯宪章的精神予以保存。然而，既然它是一个活的古迹，其保存必须根据特定的规则进行，此乃本宪章之议题。

第四条 历史园林的建筑构造包括：

——其平面和地形；

——其植物，包括品种、面积、配色、间隔以及各自高度；

——其结构和装饰特征；

——其映照天空的水面，死水或活水。

第五条 这种园林作为文明与自然直接关系的表现，作为适合于思考和休息的娱乐场所，因而具有理想世界的巨大意义，用词源学的术语来表达就是“天堂”，并且也是一种文化、一种风格、一个时代的见证，而且常常还是具有创造力的艺术家的独创性的见证。

第六条 “历史园林”这一术语同样适用于不论是正规的，还是风景的小园林和大公园。

第七条 历史园林不论是否与某一建筑物相联系——在此情况下它是其不可分割的一部分——它不能隔绝于其本身的特定环境，不论是城市的还是农村的，亦不论是自然的还是人工的。

第八条 历史遗址是与值得纪念的历史事件相联系的特定风景区，例如：一主要历史事件、一著名神话、一场具有历史意义的战斗或一幅名画的背景。

第九条 历史园林的保存取决于对其鉴别和编目情况。对它们需要采取几种行动，即维护保护和修复。

维护、保护、修复、重建

第十条　在对历史园林或其中任何一部分的维护、保护、修复和重建工作中，必须同时处理其所有的构成特征。把各种处理孤立开来将会损坏其整体性。

维护与保护

第十一条　对历史园林不断进行维护至关重要。既然主要物质是植物，在没有变化的情况下，保存园林既要求根据需要予以及时更换，也要求一个长远的定期更换计划(彻底地砍伐并重播成熟品种)。

第十二条　定期更换的树木、灌木、植物和花草的种类必须根据各个植物和园艺地区所确定和确认的实践经验加以选择，目的在于确定那些已长成雏形的品种并将它们保存下来。

第十三条　构成历史园林整体组成部分的永久性的或可移动的建筑、雕塑或装饰特征，只有在其保护或修复之必要范围内方可予以移动或替代。任何具有这种危险性质的替代和修复必要根据《威尼斯宪章》的原则予以实施，并且必须说明任何全部替代的日期。

第十四条　历史园林必须保存在适当的环境之中，任何危及生态平衡的自然环境变化必须加以禁止。所有这些适用于基础设施的任何方面(排水系统、灌溉系统、道路、停车 场、栅栏、看守设施以及游客舒畅的环境等)。

修复与重建

第十五条　在未经彻底研究，以确保此项工作能科学地实施，并对该园林以及类似园林进行相关的发掘和资料收集等所有一切事宜之前，不得对某一历史园林进行修复，特别是不得进行重建。在任何实际工作开展之前，任何项目必须根据上述研究进行准备，并须将其提交一专家组，予以联合审查和批准。

第十六条　修复必须尊重有关园林发展演变的各个相继阶段。原则上说，对任何时期均不应厚此薄彼，除非在例外情况下，由于损坏或破坏的程度影响到园林的某些部分，以致决定根据尚存的遗迹或根据确凿的文献证据对其进行重建。为了在设计中体现其重要意义，这种重建工作尤其可在园林内最靠近该建筑物的某些部分进行。

第十七条　在一园林彻底消失或只存在其相继阶段的推测证据的情况，重建物不能被认为是一历史园林。

利用

第十八条　虽然任何历史园林都是为观光或散步而设计的，但是其接待量必须限制在其容量所能承受的范围以便其自然构造物和文化信息得以保存。

第十九条　由于历史园林的性质和目的，历史园林是一个有助于人类的交往、宁静和了解自然的安宁之地。它的日常利用概念必须与它在节日时偶尔所起的作用形成反差。因此，为了能使任何这种节日本身用来提高该园林的视觉影响，而不是对其进行滥用或损坏。这种偶尔利用一历史园林的情况必须予以明确规定。

第二十条　虽然历史园林适合于一些日常游戏，但也应毗连历史园林划出适合于生动活泼的游戏和运动的单独地区，以便可以满足民众在这方面的需要，不损害园林和 风景的保护。

第二十一条　根据季节确定时间的维护和保护工作，以及为了恢复该园林真实性的主要工作应优先于民众利用的需要。对参观历史园林的所有安排必须加以规定，以确保该地区的精神能得以保存。

第二十二条　如果一历史园林修有围墙，在对可能导致其气氛变化和影响其保存的各种可能后果进行检查之前，其围墙不得予以拆除。

法律和行政保护

第二十三条　根据具有资格的专家的建议，采取适当的法律和行政措施对历史园林进行鉴别、编目和保护是有关负责当局的任务。这类园林的保护必须规定在土地利用计划的基本框架之中，并且这类规定必须在有关地区性的或当地规划的文件中正式指出。根据具有资格的专家的建议，采取有助于维护、保护和修复以及在必要情况下重建历史园林的财政措施，亦是有关负责当局的任务。

第二十四条　历史园林是遗产特征之一，鉴于其性质，它的生存需要受过培训的专家长期不断的精心护理。因此，应该为这种人才，不论是历史学家、规划建筑学家、环境美化专家、园艺学家还是植物学家提供适当的培训课程。还应注意确保维护或恢复所需之各种植物的定期培植。

第二十五条　应通过各种活动激发对历史园林的兴趣。这种活动能够强调历史园林作为遗产一部分的真正价值，并且能够有助于提高对它们的了解和欣赏，即促进科学研究、信息资料的国际交流和传播、出版(包括为一般民众设计的作品)、鼓励民众在适当控制下接近园林以及利用宣传媒介树立对自然和历史遗产需要给予应有的尊重之意识。应建议将最杰出的历史园林列入世界遗产清单。

注释

以上建议适用于世界上所有历史园林。适用于特定类型的园林的附加条款可以附于本宪章之后，并对所述类型加以简要描述。

附录 2　城市古树名木保护管理办法

城市古树名木保护管理办法

中华人民共和国　建设部(2000 年 9 月 1 日)

第一条　为切实加强城市古树名木的保护管理工作，制定本办法。

第二条　本办法适用于城市规划区内和风景名胜区的古树名木保护管理。

第三条　本办法所称的古树，是指树龄在 100 年以上的树木。

本办法所称的名木，是指国内外稀有的以及具有历史价值和纪念意义及重要科研价值的树木。

第四条　古树名木分为一级和二级。

凡树龄在 300 年以上，或者特别珍贵稀有，具有重要历史价值和纪念意义，重要科研价值的古树名木，为一级古树名木；其余为二级古树名木。

第五条　国务院建设行政主管部门负责全国城市古树名木保护管理工作。

省、自治区人民政府建设行政主管部门负责本行政区域内的城市古树名木保护管理工作。

城市人民政府城市园林绿化行政主管部门负责本行政区域内城市古树名木保护管理工作。

第六条　城市人民政府城市园林绿化行政主管部门应当对本行政区域内的古树名木进行调查、鉴定、定级、登记、编号，并建立档案，设立标志。

一级古树名木由省、自治区、直辖市人民政府确认，报国务院建设行政主管部门备案；二级古树名木由城市人民政府确认，直辖市以外的城市报省、自治区建设行政主管部门备案。

城市人民政府园林绿化行政主管部门应当对城市古树名木，按实际情况分株制定养护、管理方案，落实养护责任单位、责任人，并进行检查指导。

第七条　古树名木保护管理工作实行专业养护部门保护管理和单位、个人保护管理相结合的原则。

生长在城市园林绿化专业养护管理部门管理的绿地、公园等的古树名木，由城市园林绿化专业养护管理部门保护管理；

生长在铁路、公路、河道用地范围内的古树名木，由铁路、公路、河道管理部门保护管理；

生长在风景名胜区内的古树名木，由风景名胜区管理部门保护管理。

散生在各单位管界内及个人庭院中的古树名木，由所在单位和个人保护管理。

变更古树名木养护单位或者个人，应当到城市园林绿化行政主管部门办理养护责任转移手续。

第八条 城市园林绿化行政主管部门应当加强对城市古树名木的监督管理和技术指导，积极组织开展对古树名木的科学研究，推广应用科研成果，普及保护知识，提高保护和管理水平。

第九条 古树名木的养护管理费用由古树名木责任单位或者责任人承担。

抢救、复壮古树名木的费用，城市园林绿化行政主管部门可适当给予补贴。

城市人民政府应当每年从城市维护管理经费、城市园林绿化专项资金中划出一定比例的资金用于城市古树名木的保护管理。

第十条 古树名木养护责任单位或者责任人应按照城市园林绿化行政主管部门规定的养护管理措施实施保护管理。古树名木受到损害或者长势衰弱，养护单位和个人应当立即报告城市园林绿化行政主管部门，由城市园林绿化行政主管部门组织治理复壮。

对已死亡的古树名木，应当经城市园林绿化行政主管部门确认，查明原因，明确责任并予以注销登记后，方可进行处理。处理结果应及时上报省、自治区建设行政部门或者直辖市园林绿化行政主管部门。

第十一条 集体和个人所有的古树名木，未经城市园林绿化行政主管部门审核，并报城市人民政府批准的，不得买卖、转让。捐献给国家的，应给予适当奖励。

第十二条 任何单位和个人不得以任何理由、任何方式砍伐和擅自移植古树名木。

因特殊需要，确需移植二级古树名木的，应当经城市园林绿化行政主管部门和建设行政主管部门审查同意后，报省、自治区建设行政主管部门批准；移植一级古树名木的，应经省、自治区建设行政主管部门审核，报省、自治区人民政府批准。

直辖市确需移植一、二级古树名木的，由城市园林绿化行政主管部门审核，报城市人民政府批准移植所需费用，由移植单位承担。

第十三条 严禁下列损害城市古树名木的行为：

（一）在树上刻画、张贴或者悬挂物品；

（二）在施工等作业时借树木作为支撑物或者固定物；

（三）攀树、折枝、挖根摘采果实种子或者剥损树枝、树干、树皮；

（四）距树冠垂直投影 5 米的范围内堆放物料、挖坑取土、兴建临时设施建筑、倾倒有害污水、污物垃圾，动用明火或者排放烟气；

（五）擅自移植、砍伐、转让买卖。

第十四条 新建、改建、扩建的建设工程影响古树名木生长的，建设单位必须提出避让和保护措施。城市规划行政部门在办理有关手续时，要征得城市园林绿化行政部门的同意，并报城市人民政府批准。

第十五条 生产、生活设施等生产的废水、废气、废渣等危害古树名木生长的，有关单位和个人必须按照城市绿化行政主管部门和环境保护部门的要求，在限期内采取措施，清除危害。

第十六条 不按照规定的管理养护方案实施保护管理，影响古树名木正常生长，或者古树名木已受损害或者衰弱，其养护管理责任单位和责任人未报告，并未采取补救措施导致古树名木死亡的，由城市园林绿化行政主管部门按照《城市绿化条例》第二十七条规定予以处理。

第十七条　对违反本办法第十一条、十二条、十三条、十四条规定的，由城市园林绿化行政主管部门按照《城市绿化条例》第二十七条规定，视情节轻重予以处理。

第十八条　破坏古树名木及其标志与保护设施，违反《中华人民共和国治安管理处罚条例》的，由公安机关给予处罚，构成犯罪的，由司法机关依法追究刑事责任。

第十九条　城市园林绿化行政主管部门因保护、整治措施不力，或者工作人员玩忽职守，致使古树名木损伤或者死亡的，由上级主管部门对该管理部门领导给予处分；情节严重、构成犯罪的，由司法机关依法追究刑事责任。

第二十条　本办法由国务院建设行政主管部门负责解释。

第二十一条　本办法自发布之日起施行。

附录3　世界文化遗产保护管理办法

第一条　为了加强对世界文化遗产的保护和管理，履行对《保护世界文化与自然遗产公约》的责任和义务，传承人类文明，依据《中华人民共和国文物保护法》制定本办法。

第二条　本办法所称世界文化遗产，是指列入联合国教科文组织《世界遗产名录》的世界文化遗产和文化与自然混合遗产中的文化遗产部分。

第三条　世界文化遗产工作贯彻保护为主、抢救第一、合理利用、加强管理的方针，确保世界文化遗产的真实性和完整性。

第四条　国家文物局主管全国世界文化遗产工作，协调、解决世界文化遗产保护和管理中的重大问题，监督、检查世界文化遗产所在地的世界文化遗产工作。

县级以上地方人民政府及其文物主管部门依照本办法的规定，制定管理制度，落实工作措施，负责本行政区域内的世界文化遗产工作。

第五条　县级以上地方人民政府应当将世界文化遗产保护和管理所需的经费纳入本级财政预算。

公民、法人和其他组织可以通过捐赠等方式设立世界文化遗产保护基金，专门用于世界文化遗产保护。世界文化遗产保护基金的募集、使用和管理，依照国家有关法律、行政法规和部门规章的规定执行。

第六条　国家对世界文化遗产保护的重大事项实行专家咨询制度，由国家文物局建立专家咨询机制开展相关工作。

世界文化遗产保护专家咨询工作制度由国家文物局制定并公布。

第七条　公民、法人和其他组织都有依法保护世界文化遗产的义务。

国家鼓励公民、法人和其他组织参与世界文化遗产保护。

国家文物局、县级以上地方人民政府及其文物主管部门应当对在世界文化遗产保护中作出突出贡献的组织或者个人给予奖励。

省级文物主管部门应当建立世界文化遗产保护志愿者工作制度，开展志愿者的组织、指导和培训工作。

第八条　世界文化遗产保护规划由省级人民政府组织编制。承担世界文化遗产保护规划编制任务的机构，应当取得国家文物局颁发的资格证书。世界文化遗产保护规划应当明确世界文化遗产保护的标准和重点，分类确定保护措施，符合联合国教科文组织有关世界文化遗产的保护要求。

尚未编制保护规划，或者保护规划内容不符合本办法要求的世界文化遗产，应当自本办法施行之日起1年内编制、修改保护规划。

世界文化遗产保护规划由省级文物主管部门报国家文物局审定。经国家文物局审定的世界文化遗产保护规划，由省级人民政府公布并组织实施。世界文化遗产保护规划的要求，应当纳入县级以上地方人民政府的国民经济和社会发展规划、土地利用总体规划和城乡规划。

第九条　世界文化遗产中的不可移动文物，应当根据其历史、艺术和科学价值依法核定公布为文物保护单位。尚未核定公布为文物保护单位的不可移动文物，由县级文物主管部门予以登记并公布。

世界文化遗产中的不可移动文物，按照《中华人民共和国文物保护法》和《中华人民共和国文物保护法实施条例》的有关规定实施保护和管理。

第十条　世界文化遗产中的文物保护单位，应当根据世界文化遗产保护的需要依法划定保护范围和建设控制地带并予以公布。保护范围和建设控制地带的划定，应当符合世界文化遗产核心区和缓冲区的保护要求。

第十一条　省级人民政府应当为世界文化遗产作出标志说明。标志说明的设立不得对世界文化遗产造成损害。

世界文化遗产标志说明应当包括世界文化遗产的名称、核心区、缓冲区和保护机构等内容，并包含联合国教科文组织公布的世界遗产标志图案。

第十二条　省级人民政府应当为世界文化遗产建立保护记录档案，并由其文物主管部门报国家文物局备案。

国家文物局应当建立全国的世界文化遗产保护记录档案库，并利用高新技术建立世界文化遗产管理动态信息系统和预警系统。

第十三条　省级人民政府应当为世界文化遗产确定保护机构。保护机构应当对世界文化遗产进行日常维护和监测，并建立日志。发现世界文化遗产存在安全隐患的，保护机构应当采取控制措施，并及时向县级以上地方人民政府和省级文物主管部门报告。

世界文化遗产保护机构的工作人员实行持证上岗制度，主要负责人应当取得国家文物局颁发的资格证书。

第十四条　世界文化遗产辟为参观游览区，应当充分发挥文化遗产的宣传教育作用，并制定完善的参观游览服务管理办法。

世界文化遗产保护机构应当将参观游览服务管理办法报省级文物主管部门备案。省级文物主管部门应当对世界文化遗产的参观游览服务管理工作进行监督检查。

第十五条　在参观游览区内设置服务项目，应当符合世界文化遗产保护规划的管理要求，并与世界文化遗产的历史和文化属性相协调。

服务项目由世界文化遗产保护机构负责具体实施。实施服务项目，应当遵循公开、公平、公正和公共利益优先的原则，并维护当地居民的权益。

第十六条　各级文物主管部门和世界文化遗产保护机构应当组织开展文化旅游的调查和研究工作，发掘并展示世界文化遗产的历史和文化价值，保护并利用世界文化遗产工作中积累的知识产权。

第十七条　发生或可能发生危及世界文化遗产安全的突发事件时，保护机构应当立即采取必要的控制措施，并同时向县级以上地方人民政府和省级文物主管部门报告。省级文物主管部门应当在接到报告2小时内，向省级人民政府和国家文物局报告。

省级文物主管部门接到有关报告后，应当区别情况决定处理办法并负责实施。国家文物局应当督导并检查突发事件的及时处理，提出防范类似事件发生的具体要求，并向各世界文化遗产所在地省级人民政府通报突发事件的发生及处理情况。

第十八条　国家对世界文化遗产保护实行监测巡视制度，由国家文物局建立监测巡视机制开展相关工作。

世界文化遗产保护监测巡视工作制度由国家文物局制定并公布。

第十九条　因保护和管理不善，致使真实性和完整性受到损害的世界文化遗产，由国家文物局列入《中国世界文化遗产警示名单》予以公布。

列入《中国世界文化遗产警示名单》的世界文化遗产所在地省级人民政府，应当对保护和管理工作中存在的问题提出整改措施，限期改进保护管理工作。

第二十条　违反本办法规定，造成世界文化遗产损害的，依据有关规定追究责任人的责任。

第二十一条　列入《中国世界文化遗产预备名单》的文化遗产，参照本办法的规定实施保护和管理。

第二十二条　本办法自公布之日起施行。

附录 4　《世界文化遗产保护管理办法》在我国的实施情况

(一)我国世界文化遗产保护管理的总体情况

从文化部颁布了《世界文化遗产保护管理办法》以来，我国开始对世界文化遗产和列入《中国世界文化遗产预备名单》的文物保护项目实行监测巡视制度。因保护不善，致使世界文化遗产的价值和真实性与完整性受到威胁的世界文化遗产项目，将被国家文物局列入《中国世界文化遗产警示名单》予以公布。2006 年 12 月，国家文物局又颁布了《中国世界文化遗产监测巡视管理办法》，进一步明确了对世界文化遗产的监测程序、职责和内容，规范了进行监测的行为。目前，我国已经建立了国家级、省级和遗产地级的三级监测体系，国家文物局进行的主动性监测和反应性监测越来越多。这些保护管理措施，对我国世界文化遗产的有效保护发挥了积极的作用。

联合国教科文组织曾于 1994 年委派专家小组来我国，对 1987 年首批列入《世界遗产名录》的长城、明清故宫、周口店北京人遗址、秦始皇陵、莫高窟等 5 处世界文化遗产进行了实地监测考察，之后又不断地对我国新的世界遗产项目进行监测和多次的专业考察。联合国教科文组织对我国世界遗产项目的保护工作给予了充分的肯定。到目前为止，我国的世界遗产尚没有一项列入濒危名录，也没有被除名的危险，但这并不能说明我们的世界遗产保护工作已做得非常好，我们需要改进和努力的地方依然很多。

(二)我国世界文化遗产保护管理中暴露出的一些问题

总体看来，虽然我国现已成为世界遗产第二大国，但我国在世界文化遗产保护管理中还存在一些问题，诸如：缺少对世界文化遗产的管理经验和保护技术储备，遗产地政府重利用而轻保护，对遗产地周边环境的过度商业性开发、多头管理，对世界遗产保护缺乏法律依据等，这些问题应该引起重视。

2004 年 6 月 28 日至 7 月 7 日，在中国苏州举行的第二十八届世界遗产大会上，我国的布达拉宫、明清皇宫、武当山古建筑群、苏州古园林这 4 处世界文化遗产被列入评估名单。2007 年 6 月 23 日至 7 月 3 日，在新西兰“花园城市”基督城举行的第三十一届世界遗产大会上，中国被黄牌警告的 5 处世界文化遗产分别是明清故宫、天坛、颐和园、丽江古城、布达拉宫，世界遗产大会要求中国在本次大会上就这 5 个项目的管理中出现的问题做出解释。

世界文化遗产保护的关键和重点，一是保护遗产自身的真实性与完整性；二是保护遗产及周边环境的整体性。我国的这些世界文化遗产在保护管理中存在的主要问题如下。

明清故宫周边的建筑生态环境越来越与故宫的明清建筑风格不协调;故宫、天坛、颐和园的大修不应该改变遗产的原始风貌,应尽可能使用原材料并维持建筑原本结构进行修复,同时加入风险防范、旅游管理的整体规划。

丽江古城的纳西族居民在近10年间从原来的4万人左右减少到几千人,大多数原住居民搬离了古城,取而代之的是成千上万的游客。许多商业街区店铺的经营者都是外地人。到了晚上,满街的大红灯笼和酒吧掩盖了古城的原有风貌。这些都影响了该处世界遗产的真实性与完整性,使世界遗产原本的真实性变了味。丽江古城在开发旅游项目的同时,应采取相应的措施,保持该处世界遗产和周围环境的完整性,按照传统建筑方法保存当地居民的房屋。

布达拉宫应重新对遗产边界作界定,扩大布达拉宫、罗布林卡、大昭寺的缓冲区;同时还需要对拉萨城市规划方案进行修改,以尽量完整地保存古城的原貌。

另外,武当山遇真宫主殿被焚毁,苏州拙政园周边兴建博物馆等,这些都应当引起相关部门的高度重视,把对世界遗产的保护管理工作落到实处。

世界自然遗产、自然与文化双遗产申报和保护管理办法中第三章,关于保护和管理的规定如下。

第一条　世界遗产的真实性和完整性,应当严格保护,不得随意改变或破坏。

世界遗产地管理机构应当按照国家有关法律法规、《世界遗产公约》等要求,建立健全各项保护管理制度,完善保护措施和监测设施,严格保护世界遗产地的资源、生态和环境,合理展示世界遗产地的突出价值。

第二条　世界遗产所在地人民政府应当切实履行国际公约和申报承诺,为世界遗产地的保护管理提供必要的组织、人员、技术和资金保障。

第三条　世界遗产在同一省、自治区、直辖市辖区内,跨市县级行政区域的,应由省、自治区人民政府住房城乡建设主管部门或直辖市人民政府风景名胜区主管部门请示省、自治区或直辖市人民政府同意,会同有关市县级人民政府建立统筹管理工作协调机制;跨省、自治区、直辖市行政区域的,由有关省、自治区人民政府住房城乡建设主管部门或直辖市人民政府风景名胜区主管部门请示省、自治区或直辖市人民政府同意,会同有关市县级人民政府建立统筹管理工作协调机制。

第四条　世界遗产保护管理规划是开展世界遗产保护管理和建设利用的基本依据。世界遗产地管理机构应当组织编制世界遗产保护管理规划。编制世界遗产保护管理规划应当依据《世界遗产公约操作指南》及有关技术规范的要求,坚持严格保护遗产地突出价值的原则,体现人与自然和谐发展和提升保护管理水平的要求,提出有关保护管理措施。

编制世界遗产保护管理规划,应当广泛征求相关部门、企业事业单位、社区居民和专家的意见,并做好与城乡规划、土地利用总体规划的协调。

第五条　世界遗产保护管理规划应当包括以下内容:

(一)世界遗产突出价值和完整性陈述;

(二)世界遗产资源本底及管理现状评价、威胁因素分析;

(三)禁止建设、限制建设区域划定及保护规定;

(四)突出价值保护措施;

(五)重要资源、生态环境和人类活动的监测管理;

(六)旅游活动管理与建设控制;

(七)遗产展示与解说教育;

（八）社区参与与协调发展；

（九）科学研究、能力建设与实施保障措施。

其中，世界遗产地范围应划入禁止建设区域，不得开展与遗产资源保护无关的建设活动；缓冲区范围应划入限制建设区域，严格控制各类景观游赏及旅游服务设施建设活动。

第六条　涉及风景名胜区的世界遗产，其保护管理规划应符合风景名胜区规划的空间管控要求，包含风景名胜区规划中风景名胜资源保护、建设用地范围和规划设计条件等内容。

第七条　世界遗产保护管理规划由世界遗产地管理机构负责组织实施。世界遗产地及其缓冲区范围内的各项管理措施和建设活动，应当符合世界遗产保护管理规划。

第八条　世界遗产地内的建设项目，应当依法履行有关审批程序。

在世界遗产地及其缓冲区范围拟建设缆车、索道、高等级公路、铁路、大型水库等对遗产地突出价值可能造成较大影响的重大建设工程项目的，应当依据《世界遗产公约操作指南》第 172 条的要求，至少在项目批准建设前 6 个月将项目选址方案、环境影响评价等材料经住房城乡建设部按程序告联合国教科文组织世界遗产中心。

第九条　世界遗产地管理机构应当每年向省、自治区人民政府住房城乡建设主管部门或直辖市人民政府风景名胜区主管部门报送世界遗产地资源保护、保护管理规划实施和展示利用等情况的报告。

省、自治区人民政府住房城乡建设主管部门或直辖市人民政府风景名胜区主管部门每年应当对本行政区域世界遗产地上一年度的资源保护、保护管理规划实施和展示利用等情况报告进行审核，于 3 月 10 日前报送住房城乡建设部。

第十条　住房城乡建设部按照《世界遗产公约操作指南》和联合国教科文组织世界遗产中心有关世界遗产定期监测的要求，组织省、自治区住房城乡建设主管部门或直辖市人民政府风景名胜区主管部门和世界遗产地管理机构，开展世界遗产定期监测报告填报工作。

第十一条　住房城乡建设部利用遥感等技术手段，对世界遗产地资源保护、保护管理规划实施和建设活动等情况进行动态监测。

各省、自治区住房城乡建设主管部门或直辖市人民政府风景名胜区主管部门应当结合自身实际，逐步开展世界遗产地的动态监测工作。

第十二条　住房城乡建设部定期组织对世界遗产地资源保护管理情况进行集中检查和评估。检查评估方式依次包括遗产地自查、省级主管部门检查、住房城乡建设部抽查。对发现的问题，住房城乡建设部将组织有关地方限期纠正、处理；涉及重大违规问题的，将实行挂牌督办。

检查和评估内容主要包括：

（一）管理机构履职尽责与能力建设；

（二）地方立法与配套管理制度建设；

（三）世界遗产突出价值和核心资源保护，资源环境监测与科研；

（四）保护管理规划编制与实施；

（五）旅游活动管理、建设活动管控以及其他威胁突出价值等重要因素的活动管理；

（六）遥感监测问题及核查处理情况；

（七）社区参与与协调发展；

（八）遗产展示、宣传与教育。

第十三条　世界遗产实行濒危名单管理。对保护管理不力或人类活动影响致使其突出价值受到严重威胁或损害的世界遗产地，住房城乡建设部将列入《中国世界遗产濒危名单》，并向全社会公布。

对列入濒危名单的世界遗产地，住房城乡建设部将责令限期整改，实行挂牌督办。整改期原则上为1年。整改期满后，住房城乡建设部将组织专家进行评估，并根据评估结果决定是否移出濒危名单。

附录5　The Athens Charter for the Restoration of Historic Monuments

Adopted at the First International Congress of Architects and Technicians of Historic Monuments, Athens 1931

At the Congress in Athens the following seven main resolutions were made and called "Carta del Restauro".

1. International organizations for Restoration on operational and advisory levels are to be established.

2. Proposed Restoration projects are to be subjected to knowledgeable criticism to prevent mistakes which will cause loss of character and historical values to the structures.

3. Problems of preservation of historic sites are to be solved by legislation at national level for all countries.

4. Excavated sites which are not subject to immediate restoration should be reburied for protection.

5. Modern techniques and materials may be used in restoration work.

6. Historical sites are to be given strict custodial protection.

7. Attention should be given to the protection of areas surrounding historic sites.

附录6　General Conclusions of the Athens Conference

Ⅰ. Doctrines and general principles.

The Conference heard the statement of the general principles and doctrines relating to the protection of monuments.

Whatever may be the variety of concrete cases, each of which are open to a different solution, the Conference noted that there predominates in the different countries represented a general tendency to abandon restorations into and to avoid the attendant dangers by initiating a system of regular and permanent maintenance calculated to ensure the preservation of the buildings.

When, as the result of decay or destruction, restoration appears to be indispensable, it recommends that the historic and artistic work of the past should be respected, without excluding the style of any given period.

The Conference recommends that the occupation of buildings, which ensures the continuity of their life, should be maintained but that they should be used for a purpose which respects their historic or artistic character.

Ⅱ. Administrative and legislative measures regarding historical monuments.

The Conference heard the statement of legislative measures devised to protect monuments of artistic, historic or scientific interest and belonging to the different countries.

It unanimously approved the general tendency which, in this connection, recognizes a certain right of the community in regard to private ownership.

It noted that the differences existing between these legislative measures were due to the difficulty of reconciling public law with the rights of individuals.

Consequently, while approving the general tendency of these measures, the Conference is of opinion that they should be in keeping with local circumstances and with the trend of public opinion, so that the least possible opposition may be encountered, due allowance being made for the sacrifices which the owners of property may be called upon to make in the general interest.

It recommends that the public authorities in each country be empowered to take conservatory measures in cases of emergency.

It earnestly hopes that the International Museums Office will publish a repertory and a comparative table of the legislative measures in force in the different countries and that this information will be kept up to date.

Ⅲ. Aesthetic enhancement of ancient monuments.

The Conference recommends that, in the construction of buildings, the character and external aspect of the cities in which they are to be erected should be respected, especially in the neighborhood of ancient monuments, where the surroundings should be given special consideration. Even certain groupings and certain particularly picturesque perspective treatment should be preserved.

A study should also be made of the ornamental vegetation most suited to certain monuments or groups of monuments from the point of view of preserving their ancient character. It specially recommends the suppression of all forms of publicity, of the erection of unsightly telegraph poles and the exclusion of all noisy factories and even of tall shafts in the neighborhood of artistic and historic monuments.

Ⅳ. Restoration of monuments.

The experts heard various communications concerning the use of modern materials for the consolidation of ancient monuments. They approved the judicious use of all the resources at the disposal of modern technique and more especially of reinforced concrete.

They specified that this work of consolidation should whenever possible be concealed in order that the aspect and character of the restored monument may be preserved.

They recommended their adoption more particularly in cases where their use makes it possible to avoid the dangers of dismantling and reinstating the portions to be preserved.

Ⅴ. The deterioration of ancient monuments.

The Conference noted that, in the conditions of present day life, monuments throughout the world were being threatened to an ever-increasing degree by atmospheric agents.

Apart from the customary precautions and the methods successfully applied in the preservation of monumental statuary in current practice, it was impossible, in view of the complexity of cases and with the knowledge at present available, to formulate any general rules.

The Conference recommends:

(1)That, in each country, the architects and curators of monuments should collaborate with specialists in the physical, chemical, and natural sciences with a view to determining the methods to be adopted in specific cases;

(2)That the International Museums Office should keep itself informed of the work being done in each country in this field and that mention should be made thereof in the publications of the Office.

With regard to the preservation of monumental sculpture, the Conference is of opinion that the removal of works of art from the surroundings for which they were designed is, in principle, to be discouraged. It recommends, by way of precaution, the preservation of original models whenever these still exist or if this proves impossible, the taking of casts.

Ⅵ. The technique of conservation.

The Conference is gratified to note that the principles and technical considerations set forth in the different detailed communications are inspired by the same idea, namely:

In the case of ruins, scrupulous conservation is necessary, and steps should be taken to reinstate any original fragments that may be recovered, whenever this is possible; the new materials used for this purpose should in all cases be recognizable. When the preservation of ruins brought to light in the course of excavations is found to be impossible, the Conference recommends that they be buried, accurate records being of course taken before filling-in operations are undertaken.

It should be unnecessary to mention that the technical work undertaken in connection with the excavation and preservation of ancient monuments calls for close collaboration between the archaeologist and the architect.

With regard to other monuments, the experts unanimously agreed that, before any consolidation or partial restoration is undertaken, a thorough analysis should be made of the defects and the nature of the decay of these monuments. They recognized that each case needed to be treated individually.

Ⅶ. The conservation of monuments and international collaboration.

1. Technical and moral co-operation.

The Conference, convinced that the question of the conservation of the artistic and archaeological property of mankind is one that interests the community of the States, which are wardens of civilization,

Hopes that the States, acting in the spirit of the Covenant of the League of Nations, will collaborate with each other on an ever-increasing scale and in a more concrete manner with a view to furthering the preservation of artistic and historic monuments;

Considers it highly desirable that qualified institutions and associations should, without in any manner whatsoever prejudicing international public law, be given an opportunity of manifesting their interest in the protection of works of art in which civilization has been expressed to the highest degree and which would seem to be threatened with destruction;

Expresses the wish that requests to attain this end, submitted to the Intellectual Co-operation Organization of the League of Nations, be recommended to the earnest attention of the States.

It will be for the International Committee on Intellectual Co-operation, after an enquiry conducted by the International Museums Office and after having collected all relevant information, more particularly from the National Committee on Intellectual Co-operation concerned, to express an opinion on the expediency of the steps to be taken and on the procedure to be followed in each individual case.

The members of the Conference, after having visited in the course of their deliberations and during the study cruise which they were able to make on this occasion, a number of excavation sites and ancient Greek monuments, unanimously paid a tribute to the Greek Government, which, for many years past, has been itself responsible for extensive works and, at the same time, has accepted the collaboration of archaeologists and experts from every country.

The members of the Conference there saw an example of activity which can but contribute to the realization of the aims of intellectual co-operation, the need for which manifested itself during their work.

2. The role of education in the respect of monuments.

The Conference, firmly convinced that the best guarantee in the matter of the preservation of monuments and works of art derives from the respect and attachment of the peoples themselves;

Considering that these feelings can very largely be promoted by appropriate action on the part of public authorities;

Recommends that educators should urge children and young people to abstain from disfiguring monuments of every description and that they should teach them to take a greater and more general interest in the protection of these concrete testimonies of all ages of civilization.

3. Value of international documentation.

The Conference expresses the wish that:

(1) Each country, or the institutions created or recognized competent for this purpose, publish an inventory of ancient monuments, with photographs and explanatory notes;

(2) Each country constitute official records which shall contain all documents relating to its historic monuments;

(3) Each country deposit copies of its publications on artistic and historic monuments with the International Museums Office;

(4) The Office devote a portion of its publications to articles on the general processes and methods employed in the preservation of historic monuments;

(5) The Office study the best means of utilizing the information so centralized.

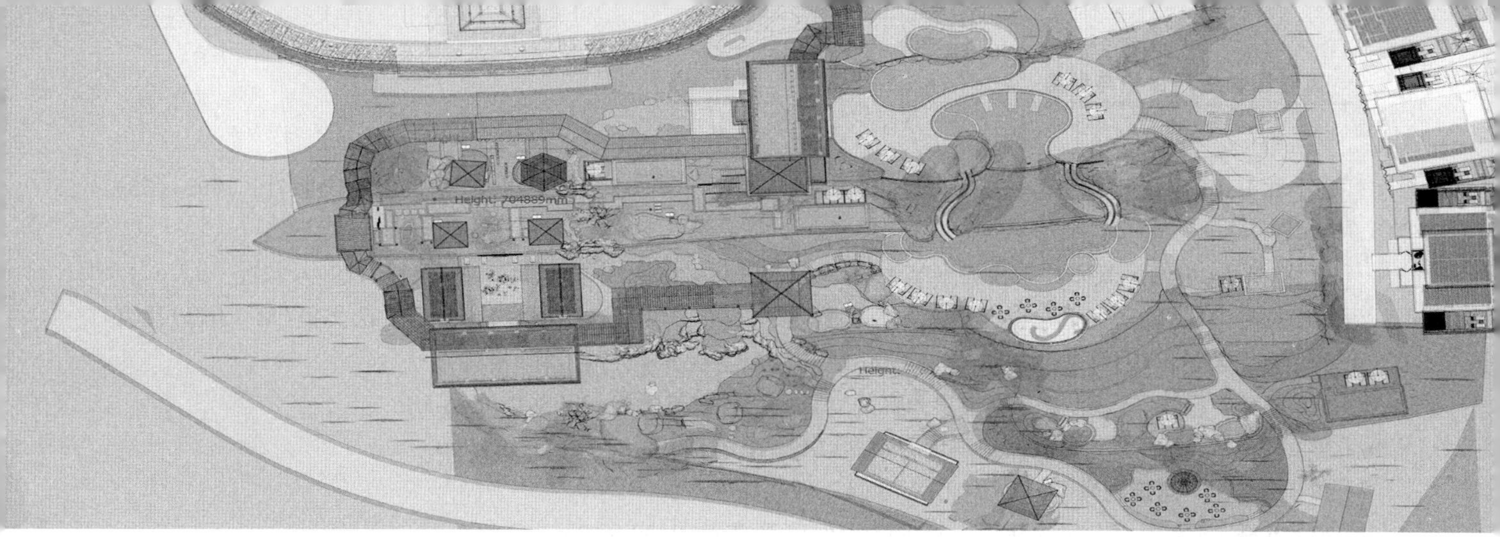

参考文献

[1] 布洛克·H·G. 美学新解[M]. 滕守尧. 译. 沈阳:辽宁人民出版社,1987:39.

[2] 蔡立力. 我国风景名胜区规划和管理的问题与对策[J]. 城市规划，2004,(10):74-80.

[3] 蔡立力.我国风景名胜区规划和管理的问题与对策[J].城市规划，2004(10):74-81.

[4] 蔡晴. 基于地域的文化景观保护[D]. 南京：东南大学. 2006.

[5] 曹国新.中国与西方旅游的古代、现代和后现代特征[J] 旅游学刊,2006,(6):11-15.

[6]曹新,张凡,韩梅,等.圆明园遗址公园保护利用现状调查与研究[J].中国园林,2008,(11):34-41.

[7] 陈薇.文物建筑保护与文化学[M]. //杨鸿勋，刘托.建筑历史与理论. 第5辑.北京:中国建筑工业出版社,1997:135.

[8] 陈蔚，胡斌. 我国历史文化遗产保护理论体系的框架性研究[J]. 室内设计，2012，27(05)：35-38.

[9] 邓明艳.世界遗产旅游基本问题研究[J].乐山师范学院学报,2005,(10):103-107.

[10] 丁新权.江西省风景名胜区保护管理理论与实践研究[D].南京:南京林业大学，2004.

[11] 傅熹年.中国历史建筑遗产保护面面观[J].小城镇建设，2002,(8):2-4.

[12] 谷光灿,刘智.从日本自然保护的原点——尾濑出发看日本国家公园的保护管理[J].中国园林,2013(8):109-113.

[13] 郭建强.四川九寨沟、黄龙钙华景观保护研究[J].四川地质学报,2005,(1):23-26.

[14] 韩国C3出版公社. 生态恢复与边界性景观设计[M]. 于风军,杨惠馨,王平等译. 大连:大连理工大学出版社，2013.

[15] 胡正凡，林玉莲. 环境心理学[M]. 北京:中国建筑工业出版社，2012.

[16] 李程,陈绍辉.论武当山历史人文旅游资源开发[J].湖北社会科学，2005,(5):157-159.

[17] 李和平，肖竞.我国文化景观的类型及其构成要素分析[J].中国园林，2009,(2)：90-94.

[18] 李如生. 美国国家公园的法律基础[J].中国园林，2002，5.

[19] 李允鉌. 华夏意匠[M].天津:天津大学出版社,2005:17.

[20] 梁学成.对世界遗产的旅游价值分析与开发模式研究[J].旅游学刊,2006,(6):16-22.

[21] 林玉莲,胡正凡. 环境——行为研究的发展与展望[J]. 建筑师, 北京:建筑工业出版社, 1993,(55). 36-41.
[22]柳尚华.中国风景园林当代五十年 1949—1999[M].北京:中国建筑工业出版社,1999,222.
[23] 吕舟.从雷峰塔的重建谈历史建筑的复原问题[C]. //中国建筑学会. 建筑史论文集(第 13 辑)北京:清华大学出版社,2000.
[24] 邱建, 舒波, 陈颖.峨眉山金顶景区规划设计[J].建筑学报,2005,(8):56-58.
[25] 阮仪三.历史文化名城保护理论与规划[M].上海:同济大学出版社,1999.
[26] 沈克宁. 建筑现象学[M]. 北京:建筑工业出版社, 2008: 60.
[27] 苏雁.日本国家公园的建设与管理[J].经营管理者,2009,(12):222.
[28] 王胜军,刘精华.对《风景名胜区条例》颁布实施的思考[J].城乡建设,2006,(12):60-62.
[29] 吴承照.风景游赏规划研究[J] 规划师,2005,(5):15-18.
[30] 谢凝高.国家风景名胜区功能的发展及其保护利用[J].中国风景名胜, 2005,(04):17-21.
[31] 谢凝高.国家风景名胜区功能的发展及其保护利用[J].中国园林,2005,(7):1-8.
[32] 张忍顺等.世界自然遗产事业发展潜势分析[J].地理与地理信息科学,2006,(1):57-61.
[33] 张晓.世界遗产和国家重点风景名胜区分权化(属地)管理体制的制度缺陷[J].中国园林, 2005,(7):10-15.
[34] 张玉钧.日本的自然公园体系[J].森林与人类,2014,(5):124.
[35] 章俊华.白林.日本自然公园的发展与概况[J].中国园林,2002,(56):87-90.
[36] 赵宝江.纪念中国风景名胜区事业二十周年[C].http://www.gxcic.net/nds/2002.
[37] 赵瑾,谢凝高.我国世界遗产管理体制亟须改革[J].中国经济时报,2003-7-11.
[38] 朱竑, 李鹏, 吴旗涛.中国世界遗产类旅游产品的感知度研究[J].旅游学刊,2005,(5):21-25.
[39] 朱建安.世界遗产旅游发展中的政府定位研究[J].旅游学刊, 2004,(4):79-84.
[40] 朱景所. 楠溪江乡村园林研究初探[M]. //陆元鼎,杨新平. 乡土建筑遗产的研究与保护. 上海:同济大学出版社, 2008.
[41] 宗白华. 美学意境[M].北京:人民出版社,1987:217.
[42] Bell P A, Green T C, Fisher JD, Baum A. Environmental psychology[M]. Beverly: Wadsworth Publishing. 2005.
[43] Kostof S. The city assembled[M]. Thames&Hudson Inc.,1992:299.
[44] Jokilehto J, A history of architectural conservation[M]. Butterworth Heinemann, 1999:319.
[45] Pregill P., Volloman N. Landscapes in history[M]. New York:Van Nostrand Reinhold,1993:616.
[46] G.J.Ashworth,J.E. Tunbridge, The Tourist-Historic City[M]. London:Belhaven Press,1990:16.
[47] Wei C. and Aass, A. Heritage conservation: east and west[M]. Icomos Information, 1989,(3):3-8.
[48] Dwyer J.,Schapper J. Heritage landscapes: Selected forum papers 2004 - 08[M]. Victoria: Heritage Council of Victoria, 2009.
[49] 李敏,袁霖. 风景园林遗产价值评估标准研究[J]. 西部人居环境学刊. 2014.29(03): 86-95.
[50] 钱云."城市—风景—遗产"一体研究视野的价值与应用——以"北京三山五园景观格局重塑"教学探索为例[J].风景园林,2016(1):62-69.
[51] 钱云.存量规划时代城市规划师的角色与技能——两个海外案例的启示[J].国际城市规划,2016(4):

79-83.
[52] 谢凝高. 国家风景名胜区功能的发展及其保护利用[J]. 中国园林,2005,21(7):1-8.
[53] 周维权. 山的图腾——名山、名山风景区及其文化内涵[J]. 今日国土,2003(6):14-19.
[54] 朱观海. 风景名胜区认识及开发误区辨析[J]. 中国园林,2003,19(2):61-64.
[55] 王根生,罗仁朝,徐必胜. 城市型风景名胜区规划策略探析——以江苏三山国家重点风景名胜区为例[J]. 城市规划,2005(2):79-82.
[56] 庄优波,杨锐. 黄山风景名胜区分区规划研究[J]. 中国园林. 2006,22(12):32-36.
[57] 蔡立力. 我国风景名胜区规划和管理的问题与对策[J]. 城市规划,2004(10):74-80.
[58] 单霁翔. 文化景观遗产的提出与国际共识(二)[J]. 建筑创作,2009(7):184-191.
[59] 李伟,俞孔坚. 世界文化遗产保护的新动向——文化线路[J]. 城市问题,2005(4):7-12.
[60] 韩锋. 文化景观——填补自然和文化之间的空白[J]. 中国园林,2010(9):7-11.
[61] 肯·泰勒,韩锋,田丰. 文化景观与亚洲价值:寻求从国际经验到亚洲框架的转变[J]. 中国园林,2007(11):4-9.
[62] 陈同滨. 中国文化景观的申遗策略初探[J]. 东南文化,2010(3):18-23.
[63] 王向荣;林菁. 多义景观[M]. 北京:中国建筑工业出版社, 2012.
[64] 王向荣;林菁. 西方现代景观设计的理论与实践[M]. 北京:中国建筑工业出版社, 2012.7.
[65] Berque A. Beyond the Modern landscape[J]. AA FILES, 1993(25): 33.
[66] (明)计成. 陈植,注释. 园冶注释[M]. 北京:中国建筑工业出版社,1988.
[67] 陈耀华. 中国自然文化遗产保护利用的现状问题与因由. [C]中国城市规划学会 2005 城市规划年会论文集. 北京:中国水利水电出版社,2005:1508-1513.
[68] 丁文魁. 风景科学导论[M]. 上海:上海科技教育出版社,1993.

工程文本

张兴国. 随州市炎帝神农故里风景区规划. 重庆大学规划设计研究院有限公司. 2007.11.
张兴国. 重庆市潼南大佛寺旅游景区环境整治工程. 重庆大学规划设计研究院有限公司. 2009.11.
张兴国. 重庆市梁平双桂堂保护规划. 重庆大学建筑设计研究院有限公司. 2011.1.
张兴国,李和平. 重庆湖广会馆历史片区保护规划. . 重庆大学建筑设计研究院有限公司. 2009.12.
张兴国,郭璇. 洛阳应天门遗址公园保护规划. 重庆大学建筑与城市规划学院. 2008.7.
王向荣,林箐. 三山五园历史文化绿道规划设计. 北京林业大学园林学院. 2014.5.
王向荣. 杭州西湖的整治与更新. 北京多义景观规划设计有限公司. 2011.3.
王向荣. 杭州江洋畈生态公园规划设计. 北京多义景观规划设计有限公司. 2012.3.
陈薇. 南京愚园保护规划与环境更新设计. 东南大学建筑工程学院. 2015.7.